Franz Hauleitner

Ötscher · Mariazell

Türnitzer Alpen, Ybbstaler Alpen, Mürzsteger Berge

66 ausgewählte Touren

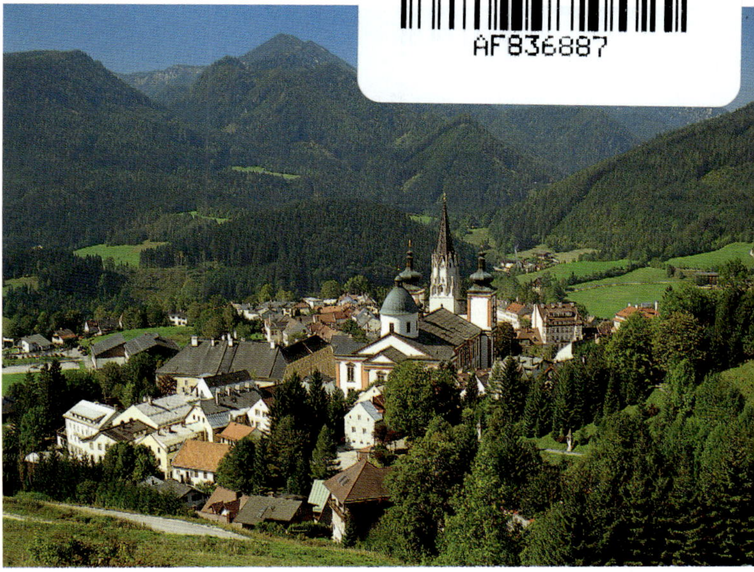

ROTHER
BERGVERLAG

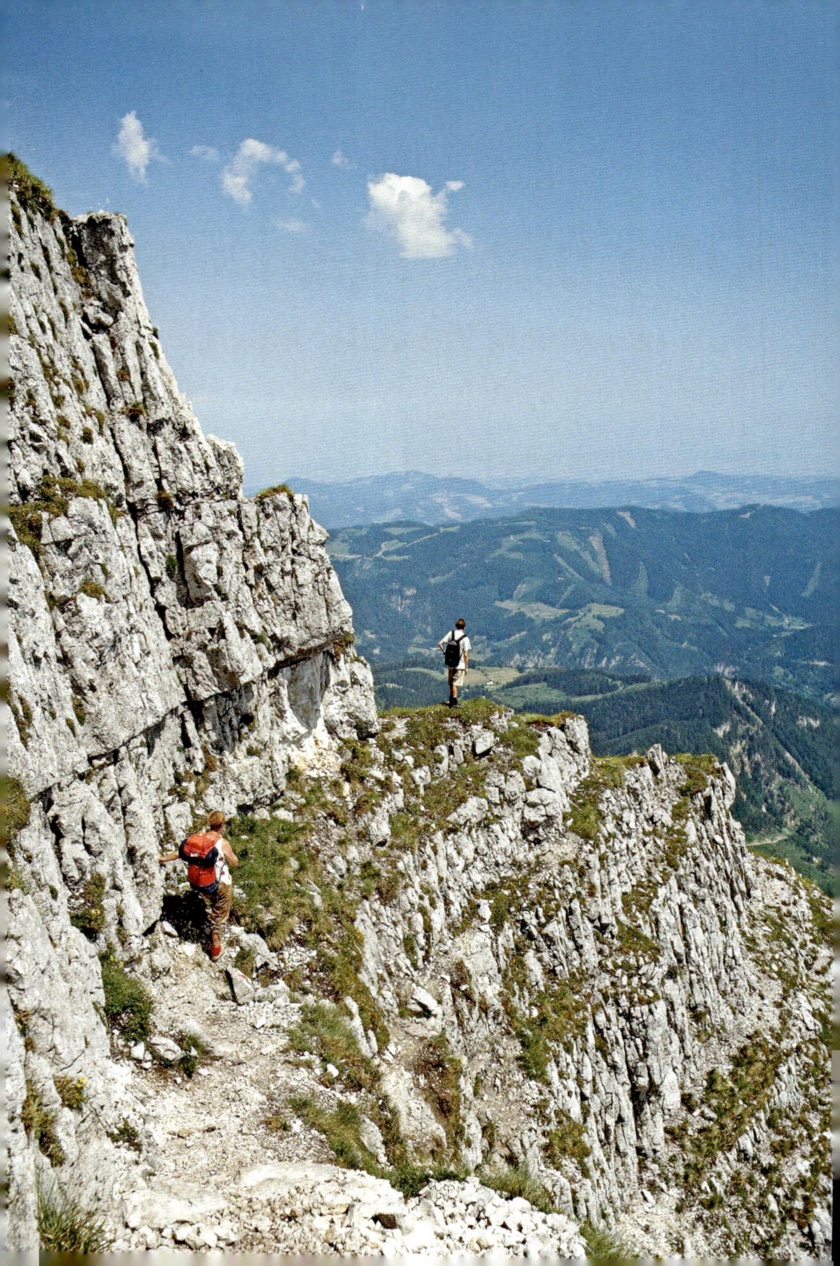

VORWORT

Trotz voralpiner Note und ihrer kaum an die 2000-Meter-Marke heranreichenden Gipfelfluren sind die Berge um Mariazell für einheimische Wanderer alles andere als nur Voralpen. Es sind seine »Berge« schlechthin und ein nicht zu unterschätzender wichtiger Erholungsraum. Zwischen Alpenvorland und Kalkhochalpen gelegen, handelt es sich um ein rund 3500 Quadratkilometer großes Mittelgebirge, in dem sich tiefe Täler und Schluchten, steil aufragende Wald- und Felsgipfel, stäubende Wasserfälle, liebliche Almweiden und tiefgrüne Badeseen zu einem harmonischen Ganzen vereinen. Unumstrittener König dieses Reichs ist der Ötscher, eine weit ins Land schauende Felspyramide von edler Größe, ein Magnet für Naturliebhaber und Bergfreunde.
Als Besucher hat man somit die Wahl zwischen einfachen Talspaziergängen und Mittelgebirgswanderungen, attraktiven Gipfelbesteigungen und imponierenden Schluchtwegen. Eine Reihe schmucker Erholungsorte laden den Gast zum Verweilen, uralte Stifte zur inneren Einkehr. Allen voran das eigentliche Zentrum und »Mekka« dieses Gebirges, der weltberühmte Wallfahrtsort Mariazell mit seiner mächtigen Basilika, Ziel zahlloser Pilger und Touristen. Auch Lilienfeld besitzt ein solch altehrwürdiges Kloster und genießt zudem als »Wiege des alpinen Skilaufs« einen besonderen Ruf. Trotz seiner Nähe zu den Städten St. Pölten und Wien finden sich in dem hier gewürdigten Gebiet noch ausgedehnte Bereiche mit vollkommen intakter Natur, etwa in den Naturparks Eisenwurzen und Ötscher-Tormäuer, am Dürrenstein, in den entlegenen Gefilden der Kräuterin sowie an Gamsstein und Voralpe.
Im vorliegenden Führer werden 66 Touren in den Bergen um Traisen, Erlauf und Ybbs beschrieben. Im Mittelpunkt stehen die Großgruppen der Türnitzer, Mürzsteger und Ybbstaler Alpen zwischen Traisen und Enns, dem Alpenvorland im Norden und der Mürz-Salzatal-Furche im Süden.
Viele der hier angeführten Touren sind nicht schwierig und folgen gut bezeichneten Wegen, sodass sie auch von Kindern und weniger geübten Personen unternommen werden können. Die mittlere Gehzeit pro Tour beträgt rund 4 Stunden, die mittlere Anstiegshöhe liegt bei 630 Metern. Von wenigen Ausnahmen abgesehen, sind Übernachtungen bei keiner Wanderung erforderlich, es handelt sich also meist um Tages- oder sogar nur Halbtagstouren.
Der Autor wünscht den Benutzern dieses Wanderführers schöne, erholsame Stunden in den Wanderbergen rings um Mariazell und den Ötscher.

Wien, im Frühjahr 2022 — Dr. Franz Hauleitner

Bei Schönwetter wird der Anstieg über den Nordostgrat (Rauer Kamm) des Ötscher zu einem Fest für Augen und Gemüt (Tour 51).

INHALTSVERZEICHNIS

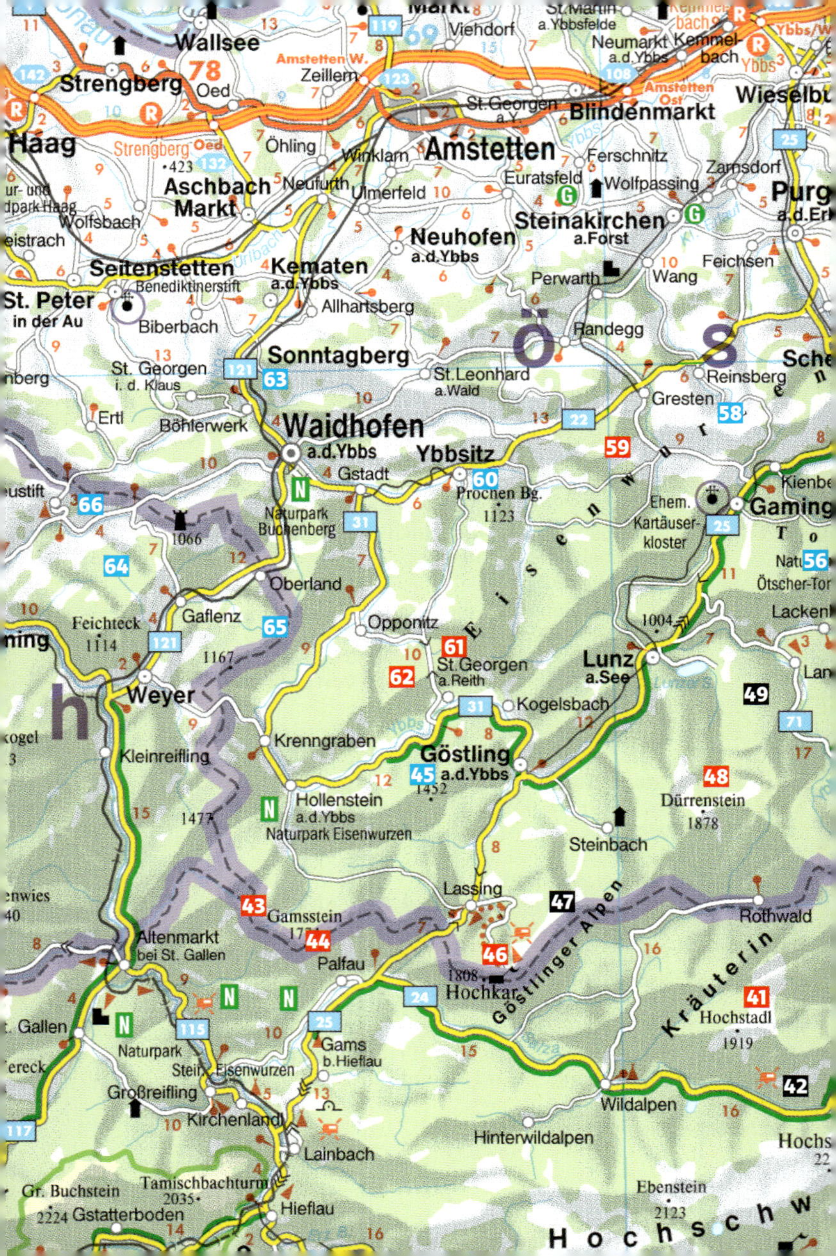

Wallsee
Viehdorf
St. Martin a. Ybbsfelde
Neumarkt a.d. Ybbs
Kemmelbach
Ybbs/W.
Ybbs
Strengberg
Oed
Zeillern
Amstetten W.
Amstetten Ost
Wieselbu
Haag
St. Georgen a.Y.
Blindenmarkt
Strengberg
Oed
Öhling
Winklarn
Amstetten
Ferschnitz
Zarnsdorf
Aschbach Markt
Neufurth
Ulmerfeld
Euratsfeld
Wolfpassing
Purg
a.d.Erl
Wolfsbach
Neuhofen a.d.Ybbs
Steinakirchen a.Forst
eistrach
Seitenstetten
Benediktinerstift
Kematen a.d.Ybbs
Feichsen
Perwarth
Wang
St. Peter in der Au
Biberbach
Allhartsberg
Randegg
Sonntagberg
St. Georgen i. d. Klaus
St. Leonhard a.Wald
Reinsberg
Sche
Ertl
Böhlerwerk
Gresten
Waidhofen a.d.Ybbs
Ybbsitz
Gstadt
Prochen Bg.
1123
Kienbe
Ehem. Kartäuserkloster
Gaming
Naturpark Buchenberg
1066
Oberland
Natu
Ötscher-Tor
Feichteck
1114
Gaflenz
Opponitz
Lacken
1004
1167
Eisenwurzen
St. Georgen a. Reith
Lunz a.See
Weyer
Kogelsbach
Kleinreifling
Krenngraben
Göstling a.d.Ybbs
1452
Hollenstein a.d.Ybbs
Naturpark Eisenwurzen
Dürrenstein
1878
1477
Steinbach
Lassing
Gamsstein
Rothwald
Altenmarkt bei St. Gallen
Palfau
1808
Hochkar
Göstlinger Alpen
Kräuterin
Hochstadl
1919
St. Gallen
Naturpark Steirische Eisenwurzen
Gams b.Hieflau
Großreifling
Kirchenlandl
Wildalpen
Lainbach
Hinterwildalpen
Gr. Buchstein
2224
Tamischbachturm
2035
Gstatterboden
Hieflau
Ebenstein
2123
Hochschwab

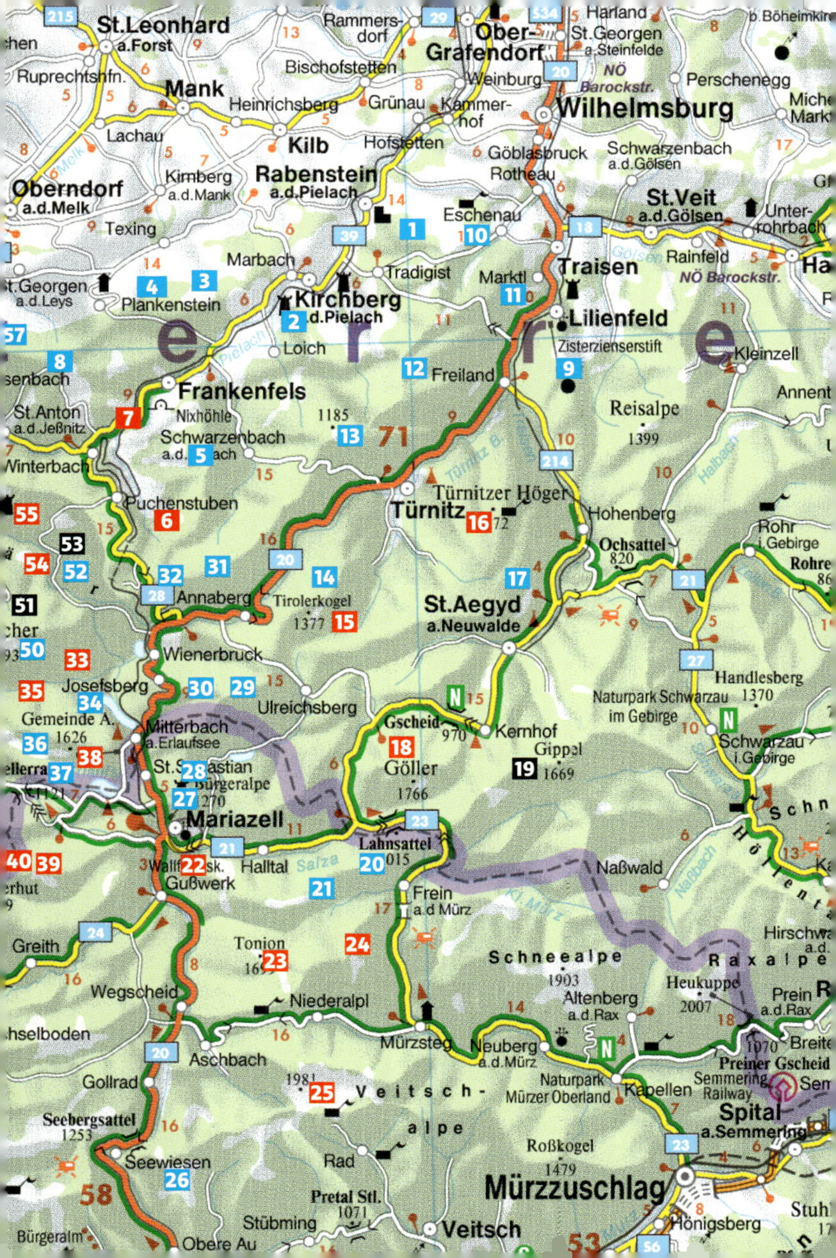

St.Leonhard a.Forst
Rammersdorf
Ober-Grafendorf
Harland
St.Georgen a.Steinfelde
b.Böheimkirchen
Ruprechtshfn.
Mank
Bischofstetten
Weinburg
NÖ Barockstr.
Perschenegg
Heinrichsberg
Grünau
Kammerhof
Wilhelmsburg
Lachau
Kilb
Hofstetten
Göblasbruck
Schwarzenbach a.d.Gölsen
Oberndorf a.d.Melk
Kirnberg a.d.Mank
Rabenstein a.d.Pielach
Rotheau
St.Veit a.d.Gölsen
Unter-rohrbach
Texing
Eschenau
Traisen
Rainfeld
Marbach
Tradigist
Marktl
NÖ Barockstr.
St.Georgen a.d.Leys
Plankenstein
Kirchberg a.d.Pielach
Lilienfeld
Loich
Zisterzienserstift
Kleinzell
Freiland
Frankenfels
Annent
St.Anton a.d.Jeßnitz
Nixhöhle
1185
Reisalpe
1399
Schwarzenbach a.d.Pielach
71
Winterbach
Puchenstuben
Türnitzer Höger
Türnitz
Hohenberg
Rohr i.Gebirge
Ochsattel 820
Annaberg
Tirolerkogel 1377
St.Aegyd a.Neuwalde
Wienerbruck
Josefsberg
Ulreichsberg
Naturpark Schwarzau im Gebirge
Handlesberg 1370
Gemeinde A. 1626
Mitterbach a.Erlaufsee
Gscheid 970
Kernhof
Gippel 1669
Schwarzau i.Gebirge
St.Sebastian
Bürgeralpe 1270
Göller 1766
Mariazell
Lahnsattel 1015
Halltal
Salza
Naßwald
Wallfahrtsk.
Gußwerk
Frein a.d.Mürz
Kl.Mürz
Greith
Tonion 1699
Schneealpe 1903
Raxalpe
Hirschwang a.d.Rax
Wegscheid
Niederalpl
Heukuppe 2007
Altenberg a.d.Rax
Prein a.d.Rax
Aschbach
Mürzsteg
Neuberg a.d.Mürz
Preiner Gscheid 1070
Gollrad
Naturpark Mürzer Oberland
Kapellen
Semmering Railway
Spital a.Semmering
Seebergsattel 1253
Veitschalpe 1981
Roßkogel 1479
Seewiesen
Rad
Mürzzuschlag
Pretal Stl. 1071
Stübming
Veitsch
Hönigsberg
Bürgeralm
Obere Au

TOP-TOUREN

Tirolerkogel (Überschreitung)
Ein klassisches Unternehmen in den Voralpen, das von Kennern im Winter wie im Sommer gemacht wird *(Tour 14, 4.45 Std.)*.

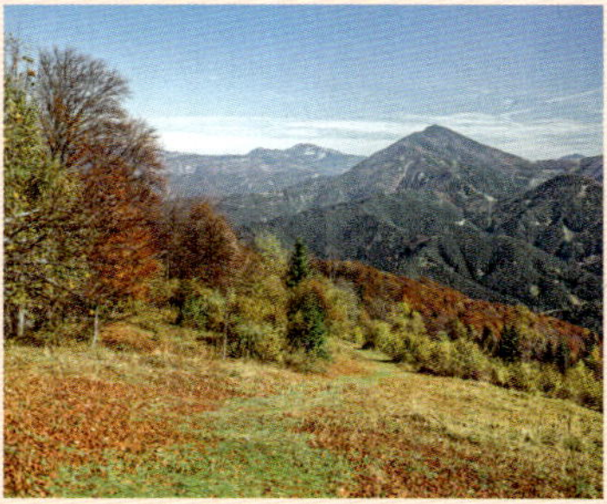

Göller
Großer Wander- und Skiberg mit unschlagbarem 360-Grad-Panorama *(Tour 18, 5.00 Std.)*. In Kombination mit dem Gippel *(Tour 19)* ergibt sich eine tolle Überschreitung.

Gippel
Nachbarberg des Göller, ein eindrucksvoller Felsgipfel, der auf langer und anstrengender Route überschritten wird *(Tour 19, 7.30 Std.)*.

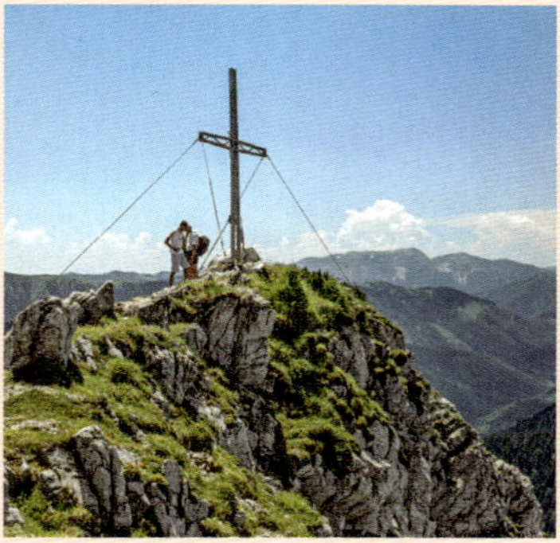

Hohe Veitsch
Als höchste Erhebung der Mürzsteger Alpen ein das ganze Jahr über besuchter Berg mit leichten Zugängen und toller Rundschau *(Tour 25, 5.00 Std.)*.

Hochstadelberg und Hennesteck
Genussreiche Wanderung über zwei exzellente Bellevues vor dem Ötscher mit obligater Almeinkehr unterwegs *(Tour 32, 4.15 Std.)*.

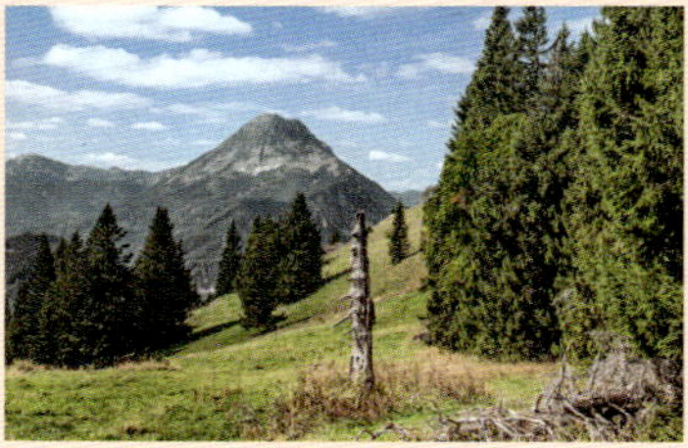

Die Erlauf-Canyons
Die das Ötscher-Massiv flankierenden Schluchtensysteme der Tormäuer und Ötschergräben gehören zu den landschaftlichen Höhepunkten der Region *(Touren 33–35 und 54, Gehzeiten zwischen 2.30 und 4.45 Std.)*.

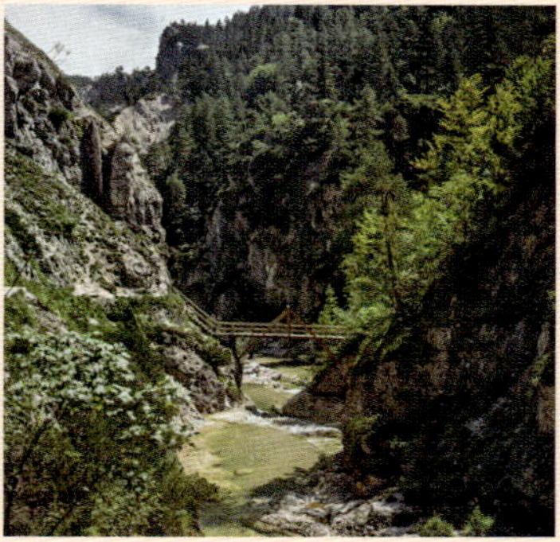

Zellerhüte (Überschreitung)
Großzügige, weit schauende Höhenwanderung über alle Gipfel der Zellerhüte. Nur für ausdauernde Geher! *(Tour 39, 6.00 Std.).*

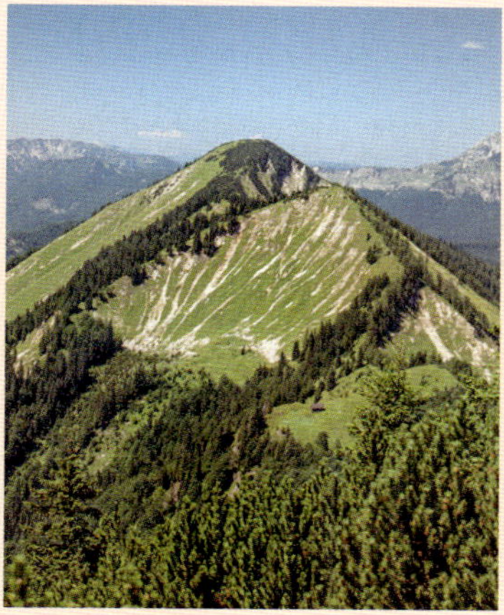

Dürrenstein
Mächtiger Plateauberg, der im Zuge einer einfachen, zweitägigen Runde bestiegen wird *(Tour 48, 3.30 Std. erster, 6.30 Std. zweiter Tag).*

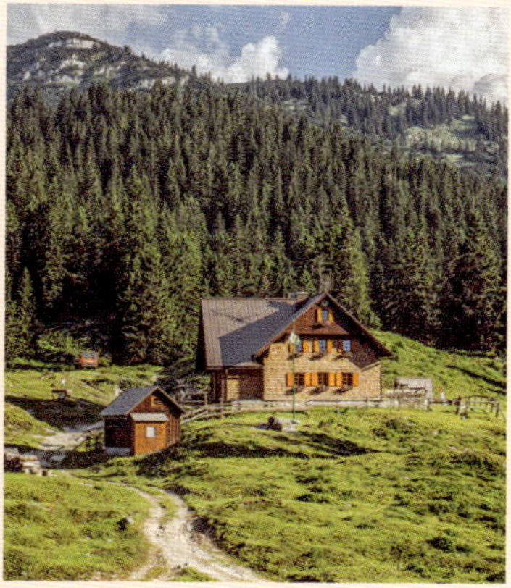

Gamsstein
Der Blick vom Gamsstein gegen die wild zerklüfteten Gesäuseberge gehört zu den Höhepunkten der Ybbstaler Alpen *(Tour 44, 6.00 Std.).*

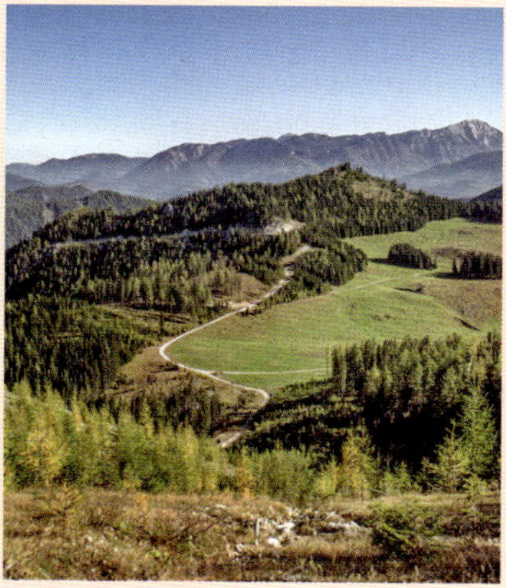

Ötscher-Nordostgrat (»Rauer Kamm«)
Anspruchsvollste Tour dieses Wanderführers, ein »Muss« für geübte Bergsteiger mit etwas Klettererfahrung *(Tour 51, 5.30 Std.).*

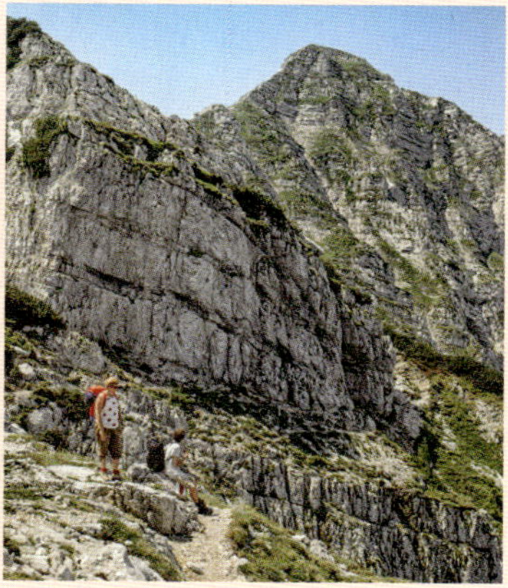

TOURISTISCHE HINWEISE

Anforderungen

Die meisten der hier beschriebenen Wanderungen verlaufen auf gut instand gehaltenen, markierten Steigen, Wegen und Forststraßen, sind also im alpinistischen Sinn leichte Unternehmungen. Es gibt aber auch Touren, die Trittsicherheit, Schwindelfreiheit und Ausdauer voraussetzen. Hier ist zu beachten, dass in den landwirtschaftlich zum Teil intensiv genutzten Gebieten durch den Bau von Güterwegen oder durch Abholzungen gravierende Änderungen in der Routenführung möglich sind und sich damit auch der Grad der Anforderungen ändern kann. Um die jeweiligen Anforderungen besser einschätzen und vergleichen zu können, werden die Nummern der einzelnen Tourenvorschläge mit verschiedenen Farben versehen. Es bedeuten:

SCHWIERIGKEITSKATEGORIEN

■ = Leicht

Wanderungen auf markierten, meist gut trassierten Fahr- und Fußwegen. Einfach und in der Regel nur wenig anstrengend. Auch für Kinder und weniger geübte Geher geeignet.

■ = Mittel

Wanderungen auf meist ausreichend markierten Pfaden und Steigen, die häufig schmal und steil angelegt sind und über kurze Abschnitte etwas ausgesetzt sein können. Trittsicherheit, etwas Schwindelfreiheit und Orientierungsvermögen nötig.

■ = Schwierig

Anspruchsvolle Touren mit unmarkierten, zum Teil auch weglosen Passagen. Stellenweise können die Steige sehr ausgesetzt sein, manchmal wird die Zuhilfenahme der Hände notwendig (leichte Kletterei im Schwierigkeitsgrad I, vereinzelt auch II), an gesicherten Passagen wird ein Klettersteig-Set für weniger Geübte empfohlen. Nur für trittsichere, schwindelfreie, konditionsstarke und alpin erfahrene Geher bei sicheren Wetterverhältnissen oder in Begleitung eines geübten Tourengefährten.

Gehzeiten

Man beachte, dass die Zeitangaben (Gesamtgehzeit in der Titelzeile, in den Diagrammen auch Teilgehzeiten) die reine Gehzeit wiedergeben. Pausen oder Verlangsamung der Gehgeschwindigkeit durch Übermüdung sind darin nicht enthalten. Häufige Unterbrechungen können die Gehzeit wesentlich verlängern. Zeitangaben sind natürlich subjektiv. Jeder Wanderer hat seine eigene Geschwindigkeit und seinen eigenen Rhythmus. Persönliche

Kondition und Wegverhältnisse haben natürlich auch Einfluss auf die jeweiligen Gehzeiten. Die entsprechende Korrektur zur angeführten Gehzeit lässt sich durch einen Zeitvergleich am Anfang ermitteln (zum Beispiel: 1 Stunde laut Angabe im Wanderführer entspricht 1¼ Stunden persönlicher Gehzeit).

Höhenunterschied

Unter dieser Angabe ist jeweils die Summe der auf einer Tour im Anstieg bzw. im Abstieg zu bewältigenden Höhenunterschiede zu verstehen. Gegensteigungen werden also berücksichtigt!

Kinder

Wanderungen, die mit Kindern unternommen werden können, sind in diesem Buch durch ein Symbol gekennzeichnet. Bei Kindern zwischen etwa fünf und fünfzehn Jahren ist weniger die Schwierigkeit einer Tour als die gebotene Abwechslung

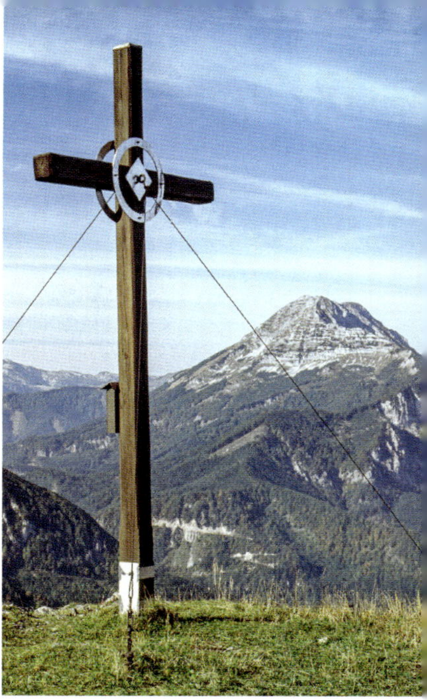

Die mächtige Pyramide des Ötscher vom Hochstadelberg (Tour 32).

SYMBOLE

Symbole im Tourenkopf

- Mit Bahn/Bus erreichbar
- Einkehrmöglichkeit unterwegs
- für Kinder geeignet

Symbole im Höhenprofil

- Ort mit Einkehrmöglichkeit
- bewirtschaftete Hütte, Gasthaus
- Schutzhaus, Unterstand
- P eingerichteter Parkplatz
- Busanschluss
- Bahnanschluss
- Fahrt mit Seilbahn
- Fahrt mit Sessellift
- Gipfel
- Pass, Sattel
- Brücke
- Kirche, Kapelle
- Bildstock, Marterl
- Burg, Schloss, Ruine
- Aussichtsturm
- Aussichtsplatz
- Höhle
- Wasserfall
- Quelle, Brunnen

Der Umwelt zuliebe …

Auch beim Wandern hinterlassen wir einen ökologischen Fußabdruck, aber im Einklang mit der Natur unterwegs zu sein, ist gar nicht so schwer!

VORBEREITUNG UND ANFAHRT

- Sich vorab informieren, worauf in Bezug auf Natur und Umwelt in der jeweiligen Wanderregion besonders zu achten ist.
- Soweit möglich mit Bahn und Bus anreisen, Wander- und Rufbusse nutzen.
- Ist eine Anfahrt mit dem Auto nötig, Fahrgemeinschaften bilden.
- Bei weiten Anfahrten Mehrtagestouren planen oder von einem Quartier vor Ort aus mehrere Touren absolvieren.
- Flugreisen möglichst reduzieren und durch Beiträge zu Klimaschutzprojekten kompensieren.

KLEIDUNG UND AUSRÜSTUNG

- Beim Kauf von Outdoor-Kleidung auf umweltfreundliche und faire Herstellung achten und Kleidungsstücke möglichst viele Jahre nutzen.
- Ausrüstung kann man eventuell auch gebraucht kaufen oder ausleihen.
- Reparieren statt neu kaufen.

VERPFLEGUNG

- Beim Einkauf Bio-Ware, regionale und saisonale Erzeugnisse bevorzugen.
- Hütten und Gasthäuser auswählen, die regionale Produkte verwenden.
- Auf Einwegflaschen und Plastikverpackungen verzichten, stattdessen wiederverwendbare Trinkflaschen und Brotzeitboxen benutzen.

ÜBERNACHTUNG

- Bei lokalen Anbietern buchen, damit Menschen vor Ort profitieren.
- Auf Hütten und in anderen Unterkünften Strom und Wasser sparen.

UNTERWEGS

- Wege benutzen und Abkürzer vermeiden.
- Sperrungen von Wegen und Schutzgebieten respektieren.
- Keine Blumen pflücken und keine Pflanzen entnehmen.
- Waldbrandgefahr beachten.
- Müll wieder mit nach Hause nehmen und dort entsorgen.
- Toilettengänge in freier Natur möglichst vermeiden.
- Lärm vermeiden.
- Hunde an die Leine nehmen.

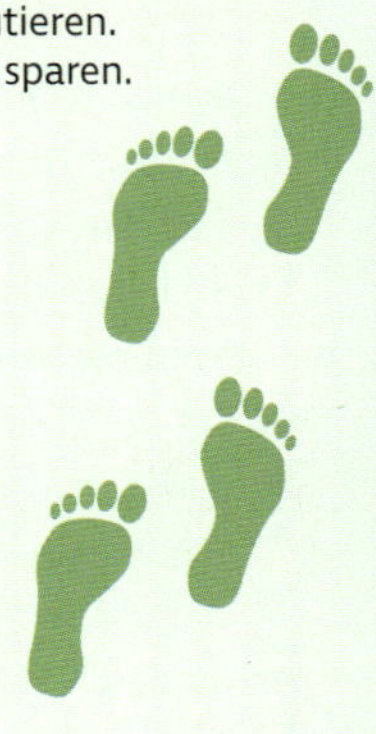

ROTHER
BERGVERLAG

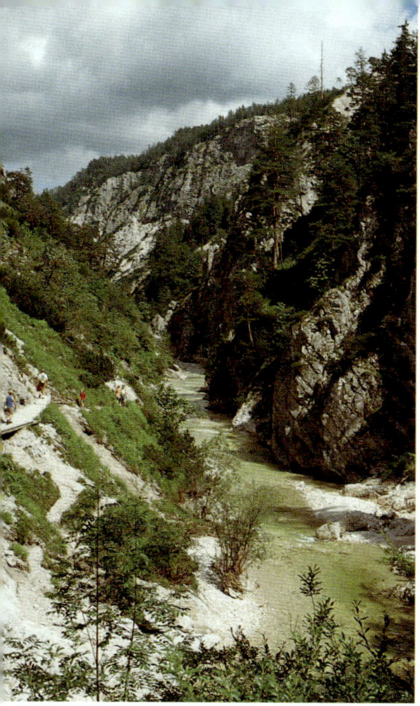

In den Vorderen Ötschergräben (Tour 34) nahe der Jausenstation Ötscherhias.

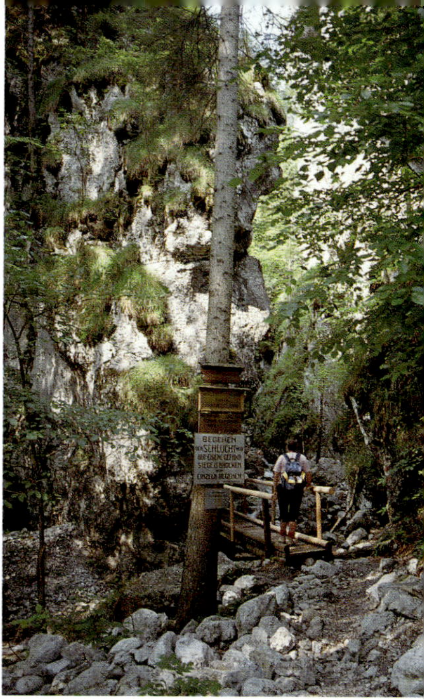

Wildromantische Felslandschaft am Eingang in die Falkenschlucht (Tour 15).

ausschlaggebend, denn junge Leute lieben das Abenteuer, die sportliche Betätigung und das Spiel in freier Natur. Man bedenke: Ein einziger fader Waldhatscher kann für den heranreifenden Sprössling das vorläufige Ende seiner bergsteigerischen »Karriere« sein.
Auf einer längeren Tour sind beispielsweise Einkehrmöglichkeiten unterwegs ein wichtiges Kriterium für eine Kinder-Tauglichkeit. Dort können sich junge Leute, einmal losgelöst vom »Zwang« der Leistung, ausreichend entspannen, spielen, sich unterhalten und mit Freunden herumtollen.

Ausrüstung

Feste Schuhe mit Profilgummisohle, zweckmäßige Bekleidung sowie Rucksack mit Pullover, Regenschutz, Anorak und kleinerem Tourenproviant (Wasserflasche!) werden empfohlen.

Gefahren

Obwohl die meisten der hier angeführten Wanderungen gebahnten Wegen oder Forststraßen folgen, ist bei der Querung steiler Hänge und hart gefrorener Schneefelder, an steinschlaggefährdeten oder rutschigen Wegpassagen sowie im tiefen, aufgeweichten Terrain (nach langen Regenfällen) Vorsicht am Platze. Eine mitunter erhebliche Gefahrenquelle stellen auch sommerliche Gewitter (meist nachmittags, deshalb früher Aufbruch empfohlen) dar. Vorsicht vor Zecken, sie können Borreliose und FSME übertragen! Letzterem beugt eine Schutzimpfung vor.

Bergrettung, Notruf

In Österreich kann über die Telefonnummer 140 (kostenlos, keine Vorwahl) die Bergrettung verständigt werden. Bei einem Handy ist unter Verwendung der Europäischen Notrufnummer 112 (ebenfalls kostenlos, keine Vorwahl) der gleichzeitige Zugriff auf alle Netzbetreiber möglich, allerdings nur dann, wenn zuvor der PIN-Code nicht eingegeben wurde. Bei Kartenhandys kann der Notruf auch ohne Guthaben gewählt werden. Bei Smartphones besteht zudem die Möglichkeit, SOS-Meldungen an Notfallkontakte abzusetzen sowie nach Aktivierung eines Ortungsdienstes den eigenen Standort bekannt zu geben.

Gemütliches Beisammensein beim Almhaus Siebenhütten am Königsberg (Tour 45).

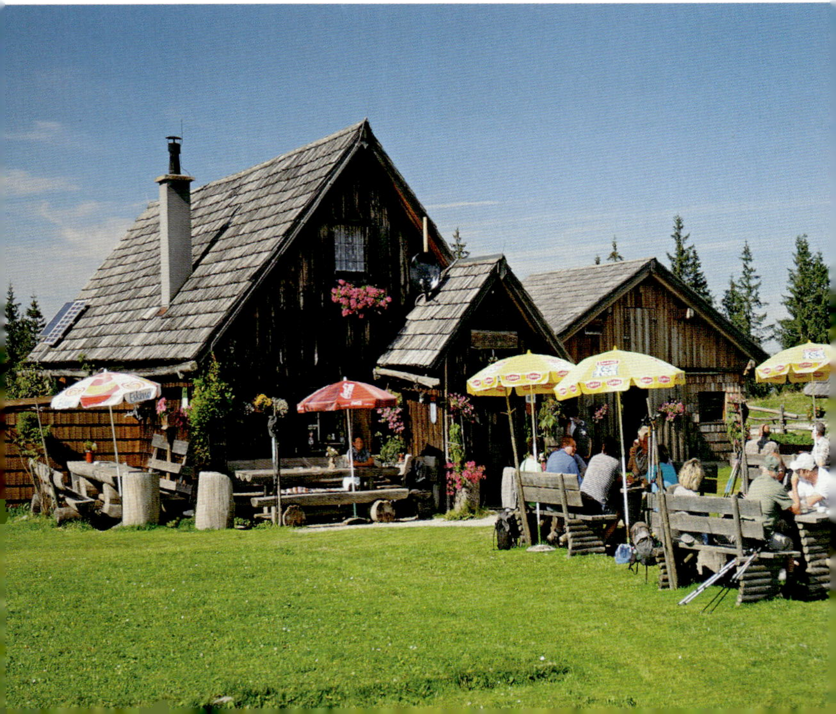

Schutzhütten, Gaststätten, Restaurants, Jausenstationen

Im Steckbrief werden bei jeder Tour unter »Einkehr« alle an der Route gelegenen Stützpunkte genannt und Informationen zu weiteren Einkehrmöglichkeiten gegeben (mit Hinweisen auf Nächtigungsgelegenheit, Bettenzahl und Lagerplätze sowie etwaige Ruhetage, die aber in den Monaten Juli und August oft nicht eingehalten werden). Bei den häufig an Wochenenden gebundenen Öffnungszeiten werden im Führer oft Zeitspannen (z. B. 5./10. Juni bis 15./20. September) angegeben, innerhalb derer der betreffende Gastbetrieb im mehrjährigen Durchschnitt in Betrieb ist.

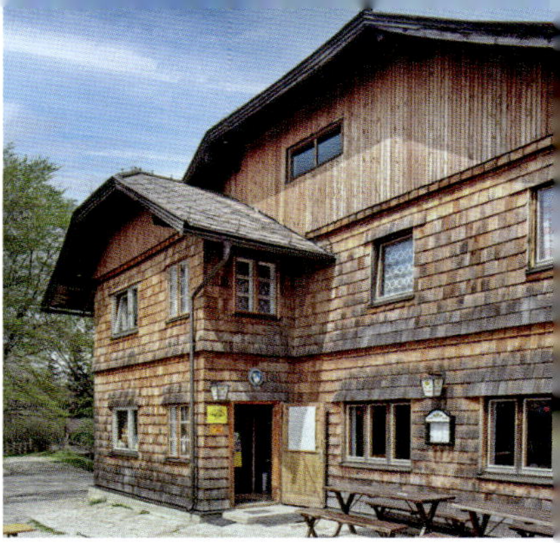

Gemütliche Voralpen-Einkehr: Die Kaiserkogelhütte.

Wegmarkierungen

Neben einer verschiedenfarbigen Markierung besitzen etliche Wege auch eigene Nummern. Ihr Auffinden wird dadurch erleichtert.

Künstliche Aufstiegshilfen

Von Stützpunkten, die mit Seilbahn oder Sessellift erreichbar sind, werden mehrfach Wanderungen im Abstieg beschrieben. Man beachte, dass diese Anlagen nur während der Sommermonate (Mitte Juni bis Mitte September) durchlaufend, im Frühling und Herbst meist nur an Wochenenden und Feiertagen in Betrieb sind. In der übrigen Zeit können solche Tourenziele bzw. Ausgangspunkte nur zu Fuß erreicht werden.

Öffentliche Verkehrsmittel

Viele Orte und Ausgangspunkte sind mit öffentlichen Verkehrsmitteln erreichbar. Fahrplanauskünfte gibt es unter folgenden Internetadressen:

- Fahrpläne europaweit: www.fahrplan-online.de
- Fahrpläne der ÖBB (Österreichische Bundesbahn): www.oebb.at
- Fahrpläne des Verkehrsverbunds Ost-Region (Wien, Niederösterreich, Burgenland): www.vor.at
- Fahrpläne des Verkehrsverbunds Steiermark: www.verbundlinie.at
- Fahrpläne des Verkehrsverbunds Oberösterreich: www.ooevv.at
- Fahrpläne Naturpark Ötscher-Tormäuer-Wanderbusse: www.naturpark-oetscher.at (Mobilitätsfolder)

Taxiunternehmen in den Wandergebieten finden Sie über die örtlichen Tourist-Infos.

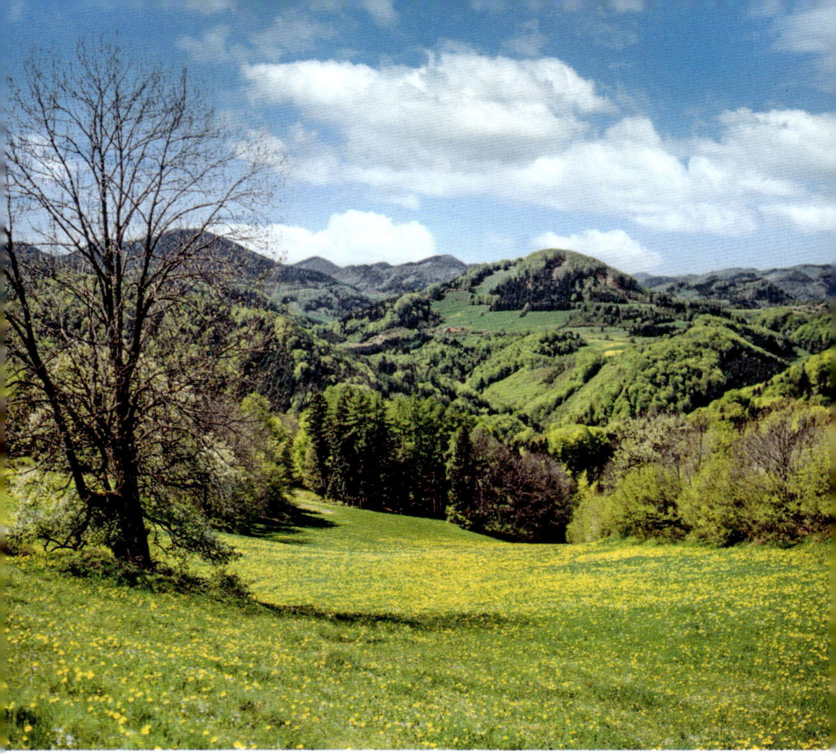

Blumenreiche Wiesen im Gebiet des Kaiserkogels bei Eschenau (Tour 10).

Wetter

Auskünfte über das Berg- und Wanderwetter in Ostösterreich erhält man über den Österreichischen Rundfunk, Hörfunk und Fernsehen (auch Teletext), im Internet (www.zamg.ac.at) und über die persönliche Wetterberatung der Zentralanstalt für Meteorologie in Wien (Tel. 0900/5301111).
Die folgenden Telefon-Tonbanddienste (0900-Nummern) mit erhöhtem Tarif sind nur innerhalb Österreichs zu erreichen:

- Tonbanddienst des offiziellen Österreichischen Wetterdienstes: Niederösterreich Tel. +43/900/91156602, Steiermark Tel. +43/900/91156607, 5-Tage-Prognose Gesamtösterreich Tel. +43/900/911566-10, Ostalpenwetter Tel. +43/900/91156684, Bergwetter regional Tel. +43/900/91156681.
- Tonbanddienst des ÖAV: Ostalpenwetter Tel. +43/900/91156682 und Tel. +43/900/91156684, regionales Alpenwetter Tel. +43/900/91/156681.
- www.alpenvereinaktiv.com/de/bergwetter, www.alpenverein.de/DAV-Services/Bergwetter.

Telefon

Für das Telefonieren von und nach Österreich gelten folgende Landeskennzahlen:

- aus Deutschland, Italien, Ungarn, Tschechien, Slowakei und der Schweiz nach Österreich: 0043
- aus Österreich nach Deutschland 0049, Italien 0039, Ungarn 0036, Tschechien 00420, Slowakei 00421 und in die Schweiz 0041

Achtung: Bei Italien bleibt die Null der Ortsvorwahl erhalten, ansonsten entfällt sie!

Karten

Die den Touren beigegebenen Karten mit Routeneintragungen sind ein wesentlicher Bestandteil des Wanderführers. Als ergänzende Orientierungshilfe seien folgende Karten empfohlen:

- analog

Freytag & Berndt-Wanderkarte 1:50.000 mit den Blättern WK 012, WK 031, WK 041, WK 051 und WK 052.

Österreichische Karte 1:50.000 des Bundesamtes für Eich- und Vermessungswesen mit den Blättern 4327, 4328, 4329, 4202, 4203, 4204, 4205, 4208, 4209, 4210, 4211.

Kompass-Wanderkarte 1:50.000, Blätter 70 und 212.

Kompass Wanderkarte 1:25.000, Blatt 22 (Mariazell – Ötscher – Erlauftal).

- digital

Austrian Map online (abruf- und ausdruckbar unter www.austrianmap.at) des Österreichischen Bundesamts für Eich- und Vermessungswesen (amtliche Österreichische Karte 1:50.000).

Tour Explorer 50 Österreich, Version 6.0 von MagicMaps (amtliche Österreichische Karte und Freytag & Berndt-Wanderkarte 1:50.000).

GPS-TRACKS UND KOORDINATEN DER AUSGANGSPUNKTE

Zu diesem Wanderführer stehen auf www.rother.de GPS-Tracks und Koordinaten der Ausgangspunkte zum kostenlosen Download bereit.

7. Auflage, Passwort: **402607sku**

Die GPS-Daten wurden vom Autor teils über eine digitale Karte und teils im Gelände erfasst. Verlag und Autor haben die Tracks und Wegpunkte nach bestem Wissen und Gewissen überprüft. Dennoch können wir Fehler oder Abweichungen nicht ausschließen, außerdem können sich die Gegebenheiten vor Ort zwischenzeitlich verändert haben. GPS-Daten sind zwar eine hervorragende Planungs- und Navigationshilfe, erfordern aber nach wie vor sorgfältige Vorbereitung, eigene Orientierungsfähigkeit sowie Sachverstand in der Beurteilung der jeweiligen (Gelände-)Situation. Man sollte sich für die Orientierung auch niemals ausschließlich auf GPS-Gerät und -Daten verlassen.

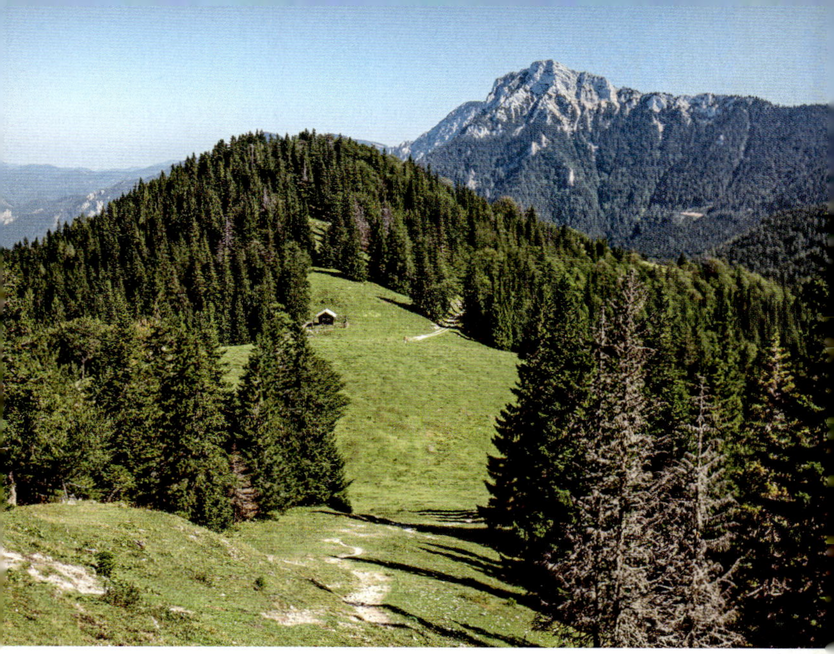

Oben: Die eindrucksvolle Felsgestalt des Gippel (Tour 19) von Westen (von der Göllerhütte). Rechts: Die nördliche Uferpromenade am Erlaufsee (Tour 36 und 38) verwöhnt das ganze Jahr hindurch mit intensiven Landschaftseindrücken.

Ergänzende Literatur

- J. Lenzenweger, F. Hauleitner: Nationalpark Kalkalpen, Rother Bergverlag.
- P. Werner, I. Kürschner, T. Huttenlocher, J. Hemmleb: Klettersteigatlas Alpen, Rother Bergverlag.
- A. Jentzsch-Rabl, D. Wissekal, A. Jentzsch: Klettersteigführer Österreich, Alpinverlag.
- K. Schall: Klettersteig-Atlas Österreich, Schall-Verlag.
- A. Jentzsch-Rabl, A. Jentzsch: Klettern im leichten Fels. Leichte Klettertouren (2 bis 4 UIAA) zwischen Bodensee und Wienerwald, Alpinverlag.
- K. Schall, T. Behm: Genusskletter-Atlas Niederösterreich (Österreich Ost), Schall-Verlag.
- F. und E. Käfer: Pilgerwege nach Mariazell, Band Ost & Nord, Verlagsgruppe Styria.
- W. Gamerith: Ötscherland, Natur erleben zwischen Bauernland und Bergwildnis, Verlagsanstalt Tyrolia.
- Dehio Niederösterreich, südlich der Donau, Teil 1 und 2, Verlag Berger.
- Dehio Steiermark, Verlag Berger.

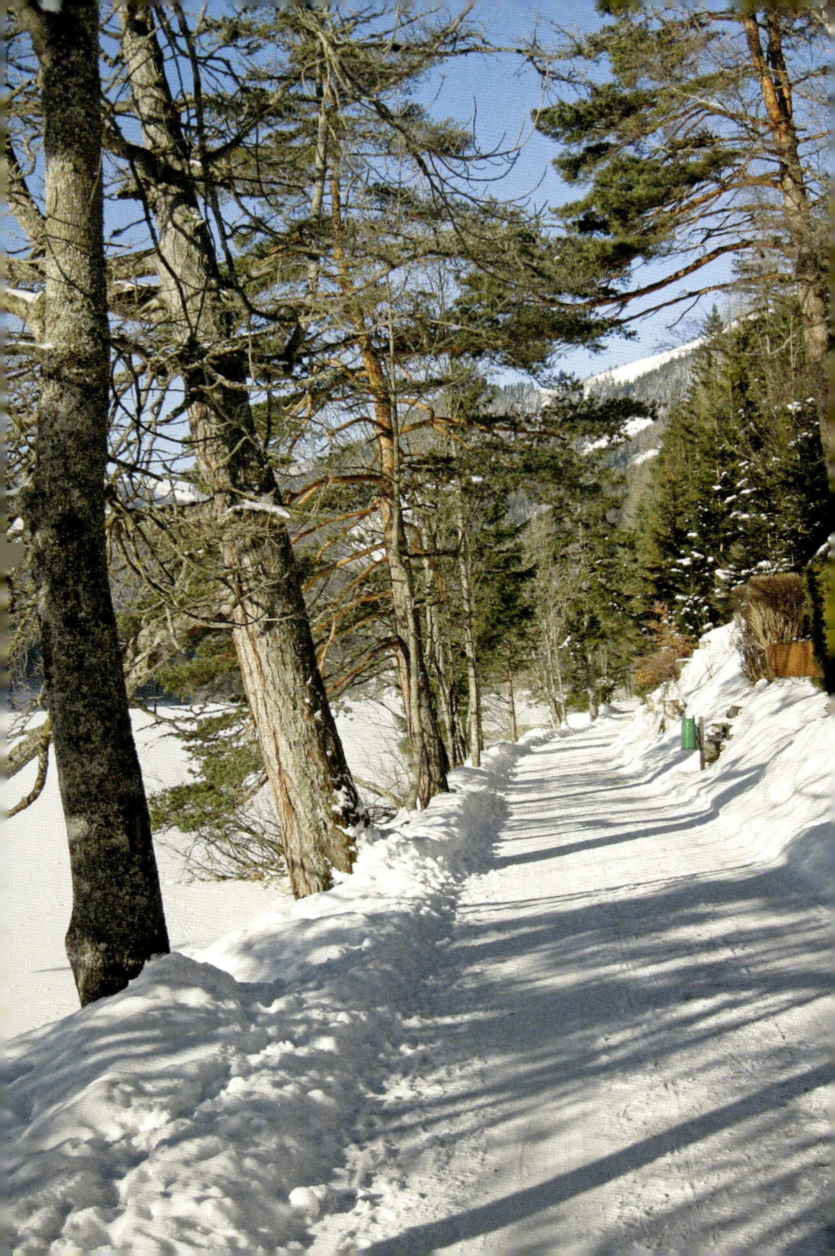

GEBIETSÜBERBLICK

Wer von höheren Standorten des Waldviertels oder der Wachau den Blick nach Süden schweifen lässt, der gewahrt über dem Gewoge niedriger Hügelketten, einer Fata Morgana gleich, die wuchtige Felsschaufel des Ötscher, um den sich das Gipfelheer der Türnitzer, Mürzsteger und Ybbstaler Alpen, hier kurz Mariazeller Berge genannt, schart. Der kürzeste Weg dorthin führt von Niederösterreichs Landeshauptstadt St. Pölten durch das Traisental. Es wird linker Hand zum einen von den aus Flysch (Sandstein) geformten Erhebungen des westlichen Wienerwaldes, zum anderen von den bewaldeten Kalkbergen der westlichen Gutensteiner Alpen flankiert. Die Höhen westlich der Traisen, die Türnitzer Berge, bilden die Osthälfte des hier gewürdigten Gebietes. Kultureller und geistiger Mittelpunkt des Tales ist Lilienfeld mit seinem prächtigen Zisterzienserstift, der größten mittelalterlichen Klosteranlage Österreichs. Zudem gilt der Ort als »Wiege des alpinen Skilaufs«. Das ist freilich keinem Einheimischen, sondern einem »Zuagrasten« zu danken, dem das Gebiet zur Wahlheimat wurde, Mathias Zdarsky. Er erfand die für alpine Verhältnisse geeignete Skiausrüstung bzw. -technik und veranstaltete 1905 am Muckenkogel den ersten Torlauf der Skigeschichte. Für Wanderer interessanter ist der Urlaubsort Türnitz im Zentrum der Gruppe mit einer Palette meist hüttentragender Aussichtsgipfel. Im Seitenast der Unrecht-Traisen sind es die Erholungsorte Hohenberg, St. Aegyd und Kernhof, die mit ihrem reichen Tourenangebot das Herz des Wanderers höherschlagen lassen. Den Talhintergrund dort formt schon die nördlichste Kette der Mürzsteger Alpen, der Gippel-Göller-Zug, dessen Überschreitung zu den großen Fahrten des Gebietes gehört.
Noch eine weitere Talfurche gilt es zu würdigen, nämlich das nördlich gelegene Pielachtal. Zwischen sanften Flyschbergen und Kalkvoralpen eingelagert, hat es einen lieblichen Landschaftscharakter. Von den Marktflecken Rabenstein, Kirchberg und Frankenfels lassen sich Streifzüge auf weitschauende Höhen unternehmen, nirgends beschwerlich, aber immer reizvoll und zum Teil recht einsam, wie etwa der neu entdeckte Geißenberg bei Schwarzenbach.
Die Straßen über Kernhofer Gscheid, Wastl am Wald und Annaberger Sattel bringen den Besucher aus dem St. Pöltner Raum in die sonnendurchflutete Mulde des oberen Erlauftales, in das Gebiet um Mariazell. Beeindruckend ist vor allem die Fahrt über den Annaberg, wo unvermittelt die gewaltige Felsmasse des Ötscher auftaucht (siehe Foto Seite 68 unten).
Das Erlauftal bildet die Grenze zu den Ybbstaler Alpen im Westen. Der Abschnitt zwischen Gaming und Mitterbach ist aber nicht nur einfach ein Tal, sondern ein ausgewachsener, großartiger Canyon zu Füßen des Ötscher. Zu den Berg- und Talwanderungen der Region gesellt sich damit eine neue Dimension, die Tiefe! Man kann die beiden Schluchtteile – Tormäuer und Ötschergräben – auf guten Wegen durchstreifen, alle sind sie prachtvol-

le Unternehmungen im »Keller« der Mariazeller Berge mit Szenarien, die solchen in Hochgebirgen ebenbürtig sind. Dennoch bleibt hier der Ötscher das vorrangige Ziel, trotz bescheidener Gipfelhöhe ist er ein Berg von hoher Majestät, der wie ein gewaltiger Schiffsbug über bewaldeten Mittelgebirgen thront. Um 1100 in den Quellen des Klosters Mondsee als »Othzan« (vom slawischen »ocàn« = Gevatter) erwähnt, erfolgte 1574 die erste nachgewiesene Besteigung durch den Botaniker Karl Clusius. 1591 ließ Kaiser Rudolf II. durch Richard von Streun am Ötscher Erkundungen nach Goldadern vornehmen, wobei auch die Höhlen am Rauen Kamm (Geldloch, Taubenloch) besucht wurden. 1663 wurden am Ötscher Kreidfeuer als Warnsignal bei Türkeneinfällen vorbereitet. Ab 1800 dürfte der Ötscher ein Gipfelkreuz besessen haben.

Man besteigt den Ötscher vornehmlich von Lackenhof aus, weniger Geübte über die Normalroute vom Ötscherhaus, Trainierte über den Rauen Kamm, den schönsten Weg auf den Berg.

Im Gegensatz zu den Felslandschaften der Tormäuer und Ötschergräben präsentiert sich das Einzugsgebiet der Erlauf im Umkreis der Passhöhe von Mitterbach-Mariazell als sanftes Wiesenplateau mit verlockend schönen Wandergipfeln ringsum. Bei Mitterbach sammeln sich die Wasser der Erlauf zum viel besuchten Erlaufsee. Seine Fluten beglücken im Sommer nicht nur Badegäste, auch Bootfahrer, Surfer und Taucher kommen auf ihre Kosten. Die darüber aufragende, durch einen Sessellift erreichbare hüttenbewehr-

Am Lunzer See. Blick nach Süden zur Mündung des Seetales (Tour 48).

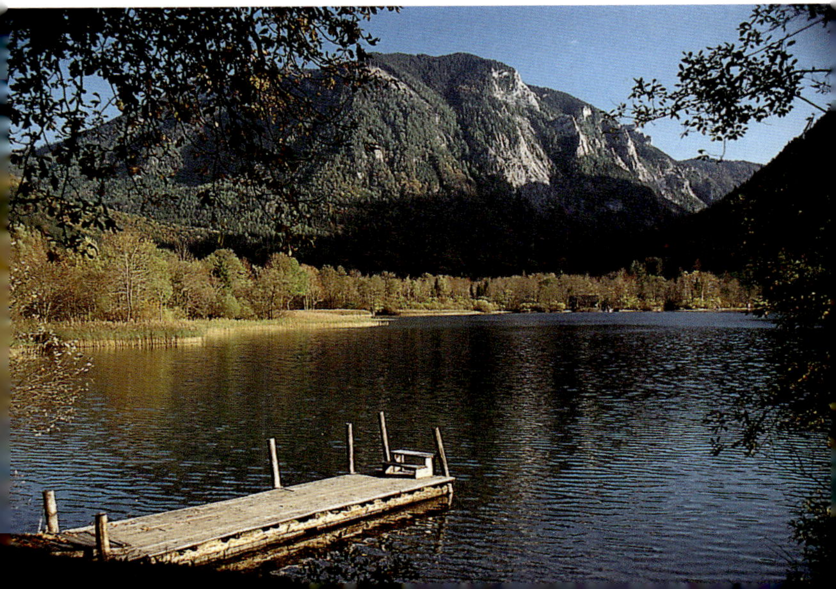

te Gemeindealpe ist der zentrale Ski- und Wanderberg des Gebiets. Hoch im Kurs steht nach wie vor der benachbarte, auf steirischer Seite gelegene Wallfahrtsort Mariazell, eines der bedeutendsten Fremdenverkehrszentren Ostösterreichs mit einem Wanderprogramm, das sich sehen lassen kann. Denn die besondere Lage dieser Kleinstadt an zwei sich kreuzenden Talfurchen bewirkt, dass hier die Tourengebiete von vier Gebirgsgruppen (Hochschwab, Türnitzer, Ybbstaler und Mürzsteger Berge) verschmelzen. Am Stadtrand lohnt die seilbahnerschlossene Bürgeralpe einen Besuch. Und nicht zu vergessen das ehemals kaiserliche Jagdgebiet, die Walster mit dem romantischen Hubertussee und dem im Norden darüber aufragenden Sulzberg, höchste Erhebung der Türnitzer Alpen und trotzdem Geheimtipp. Im Süden des Ortes, also jenseits des Halltales (vom keltischen Wort »hal« = Salz, das hier vom 11. bis ins 18. Jh. in Form bereits zutage tretender gelöster Sole gewonnen wurde), harren die Höhen der Mürzsteger Alpen einer näheren Erkundung. Fast alle sind sie Klasse-Aussichtsberge, die sich mit dem höchsten Gipfel der Gegend, der Hohen Veitsch, um das innere Mürztal scharen. Man erreicht sie auf leichten, aber nicht immer beschwernisfreien Wegen, doch einmal oben, werden gemütliche Spazierwanderungen von einer Alm zur nächsten geboten.
Den Ötscher und das teilweise dem Skisport geopferte Hochkar ausgenommen, bergen die Ybbstaler Alpen westlich von Mariazell noch wahre Juwele unberührter Bergnatur wie etwa die Zellerhüte, die Kräuterin mit Hochstadl und Hochtürnach, den Dürrenstein, den Gamsstein und die Voralpe (Stumpfmauer) sowie Rainstock, Oisberg und Friesling. Große Höhenunterschiede, fehlende Stützpunkte und Markierungen verlangen an ihnen zum Teil ein gehöriges Maß an Ausdauer und Orientierungssinn. Kein Wunder, dass im Ötschergebiet ein alter Bekannter, nämlich der Bär, wieder heimisch wurde. Doch keine Angst! Direkte Begegnungen mit dieser Spezies gehören zu den Ausnahmen. Man kann aber anhand von Fährten gelegentlich auf die Anwesenheit des struppigen Gesellen schließen. An dieser Stelle muss auch die 50 km lange Talschlucht der Salza an der Grenze zum Hochschwab genannt werden, eine der schönsten Wildwasserstrecken Österreichs. Oder der malerische Lunzer See, an dessen Ufern man im Sommer jeder Art von Wassersport huldigen kann. Wem es jedoch alte Bausubstanzen angetan haben, der findet an der niederösterreichischen Eisenstraße ungeahntes Kulturgut wie etwa die vorbildlich restaurierte Kartause Gaming oder das »Ottonische Oktogon« in Wieselburg.
Zwei große Naturschutzgebiete sorgen für die Erhaltung noch intakter Natur, der Naturpark Eisenwurzen im Einzugsgebiet der Salza und der Naturpark Ötscher-Tormäuer, ein 90 km² großes Berggebiet zwischen Ötscher und St. Anton, Reith und Winterbach mit Eingängen in Eibenboden, Hochbärneck, Trübenbach und Treffling. Auch »Urwälder« gibt es, nämlich den Lahnsattler Urwald nahe St. Aegyd und den Rothwald im Südosten des Dürrensteins. Des Weiteren führt eine Reihe großzügiger Wanderrou-

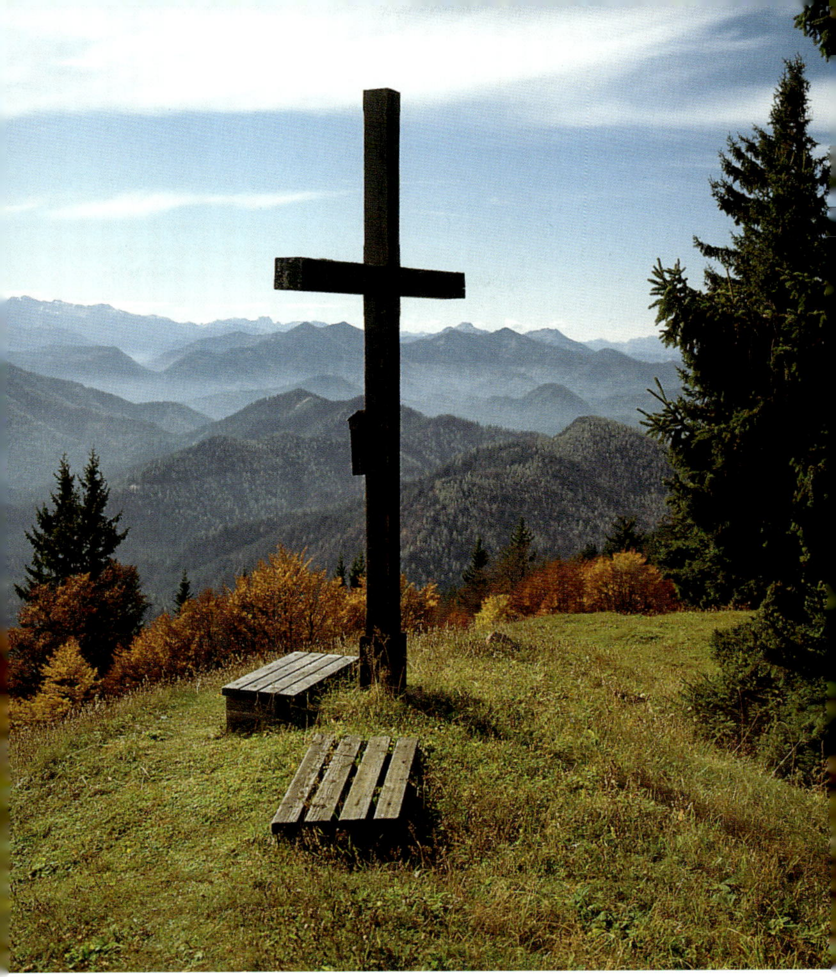

Herbststimmung am Gipfel des Großen Sulzberges (Tour 29).

ten durch unser Gebiet, die Europäischen Fernwanderwege Nr. 4 und Nr. 6 sowie etliche Weitwanderwege, deren Aufzählung hier unterbleiben muss. Hinzu kommen die sternförmig aus allen Richtungen zusammenlaufenden Mariazeller Wallfahrerwege (Nr. 06) mit der berühmten »Via sacra« (= Heilige Straße) von Wien über Heiligenkreuz, Lilienfeld und Annaberg, auf der schon vor 800 Jahren Pilger nach Mariazell marschierten.

SEHENSWÜRDIGKEITEN UND FREIZEITTIPPS

Fest- und Sommerspiele

Theater-, Konzert- und Opernaufführungen gibt es in St. Pölten (Theaterfest Niederösterreich, Ost-West Musikfest, Festwochen St. Pölten, Festival Musica Sacra, St. Pöltner Volksfest), in Krems (Donaufestival), auf Schloss Grafenegg (Grafenegg Festival, Sommerkonzerte, Woche der Romantischen Musik), auf Maria Langegg (Orgelkonzerte), Stift Göttweig (Göttweiger Stiftskonzerte), Stift Melk (Sommerspiele und Internationale Barocktage) und Lilienfeld (Sommerakademie und Festival Musica Sacra), ausführlicher Veranstaltungskalender: www.austria.info/at/aktivitaten/stadt-und-kultur/veranstaltungs-highlights.

Frankenfels: Bergbauernmuseum Hausstein

Bauernhof am Abhang des Frankenfelser Berges, westlich von Frankenfels und von dort mit dem Auto zu erreichen, 2,5 km. Sammlung alter bäuerlicher Werkzeuge; Jausenstation mit bodenständigen Spezialitäten. Geöffnet 1. Mai bis 26. Oktober am Samstag, Sonntag und Feiertag 13 bis 18 Uhr, wochentags gegen Voranmeldung (Tel. +43/2725/218 und mobil +43/699/11720664).

Freiland: Feld- und Industriebahnmuseum

Vorführbetrieb von Dampf- und Diesellokomotiven, zwischen 20. Mai und 30. September einmal monatlich (sonntags) von 10 bis 16 Uhr geöffnet (Info: www.feldbahn.at).

Gaming: Kartause Gaming

Größtes Kartäuserkloster Mitteleuropas. Bis zu seiner Aufhebung durch Joseph II. (1782) geistiges und wirtschaftliches Zentrum des gesamten alpinen Mostviertels. 1330 durch Herzog Albrecht II. von Österreich, seiner Gemahlin Johanna von Pfirt und seinem Bruder Otto gegründet und von Kartäusern aus Mauerbach bei Wien besiedelt, wobei das Ötschergebiet mit Verkehrswegen und Meiereien erschlossen und mehrere Siedlungen (z. B. Lunz und Lackenhof) gegründet wurden. Um zwei große Klosterhöfe gruppieren sich insgesamt 24 gotische Mönchszellen. Sehenswert sind der stuckgeschmückte Prälatensaal, der Bibliothekssaal, ein Kuppelraum mit Seitenflügeln und Fresken sowie die Klosterkirche Maria Himmelfahrt (Info: Tel. +43/7485/98466, www.kartause-gaming.at). Chopinfestival Mitte August (www.chopin.at).

Höhlen

Das Ötschergebiet birgt zahlreiche, zum Teil schon im Mittelalter besuchte Höhlen wie das Geldloch (Eishöhle) und das Taubenloch in der Südseite des Rauen Kammes sowie die Kollerhöhle bei Erlaufboden. Da es sich hier um keine Schauhöhlen handelt, ist die Besichtigung nur Geübten mit entsprechender Ausrüstung angeraten. Zu den Schauhöhlen des Gebiets gehören die Ötscher-Tropfsteinhöhle in den Vorderen Tormäuern, die Nixhöhle (Frankenfels), die Hochkarhöhle (»Hochkarschacht«) sowie die Kraushöhle (einzige Gipskristallhöhle im deutschsprachigen Raum) bei Gams.

Joachimsberg: Pferdemesse »Fest der blonden Pferde«

Eine der meistbesuchten Pferdemessen Österreichs (Haflingermarkt), bekannt als das »Fest der blonden Pferde«. Es findet alljährlich am 3. Samstag im August an der Hengststation Schaglhof in Joachimsberg bei Annaberg statt.

Kernhof: Kameltheater Weißer Zoo

Im Alpen-, Blumen- und Tierpark unterhalb der Sepp-Forcher-Aussichtswarte am westlichen Ortsrand von Kernhof. Weißer Zoo (mit Albinokängurus, Schneeleoparden und weißen Tigern), Tierpark mit Alpakas, Nasenbären, Servalen, patagonischen Maras und indischen Muntjaks. Kamelshows, Felsenrestaurant »Don Kamelo«, Bärentheater, 1. April bis 15. November Samstag, Sonntag und Feiertag, 1. Juli bis 10./15. September Dienstag bis Sonntag 10–18 Uhr geöffnet, Tel. +43/2768/20020 und +43/664/1111012, www.kameltheater.at).

Das Schutzhaus am Prochenberg (Tour 60), ein beliebtes Ausflugsziel für Jung und Alt.

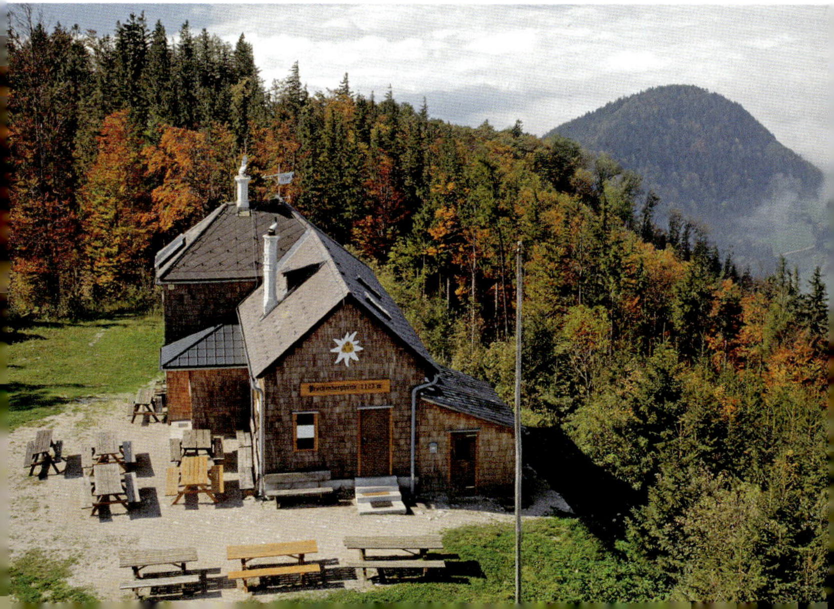

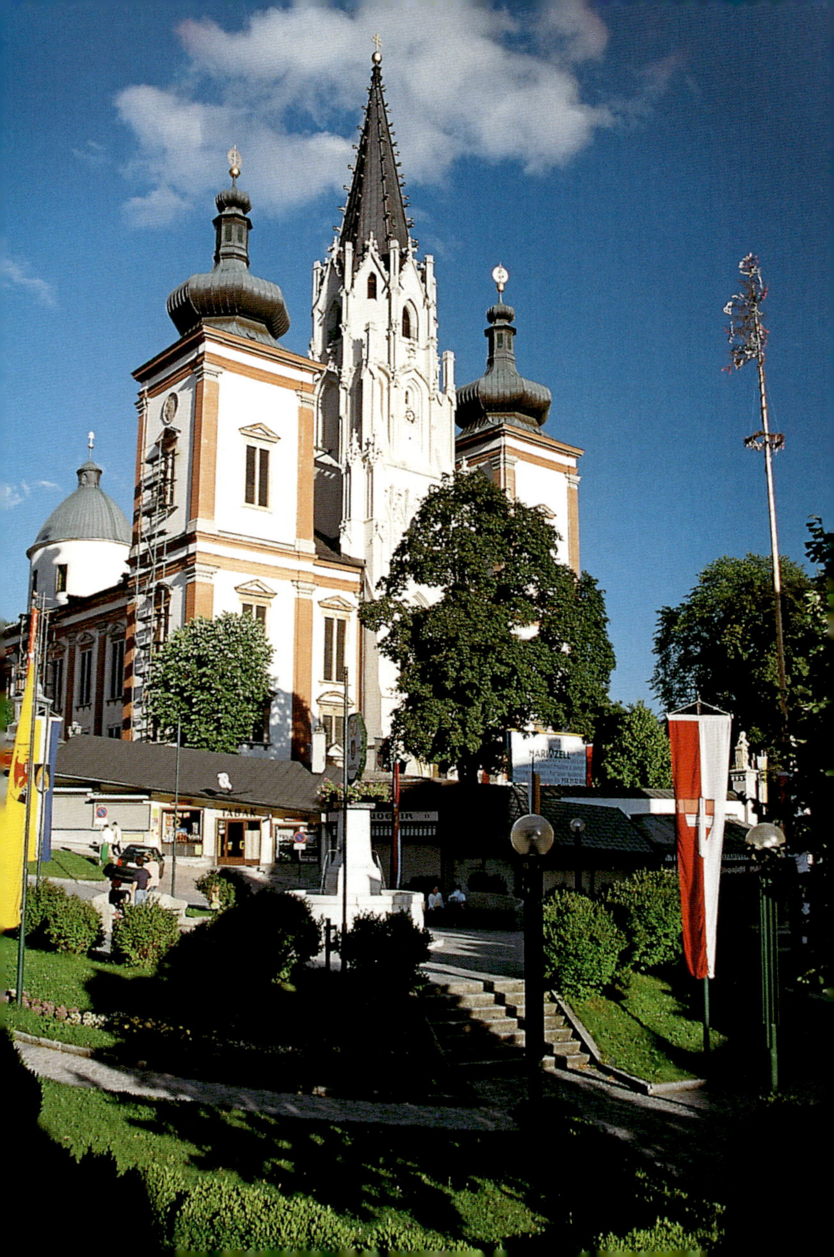
TABAK

Lassing: Erlebniswelt Mendlingtal
Zweieinhalb Kilometer langer, mit Schautafeln ausgestatteter Themenweg (abgesicherte Hangstege, Holzbrücken), der vom Dorfteich in Lassing durch die drei Klammen des Mendlingbaches führt. In der Schlucht eindrucksvolle Holztriftanlage, die letzte funktionierende ihrer Art in Mitteleuropa. Die Erlebniswelt ist zwischen 1. Mai und 31. Oktober täglich von 9 bis 17 Uhr geöffnet (Info: https://erlebniswelt-mendlingtal.at). Schautriften, Schausägen an der Venezianischen Brettersäge, Mühlenvorführungen (Schaumahlen).
Auskünfte im Büro der Tourismusregion Ybbstaler Alpen in Göstling (Montag bis Freitag 8 bis 12 Uhr geöffnet, Tel. +43/7484/93049, info@ybbstaler-alpen.at, www.ybbstaler-alpen.at).

Lilienfeld
Stadt im Traisental mit der größten mittelalterlichen Klosteranlage Österreichs. Zisterzienserstift aus der Babenbergerzeit (1202), romanisch-gotische Stiftskirche (13. Jh.) mit barocker Innenausstattung; Kreuzgang (1260), sechseckiges Brunnenhaus und Bibliothek. In einem alten gotischen Torturm der Stadt ist das Heimatmuseum mit dem sehenswerten Zdarsky-Ski-Museum untergebracht. Mit St. Pölten und Herzogenburg Austragungsort des Festivals Musica Sacra im September und Oktober (Info: www.stift-lilienfeld.at, www.lilienfeld.at, http://festival-musica-sacra.at). Lilienfeld war Wahlheimat des berühmten Skipioniers Mathias Zdarsky und gilt heute als die »Wiege des alpinen Skilaufs«.

Mariazell
Bedeutendster Wallfahrtsort Mitteleuropas, Fremdenverkehrszentrum mit Sommer- und Wintersaison auf der plateauartigen Passhöhe zwischen Erlauf- und Salzatal. Um 1200 Errichtung einer ersten romanischen Kirche, seit 1300 Wallfahrtsort. Nach dem Sieg über die Türken (1363) ließ König Ludwig I. von Ungarn eine gotische Kirche errichten, die im Mittelschiff und im 90 m hohen Mittelturm noch erhalten ist. Zwischen 1644 und 1704 erhielt die Kirche ihre heutige Form und barocke Ausstattung. Sehenswürdigkeiten: Basilika mit eindrucksvoller Westfassade und barockem Langhaus (Domenico Sciassia), gotisch-barockem Gnadenaltar und großartigem Hochaltar (Fischer von Erlach), Schatzkammer und alpenländischer Krippe; Heiligbrunn-Kapelle (1715) und Kalvarienberg (Info: www.mariazell.at, www.basilika-mariazell.at).

Mariazell: Museumstramway zum Erlaufsee
Keine aufgelassene, sondern zwischen 1976 und 1984 vollkommen neu errichtete Eisenbahnstrecke, deren Gleisanlagen von Mitarbeitern der IG

Die Basilika von Mariazell.

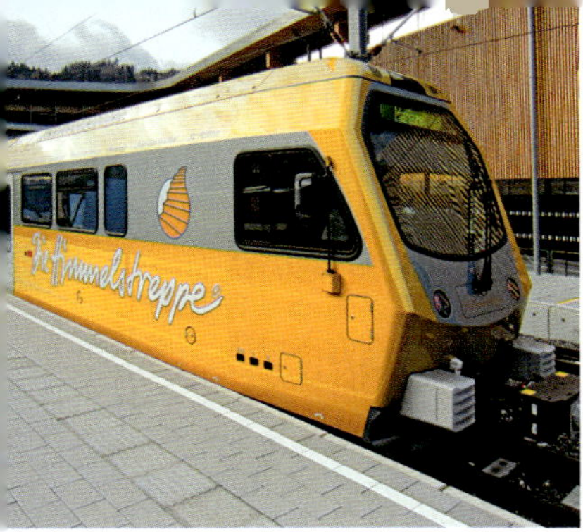

Die modernen Garnituren »Die Himmelstreppe« der Mariazellerbahn bringen den Urlauber von St. Pölten her bequem und genussreich ins Mariazeller Land.

Museumstramway Mariazell in freiwilliger Arbeit hergestellt wurden, wobei die verwendeten Bauelemente die technische Entwicklung der österreichischen Straßen- und Lokalbahnbetriebe widerspiegeln. Die Fahrzeugsammlung der Museumstramway umfasst Wagen etlicher Straßenbahn- und Lokalbahnbetriebe aus der Periode zwischen 1868 und 1944. Die dampf- oder dieselbetriebenen Garnituren verkehren an Pfingsten sowie vom 10. Juni bis 26. Oktober am Samstag, Sonntag und Feiertag vom Mariazell-Promenadenweg / Grazer Bundesstraße (Stationen: Bahnhof Mariazell, Freizeitzentrum, Erlaufsee) zwischen 10 und 16–17 Uhr etwa im Stundentakt in beiden Richtungen (www.museumstramway.at).

Mariazell: Erlebniswelt Holzknechtland

Am Gipfelplateau der von Mariazell mit der Kleinkabinenbahn »Bürgeralpe-Express« erreichbaren Bürgeralpe gelegener Freizeitpark, in dem die Arbeitsvorgänge der Forstwirtschaft aus vergangener Zeit demonstriert und damit Einblicke in das Leben der Holzknechte von früher gegeben werden (Holztrift, Wasserwerkstätte, Sägewerk, bewegliche Figurendarstellung der Baumbearbeitungsphasen). Höhepunkt ist dabei die Fahrt mit der schmalspurigen Waldeisenbahn um die beiden Beschneiungsteiche »Waldsee« und »Kristallsee«. Am Ufer des Waldsees steht das in Schiffsform angelegte Ausstellungsgebäude »ÖBF-Arche des Waldes«. Der Freizeitpark ist mit der Bürgeralpen-Seilbahn vom 1. Mai bis 30. Juni bzw. 12. September bis 19. Oktober Mittwoch bis Sonntag und am Feiertag, vom 1. Juli bis 11. September bzw. 20. Oktober bis 2. November täglich geöffnet. Betriebszeiten: Seilbahn: 9.30–17 Uhr, Samstag und in den Ferien: 9.30–20 Uhr (Tel. +43/3882/2555, www.buergeralpe.at).

Mariazellerbahn

Schönste schmalspurige Gebirgsbahn Ostösterreichs von St. Pölten durch das Pielach- und Erlauftal nach Mariazell (85 km, 21 Tunnels), ein Werk des Bahnpioniers Ingenieur Josef Fogowitz. Von 1896 bis 1906 errichtet, 1907 für den gesamten Verkehr freigegeben, 1911 elektrifiziert. Höhepunkt ist die Strecke zwischen Laubenbachmühle und Mitterbach hoch über den Erlaufschluchten entlang (Ötscherblick!). Seit Dezember 2013 Verkehr mit den modernen Niederflurtriebfahrzeugen »Die Himmelstreppe«, ab Sommer

2014 ausgestattet mit vier Panoramawaggons mit Blick auf die einzigartige Ötscher-Landschaft. Fans sei eine Fahrt mit dem Nostalgiezug »Ötscherbär«, abwechselnd gezogen von einer Elektrolokomotive der Reihe 1099 (1910–1914) oder der Dampflokomotive Mh.6 (1906) mit Salon- und Speisewagen empfohlen. Fahrtermine und Vorausbuchung über das Bahnen Infocenter Niederösterreich, Tel. +43/2742/360990-1000, www.noevog.at.

Mürzzuschlag: Winter!Sport!Museum!
Mürzzuschlag gilt als erster Wintersportort im Ostalpenraum (Skiwettkämpfe bereits 1893). In dem einzigartigen Museum können über 1000 Exponate besichtigt werden. Interessante Sonderausstellungen! Geöffnet täglich außer Montag von 9.00 bis 12.30 und 14 bis 17 Uhr. Winter!Sport!Museum! Mürzzuschlag, Wiener Str. 13, 8680 Mürzzuschlag, Tel. +43/3852/3504, office@wintersportmuseum.com, www.wintersportmuseum.com.

Ochsenburg: Schloss Ochsenburg
Nördlich von Wilhelmsburg über dem rechten Traisenufer stehender mächtiger Vierkantbau. Im 12. Jh. von den Hohenstauf-Altenburgern erbaut. Als Besitz von Rudolfus de Ossenburch 1180 erwähnt, von 1383 bis 1531 und ab 1700 im Besitz des Chorherrenstiftes St. Pölten, von Jakob Prandtauer barockisiert. Im Schloss sehenswerte Nikolauskapelle mit Rokoko-Ornamentmalerei an der Decke und prächtigen Altarbildern des Kremser Schmidt. Das Schloss wurde u.a. von Moritz von Schwind und Franz Schubert besucht, der hier 1821 die ersten Teile seiner Oper »Alfonso und Estrella« schrieb.

Palfau: Wasserlochklamm
Das Palfauer Wasserloch ist die größte wasserführende Höhle der Steiermark. Die 900 Meter lange Klamm an der Südseite des Hochkares (fünf Wasserfälle, Wasserloch, 60 m lange Hängebrücke) wird durch eine Steiganlage mit stabilen Holztreppen und -brücken gangbar gemacht. Sie ist vom 1./5. April bis 31. Oktober täglich ab 9 Uhr im Juli und August ab 8 Uhr begehbar (Tel +43/3633/220151, https://wasserlochklamm.at).

Wieselburg: »Ottonisches Oktogon«
Die um 994 entstandene Wehrkirche zum hl. Ulrich in Wiesenburg ist das älteste Bauwerk aus der Babenbergerzeit, ein Zentralbau (»Ottonisches Oktogon«), der ab 1500 in der heutigen spätgotischen Hallenkirche (mit einem Bild des Kremser Schmidt am Hochaltar) als Priesterchor Verwendung fand.

Wieselburg: Schloss Weinzierl
Spätbarocke, von Türmen flankierte Vierflügelanlage, die einen Arkadenhof umschließt. Ursprünglich war das Schloss Gutshof des Klosters St. Emmeram (Regensburg). Ursprünglicher, im Kern noch bestehender

Schlossbau unter Johann Linsmayer Freiherr von Greiffenberg (1578–86), Umbauten unter dessen Nachfahren in der ersten Hälfte des 17. Jh. Um 1741 unter Baron Johann Carl Weber von Fürnberg barockisiert, heute landwirtschaftliche Bundeslehranstalt »Francisco-Josefinum«. In den Jahren 1755–59 Wirkungsstätte Joseph Haydns, der damals in Diensten des Barons Fürnberg stand und hier seine ersten Streichquartette schrieb. Besuchenswert das »Musikfest Schloss Weinzierl« um Christi Himmelfahrt (Info: www.musikfest-weinzierl.at).

Wildalpen: Wasserleitungsmuseum

Die beiden Wiener Hochquellenwasserleitungen stellen großartige technische Leistungen des 19. und beginnenden 20. Jh. dar. Nach der Eröffnung der 1. Wiener Hochquellenwasserleitung aus dem Rax-Schneeberg-Gebiet wurde zwischen 1900 und 1910 die 2. Wiener Hochquellenwasserleitung aus dem steirischen Salzatal nach Wien errichtet (Eröffnung am 2. Dezember 1910 durch Kaiser Franz Josef I.). Sie liefert täglich 200.000 m^3 Wasser in die Bundeshauptstadt (Info: www.wien.gv.at/wienwasser/wildalpen).

Wildalpen: Wildwassersportzentrum

Eines der bedeutendsten Zentren dieser Art in Österreich. Paddeln und Rafting; Verleih von Booten und Wildwasserausrüstung; Salzataler Kajak- und Kanuschule. Von 25./30. April bis Ende Oktober täglich geöffnet (Tel. +43/664/8521722, +43/664/8521739, wildwasserzentrum@naturfreunde.at, http://wildwasser.naturfreunde.at).

Ybbstalbahn (Citybahn, Ötscherland-Express)

Von der schmalspurigen Ybbstalbahn (Waidhofen–Großhollenstein-Göstling–Lunz-Kienberg/Gaming) werden heute nur noch zwei Teilstrecken befahren, die 5 km lange Citybahn der NÖVOG von Waidhofen nach Gstadt (www.citybahn.at) und die 27 km lange Ybbstalbahn-Bergstrecke mit dem »Ötscherland-Express« (100 Jahre alte Dampfloks, 80 Jahre alte Dieselloks) von Göstling über Lunz am See nach Kienberg/Gaming, eine Museumsbahn der NÖ Lokalbahnen-Betriebsgesellschaft (Dampf-Nostalgiefahrten an den Wochenenden von Anfang Juni bis Anfang Oktober, www.mostviertel.at/alle-ausflugsziele/a-oetscherland-express, www.lokalbahnen.at/bergstrecke).

Mathias Zdarsky

Lilienfeld gilt als die »Wiege des alpinen Skilaufs«. Marktl, ein nördlicher Nachbarort von Lilienfeld, ist die Wahlheimat des Skipioniers Mathias Zdarsky, des Begründers der »Alpinen (Lilienfelder) Skifahrtechnik«. Zdarsky wurde am 25. Februar 1856 in Kožichovice (Südmähren) geboren. Der Verlust des linken Auges hinderte ihn daran, ein Gymnasialstudium aufzunehmen; er wurde Lehrer, Maler und Bildhauer. 1889 kam der damals 33-Jährige in das Traisental, wo er das verwahrloste Bauerngut Habernreit östlich von Marktl für 7000 Gulden erwarb. In dem steilflankigen Graben lebte er von der Landwirtschaft, daneben ging er seinen wissenschaftlichen Interessen nach; er untersuchte Schnee, Lawinen und den Ski. 1896 propagierte er die auf alpine Verhältnisse abgestimmte Skiausrüstung (Stahlsohlenbindung mit fest sitzendem, aber federndem Fersenteil), er entwickelte die geeignete Skitechnik und erfand den rettenden »Zdarsky-Biwaksack«. Am 19. März 1905 rief er bekannte Skigrößen zu einem Wettkampf am Muckenkogel, dem ersten Riesenslalom (in Österreich »Riesentorlauf«) der Skigeschichte (wiederentdeckt durch Gunther Langes 1935 an der Marmolada in den Dolomiten). Bereits 1896 erreichte Zdarsky auf Skiern Geschwindigkeiten von über 100 km/h. Ab 1903 hielt er Heeresskilehrgänge ab, im Ersten Weltkrieg war er als Alpinreferent tätig, bis ihn 1916 während einer Bergung beinahe selbst der Lawinentod (80 Knochenbrüche!) ereilte. Trotzdem konnte er seinen Körper wieder ertüchtigen und huldigte noch mit 80 Jahren dem Skifahren. Er starb am 20. Juni 1940 in St. Pölten und wurde auf der Habernreit-Wiese nahe seinem Wohnhaus beigesetzt.

Das Städtchen Waidhofen an der Ybbs in der niederösterreichischen Eisenwurzen.

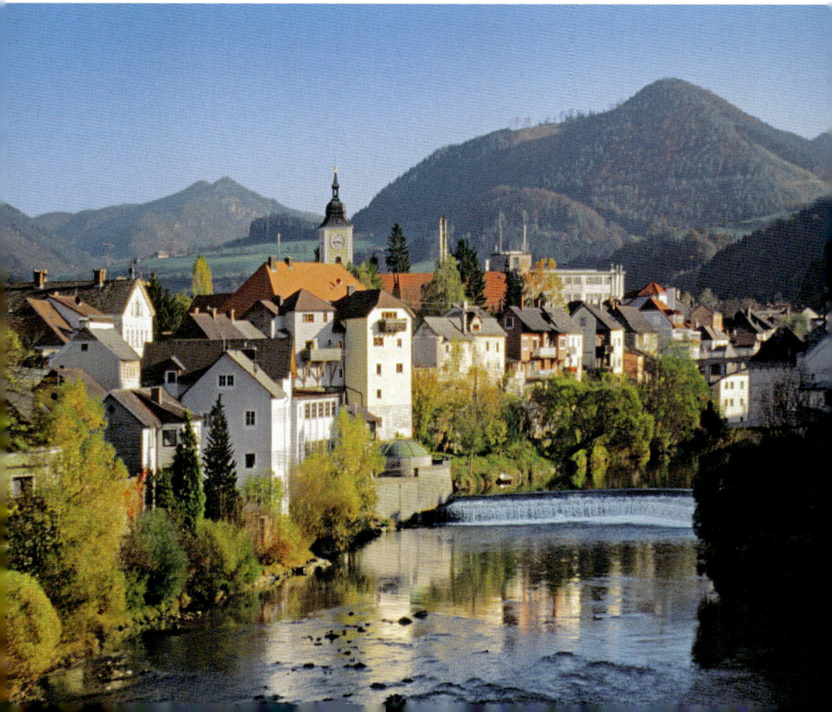

INFORMATIONEN UND ADRESSEN

Landes-Fremdenverkehrsämter und -Informationsstellen

- Österreich Werbung, Urlaubsservice Montag bis Freitag 9–13 Uhr, Tel. 00800/40020000 (gebührenfrei aus Deutschland, Österreich und der Schweiz), www.austria.info

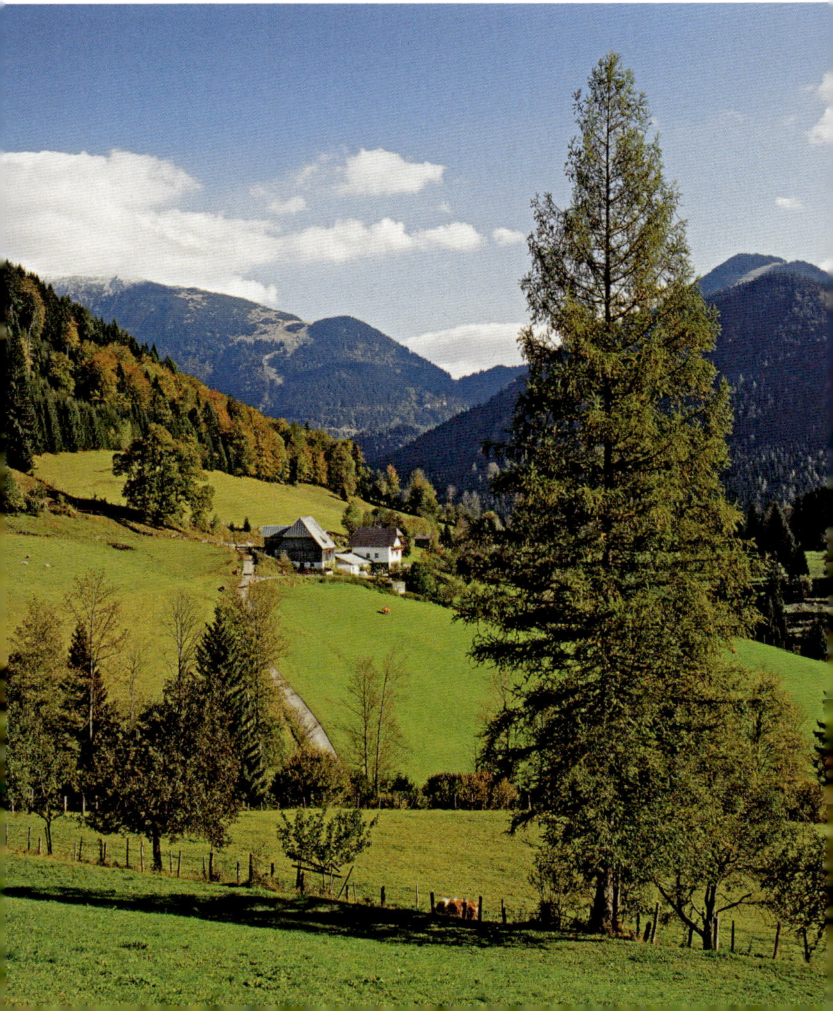

- Niederösterreich Information, Niederösterreichring 2, Haus C, A-3100 St. Pölten, Tel. +43/2742/90009000, www.niederoesterreich.at
- Oberösterreich Tourismus Information, Freistädter Straße 119, A-4041 Linz, Tel. +:+43/732/221022, www.oberoesterreich.at
- Steirische Tourismus GmbH, St. Peter Hauptstraße 243, A-8042 Graz, Tel. +43/316/40030, www.steiermark.com

Regionale Fremdenverkehrsämter und Informationsstellen

- Mostviertel Tourismus GmbH, Töpperschloss Neubruck, Neubruck 2/10, A-3283 Scheibbs, Tel. +43/07482/20444, www.mostviertel.at
- Weinstraße & Tourismus Traisental-Donau, Rathausplatz 22, 3130 Herzogenburg, Tel. +43/2782/83321, www.traisental.mostviertel.at
- Wiener Alpen in Niederösterreich Tourismus GmbH, Schlossstraße 1, A-2801 Katzelsdorf, Tel. +43/2622/78960, www.wieneralpen.at
- Tourismusverband Mariazeller Land, A-8630 Mariazell, Hauptplatz 13, Tel. +43/3882/2366, www.mariazell.at
- Tourismusverband Nationalpark-Region Ennstal, Eisenstraße 75, A-4462 Reichraming, Tel. +43/7254/84140, www.nationalparkregion.at
- Tourismusregionalverband Hochsteiermark, Wiener Straße 46, A-8600 Bruck an der Mur, Tel. +43/3862/55020, www.hochsteiermark.at

Alpine Vereine

- Österreichischer Alpenverein (ÖAV), Olympiastraße 37, A-6020 Innsbruck, Tel. +43/512/59547, www.alpenverein.at
- ÖAV Sektion Gebirgsverein, Lerchenfelder Straße 28, A-1080 Wien, Tel. +43/1/4052657, www.gebirgsverein.at
- ÖAV Sektion Austria, Rotenturmstraße 14, A-1010 Wien, Tel. +43/1/5131003, www.alpenverein-austria.at
- ÖAV Sektion Edelweiß, Walfischgasse 12, A-1010 Wien, Tel. +43/1/5138500, www.alpenverein-edelweiss.at

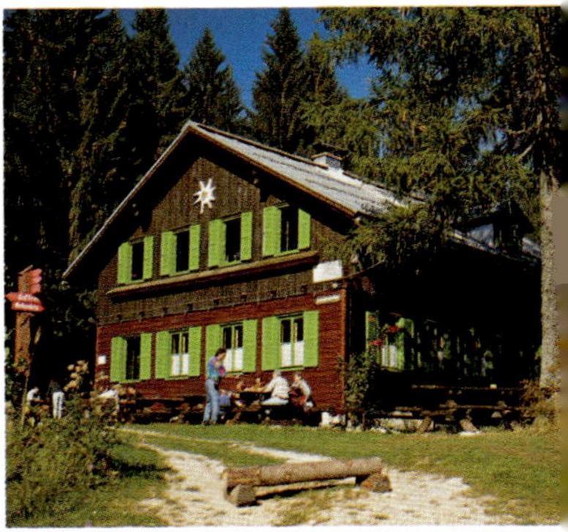

Die Amstettner Hütte am Wetterkogel (Tour 65) bei Waidhofen an der Ybbs.

- Österreichischer Touristenklub (ÖTK), Bäckerstraße 16, A-1010 Wien, Tel. +43/1/5123844, www.oetk.at
- Naturfreunde Österreich (NFÖ), Viktoriagasse 6, A-1150 Wien, Tel. +43/1/89235340, www.naturfreunde.at

Lärchenwiesen beim Hof Reitbauer (Kartäuserpfad) nahe Lackenhof mit dem Ötscher. Im Hintergrund (Großer) Ötscher links, Riffelsattel und Kleiner Ötscher rechts.

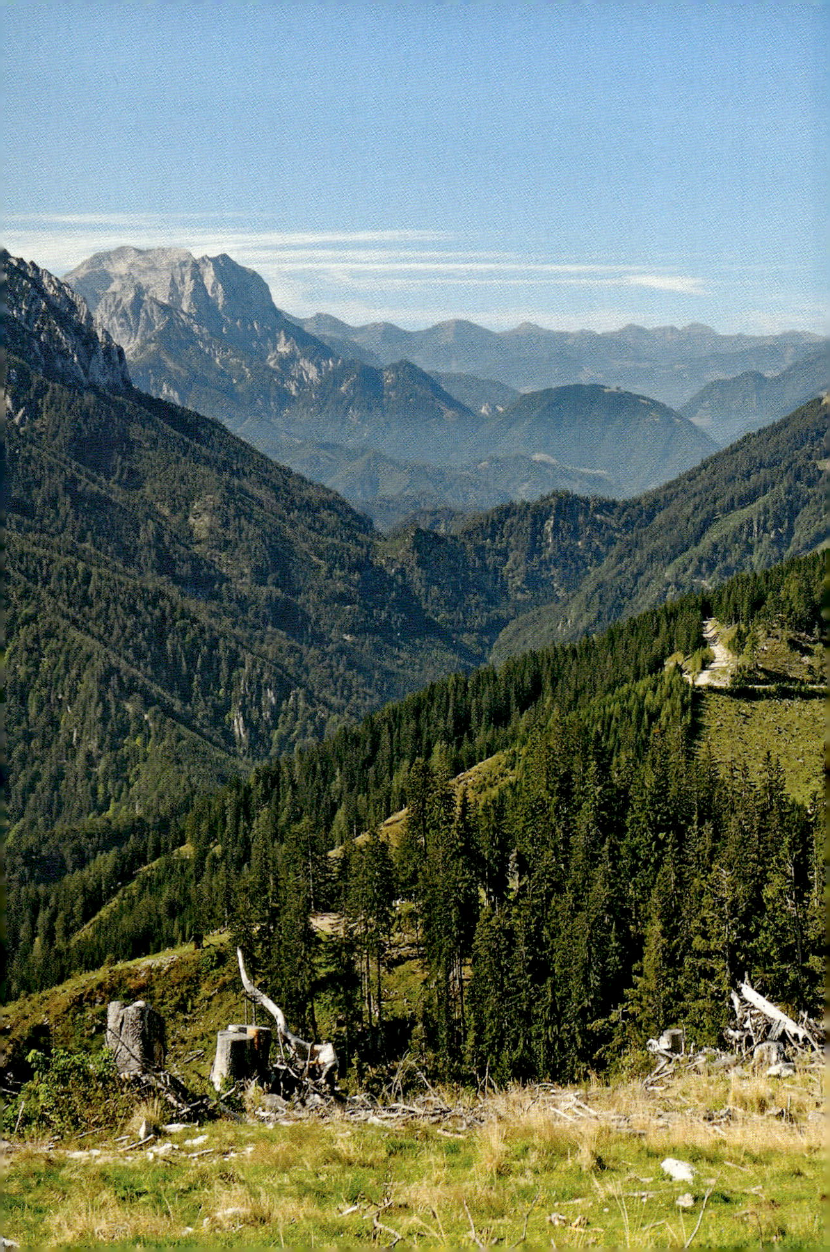

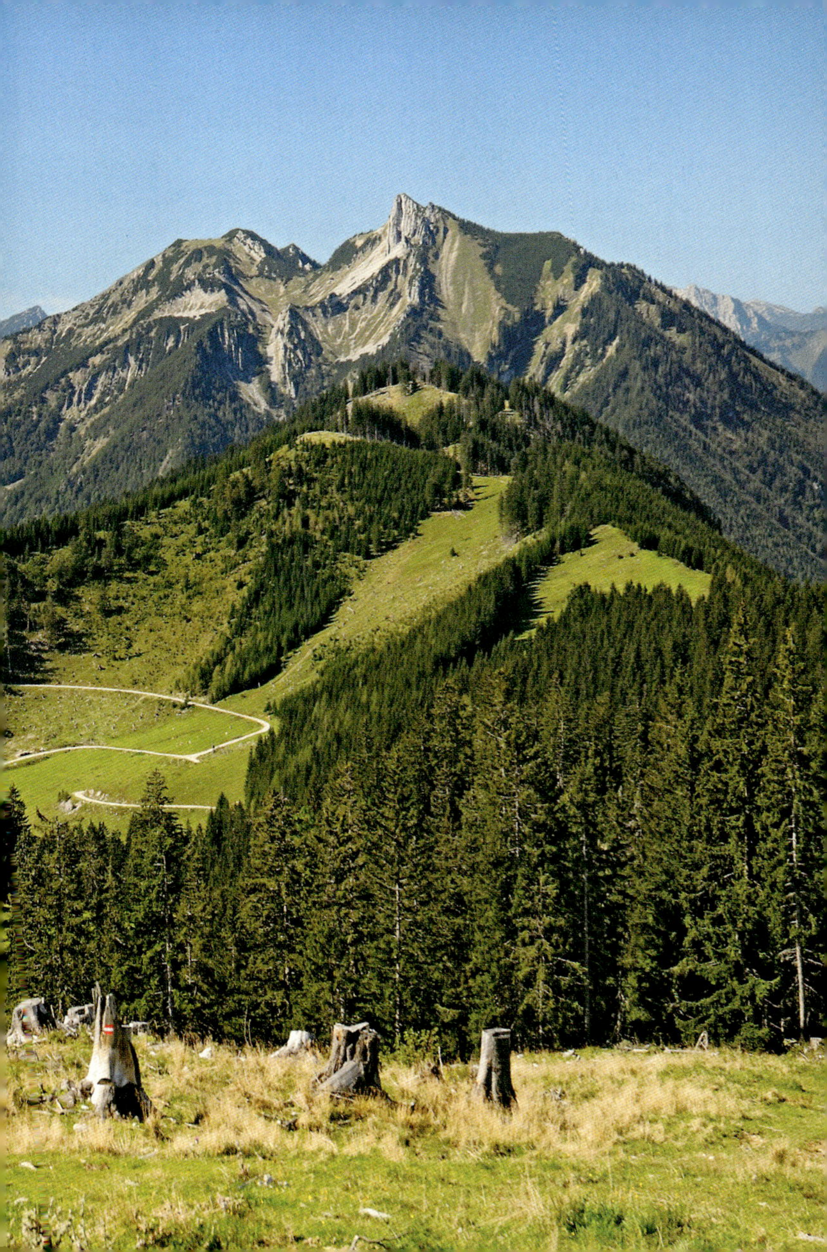

↗ 580 m | ↘ 580 m | 13.5 km

1 Geisbühelhöhe, 849 m

4.00 h

Ein Tribünenplatz vor den Alpen

Kaiserkogel, Geisbühelhöhe, Schnabelstein, Gromannberg, Falkenstein und Grüntalkogel, alle sind sie lohnende kleine Gipfelziele im Umkreis des Pielachtales. Wer auf die Geisbühelhöhe will, besucht den Berg vorteilhaft von Rabenstein im Zuge einer Runde um den Röhrenbachgraben, vorbei an alten Höfen und romantischen Ruinenfelsen mit imponierenden Ausblicken bis zum Waldviertel und zu den im Süden aufgereihten Kalkalpen.

Ausgangspunkt: Rabenstein, 344 m (Parkplätze), Markt und Sommerfrische im äußeren Pielachtal. Wegbeginn am Marktplatz.
Anforderungen: Leichte Wanderung auf meist bezeichneten Wegen und Forststraßen. Am Jubiläumsweg mitunter Orientierungsprobleme.
Einkehr: Gasthöfe in Rabenstein. Josef-Franz-Hütte (14 L.; ganzjährig ab Sa. 12 Uhr bis So. 19 Uhr, Feiertag ab 8 Uhr geöffnet; 24. und 25. Dez. geschlossen, Tel. Hüttenwart +43/676/84909071 und +43/2723/2149, josef-franz-huette.naturfreunde.at).
Variante: Eilige können die Geisbühelhöhe vom Sattel Am Zögernitz (Zufahrt, 4 km von Rabenstein) auf gutem Fahrweg erreichen. Gesamter Zeitaufwand 1 Std.

Vom Marktplatz in **Rabenstein** 1 die Ramsteinstraße ostwärts zur Straße in den Röhrenbachgraben und diese kurz nach rechts zur Verzweigung. Auf Fahrweg rechts hinauf zu einer Schulter und dort auf Forststraße (Weg Nr. 5, 6, 9) am Nordabhang des Ruinenhügels hoch, dann links durch die Westseite in den Sattel südlich des Hügels. Die Straße links durch das Burgtor zu einer Wiese und über eine Stiege empor zur **Ruine Rabenstein** 2, 495 m, mit Aussichtsplatz; Ötscherblick! Vom Sattel die bezeichnete Straße vorerst links, dann rechts eines Waldrückens hinauf unter die Nordflanke der Geisbühelhöhe und durch sie nach links empor in einen Sattel, später am Oberrand einer Wiese und durch Wald an den Ostrücken des Berges. Dort den Fahrweg Nr. 6, 7, 10 steil nach rechts hoch zur Gipfelwiese und über sie zur **Josef-Franz-Hütte** 3, 841 m. Über die Wiese weiter, dann durch den Wald zum höchsten Punkt der **Geisbühelhöhe** 4, 849 m (Kreuz,

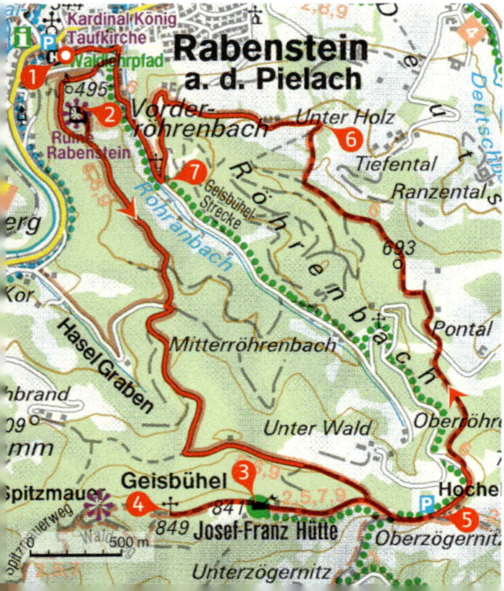

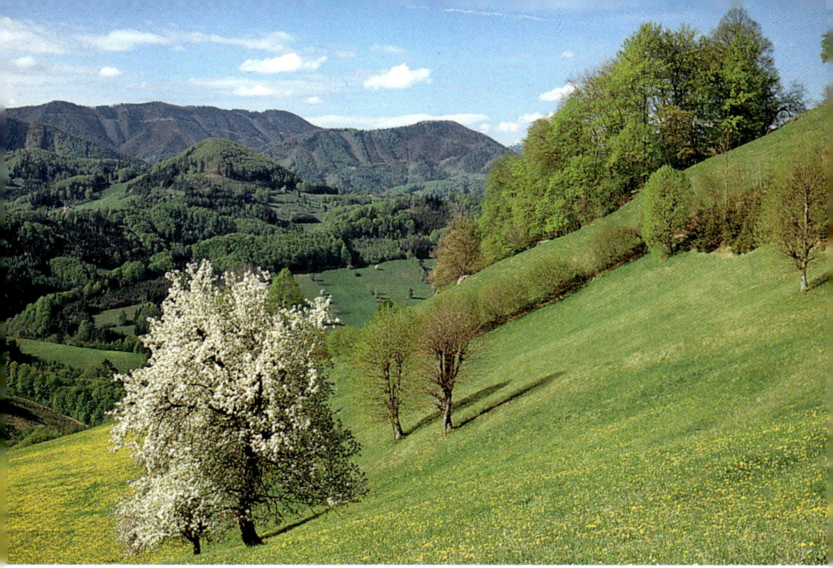

Frühling auf der Geisbühelhöhe. Blick nach Süden gegen den Eisenstein.

Buch). Wieder über den Ostrücken hinunter, dann am flachen Graskamm weiter in den Sattel **Am Zögernitz** 5, 680 m. Auf Straße nordwärts gegen den Röhrenbachgraben hinab zur Rechtsabzweigung des »Jubiläumsweges« (Nr. 6). Auf ihm an den Abhängen des **Hochebenkogels** hinauf zu einer Verzweigung. Links am Nordwestrücken des Berges abwärts in einen Wiesensattel, danach auf Fahrweg in der rechten Seite des Rückens zum Straßenende am nächsten Sattel. Jenseits die Wiese weglos empor zum Waldrand und dort, östlich unter P. 693 m vorbei, nach rechts zur Wegfortsetzung. Nun stets am Waldrücken dahin, später über steile Wiesen rechts hinab zum **Hof Unterholz** 6, 605 m. Nun auf Straße, am Hof Prielwies vorbei, abwärts, dann nach links in den **Röhrenbachgraben** 7, 390 m, und dort die Straße talaus nach **Rabenstein** 1.

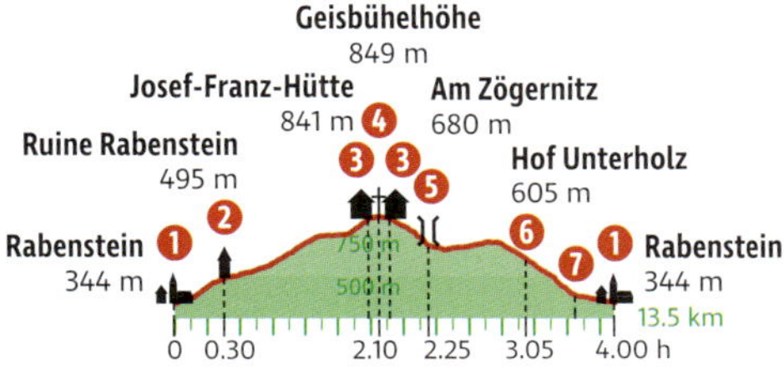

↗ 300 m | ↘ 300 m | 6.9 km

2 Leopoldswarte, 576 m, und Hauswaldberg, 645 m

2.15 h

Zwei kleine Ziele für die Übergangsjahreszeiten

Wer einmal keine Lust auf große Ziele hat, der sollte einen Besuch der Leopoldswarte ins Auge fassen. Diese Wanderung bringt von Kirchberg zu dem auf hohem Fels über dem Pielachtal thronenden Parapluie. Interessant ist auch der Rest, die Überschreitung des Hauswaldberges auf abenteuerlichen Indianerpfaden im dichten, urwaldartigen Gelände. Das ist nun freilich keine Tour für heiße Sommertage, aber im Herbst oder im hellen Grün des erwachenden Frühlings, wenn sich in weiter Ferne der mächtige Ötscher noch im Winterkleid zeigt, dann wird sie zum Ereignis!

Ausgangspunkt: Kirchberg an der Pielach, 400 m (Parkplätze). Start an der Pielachbrücke, 372 m, im Ortszentrum.
Anforderungen: Einfache Wanderung auf nicht optimal bezeichneten Wegen und Steigen.
Einkehr: Gasthöfe in Kirchberg. Unterwegs keine Einkehr.

Von der **Pielachbrücke** im Zentrum von **Kirchberg** ❶ die Straße in Richtung St. Pölten zur Rechtsabzweigung der Schlossstraße beim Amtshaus. Auf ihr südwärts am Schloss vorbei, dann über das Gleis der Mariazellerbahn und hinauf zum Waldrand. Nach rechts zur Hauswaldstraße (Weg Nr. 5/3) und auf ihr links, südwärts, zu einer **Teilung** ❷, 495 m. Rechts haltend die Straße nun in Westrichtung bergauf zu ihrem Ende beim letzten Haus. Den Fahrweg Nr. 5/2 westwärts empor zur Terrasse der **Hauswiese** am Nordfuß des Hauswaldberges und über sie eben zu einer Rechtskurve. Den Fahrweg Nr. 5/5 am Wiesenrand gerade fort, dann im Wald südwestwärts hinauf zu einer Linkskehre. Vom Fahrweg ab und auf Serpentinensteig über eine bewaldete Steilflanke nach Südosten empor an den Rücken

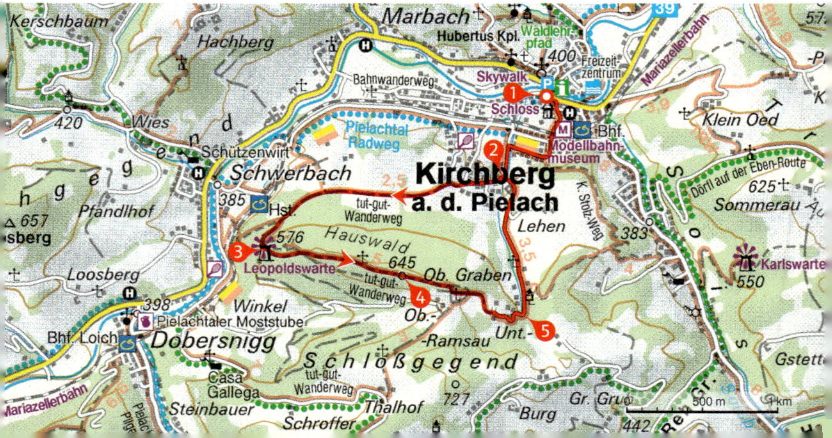

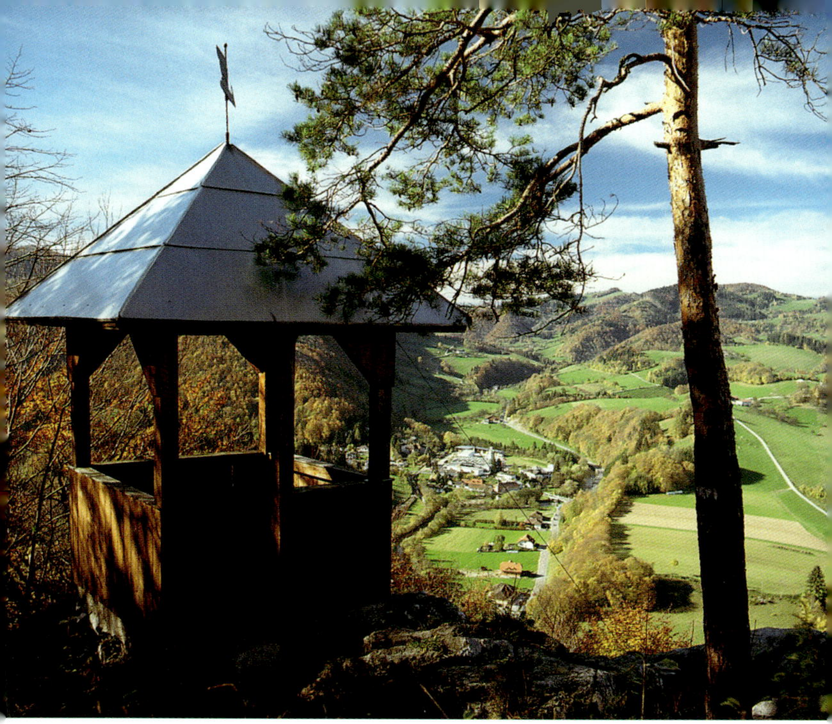

Die Leopoldswarte am Hausberg. Tiefblick nach Westen in das Pielachtal.

des Hauswaldberges. Dort rechts hinaus zu dem auf einem Felsen stehenden Parapluie der **Leopoldswarte** ❸, 576 m (Kreuz und Buch). Blick in das Pielachtal und zum Ötscher.

Den Steig Nr. 5/5 am Rücken ostwärts hinauf zum Gipfel des **Hauswaldberges** ❹, 645 m (Ötscherblick!). Auf verwachsenem Pfad am felsig-bewaldeten, gratartigen Kamm auf und ab weiter zu einer Verzweigung nahe dem Wiesensattel beim **Oberen Ramsauhof**. Geradeaus über eine bewaldete Anhöhe hinweg, dann nach rechts hinab in eine Wiesenmulde und dort den Karrenweg Nr. 5/3 am linken Muldenrand abwärts zum **Unteren Ramsauhof** ❺, 510 m.

Auf Straße hinunter in den **Schleichgraben** und an seiner rechten Seite über Wiesen nordwärts zur Hauswaldstraße. Weiter auf bekanntem Weg in das Zentrum von **Kirchberg** ❶.

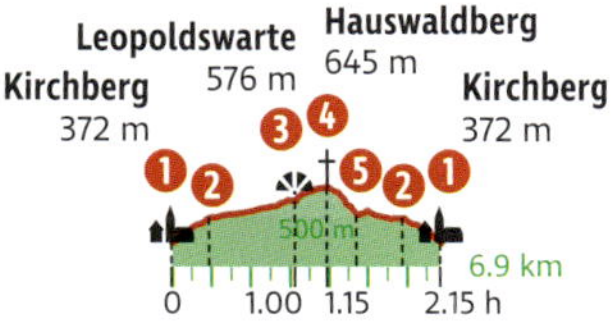

↗ 550 m | ↘ 550 m | 13.0 km

3 Bichlberg-Runde

4.00 h

Vergnügliche Schauwanderung im Vorgebirge

Der das Pielachtal im Norden begleitende Höhenrücken ist der letzte bedeutende Alpenwall vor der Donau-Niederung. Dort kann die baumfreie Kuppe des Bichlberges vom Gasthof Kemetner (Schwerbach) aus in lohnender Runde besucht werden. Vor allem die Übergangsjahreszeiten eignen sich für diesen Streifzug, wobei ich in diesem Fall dem Frühling mit den wie weiße Kerzen auf grünen Wiesen stehenden Mostbirnbäumen und dem noch schneeverbrämten Ötscher in der Ferne den Vorzug geben möchte.

Ausgangspunkt: Ghf. Kemetner (»Schützenwirt«), 385 m (Parkplatz), an der B 39 in Schwerbach bei Kirchberg/Pielach.
Anforderungen: Unschwierige Wanderung auf zum Teil schlecht oder nicht bezeichneten Fahr- und Fußwegen. An heißen Sommertagen abzuraten.
Einkehr: Ghf. Kemetner (»Schützenwirt«, Landgasthof mit bodenständigen Speisen, 12 B.; ganzjährig geöffnet, Mo. und Di. Ruhetag, Tel. +43/2722/7339). Unterwegs keine Einkehr!

Vom **Ghf. Kemetner** ❶ die Asphaltstraße in den **Gölsnitzgraben** und dort nach 200 m zu einer Verzweigung. Rechts den Fußweg (Nr. 5/7, rot-weiß-rote Tafeln) durch Wiesen und Wald nach Norden aufwärts zu kleiner Kapelle mit Bank und weiter zum **Hof Hachberg** ❷, 530 m. Über einen Wiesenrücken in Nordrichtung zur Anhöhe beim **Steinrotthof**, 550 m. Jenseits hinab in einen Sattel, dann zur Schulter beim **Füllionhof** (bleibt rechts) und dort zu einem Naturfahrweg. Diesen blau und gelb bezeichneten Weg (Nr. 5/1 und 5/2) links zur nahen **Füllionkapelle** ❸, 670 m (Bank, Ötscherblick!).

Durch ein Waldstück und über Wiesen nordwärts zu querender Naturstraße. Auf ihr (Weg Nr. 604, 651, 652), an einem Steinbruch vorbei, den Höhenrücken im lichten Wald westwärts bergauf zu einer Teilung. Halb rechts die Straße in Windungen hoch zur Schulter nördlich des Sturmkogels, 720 m (Sandler-Marterl, Bank). Den Fahrweg am Höhenrücken eben fort zum **Hof Großgsoll** ❹, 720 m. Nun auf schmaler Asphaltstraße (Güterweg Großeck) westwärts an den Grashängen eben fort und kurz durch Wald zu einer Verzweigung. Halb rechts den Fahrweg Nr. 651

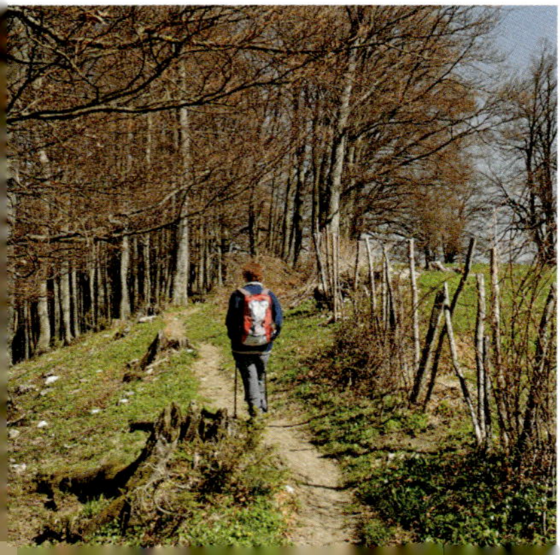

Im Gipfelanstieg auf den Bichlberg.

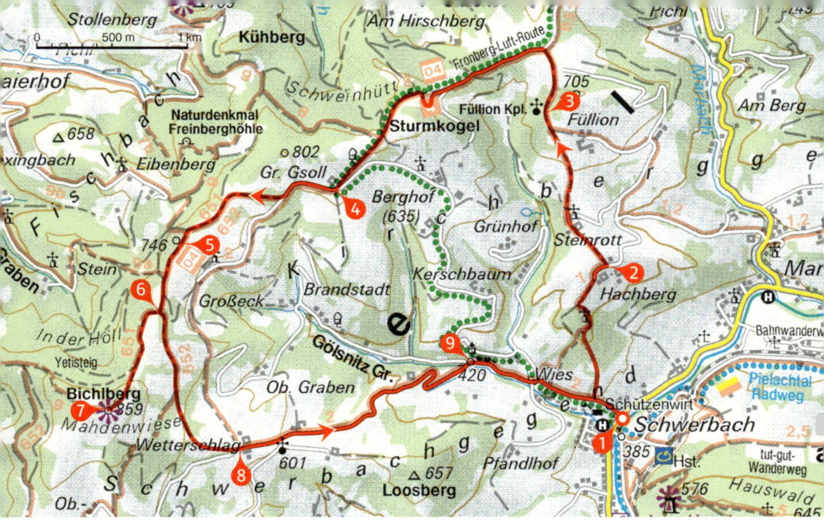

und 652 empor an den Bichlberg-Rücken, 780 m, und über ihn links hinab in den Sattel der **Eckhöhe** 5, 746 m (Verzweigung). Am Rücken südwärts weiter zur Verzweigung. Auf Fahrweg gegen den Bichlberg hoch zur nächsten Teilung und gerade fort zu **dritter Verzweigung** 6, 750 m. Rechts den **Römerweg** Nr. 651 eine Wiese nach Westen empor an den Bichlberg-Kamm und diesen rechts eines Drahtzaunes im lichten Wald zum baumfreien Gipfel des **Bichlberges** 7, 859 m (Panoramatafel, Sitzgarnitur, Gipfelbuch). Zurück zur **»dritten Verzweigung«** 6, dort scharf rechts ab und auf Fußweg Nr. 652 und 5/2 (Zaun-Übertritt) an den bewaldeten Osthängen des Bichlberges eben nach Süden zu einem Güterweg und diesen hinab zu einer Teilung. Geradeaus im Wald nach Süden steil hinunter zu den Höfen **Wetterschlag** 8, 601 m. Zwischen diesen durch und auf schmaler Asphaltstraße ostwärts hinab in einen seichten Wiesensattel mit Verzweigung, 590 m (Kapelle, Bank). Die Straße halb links über Wiesen hinunter in den Gölsnitzgraben mit querender **Asphaltstraße** 9, 420 m. Auf ihr rechts haltend eben talaus zum **Ghf. Kemetner** 1.

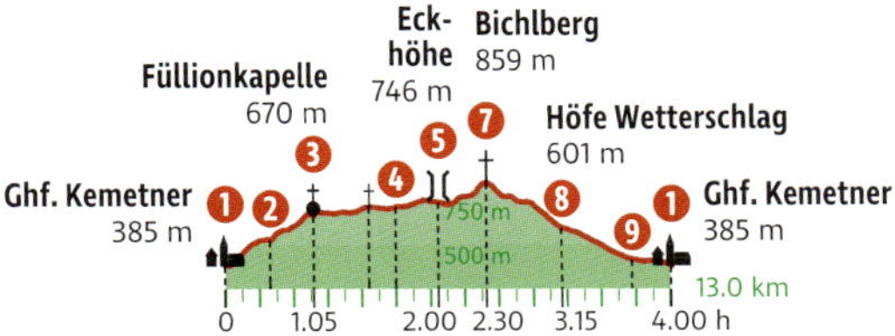

↗ 650 m | ↘ 650 m | 12.1 km

4 Grüntalkogel-Überschreitung

4.00 h

Durch die Wälder, durch die Auen ...

Wie Kaiserkogel, Geisbühelhöhe und Blassenstein ist auch der bewaldete Grüntalkogelzug eine erste große Gebirgsbarriere über dem Alpenvorland. Die Überschreitung des Höhenrückens verspricht daher besonders aussichtsreiche Momente. Doch weit gefehlt! Nur an wenigen Stellen lichtet sich der Wald und lässt Ausblicke auf die Umgebung zu. Entschädigt wird man aber später, am Grasrücken nach dem Habetsbergsattel und im reizvoll gelegenen Ort Plankenstein mit Einkehrgasthaus und sehenswertem, mittelalterlichem Schloss.

Ausgangspunkt: An der Kirche von St. Gotthard, 462 m (Parkplätze), 1,5 km südlich oberhalb von Texing.
Anforderungen: Einfache Rundwanderung auf markierten Wegen und Straßen.
Einkehr: Grüntalkogelhütte (15 L.; 15./20. Mai bis 26. Okt. Sa. ab 12 Uhr bis So. und Feiertage, bis zum Abend geöffnet, Tel. +43/664/9246161 und +43/676/7281550, www.alpenverein.at/gruentalkogelhuette). Ausflugsgasthaus Grassmann in Plankenstein (keine Nächtigung; ganzjährig geöffnet, Mo. und Di. Ruhetag). Ghf. Schrittwieser in St. Gotthard (17 B.; ganzjährig geöffnet, Mo. und Di. Ruhetag; Tel. +43/2755/7216, www.gasthof-schrittwieser.at).

Von **St. Gotthard** ❶ die bergwärts führende Straße zur Rechtsabzweigung von Weg Nr. 5. Diesen nach Süden hinauf in den Wald und dort einen Graben hoch, später an der linken Begrenzungsrippe zu einer Teilung. Rechts den **Schneckensteig** an der steilen Rippe empor zum **Römerweg** (Nr. 651) und diesen links an den **Grüntalkogel-Nordostrücken** ❷, 735 m. Auf Weg Nr. 6, 604 und 652 den Rücken nach rechts empor auf das Gipfelplateau mit der am Nordrand stehenden **Grüntalkogelhütte** ❸, 886 m. Auf be-

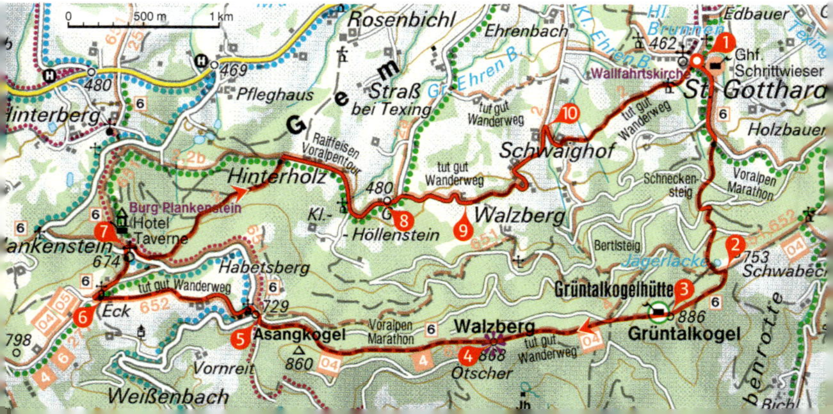

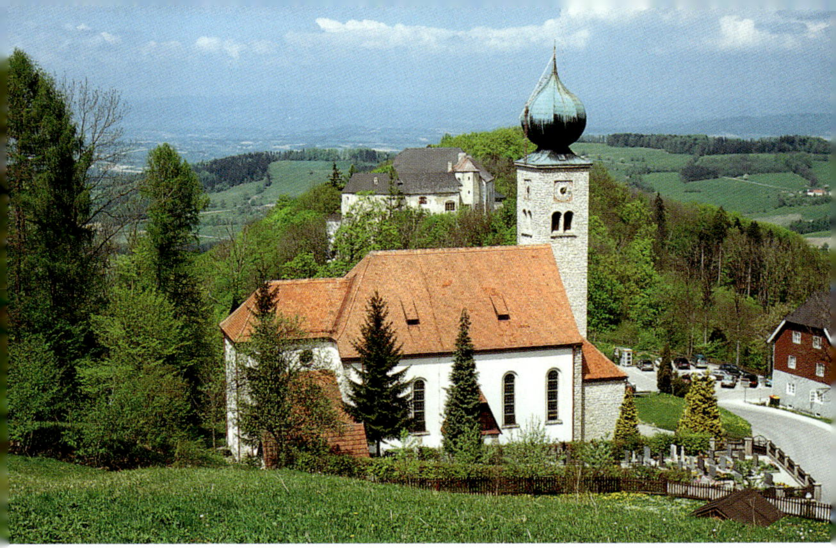

Der über dem Texingtal gelegene Ort Plankenstein mit Kirche und Schloss.

zeichnetem Weg über den Westrücken hinab in einen Sattel und wieder hoch zum Gipfel des **Walzberges** ❹, 868 m. Jenseits, am »Ötscherblick« vorbei, hinunter zum Sattel vor dem Asangkogel. Gegen ihn hoch, später rechts ab und quer durch seine Nordflanke in den **Habetsbergsattel** ❺, 729 m, mit Straße. Auf ihr 50 m nach rechts, dann links ab und auf Fahrweg in der Südseite eines Wiesenrückens zu einem Hof. Auf bezeichnetem Fußweg rechts hinauf an den Rücken, dort zum **Hof Eck** ❻, 750 m (schöner Voralpenblick!) und danach zu einer Straße. Diese kurz nach rechts (Norden) abwärts, dann links zu einem Haus und den Weg Nr. 256 hinab nach **Plankenstein** ❼, 674 m.
Die Straße nach Osten zur Ortsendetafel. Links den Fahrweg Nr. 2 im Wald nordostwärts bergab und bei Verzweigung links zu den Höfen von **Hinterholz**. Auf Straße weiter zum **Hof Groß-Höllenstein** ❽, 480 m, und zu einer Teilung. Rechts hinauf zum **Hof Walzberg** ❾, 520 m, und an ihm vorbei zur Verzweigung. Links zum Fahrweg Nr. 3 und diesen nordostwärts hinab zum **Schwaighof** ❿. Danach rechts ab und die Straße 100 m nach Südosten zu einem Hof. Links ab und auf Fahrweg zurück nach **St. Gotthard** ❶.

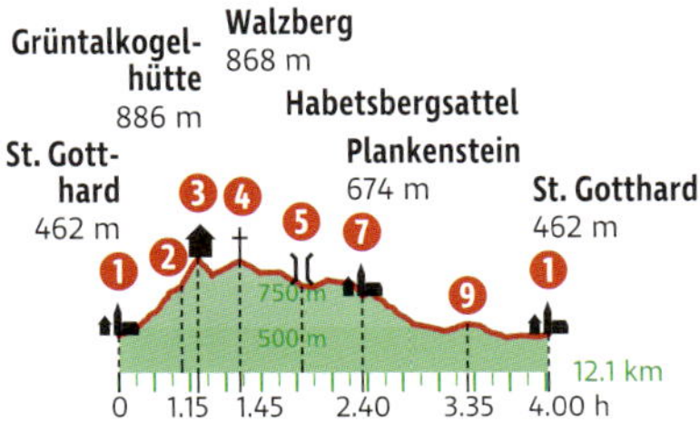

↗ 820 m | ↘ 820 m | 13.3 km

5 Gromannberg, 1076 m, und Falkenstein, 730 m

5.00 h

Zwei Aussichtsgipfel in den Frankenfelser Bergen

Als höchste Erhebung um Frankenfels ist der Gromannberg ein erstaunlich vernachlässigter Gipfel. Unterwegs zu ihm durchwandert man eine liebliche, parkähnliche Landschaft mit herrlichen Ausblicken gegen den Ötscher. Danach wäre es verfehlt, schnurstracks wieder abzusteigen, denn es wartet noch der Falkenstein, der von seinem Scheitel schwindelerregende Tiefblicke auf Frankenfels gewährt.

Ausgangspunkt: Frankenfels, 464 m, im Nattersbachtal, einem Seitenast des Pielachtales. Platz vor dem Kriegerdenkmal östlich der Kirche; Parkplätze im Ort.
Anforderungen: Lange, aber einfache Tour auf meist bezeichneten Wegen und Straßen.
Einkehr: Almhaus Eibeck (8 B.; ganzjährig geöffnet, Mo. und Di. Ruhetag, Tel. +43/664/8725911, www.frankenfels.at/tourismus-wirtschaft/gastronomie).

Von **Frankenfels** ❶ die Straße mit Weg Nr. 5, 10 und 652 südostwärts hinauf in den **Redtenbachgraben** und zur Teilung bei einem **Bildstock** ❷, 588 m. Gerade weiter zu den Redtenbachwiesen, dort rechts empor zum **Ödhof** und links (Südosten) hoch zum **Hof Baumgarten**. Rechts ab und den Fußweg Nr. 5 über eine Wiese steil nach Süden aufwärts, dann an den Waldhängen nach rechts (Südwesten) empor zur Schulter des **Eibeck** ❸, 810 m (Bildstock, Ötscherblick), und jenseits hinab zum **Almhaus Eibeck** ❹, 790 m. Bei Verzweigung links, die Straße mit Weg Nr. 11 nach Südosten hinauf in eine Wiesenmulde, durch sie im Rechtsbogen aufwärts, später links empor in den **Sattel** ❺, 940 m, nördlich des Gromannberges. Auf bezeichnetem Steig nach rechts an den Nordostrücken und dort über Wiesen steil hinauf zu einer Schulter, dann im Wald weniger steil zum Gipfel des **Gromannberges** ❻, 1076 m (Kreuz, Buch, keine Rundsicht!). Jenseits am Südrücken ein Stück abwärts zu kleiner Wiese mit schönem Ötscherblick. Zurück zur Straßenteilung beim **Bildstock** ❷, 588 m, im **Redtenbachgraben**. Die Straße mit Weg Nr. 1 durch einen Graben nach rechts (Nordosten)

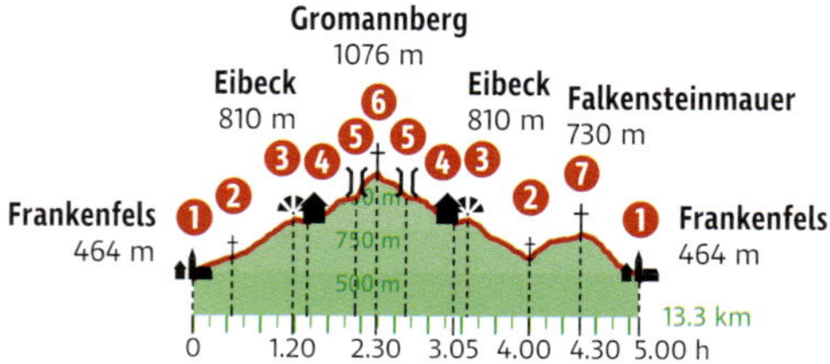

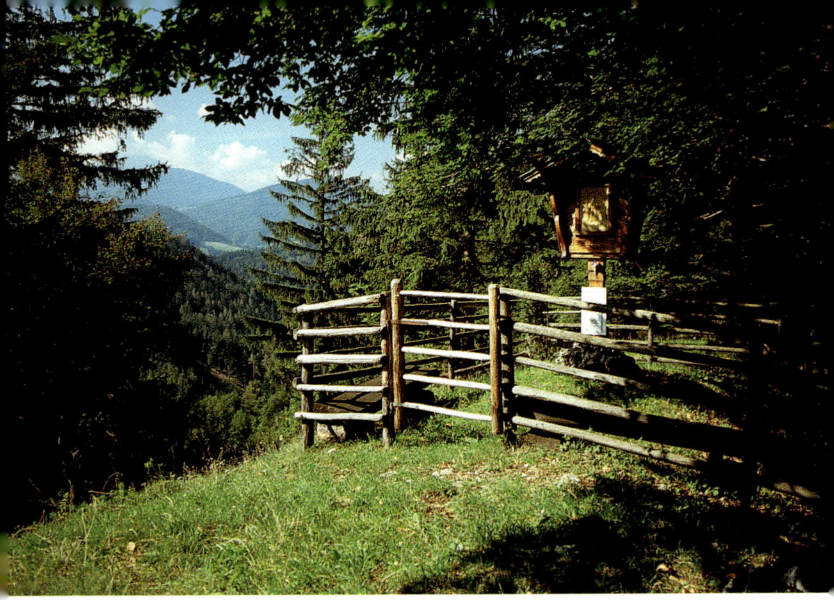

Auf der Bergschulter des Eibeck mit Durchblick gegen den Ötscher.

aufwärts zu einer Verzweigung. Rechts weiter, dann im Linksbogen über Wiesen zu einer weiteren Gabelung. Links zum **Hof Ober-Redtenbach**, danach auf Weg zum Waldrand mit Verzweigung und dort gerade hoch auf den **Falkenstein 7**, 730 m (Kruzifix).

An der zuletzt erwähnten Verzweigung den Weg Nr. 1 und 6 nach links (Osten) hinab in den Wald und in die Nordflanke des Berges. Dort in Kehren abwärts, später unter den Wänden nach links zum Aussichtspunkt beim **Bildstock »Guter Hirt«**. Ein Stück eben weiter, dann einen Rücken nach Nordwesten hinab zum Fitnessparcours. Auf ihm nach links zur Straße im Redtenbachgraben und diese nach **Frankenfels 1**.

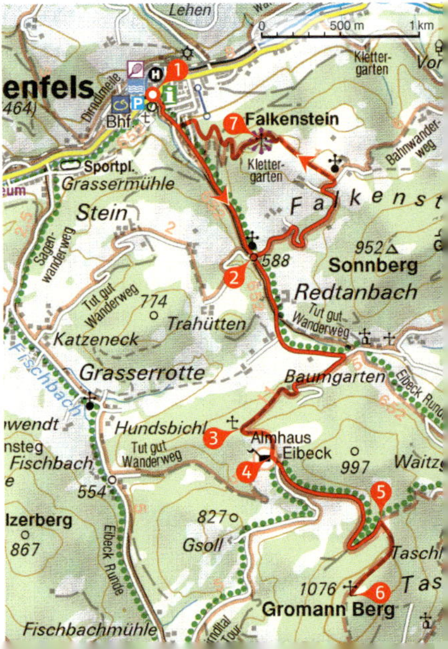

↗ 670 m | ↘ 670 m | 14.8 km

6 Geißenberg, 1177 m

5.00 h

Ein noch »schlafendes« Ausflugsziel zwischen Pielach und Nattersbach

Unter Skitourengehern längst ein Begriff, harrt der Geißenberg als Wanderziel noch seiner Entdeckung. Anstiegswege gibt es sowohl von Schwarzenau im inneren Pielachtal als auch aus dem westlich gelegenen Nattersbachgraben. Das Manko, die fehlende Gipfelrundsicht, wird durch ausgedehnte Blumenwiesen unterwegs reichlich wettgemacht. Sie lassen Ausblicke gegen den Ötscher, auf Gemeindealpe, Dürrenstein, Eisenstein und Hochschwab zu.

Ausgangspunkt: Schwarzenbach an der Pielach, 510 m (Parkplätze im Ortsbereich), Ghf. Hochreiter im Ortszentrum.
Anforderungen: Unschwierige, aber lange Wanderung auf zum Teil unbezeichneten Wegen, die Orientierungssinn und etwas Erfahrung bei der Pfadsuche erfordern. Ausdauer nötig!

Einkehr: Ghf. Hochreiter (23 B.; ganzjährig ab 9 Uhr, Di. ab 18 Uhr geöffnet, Mo. Ruhetag, Tel. +43/2724/208, www.gasthof-hochreiter.at). Haslaustube (8 B., 2 Apartments; ganzjährig geöffnet, Tel. +43/676/9323398 und 99, www.haslaustube.at), beide in Schwarzenbach. Unterwegs keine Einkehr!

Der Ort Schwarzenbach im inneren Pielachtal ist Ausgangspunkt für die Besteigung des Geißenberges.

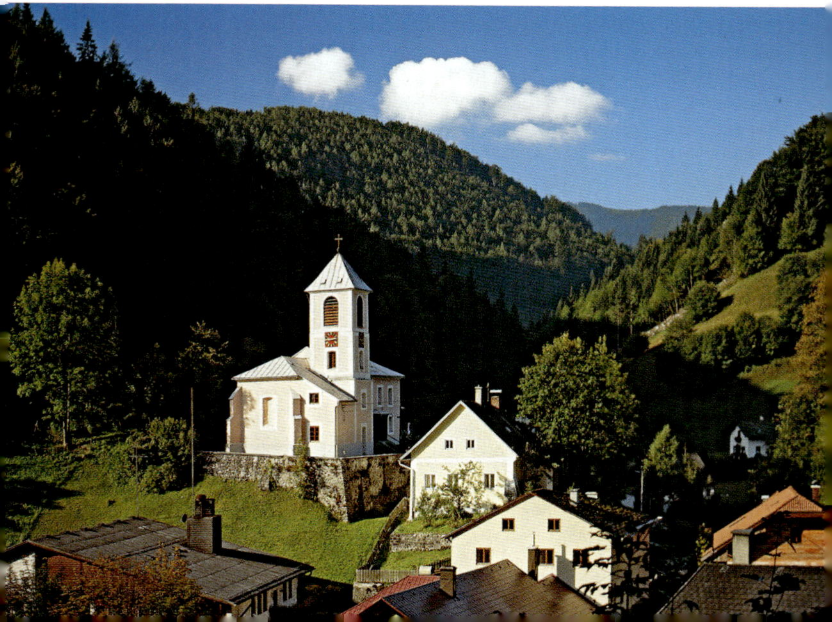

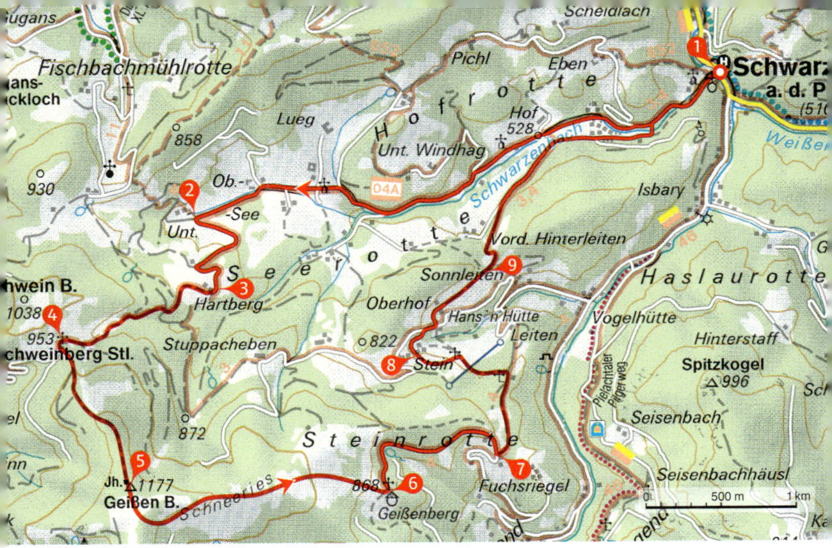

Von **Schwarzenbach** ❶ (Ghf. Hochreiter) die rot bezeichnete Asphaltstraße (Nr. 41 und 604A), durch den engen bewaldeten **Schwarzenbachgraben** nach Westen aufwärts zur Weitung bei den Häusern von **Obertal**, 540 m. Im Wiesengraben, an den Höfen der **Seerotte** vorbei, weiter zu schöner Kapelle, danach den Güterweg Obersee westwärts hinauf zum **Hof Obersee**, 635 m, und weiter zur Verzweigung beim **Hof Untersee** ❷, 660 m. Links auf markierter Asphaltstraße (Güterweg Hartberg) eine Wiese nach Süden hoch zu dem auf freier Schulter gelegenen **Hof Hartberg** ❸, 770 m. Von der Westecke des Hofes auf Karrenweg Nr. 604A steil gegen den Schweinsberg hinauf in den Wald, später links in einen Graben und diesen empor in den grasigen **Schweinbergsattel** ❹, 953 m (Eisenkreuz).
Links auf unbezeichnetem Karrenweg über den Nordwestrücken des **Geißenberges**, am Waldrand entlang aufwärts, dann in den Wald und dort knapp rechts des Rückens steil empor zu einer Verzweigung. Links auf unbe-

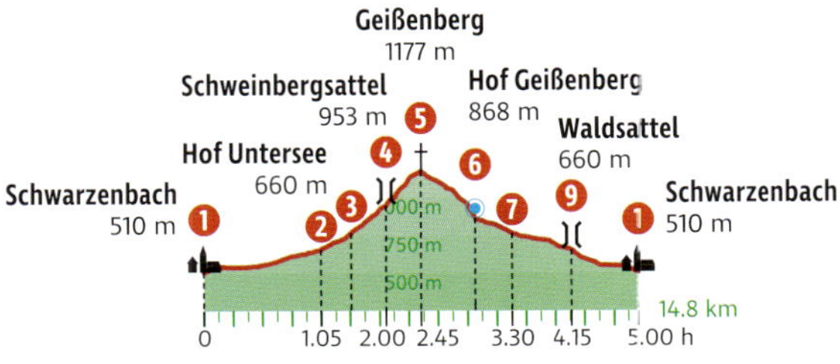

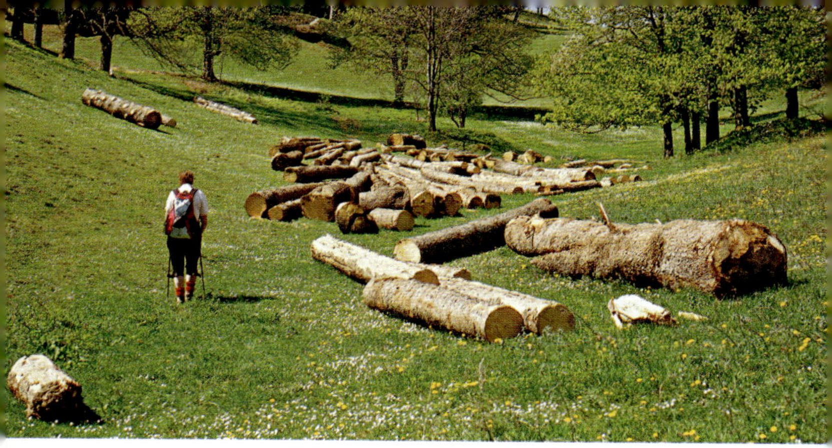

Sanfte Wiesen im Anstieg zum Schweinbergsattel.

zeichnetem Steig weiterhin steil im Wald hoch auf einen Vorgipfel (Ötscherblick!) zu. Am flachen Rücken eben fort, zuletzt kurz steiler hoch auf den bewaldeten Hauptgipfel des **Geißenberges** 5, 1177 m (kleine versperrte Hütte mit Gipfelbuch-Schatulle an der Südseite).
Südwärts über einen Zaun (Übertritt) zu den Wiesen am Südrücken des Berges. Nach links (Osten) eben vor zum Ansatzpunkt des Ostrückens. Diesen auf begrüntem, unbezeichnetem Fahrweg über die Wiesen der **Schneeries** hinab zum verlassenen **Hof Geißenberg** 6, 868 m (Brunnen, Kruzifix). Nun auf rot bezeichneter Forststraße (Nr. 3), an den Waldhängen vorerst nordwärts, dann ostwärts bergab, zuletzt über Wiesen zum **Hof Ober Fuchsriegel** 7, 770 m. Beim Stadel oberhalb des Hofs links ab und auf unbezeichnetem Weg an den Hängen (bei Verzweigung geradeaus!) nach Norden hinab zu großem **Holzkreuz**. Geradeaus durch ein Gatter und kurz im Wald zur Linksabzweigung eines Fahrwegs. Auf ihm westwärts hinab zu schönen Wiesen und über diese, an einem Kruzifix vorbei, zu dem in einem Wiesengraben gelegenen **Hof Stein** 8, 720 m.
Auf Asphaltstraße den Graben queren, dann über Wiesen nach Nordosten hinab zu einer Teilung und links zum Oberhof, 680 m. Auf bezeichnetem Fahrweg an den Hängen der Sonnleiten in den Wald und dort hinab in einen **Waldsattel** 9, 660 m. Jenseits auf Naturfahrweg an den Hängen nach Nordosten abwärts zur Teilung noch oberhalb der Straße im **Schwarzenbachgraben**. Den Naturfahrweg geradeaus zur Schwarzenbach-Brücke. Vor dieser rechts ab und auf Ufersteig rechts neben dem Bach talaus wieder zur Straße und auf ihr nach **Schwarzenbach** 1.

Frühling am Geißenberg: Die noch »angezuckerte« Felspyramide des Ötscher vom Gipfelrücken.

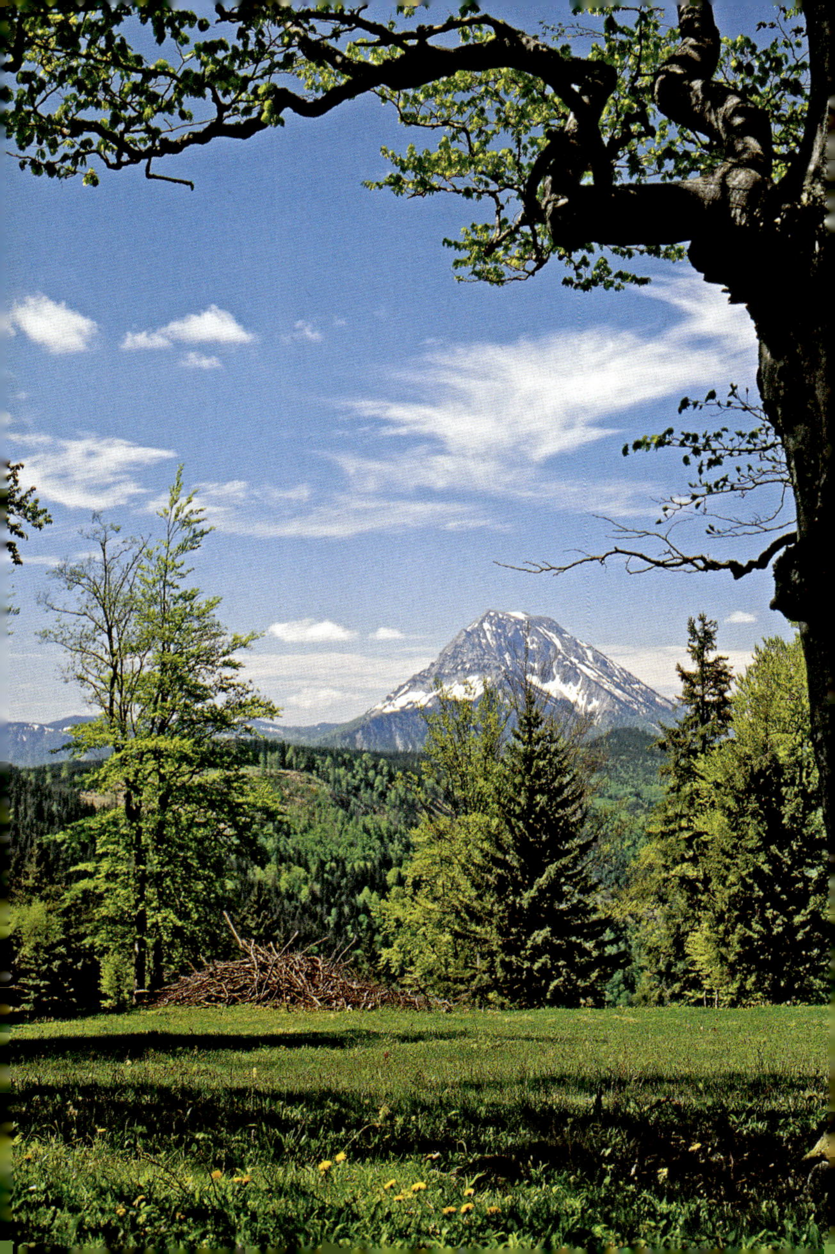

↗ 310 m | ↘ 310 m | 2.5 km

7 Nixhöhle, Taubenbachklamm und Bergbauernmuseum

1.15 h

Drei Voralpenschmankerl bei Frankenfels

Eine kleine, aber populäre Schauhöhle ist die Nixhöhle bei Frankenfels. Mit ihren verwinkelten Gängen und wundersam geformten Tropfsteinen vermag sie interessierte Erwachsene ebenso zu beeindrucken wie fantasiebegabte Kinder. Nach ihrer Besichtigung steigen wir durch die nahe Taubenbachklamm zur Räbelsteinmauer an, wo sich ein schöner Tiefblick auf Frankenfels bietet. Am nahen Hof Hausstein gibt es ein Bergbauernmuseum mit allerlei altem Hausrat zu bewundern und man darf sich mit regionalen Schmankerln wie Schafkäse, selbst gebackenem Brot, Geselchtem und Obstmost verwöhnen lassen.

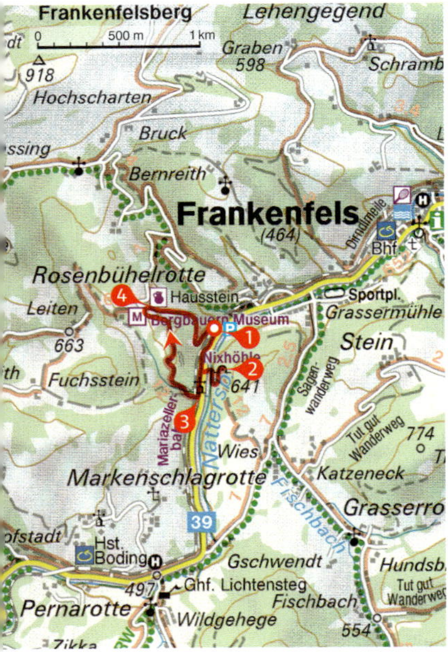

Ausgangspunkt: Nixhöhle-Parkplatz, 470 m, an der Pielachtal Straße B 39 südwestlich von Frankenfels. Dorthin mit dem eigenen Auto oder zu Fuß von Frankenfels, 1,5 km.
Anforderungen: Einfache Wanderung, jedoch Trittsicherheit nötig.
Einkehr: Jausenstation beim Bergbauernmuseum Hausstein mit bodenständigen Spezialitäten (1. Mai bis 26. Okt. Sa., So. und Feiertage 13–19 Uhr geöffnet, wochentags gegen Voranmeldung, Tel. +43/2725/218 und +43/699/11720664).
Hinweis: Führungen durch die Nixhöhle 1. Mai bis 31. Okt. So. und Feiertage um 11, 13, 14.30 und 16 Uhr, weitere Führungen am Mi. (Juli und Aug. um 11 und 14 Uhr), Fr. (Juli und Aug. um 14 Uhr) und Sa. (Juni bis Sept. um 14 Uhr). Treffpunkt am Höhleneingang. Feste Schuhe und warme Kleidung (Höhlentemperatur 6 °C) empfohlen. Die Besichtigung der Höhle dauert 70 Minuten (zusätzlich zur angegebenen Wanderzeit von 1¼ Std.); Tel. +43/2725/245 und +43/681/10414561, www.frankenfels.at.

Vom **Nixhöhle-Parkplatz** ❶ zur B 39 durch das **Nattersbachtal** 200 m talein, dann links über den Bach und auf gutem Weg über einen Waldhang in Kehren empor zum Eingang in die **Nixhöhle** beim Kassa-Häuschen ❷, 580 m. Nach der Besichtigung (sachkundige Führung durch die Tropfstein-

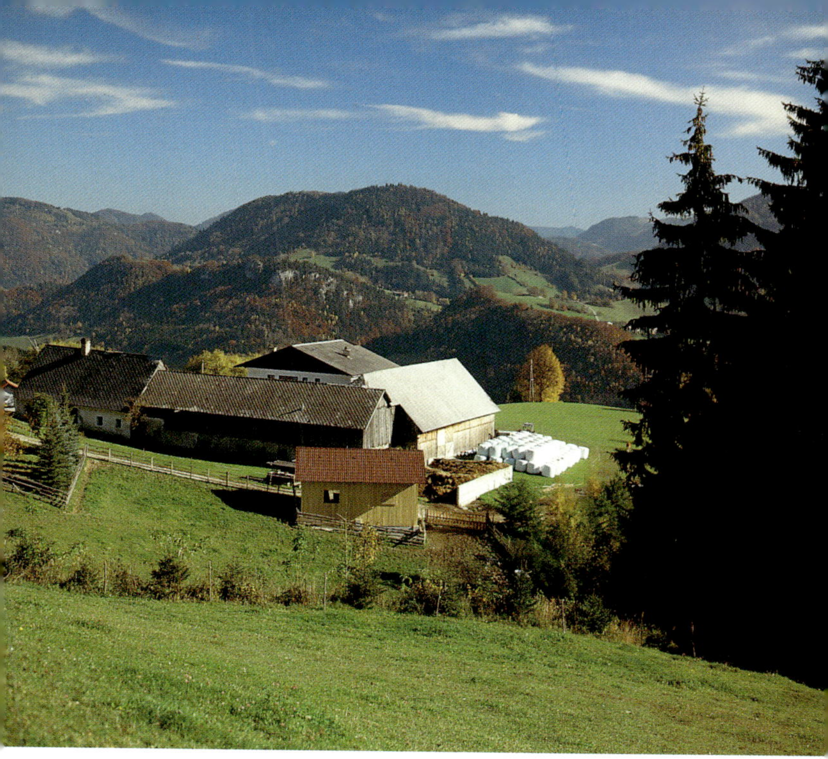

Herbst in den Frankenfelser Bergen.

höhle, Gänge und Hallen mit elektrischer Beleuchtung; 70 m Abstieg und Gegenanstieg) wieder hinab zur B 39 und diese 100 m nach links (Süden) zur Rechtsabzweigung des Weges in die **Taubenbachklamm** ❸, 471 m. Unter der Mariazellerbahn durch in den engen Waldgraben und dort vorerst links, dann rechts vom Bach aufwärts, später an der rechten Grabenflanke (Holztreppen) durch Wald in Kehren hoch zu einer Bank. Unter einer Felsbarriere hinauf in einen Sattel an der **Räbelsteinmauer** mit dem **»Ortsblick«** (Tiefblick auf Frankenfels). Am Westabhang der Mauer nordwärts in einen Wiesensattel, dann in der rechten Flanke des Rückens zum **Hof Hausstein** ❹, 630 m, mit Jausenstation und Bergbauernmuseum (Ausstellung bäuerlicher Werkzeuge). Vom Hof Hausstein auf einem Karrenweg durch Wald ostwärts hinab direkt zum **Nixhöhle-Parkplatz** ❶.

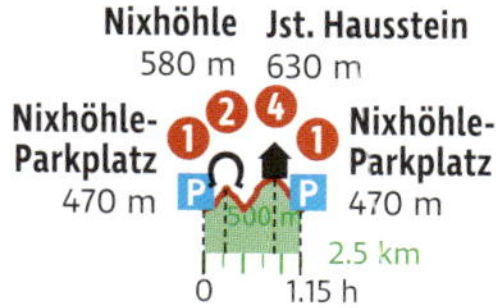

↗ 550 m | ↘ 550 m | 11.4 km

3.30 h

8 Schlagerboden

Ein Erdenparadies über Pielach-, Jeßnitz- und Erlauftal

Wer noch nicht am Schlagerboden war, tut gut daran, ihn zu besuchen, denn ein Kleinod wie dieses findet man nicht alle Tage und auch nicht so schnell einen mit dem Auto erreichbaren Panoramapunkt mit Blick vom Schneeberg bis zum Toten Gebirge. Dem Wanderer wird auf dieser ausladenden Wiesenhochfläche mit seinen wie Burgen auf Anhöhen thronenden Bauernhöfen vergleichsweise wenig geboten, was das Wegenetz angeht. Die hier vorgestellte Runde vermittelt aber dennoch einen guten Einblick in dieses Erdenparadies, an dem so mancher Gast achtlos vorbeifährt.

Ausgangspunkt: Parkplatz, 420 m, im Bodinggraben, 100 m nach der Abzweigung des Güterweges »Gruft«. Anfahrt mit eigenem Auto von St. Anton, 2 km.

Anforderungen: Leichte Wanderung auf nur teilweise markierten Straßen und Wegen.
Einkehr: Keine.

Von besonderem Reiz ist die sanfte Mittelgebirgslandschaft am Schlagerboden.

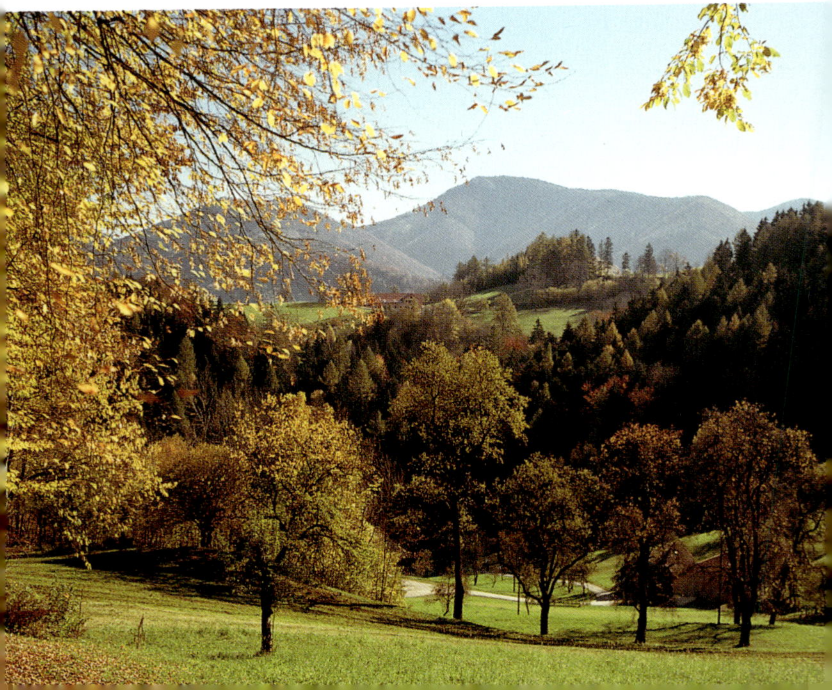

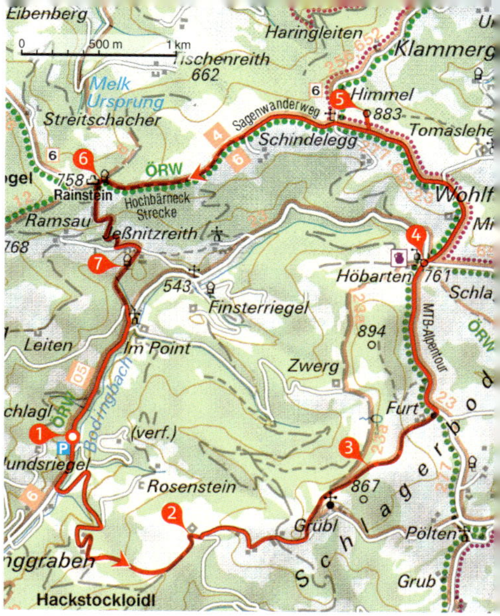

Vom **Parkplatz Bodinggraben** ❶ die Straße 100 m talaus zur Linksabzweigung des Güterweges »Gruft«. Die unbezeichnete Straße nach Südosten aufwärts und bei Verzweigung rechts zum Loidlhof. Auf Fahrweg gegen den **Hackstockloidl** hinauf zur ersten Rechtskehre. Links ab und auf unbezeichnetem Fußweg kurz durch Wald zu einer Wiese und über sie weglos empor an den Nordostrücken des Berges. Auf Fahrweg nach links zum **Hof Unter Hackstock** ❷, 680 m, dann die Straße im Rechtsbogen zum **Hof Mitter Hackstock**. Einen steilen Wiesenrücken weglos nach Nordosten empor zum **Hof Ober Hackstock**. Nun auf der Straße an der rechten Seite des Rückens aufwärts, dann links ab und den Fahrweg Nr. 10a hinauf zur Kammhöhe, später im Wald, links am Pöltenkogel (P. 867) vorbei, zur **Furthöhe** ❸, 850 m. Hinab zum **Hof Oberfurt** und zur asphaltierten Schlagerbodenstraße. Diese 1 km nach links zum **Hof Höbarten** ❹, 761 m. Auf Güterweg (Nr. 277, 652) zum Hof Mitterreith und über Wiesen hinauf zu einer Teilung. Links haltend, am Hof Ganerlehen vorbei, nach Nordwesten empor zu einem Flachstück und dort weglos nach rechts hoch zur Anhöhe **»Am Himmel«** ❺, 883 m. Herrlicher Alpenblick (Ötscher!).

Hinab zur Straße und diese nach rechts (Westen) zur Linkskurve vor dem Hof Schindelegg. Auf bezeichnetem Weg gerade fort in den Waldsattel, 758 m, vor dem Almkogel mit dem **Rainstein** ❻, 758 m (Grenzstein von 1713). Links den Weg Nr. 5, 6, 11a und 605 über Wiesen und durch Wald hinab zu einer Verzweigung. Den Fußweg links abwärts zu einer Straße und auf ihr in den Sattel bei den **Höfen Jeßnitzreith** ❼, 600 m. Vor dem zweiten Hof auf Karrenweg rechts hinab in einen Waldgraben und durch ihn in den **Bodinggraben** mit Asphaltstraße. Auf ihr 1,5 km talaus zum **Parkplatz** ❶.

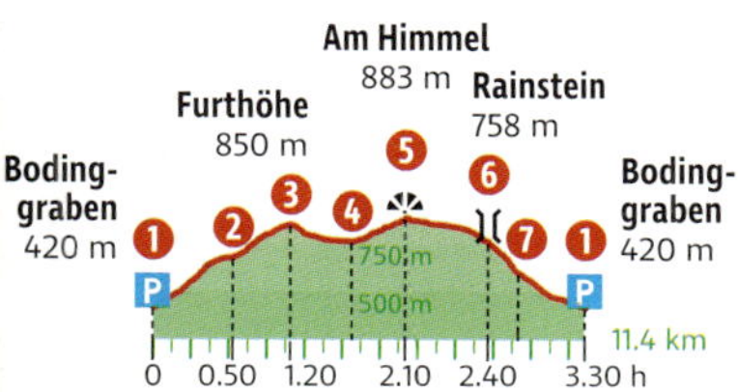

↗ 250 m | ↘ 910 m | 7.8 km

9 Muckenkogel, 1248 m, und Kloster-Hinteralpe

3.00 h

Zwei Panoramagipfel mit Aufstiegshilfe

Besucher des von Lilienfeld per Sessellift erreichbaren Muckenkogels – Mathias Zdarsky veranstaltete hier am 19. März 1905 den ersten Torlauf der Skiweltgeschichte – tun gut daran, auch die nahe baumfreie Kuppe der Kloster-Hinteralpe zu besteigen. Denn was man da an Mühe investiert, wird oben durch den faszinierenden Panoramablick und eine Einkehrmöglichkeit reichlich abgegolten.

Ausgangspunkt: Talstation des Muckenkogel-Sesselliftes (Großparkplatz), 460 m, im Fallgraben, einem Seitenast des Hölltales. Zufahrt dorthin mit eigenem Auto von Lilienfeld, 2,5 km (zu Fuß ca. ½ Std.). Bergstation, 1122 m, am Nordwestrücken des Muckenkogels. Durchgehender Liftbetrieb 1. Mai bis 26. Okt. täglich außer Mo. (ausgenommem Mo. Feiertag). Wochenendbetrieb (Sa., So. und Feiertage) 20. bis 26. Okt. Betrieb durchgehend 9–16 Uhr, an Wochenenden 9–16.30 Uhr; www.sessellift-lilienfeld.at, Tel. +43/2762/52229 (Talstation) oder +43/2762/52212 (Stadtgemeinde Lilienfeld).
Anforderungen: Leichte Wanderung auf bezeichneten Fuß- und Fahrwegen.
Einkehr: Ghf. Muckenkogellift-Talstation (keine Nächtigung; bei Liftbetrieb geöffnet). Traisner Hütte (14 B., 26 L.; ganzjährig geöffnet, Mo. Ruhetag, Übernachtung nur mit Reservierung; Tel. +43/2762/53571, www.traisner-huette.at). Almgasthof Klosteralm (keine Nächtigung; mit dem Muckenkogel-Sessellift geöffnet, Mo. Ruhetag, Tel. +43/2762/53575). Lilienfelder Hütte (ÖAV, 5 B., 20 L.; ganzjährig geöffnet, Aug. und Sept. täglich außer Mo., sonst Do. bis So. und Feiertage; bei Übernachtungswunsch Voranmeldung erbeten, Tel. +43/2762/53567, www.alpenverein.at/lilienfelderhuette).

Tiefblick vom Muckenkogel auf Lilienfeld und in das Traisental.

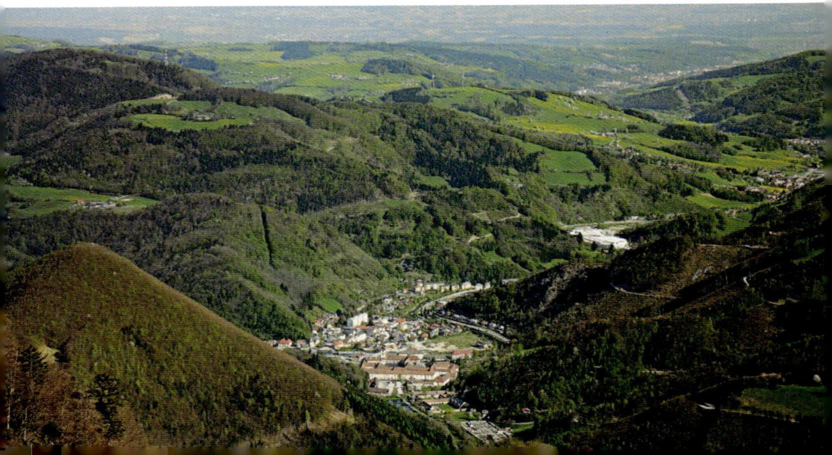

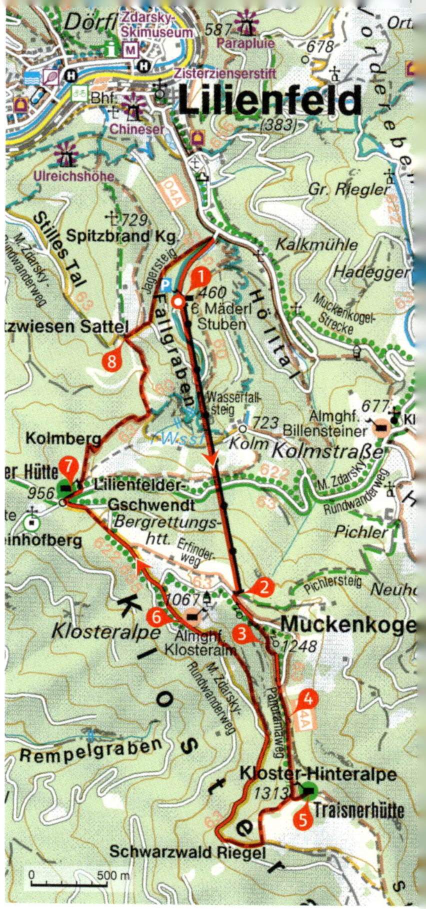

Auffahrt von der **Talstation** im **Fallgraben** ❶ mit dem Muckenkogellift zur **Bergstation** ❷. Auf Fahrweg 50 m eben nach Westen zu einem Zaun (Durchlass) und jenseits zu asphaltierter, schmaler Bergstraße (Zdarsky-Panoramaweg, Nr. 204A, 622 und 655). Diese links aufwärts zu einer Schulter mit Verzweigung. Rechts ab und auf bezeichnetem Steig am steilen Waldrücken hoch, dann über Felsstufen zum Gipfel des **Muckenkogels** ❸, 1248 m (»Klösterpunkt«), mit Richtfunkstation.

Nach Süden zur asphaltierten Zufahrtsstraße und auf ihr links des Höhenrückens sanft abwärts in einen Sattel mit Verzweigung. Die Naturstraße (Hütten-Zubringer) geradeaus am Waldkamm weiter in den **Sattel** ❹, 1210 m, vor der Kloster-Hinteralpe. Links ab und auf Fußweg den felsdurchsetzten Waldrücken in Kehren empor zum baumfreien Gipfel der **Kloster-Hinteralpe**, 1313 m (Kruzifix), mit der **Traisner Hütte** ❺ etwas unterhalb des höchsten Punktes.

Auf Weg Nr. 38 Richtung Südwesten am rechten Rand der Hinteralm-Wiese **(Hauswiese)** entlang, eine Straße kreuzen und hinab zum Fahrweg am Unterrand der Wiese. Den Weg nach rechts in die westseitigen Waldflanken des Massivs. Dort in langer Querung nach Norden, später halb rechts ab und auf Fußweg zum **Almgasthof Klosteralm** ❻,

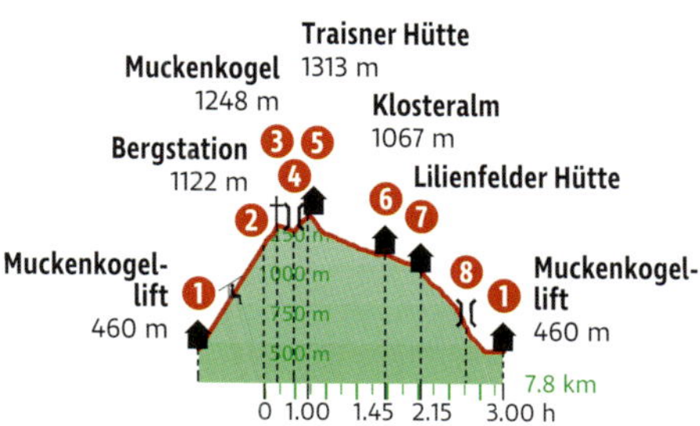

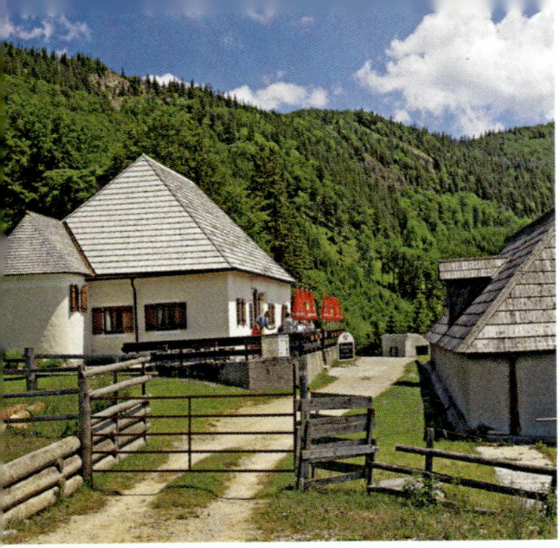

Der Almgasthof Klosteralm am Nordwestrücken des Muckenkogels.

1067 m. Weiter bis zur Verzweigung am Muckenkogel-Nordwestrücken. Die Straße links über Wiesen abwärts, später auf Fußweg über die steile **Gschwendtwiese** hinab in den Kolmgraben mit der **Lilienfelder Hütte** 7, 956 m.

Auf Fahrweg (Nr. 38 und 43, 204A und 655) 200 m nach Norden zur Verzweigung am Nordostrücken des Kolmberges. Den »Jägersteig« rechts abwärts zu einer Verzweigung (geradeaus der »Wasserfallsteig«). Kurz nach links, dann nach rechts hinab in den **Glatzwiesensattel** 8, 607 m. Die Wiesen halb rechts hinunter in den Wald und dort an den Abhängen des Spitzbrandkogels nach Nordosten abwärts zur Straße im Fallgraben, die uns rechts zur **Muckenkogellift-Talstation** 1 bringt.

Abstieg von der Traisner Hütte über die Hinteralm-Wiese. Im Südwesten der dominierende Ötscher.

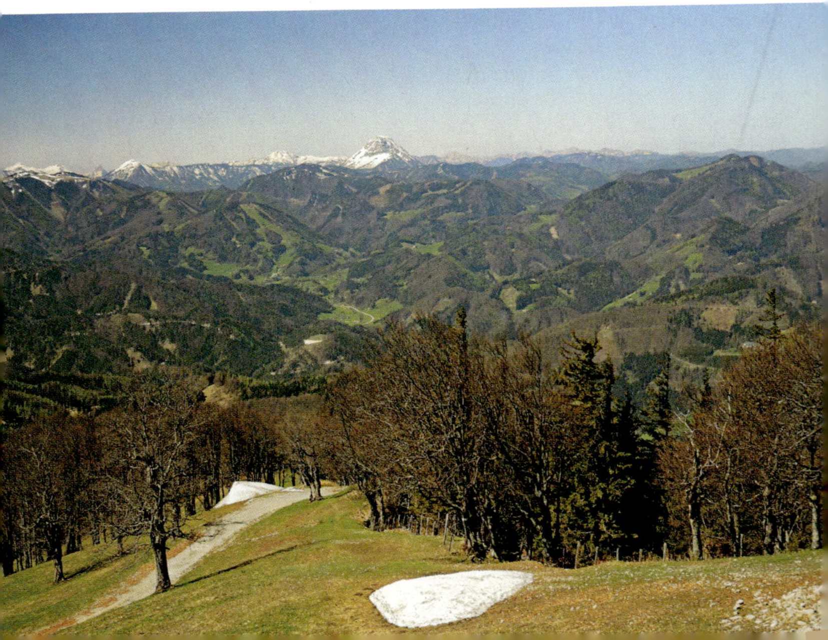

↗ 1050 m | ↘ 1050 m | 17.7 km

6.45 h

Eschenau-Runde **10**

Großzügiger Ringweg durch gemäßigte Voralpenlandschaft

Der Talkessel von Eschenau bei Wilhelmsburg und Traisen bietet dem Wanderer eine Reihe voralpin-gemäßigter Gipfelziele an, die allesamt im Zuge einer großzügigen »Talschlussrunde« überschritten werden können, wobei der Wegverlauf in den letzten Jahren gewissen Änderungen unterworfen war. Das Unternehmen verlangt Ausdauer und empfiehlt sich besonders im Frühjahr und Herbst.

Ausgangspunkt: Eschenau, 406 m, im Steubachgraben, einem Seitenast des Traisentals. Im Ortszentrum Parkplätze. Anreise von Rotheau im Traisental (Bahnhalt) mit Bus oder eigenem Auto, 3,5 km.
Anforderungen: Sehr lange, aber einfache Wanderung auf meist bezeichneten, aber nicht immer optimal beschilderten Wegen und Straßen. Ausdauer sowie gutes Orientierungsvermögen bei Querung der berührten Wiesen nötig!
Einkehr: Gastbetriebe in Eschenau. Kaiserkogelhütte (ÖTK, 5 B., 18 L.; ganzjährig geöffnet, Di. und Mi. Ruhetag, Tel. +43/2762/67242, https://kaiserkogelhuette.at). In den Bauernhöfen bekommt man oft Schafkäse, selbstgebackenes Brot, würzigen Speck sowie köstlichen Obstmost und diverse Edelbrände.

Von **Eschenau** ❶ die Straße nach Kirchberg zur Linksabzweigung eines Güterweges. Diesen, an den Häusern von Löffelmühl vorbei, südwärts durch den **Prinzbachgraben** in den Talschluss. Dort den Fußweg Nr. 622 und 655 gerade fort, dann durch einen Seitengraben steil nach links hinauf in den **Zeitlhofsattel** ❷, 758 m. Den Querweg Nr. 38, 622 und 655 am steilen Waldrücken rechts hoch zum Gipfel des **Lorenzi-Pechkogels** ❸, 883 m, mit schönem Rundblick.
Den Südrücken abwärts in eine Senke mit Verzweigung. Auf bezeichnetem Steig einen steilen Waldhang nach rechts (!) hinab in den Sattel **Gruber Stiegl** ❹, 786 m, und jenseits hoch zum Gipfel des **Pechberges** ❺, 862 m (Steinmann, keine Rundsicht). Ein Stück über den Südwestrücken abwärts zum Beginn eines Fahrwegs. Diesen nach rechts in die Westseite des Berges und dort zu großer Wiese. Über sie geradeaus abwärts zur Forststra-

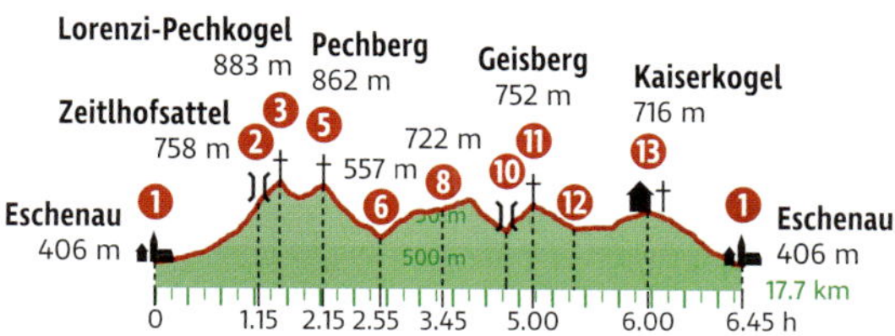

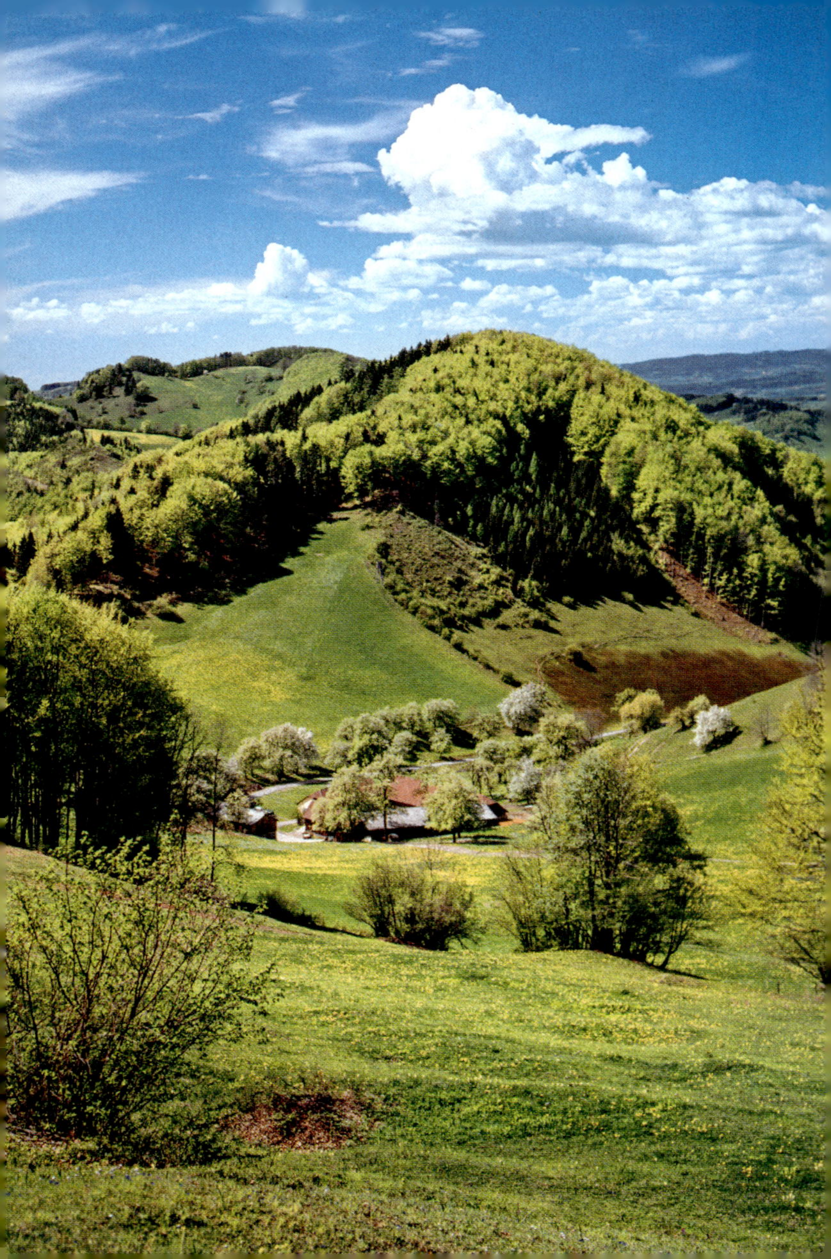

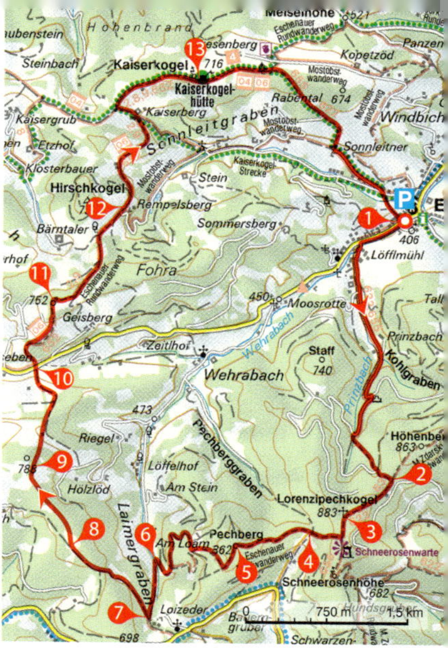

ße am Unterrand und auf ihr durch Wald in Kehren hinab in den inneren Laimergraben und zur **Straßenverzweigung »Am Loam«** ❻, 557 m. Scharf links ab und auf Fahrweg rechts vom Bach nach Süden hoch zu einem **Querweg** ❼ 658 m (»In der Höll«), westlich unterm Hof Loizeder. Den grün bezeichneten Fahrweg, an Kruzifix, Bank und Quelle vorbei, scharf nach rechts (Nordwesten) aufwärts, wobei zwei Wiesen gequert werden. 30 Meter nach der zweiten halbrechts ab ❽ (Achtung, derzeit keine Hinweistafel!) und auf begrastem, grün bezeichnetem Güterweg im Wald nach Norden aufwärts zu einem Gatter (Überstieg), danach zu kleiner Wiese. Nach rechts in den Wald (Achtung, grüne Markierung am Baum!) zum Biotop der **Karllacke**, 747 m, danach durch ein Gatter zu großer Wiese. Links am Wiesenrand entlang des Zauns steil nach Norden hoch zum Oberrand der Wiese (Rückblick zum Pechberg und auf den Muckenkogel!) und dort eben nach rechts in den Wald. Knapp östlich unterm Gipfel des Karlsteins vorbei ❾ (Wegtafel), danach durch ein Gatter nach links in die Nordseite des Berges. Dort durch Wald und über Wiesen hinab zu einem Fahrweg und auf diesem links haltend abwärts in den Sattel **Geiseben** ❿, 594 m, wo die Straße Eschenau – Kirchberg traversiert wird. Jenseits auf dem Fahrweg Nr. 06 und 652 im Wald steil nach Nordosten aufwärts zum Gipfel des **Geisberges** ⓫, 752 m (Rundsicht!). Jenseits hinab in einen Sattel und dort zur **Bärentaler Lacke**, 665 m, unter zwei uralten Linden. Auf Fußweg weiter zum **Hof Rempelsberg** ⓬, 610 m, dann auf Fahrweg nach Norden zu den Höfen Gottfriedsberg und Kaiserberg. Westwärts hinauf in einen Sattel, dann auf bezeichnetem Fahrweg einen Wiesenrücken, am Kaiserkogel-Kreuz (Rundsicht!) vorbei, nach rechts empor auf den Gipfel des **Kaiserkogels** ⓭, 716 m (Schutzhütte), mit herrlichem Panorama (Tiefblick auf Eschenau!).
Die Straße über den Ostrücken abwärts zu einer Verzweigung (Sitzgarnitur). Auf bezeichnetem Fußweg kurz am Rücken weiter, dann rechts in den Wald und dort nach Südosten hinab zum **Hof Sonnleitner**. Zur Linken des Sonnleitgrabens im Wald abwärts und über Wiesen eben nach **Eschenau** ❶.

Frühling im inneren Steubachgraben bei Eschenau.

↗ 650 m | ↘ 650 m | 9.6 km

11 Lorenzi-Pechkogel

4.00 h

Lohnender Voralpengipfel mit Sitzbank, Gipfelkreuz und -buch

Ein reichhaltiges Tourenprogramm hat die Traisentaler Klosterstadt Lilienfeld anzubieten, denn vom einfachen Talspaziergang bis zur ausgedehnten Kammüberschreitung ist einfach alles da, was das Herz begehrt. Und mit ihrer Sesselbahn auf den skiruhmbeladenen Muckenkogel lockt sie auch weniger Gehambitionierte in die Berge. Zu den lohnendsten Fahrten in der näheren Umgebung des Ortes gehört der Lorenzi-Pechkogel, ein höhenmäßig zwar bescheidener, aber markanter, steiler Waldkegel mit imponierender Rundsicht.

Ausgangspunkt: Lilienfeld, 383 m, Sommerfrische und Wintersportort im Traisental. Startplatz beim Heimatmuseum Lilienfeld nördlich der Traisenbrücke; Parkplätze in den umliegenden Straßen.

Anforderungen: Leichte Wanderung auf nicht immer gut instand gehaltenen und entsprechend beschilderten Wegen.

Einkehr: Mehrere Gasthöfe in Lilienfeld. Unterwegs keine Einkehr!

Von **Lilienfeld** (1) auf Weg Nr. 38 über die Stiegen zwischen Heimatmuseum und Raiffeisenbank hoch, dann im Wald nach rechts (Nordwesten) empor zur **Schrittwieser Ruhe** (2) und weiter in den Sattel beim **Hof Mayerhofer** (3), 541 m. Auf Straße rechts haltend zur Verzweigung am Wiesenrand. Im Wald nach rechts (Norden) hoch zu den Wiesen beim **Sulzerhof** (4), 690 m, und weiter aufwärts zur Schulter bei der **Taurerkapelle** (5), 720 m. Den Kammsteig (Nr. 38, 622, 655) links, westwärts, hinauf zum **Osterkogel** (6), 795 m, und in den Sattel dahinter. Am Rücken steil bergauf zum Gipfel des **Höhen-**

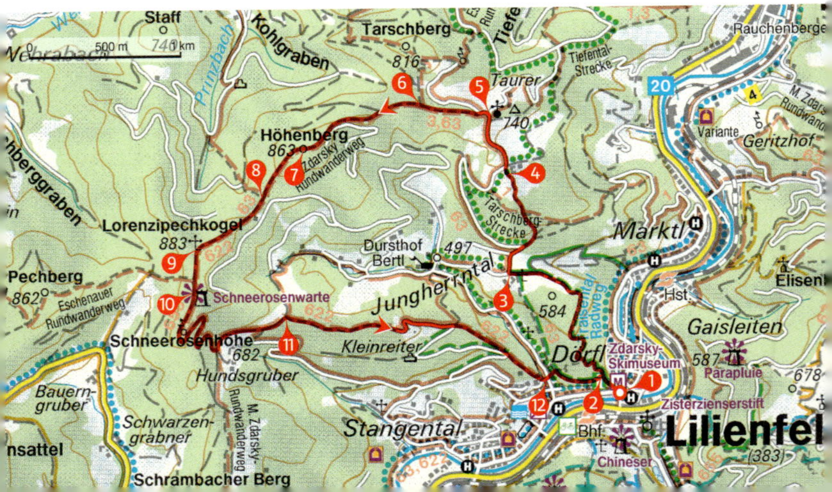

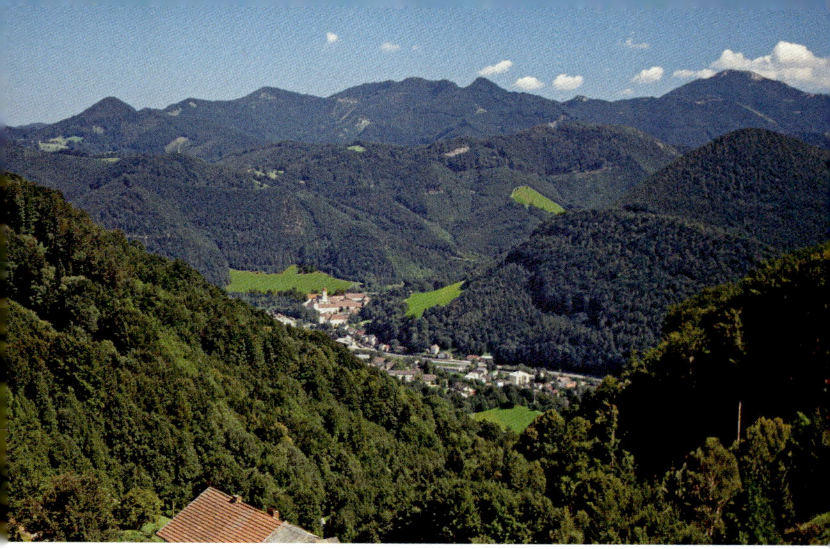

Im Abstieg vom Lorenzi-Pechkogel. Tiefblick auf Lilienfeld mit Ebenwaldhöhe und Hochstaff darüber.

berges 7, 863 m, und hinab in den **Zeitlhofsattel** 8, 758 m. Jenseits am steilen Rücken empor zum Gipfel des **Lorenzi-Pechkogels** 9, 883 m (Kreuz, Buch). Schöne Rundsicht!

Den Steig Nr. 38 über den Südrücken hinab in eine Senke, 835 m, mit Teilung. Am Rücken verbleibend, über eine Anhöhe, 870 m, hinweg, zur **Schneerosenwarte** 10, 840 m (Rundblick!). Am Kamm noch ein Stück abwärts zu einem Fahrweg und diesen links hinab zur Wiese beim **Hof Hundsgruber** (schöner Tiefblick). Am Oberrand der Wiese nach links (Osten) abwärts, dann im Wald zu einer Schulter und am Wiesenrand nach rechts zum **Waldreithsattel** 11, 675 m. Jenseits durch Wald bergab und über eine Anhöhe zum **Hof Kleinreiter**. Auf Fahrweg abwärts in den Wald und dort zu einer Teilung. Rechts auf anfangs verwachsenem Weg (»Kirchensteig«) nach Südosten hinab in das **Jungherrntal** 12, 390 m. Kurz nach links zum Gästehaus Felsenkeller, dort rechts die **Schillerstein-Promenade** hoch, dann an den Hängen entlang zum Schiller-Gedenkstein und zur **Schrittwieser Ruhe** 2.

Auf bekanntem Weg nach **Lilienfeld** 1.

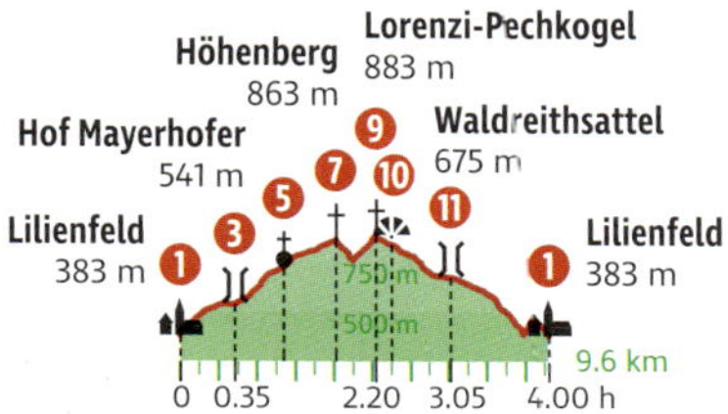

↗ 900 m | ↘ 980 m | 17.1 km

12 Hohenstein, 1195 m

6.00 h

Man muss oben gewesen sein!

Für den, der Wanderungen großen Stils liebt und zudem Gipfel-Ambitionen hat, ist eine Überschreitung des Hohensteins bei Türnitz gerade das Richtige. Die Stärken des Unternehmens liegen eindeutig im Landschaftlichen, in den Ausblicken, die man auf die Traisental-Niederung und zu den Kalkvoralpen genießt.

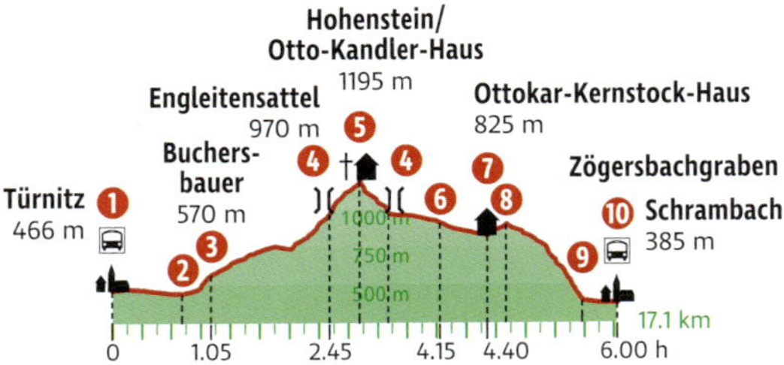

Ausgangspunkt: Ortszentrum von Türnitz, 466 m, Markt im inneren Traisental. Parkplätze, Bushaltestelle.
Endpunkt: Schrambach, 385 m, im Traisental. Rückfahrt mit dem Bus nach Türnitz (Fahrzeiten vor Tourantritt erkunden!).
Anforderungen: Leichte, aber lange Wanderung auf meist bezeichneten Wegen.
Einkehr: Otto-Kandler-Haus (12 L.; geöffnet 1./5. Mai bis 31. Okt., Sa. ganztägig, So. und Feiertage bis 15 Uhr, Tel. 43/664/5286733). Ottokar-Kernstock-Haus »Am Himmel« (keine Nächtigung; 1. Mai bis 26. Okt. So. und Feiertage sowie nach Vereinbarung geöffnet, Tel. +43/699/10921349, www.himmelalm.at).

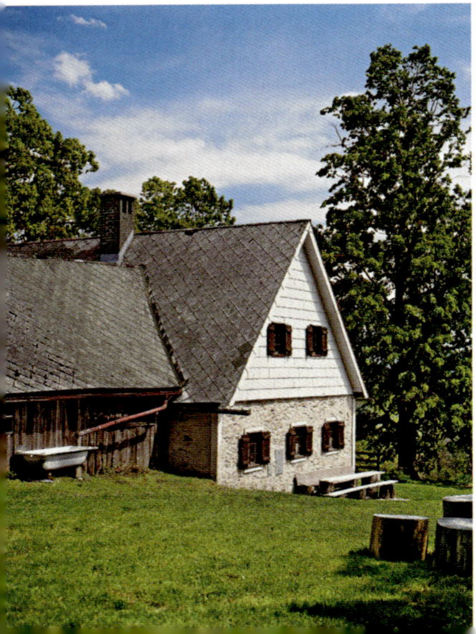

Vom Ortszentrum **Türnitz** ❶ die Straße ostwärts zum ehemaligen Bahnhof und links haltend über die Gleistrasse zur Verzweigung am Eingang in das Scharbachtal. Links die **Mariental-Promenade** am alten Bahndamm entlang zur querenden

Das O.-Kernstock-Haus »Am Himmel«.

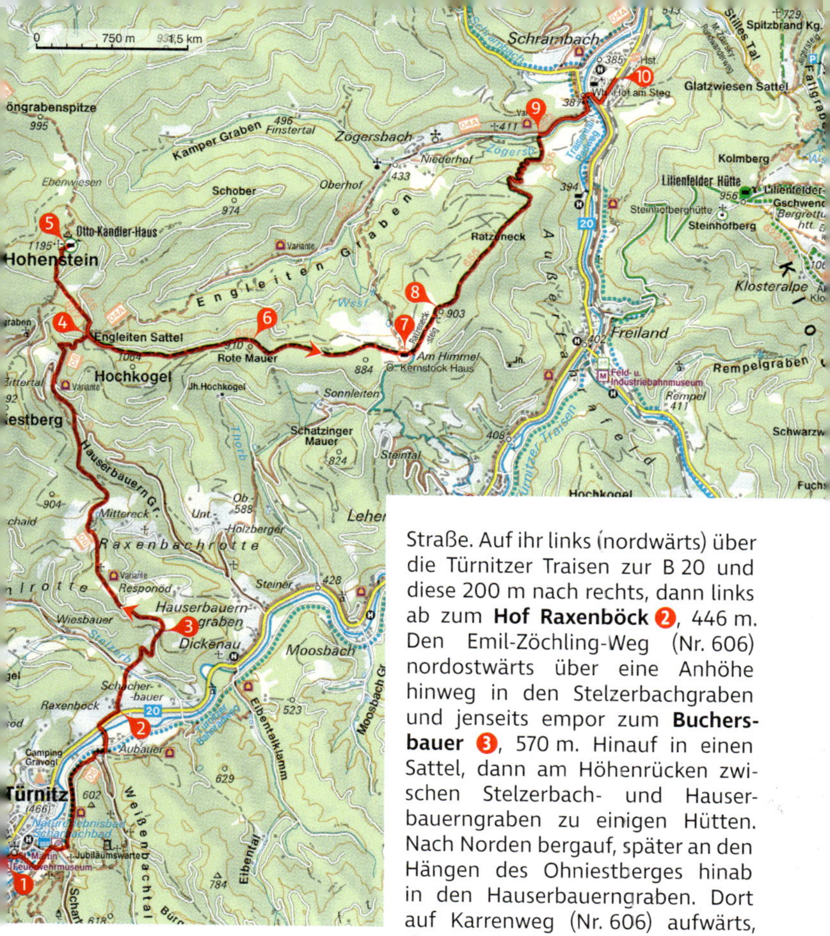

Straße. Auf ihr links (nordwärts) über die Türnitzer Traisen zur B 20 und diese 200 m nach rechts, dann links ab zum **Hof Raxenböck** 2, 446 m. Den Emil-Zöchling-Weg (Nr. 606) nordostwärts über eine Anhöhe hinweg in den Stelzerbachgraben und jenseits empor zum **Buchersbauer** 3, 570 m. Hinauf in einen Sattel, dann am Höhenrücken zwischen Stelzerbach- und Hauserbauerngraben zu einigen Hütten. Nach Norden bergauf, später an den Hängen des Ohniestberges hinab in den Hauserbauerngraben. Dort auf Karrenweg (Nr. 606) aufwärts, dann an der rechten Grabenseite zur Teilung. Rechts auf Steig steil nach Nordosten empor in den **Engleitensattel** 4, 970 m.

Den bezeichneten Fußweg links haltend in Nordrichtung hinauf zu einer Teilung und geradeaus weiter zum **Otto-Kandler-Haus** 5 am Hohenstein, 1195 m (Kreuz und Buch). Erweiterte Rundsicht von der »Jahnkante« (mit dem Jahn-Denkmal) nördlich des Gipfels.

Zurück in den **Engleitensattel** 4. Auf Forststraße (Weg Nr. 655) geradeaus, dann rechts ab und auf Fußweg durch die Nordseite des Hochkogels an den Ostrücken und weiter zur **Roten Mauer** 6, 910 m. Hinab in den Sat-

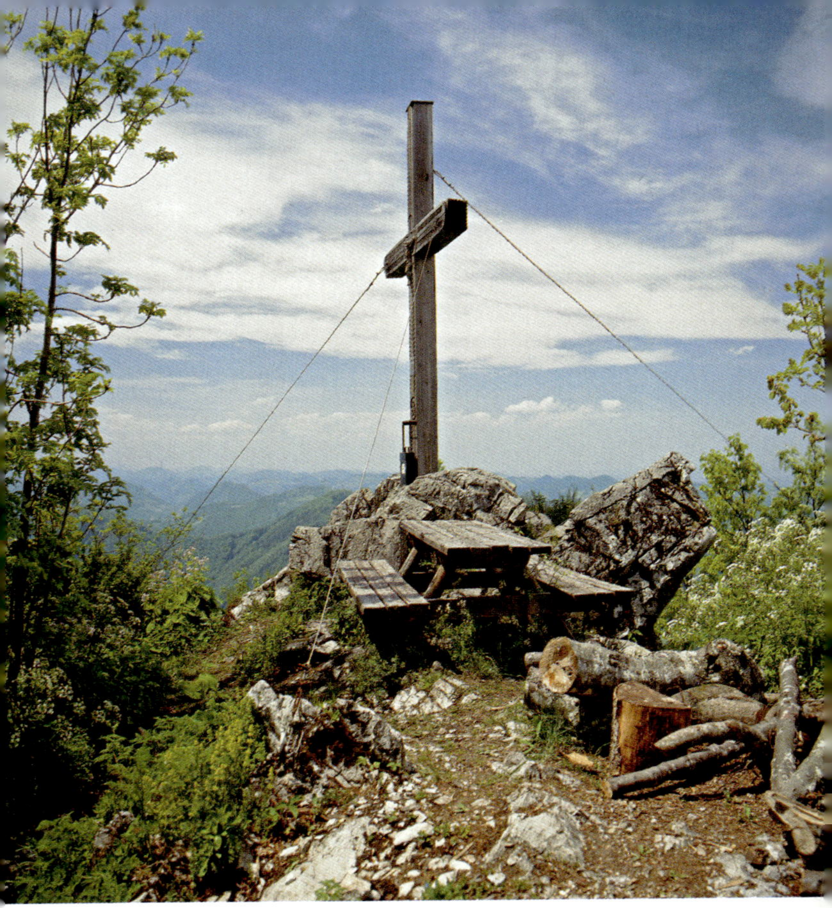

Das Gipfelkreuz am Hohenstein.

tel vor der nächsten Erhebung, die links umgangen wird. Am Waldrücken aufwärts, dann über Wiesen zum Sattel **»Am Himmel«**, 825 m (Alpenblick!), mit dem **Ottokar-Kernstock-Haus** 7.
Auf bezeichnetem Weg (Markierung an einzelnen Bäumen) einen Wiesenhang nach Nordosten empor zu einer Anhöhe (P. 903) am bewaldeten Höhenrücken des **Ratzeneck** 8. Über ihn abwärts, später die steilen Waldhänge hinab zur Straße im **Zögersbachgraben** 9. Auf ihr talaus nach **Schrambach**, 385 m, und zur Bushaltestelle an der B 20, 50 m südlich des Bahnhofsgebäudes 10.

↗ 830 m | ↘ 830 m | 14.8 km

4.30 h

Eisenstein, 1185 m

13

Auf den Türnitzer Hausberg über die »Normalroute«

Von den hohen Waldbergen rings um Türnitz stehen Eisenstein, Hohenstein, Türnitzer Höger und Tirolerkogel bei den Wanderern hoch im Kurs, obwohl sie an Ausdauer und Durchhaltevermögen einiges abverlangen. Auch der Weg auf den Eisenstein ist lang, aber kurzweilig, zudem verspricht die am Gipfel stehende Hütte zumindest an Wochenenden Einkehr und Verpflegung. Für die Betrachtung der herrlichen Rundsicht muss man sich dann allerdings ein stilles Plätzchen suchen, denn an Sonntagen ist dort einiges los, und wer – außer dem Autor – fährt schon wochentags in die Berge?

Ausgangspunkt: Türnitz, 466 m, Markt in einem Talbecken der Türnitzer Traisen. Start im Ortszentrum; Parkplätze, Bushaltestelle.
Anforderungen: Etwas lange, aber unschwierige Bergtour. Gut markierte Wege.

Einkehr: Julius-Seitner-Hütte (ÖAV, 8 B., 20 L.; ganzjährig Fr., Sa., So. und Feiertage geöffnet; Tel. +43/664/88381547 und +43/664/9107735, www.alpenverein.at/juliusseitnerhuette). Jausenstation Ortbauer (keine Nächtigung; ganzjährig geöffnet). Gasthöfe in Türnitz.

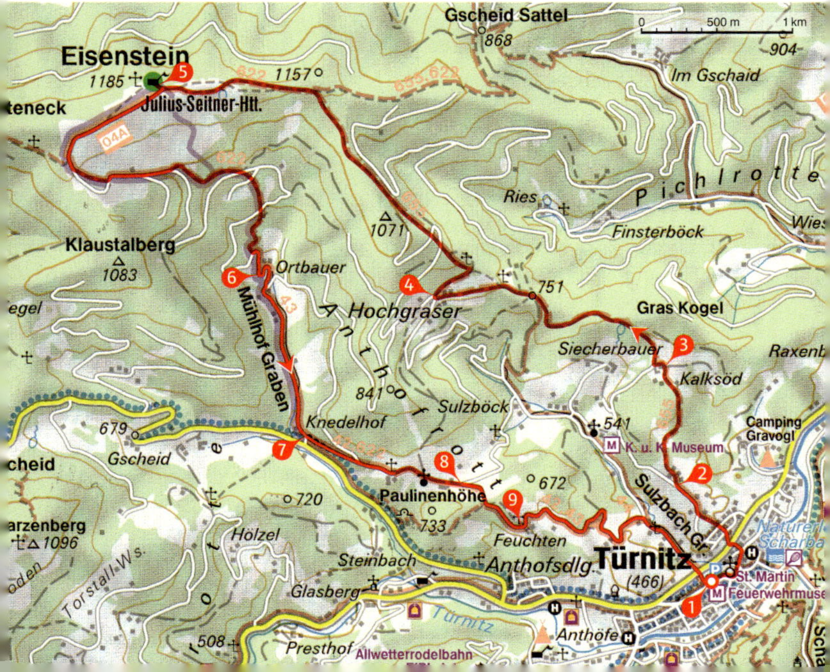

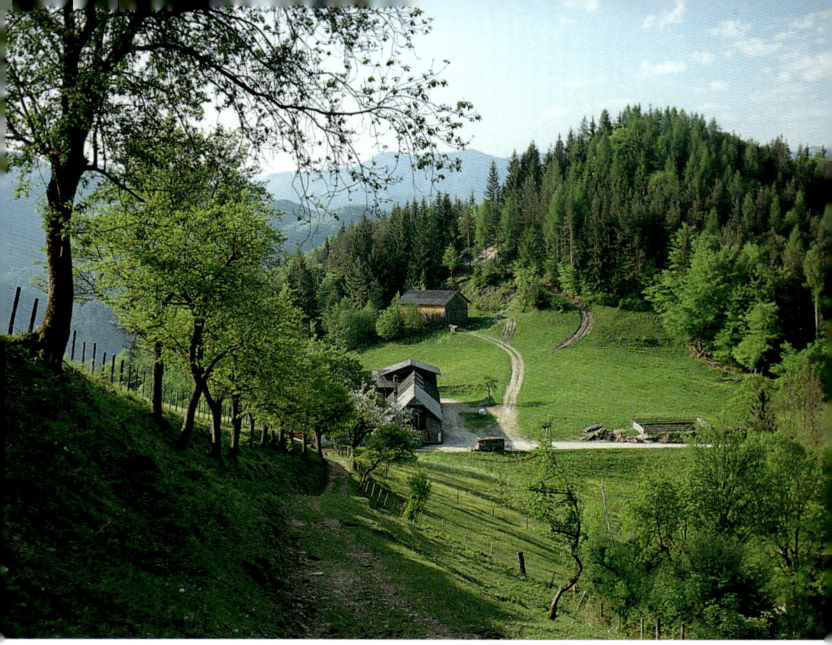

Unterwegs von Türnitz auf den Eisenstein, am Wiesensattel beim Hof Kalksöd.

Aus dem Zentrum von **Türnitz** ❶ die Ostausfahrt zum Haus Nr. 64. Links die Straße mit Weg Nr. 45 und 655 (»Türnitzer Höhenweg«), die Umfahrungsstraße kreuzend, nordwestwärts empor zur Teilung. Rechts zum **Hof Zain** ❷, 540 m, danach auf Fußweg zum **Hof Kalksöd** ❸, 660 m. Hinauf in den Wald, dort am Südabhang des Graskogels links aufwärts in den Sattel, 751 m, westlich von ihm. Nun am Eisenstein-Südostrücken hoch, dann in seiner Südseite zum **Hof Hochgraser** ❹, 820 m. Rechts aufwärts wieder an den Südostrücken und über ihn bergauf, später in seiner rechten Flanke zum Sattel nach dem P. 1071. Am Waldkamm empor zum Querweg Hohenstein-Eisenstein (Nr. 604A, 622 und 655), diesen links zum grasigen Gipfelrücken und über ihn zur **Julius-Seitner-Hütte** am Gipfel des **Eisensteins** ❺, 1185 m (Kreuz mit Buch).

Auf Weg Nr. 43, 604A und 622 am Westrücken rechts der Zubringerstraße abwärts, dann die Straße in den Sattel vor dem Klaustalberg und dort links hinab in einen Waldgraben. Durch ihn steil nach Osten abwärts zur Verzweigung. Auf Weg nach rechts (Süden) hinunter zur **Jausenstation Ortbauer** ❻, 690 m, im Mühlhofgraben und dort die Straße talaus zum **Knedelhof** ❼, 595 m, im Steinbachgraben, an der Straße Türnitz-Schwarzenbach.

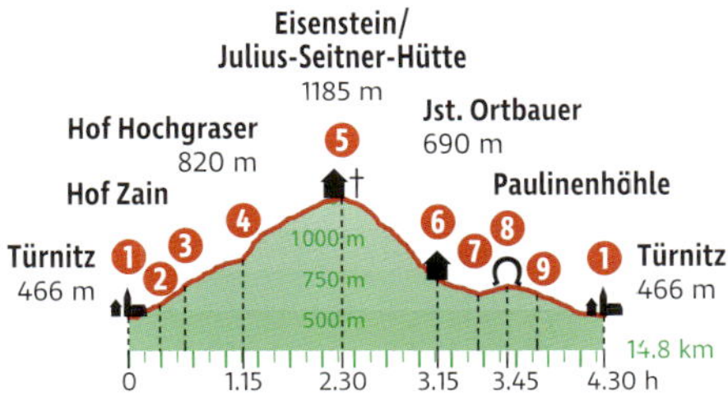

Auf ihr links zur **Schlapfenmühle**, danach links ab und den »Heinrich-Pranzl-Steig« gegen die Steinbachmäuer hinauf unter einen Felsturm. Nach links hoch zum Eingang in die **Paulinenhöhle** 8, 650 m (Tropfsteinhöhle; nur mit Taschenlampe!), dann nach rechts auf den Felsturm und an Hängen entlang in eine Scharte. Eben weiter in einen Sattel, später auf Straße, am **Hof Feuchten** 9, 600 m, vorbei, rechts hinab in den **Sulzbachgraben** und talaus nach **Türnitz** 1.

Die Julius-Seitner-Hütte am Gipfel des Eisensteins.

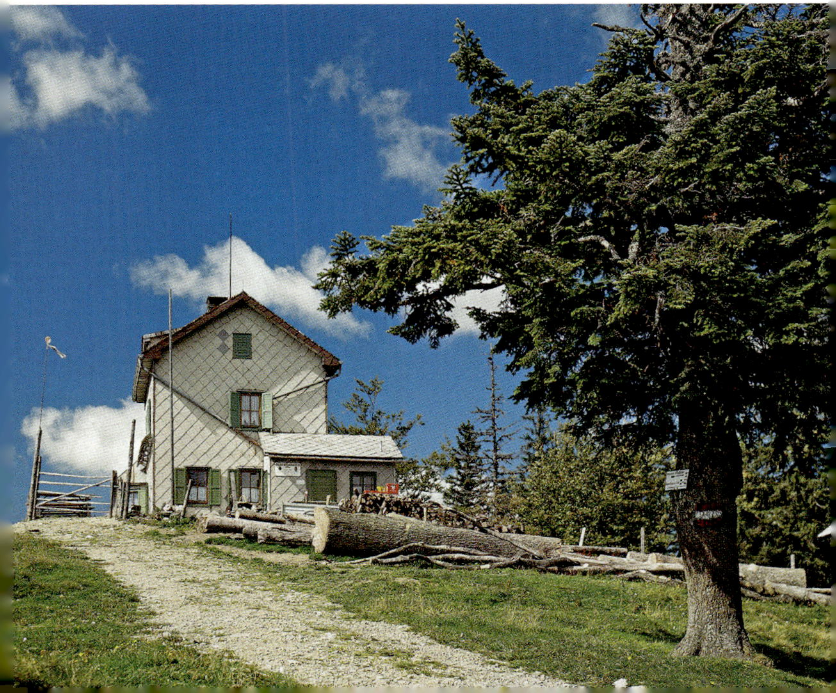

TOP

14

Tirolerkogel-Überschreitung

↗ 530 m | ↘ 1030 m | 14.8 km

4.45 h

Beliebter Höhenspaziergang von Annaberg nach Türnitz

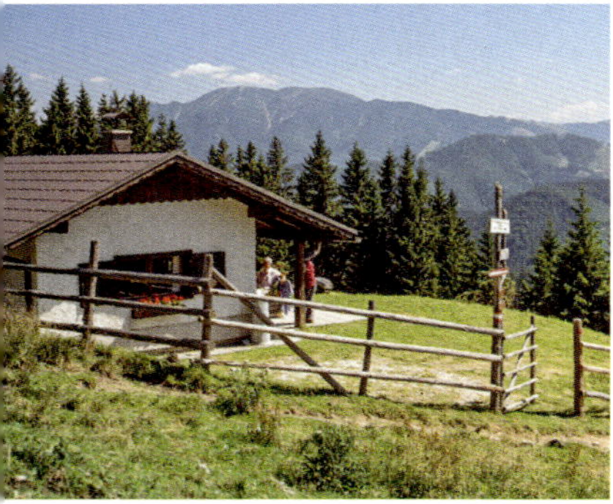

Das ganzjährig bewirtschaftete Annaberger Haus am Gipfel des Tirolerkogels trägt viel dazu bei, dass man auf diesem famosen Höhenweg von Annaberg nach Türnitz kaum je allein unterwegs ist, von den Massenbewegungen an Wochenenden ganz zu schweigen. Geboten wird ein sinnbetörendes Wandervergnügen über sanfte Wiesenkämme mit obligater abendlicher Busrückfahrt, die es einem erlaubt, sich in Türnitzer Gaststuben noch ausgiebig zu laben und zu stärken.

Oben: Die kleine Halterhütte im Anstieg auf den Tirolerkogel.
Unten: Der Ort Annaberg vor der imposanten Pyramide des Ötscher.

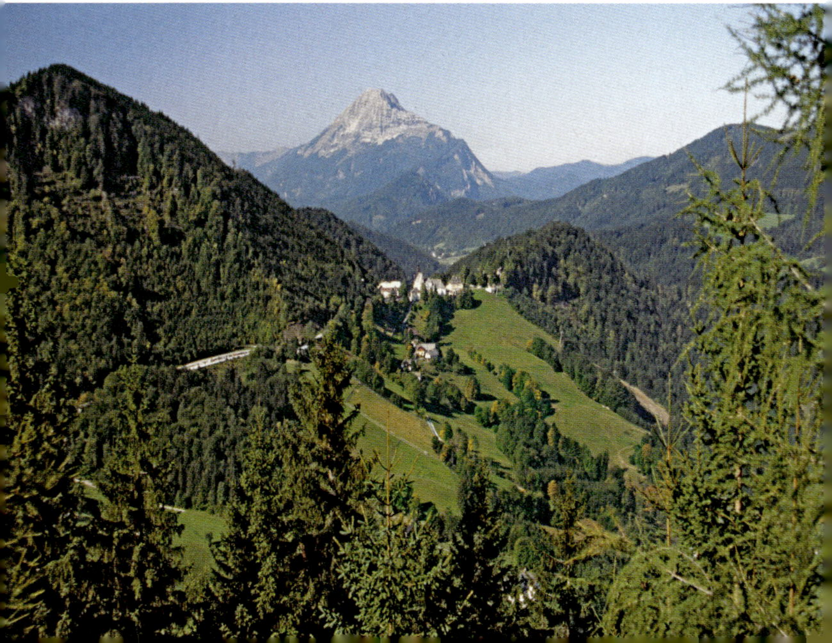

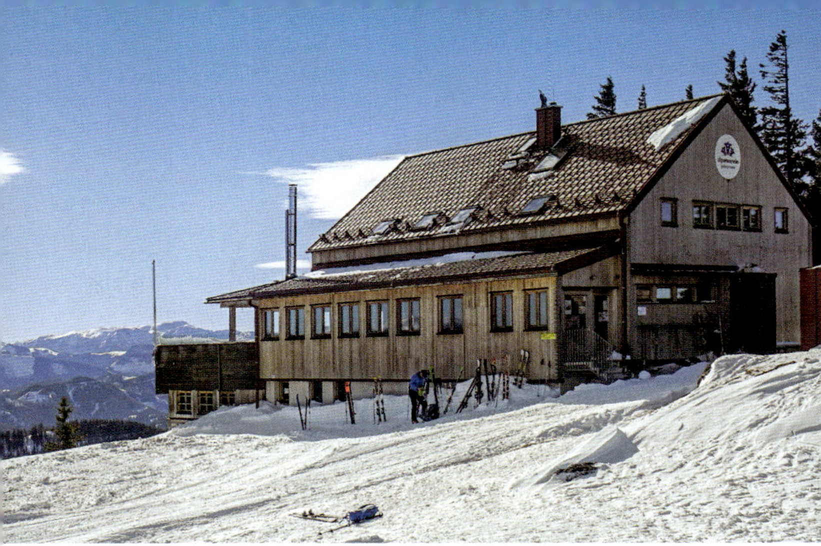

Das Annaberger Haus am Tirolerkogel mit der Hohen Veitsch links dahinter.

Ausgangspunkt: Annaberg, 967 m, Erholungsort an der Mariazeller Straße B 20. Parkplätze im Ortszentrum.
Endpunkt: Türnitz, 466 m, Markt in einem Talbecken der Türnitzer Traisen. Rückfahrt per Taxi oder Bus nach Annaberg (Achtung! Busfahrzeiten schon vor Antritt der Tour erkunden!).
Anforderungen: Großzügige, aber leichte Wanderung auf bezeichneten Wegen.
Einkehr: Annaberger Haus (ÖAV, 31 B., 11 L.; 15./20. April bis 14. Aug. Mi. bis So., 15. Aug. bis 15. Nov. täglich ohne Ruhetag geöffnet, Tel. +43/2728/20459 und +43/664/5231076, www.alpenverein.at/annabergerhaus). Gasthöfe in Annaberg und Türnitz.
Variante: Von der Eiblhaus-Ruine kann man auf markiertem Weg in 20 Min. den Gipfel des Eibl, 1002 m, besteigen.
Hinweis: Die Tour kann auch ab Türnitz mit Busfahrt nach Annaberg (Fahrzeiten vor Antritt der Tour erkunden!) gestartet werden.

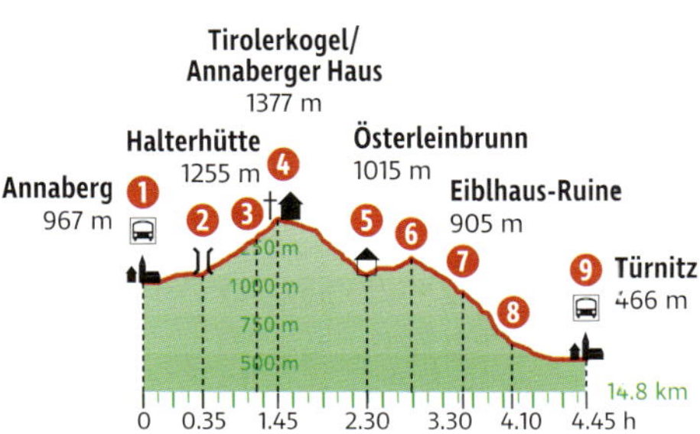

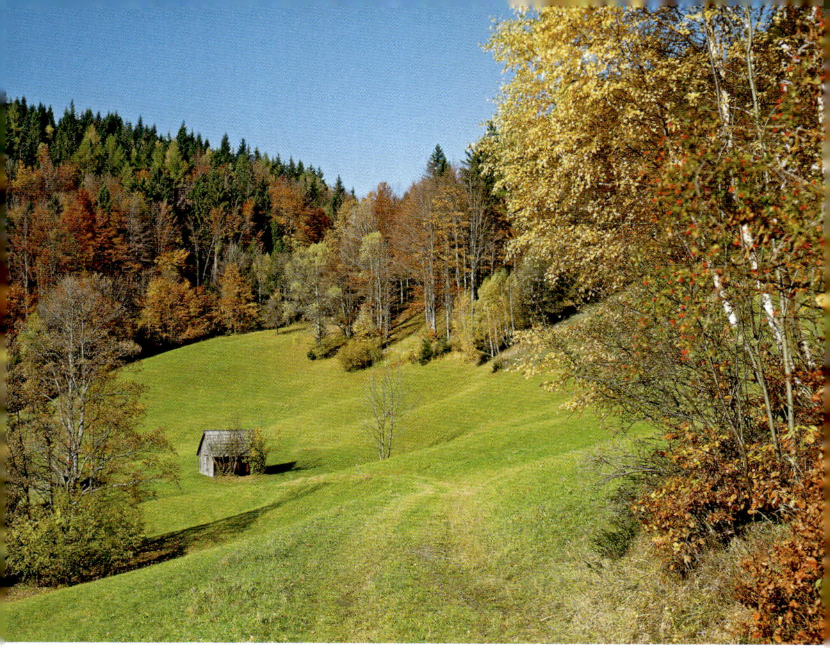

Wiesen und herbstlich verfärbte Wälder am Eiblsattel.

Von **Annaberg** ❶ auf der B 20 500 m nach Osten zum Großparkplatz links der Straße. Rechts ab und auf Forststraße (Weg Nr. 606B, 622 und 655) an der bewaldeten Nordflanke des Scheiblingberges sanft aufwärts zum Sattel **Am Gscheid** ❷, 1015 m, mit Verzweigung. Links die Straße an der bewaldeten Südflanke des Ahornberges hinauf zu aussichtsreicher **Schulter** ❸ (Halterhütte), 1255 m. Auf breitem Abkürzungsweg die Gipfelwiesen nach Nordosten empor wieder zur Straße und auf dieser zu einem Zaun. Über einen Fußweg kurz links hoch zum **Annaberger Haus** am **Tirolerkogel** ❹, 1377 m. Zurück zur Straße. Diese (Weg Nr. 606B, 622, 655) am Wiesenrücken nach links abwärts, dann auf Fußweg in den Sattel vor dem **Karlstein**, 1339 m, mit Wegteilung. Links den »Sommerweg«, dann einen

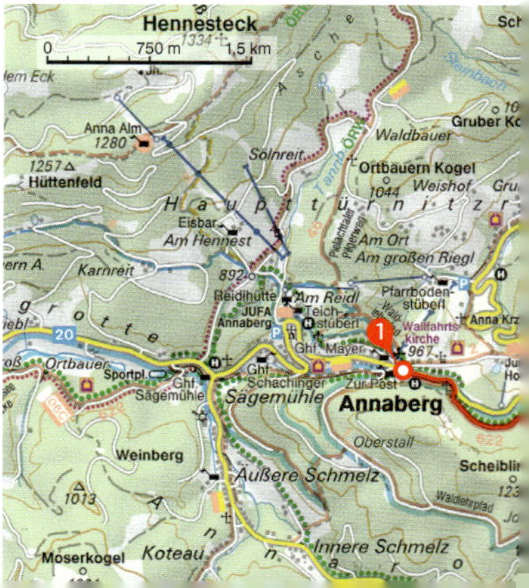

schmalen Waldrücken hinunter, zuletzt über eine steile Flanke hinab in den Sattel, 1015 m, bei der **Bergrettungshütte Österleinbrunn** 5. Den Schafkogel links umgehend nordwärts hinauf in einen Sattel am Südrücken der **Karnerhofspitze**. Rechts von ihm über Wiesen empor zur **Schulter** 6 nordöstlich des Gipfels, 1124 m.

Jenseits am grasigen Nordostrücken abwärts, später im Wald steiler bergab in den **Eiblsattel**, 890 m, und wieder hoch zur Ruine des ehemaligen **Eiblhauses** 7, 905 m, mit Wegteilung. Nach rechts abwärts, dann einen Graben links hinunter zu den Häusern **»Am Berg«** 8, 570 m. Nun auf Fahrweg eine Wiesenmulde hinab zur Straße im inneren Traisental und auf ihr links nach **Türnitz** 9.

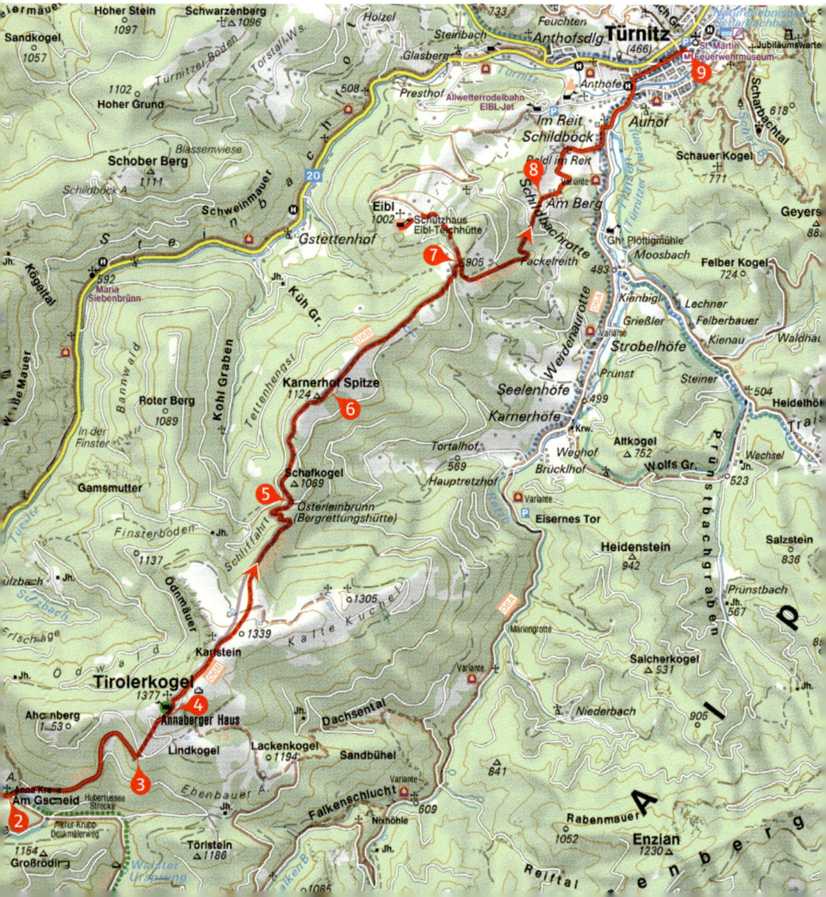

↗ 850 m | ↘ 850 m | 17.2 km

15 Falkenschlucht und Tirolerkogel, 1377 m

5.00 h

Auf stillen Wegen zum zweithöchsten Gipfel der Türnitzer Berge

Ötschergräben und Tormäuer gehören zu den gewaltigsten Schluchten der Ostalpen. Und doch schließt sich dieser Canyon kaum je zu klammartiger Enge. Eine gewisse Entschädigung dafür bringt die romantische Falkenschlucht südlich von Türnitz. Sie wartet u.a. mit einer nur wenige Meter breiten Miniaturklamm auf, die man auf solide befestigten Brücken und Stegen genussvoll durchwandert. Auf dem noch langen, aber problemlosen Weg zum Tirolerkogel beeindruckt die wunderbare Schau auf Mariazeller, Türnitzer, Gutensteiner und Mürzsteger Alpen, die sich am Gipfel zum großen Panorama weitet.

Ausgangspunkt: Parkplatz, 533 m, im Retzbachtal südlich der felsigen Verengung Eisernes Tor. Zufahrt dorthin von Türnitz mit dem eigenen Auto, 5,5 km durch die Weidenau.
Anforderungen: Lange und auch etwas anstrengende Tour, Trittsicherheit nötig.
Einkehr: Annaberger Haus (ÖAV, 31 B., 11 L.; 15./20. April bis 14. Aug. Mi. bis So., 15. Aug. bis 15. Nov. täglich ohne Ruhetag geöffnet, Tel. +43/2728/20459 und +43/664/5231076, www.alpenverein.at/annabergerhaus).
Hinweis: Mit dem Fahrrad kann bis zum Eingang der Falkenschlucht gefahren werden (insgesamt ca. 1 Std. kürzer).

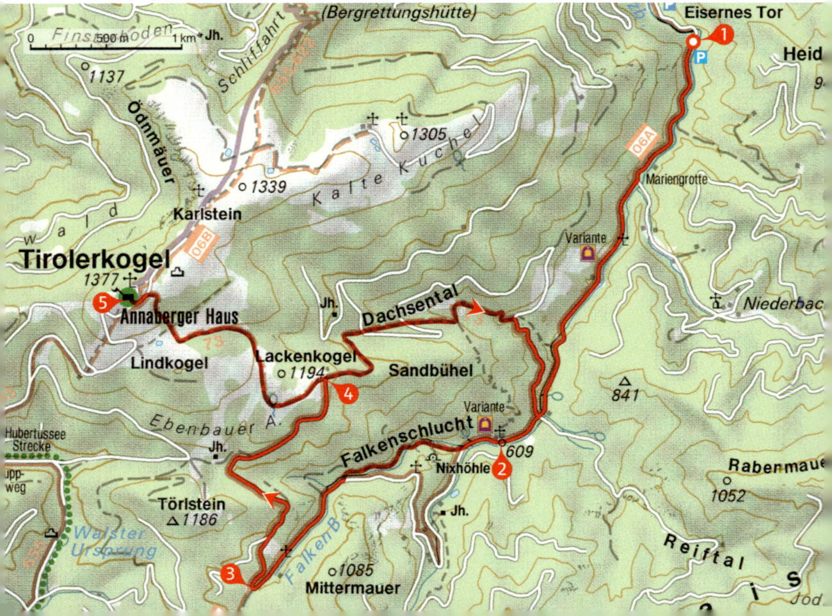

Vom Parkplatz **Eisernes Tor** ❶ auf Forststraße (Weg Nr. 606A) das **Retzbachtal** einwärts zum **Jagdhaus Inner-Eben** ❷, 609 m (»Hubertushof«) und weiter zu einer Verzweigung. Rechts auf bezeichnetem Weg durch ein enges Felsportal in die **Falkenschlucht**. An ihrer linken Seite empor zu felsiger Verengung. Danach über den Bach und jenseits links hinauf zu einer Kanzel vor der eigentlichen Klamm. Kurz abwärts und auf Holzstegen durch sie hindurch, später im Waldgraben bald an die linke Talseite und dort hinauf zu einer Forststraße. Auf ihr durch den Graben ¼ Std. nach Südwesten aufwärts zu einer **Kehre** ❸, 800 m. Rechts haltend die jetzt unbezeichnete Straße an den Hängen von Törlstein und Lackenkogel nach Norden bergauf und über Wiesen an den Ostrücken des **Lackenkogels** mit der Einmündung des **Dachsentalweges** ❹. Die Straße nun mit Nr. 73 nach links (Westen) aufwärts, dann um den Berg nach rechts herum und weiter in die Wiesenmulde des oberen **Dachsentales**. Durch sie auf einem Steig westwärts hinauf in einen Sattel und rechts an den Gipfelaufbau des Tirolerkogels. Im lichten Wald und über felsdurchsetzte Wiesen in steilen Windungen empor an den breiten, grasigen Nordostrücken des Berges und dort zur querenden Naturstraße (Tafeln). Auf ihr nach links zu einem Gatter und auf Fußweg rechts hinauf zum **Annaberger Haus** am Gipfel des **Tirolerkogels** ❺, 1377 m.

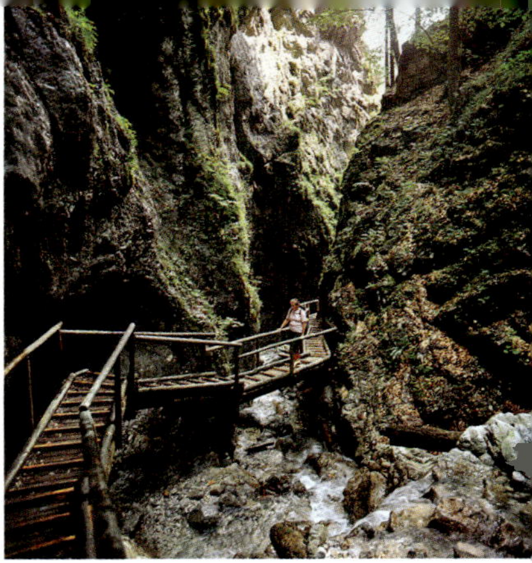

Auf Holzstegen durchwandert man den klammartigen Abschnitt der Falkenschlucht.

Zurück zur Linksabzweigung des **Dachsentalweges** Nr. 73 ❹, ½ Std. vom Gipfel. Auf dem rot bezeichneten Weg am Ostrücken des Lackenkogels im Wald abwärts in einen Sattel und dort auf Fahrweg steil nach links (Nordwesten) hinab in das **Dachsental**. An seiner rechten Seite bergab zu einer Verzweigung. Den Fußweg links hinab zu den Wiesen der Talsohle (Holzhütte) und über sie abwärts, später im Wald zu einer Forststraße. Diese rechts zur Straße im **Retzbachtal**, 601 m, und auf ihr zurück zum Parkplatz **Eisernes Tor** ❶.

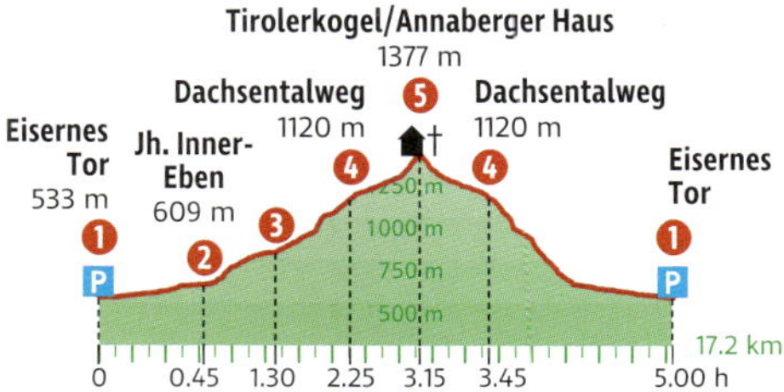

↗ 960 m | ↘ 940 m | 13.5 km

16 Türnitzer Höger, 1372 m

5.15 h

Ein Außenseiter mit Qualitäten

Er trägt die älteste Hütte (seit 1895) im Reich der Türnitzer Berge und ist doch ein Außenseiter geblieben, dieser steile Bergkegel über der Traisental-Gabelung bei Freiland, zwischen Türnitzer und Unrecht-Traisen. Schuld daran sind die durchwegs langen und anstrengenden Zugänge, von denen sich jener von Furthof über die Ostseite mit Abstieg über den langen Westkamm zu einer großzügigen Überschreitung verbinden lässt. Vom baumfreien Scheitel des Höger bietet sich ein überaus eindrucksvolles Alpenpanorama vom Schneeberg bis zum Priel.

Ausgangspunkt: Hst. Furthof, 460 m, der stillgelegten Traisentalbahn (Parkplatz). Anfahrt von Hohenberg mit eigenem Auto oder Bus (Haltestelle Furthof/Abzweigung Furthofer Straße), 1,5 km.
Endpunkt: Türnitz, 466 m. Rückfahrt per Bus (Umsteigen in Freiland) nach Furthof. Achtung, Fahrzeiten vor Antritt der Tour erkunden!
Anforderungen: Stramme Voralpentour auf bezeichneten Wegen und Steigen mit beachtlicher Anstiegshöhe. Trittsicherheit und Ausdauer nötig.
Einkehr: Türnitzer Hütte (16 B., 12 L.; 1. Mai bis 1. Nov. Sa., So. und Feiertage einfach bewirtschaftet, sonst Winterraum geöffnet, Tel. +43/664/5717697. Mehrere Gastbetriebe in Türnitz.
Hinweis: Kehrt man vom Türnitzer Höger entlang der Anstiegsroute zum Ausgangspunkt nach Furthof zurück, spart man 1 ¼ Stunden.

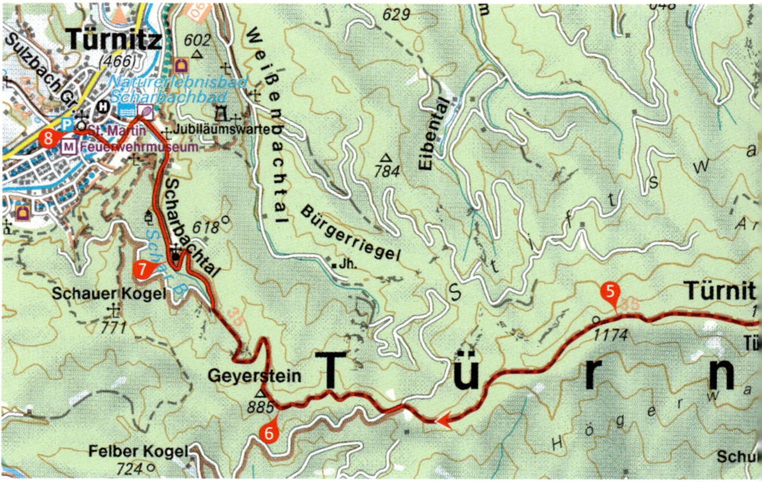

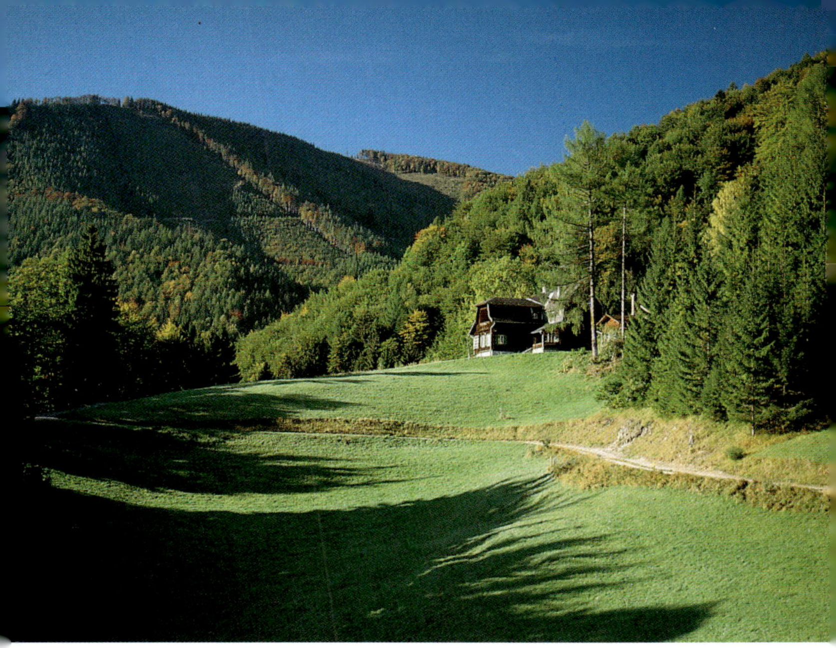

Das Jagdhaus Riegler am Weg von Furthof auf den Türnitzer Höger (links dahinter).

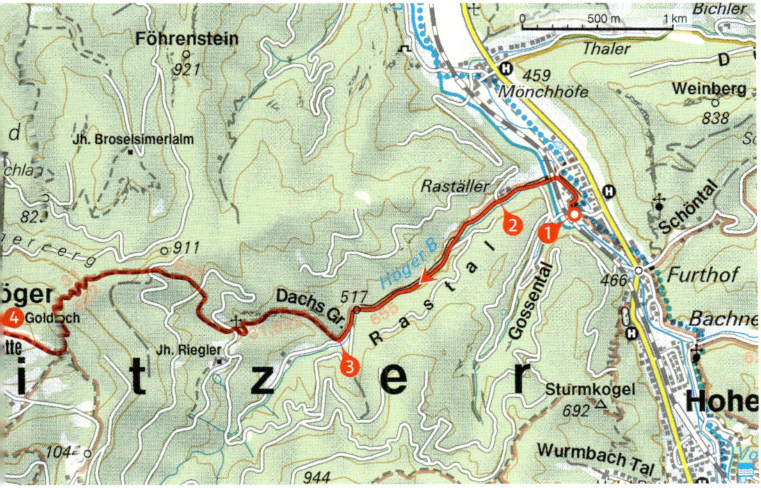

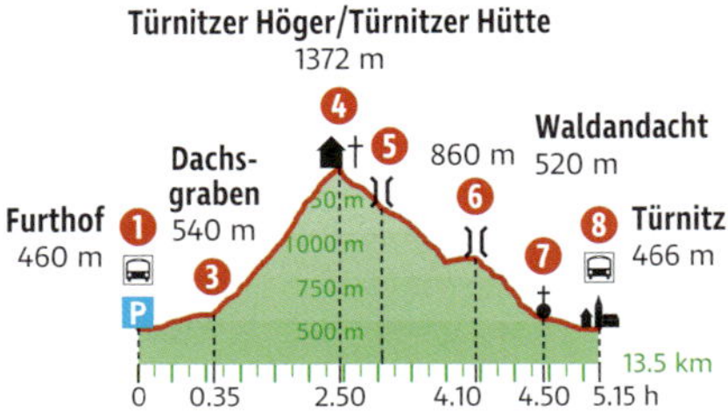

Von der **Hst. Furthof** 1 die Furthofer Straße 300 m nach Norden zur querenden Asphaltstraße. Auf ihr (Weg Nr. 31, 622 und 655) nach links in das Rastal und dort zum **Hof Raställer** 2, 465 m. Im Waldtal sanft aufwärts zu einer Verzweigung bei kleiner Wiese, dort rechts zur Mündung des **Dachsgrabens** 3, 540 m. Diesen nach Westen hoch, später links hinauf an einen Rücken. Über ihn empor, später an den Hängen entlang in den oberen Dachsgraben und dort bergauf zu einer Schulter am Nordostrücken des Höger. Am Rücken in steilen Kehren hoch, dann nach links in die Ostflanke queren, zuletzt steil nach rechts hinauf zur Verzweigung bei einem Felsblock. Rechts haltend im Wald empor an den grasigen Südostrücken und knapp links von ihm zur **Türnitzer Hütte** am Gipfel des **Türnitzer Höger** 4, 1372 m (Kreuz). Auf Steig Nr. 35 am bewaldeten Westrücken abwärts in den **Sattel** 5, 1145 m, vor dem felsigen P. 1174. In der linken Flanke des Rückens weiter, später rechts hinunter in einen Sattel mit Forststraße. Jenseits auf bezeichnetem Pfad in langer Querung der steilen linken Gratflanke zum **Sattel** 6, 860 m, vor dem **Geyerstein**. Nach rechts

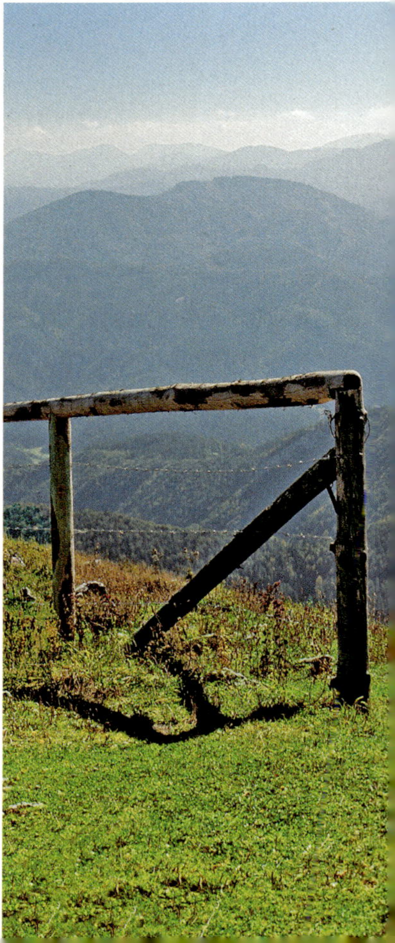

an den Nordrücken des Berges und dort im Wald abwärts in eine Scharte. Links hinab in das **Scharbachtal** und zu einer Forststraße. Auf ihr bergab zur **Waldandacht** 7, 520 m, und weiter zum **Fest- und Schießplatz** bei der ehemaligen Lohstampfe der Gerberei Karner. Über Wiesen talaus, dann über das Gleis der Traisentalbahn zum Bahnhof und durch eine Allee in das Zentrum von **Türnitz** 8.

Die Sitzterrasse vor der Türnitzer Hütte am Türnitzer Höger. Blick nach Südosten gegen den Schneeberg mit dem Handlesberg links davor. Rechts vom Schneeberg die Senke des Höllentals und weiter rechts die Raxalpe (vor ihr der Obersberg).

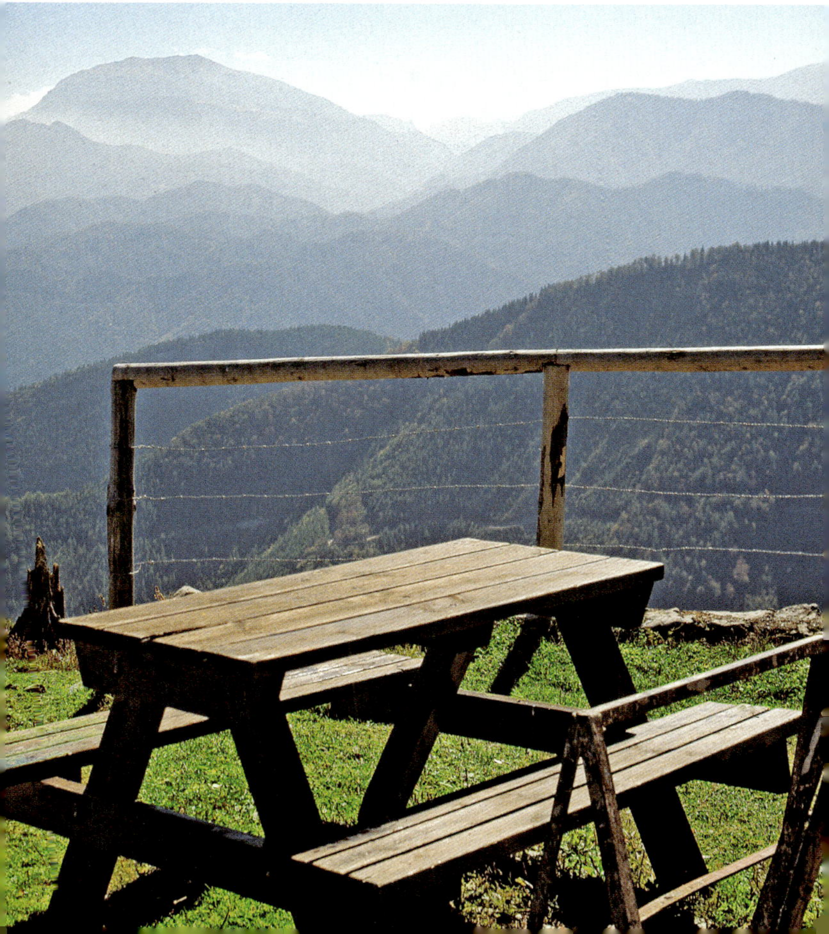

↗ 840 m | ↘ 940 m | 13.7 km

17 Von St. Aegyd zum Hohenberger Gschwendt

5.00 h

Familienwanderung von Hütte zu Hütte

Obwohl weniger bekannt als ihre Mariazeller Namensschwester, ist die Bürgeralpe bei St. Aegyd dennoch ein recht beliebtes Wanderziel. Sogar wochentags ist man dort oben nur selten allein und an der Zdarskyhütte wird man an Schönwetter-Sonntagen der Gästescharen kaum Herr. Natürlich geht ein jeder weiter auf die Paulmauer und zur Hütte am Hohenberger Gschwendt, wo vor dem Talabstieg ein letzter »Einkehrschwung« fällig wird.

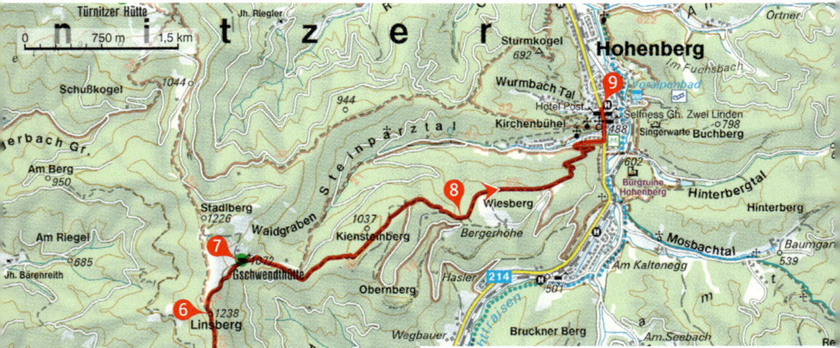
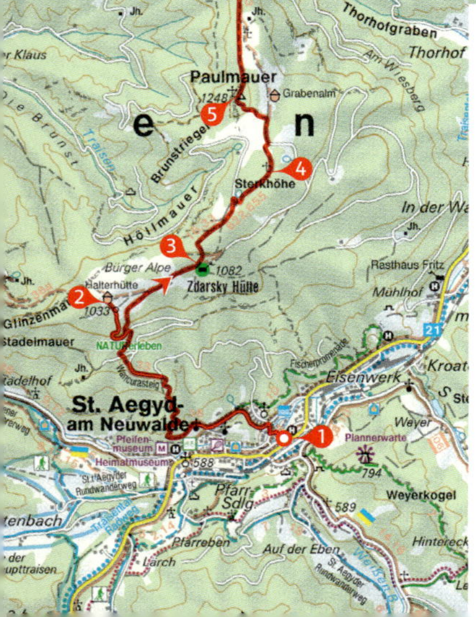

Ausgangspunkt: St. Aegyd am Neuwalde, 588 m. Parkplatz vor dem Bahnhof der aufgelassenen Traisentalbahn.
Endpunkt: Hohenberg, 488 m, Erholungsort im Tal der Unrecht-Traisen. Rückfahrt per Bus nach St. Aegyd (Fahrzeiten vor Antritt der Tour erkunden!).
Anforderungen: Leichte, aber lange, anstrengende Wanderung auf bezeichneten Wegen.
Einkehr: Jausenstation Bürgeralpe und Jausenstation Grabenalm (keine Nächtigung; im Sommer an Wochenenden geöffnet). Zdarskyhütte (11 B., 24 L.; ganzjährig Sa., So. und Feiertage geöffnet, Tel. Hütte +43/664/9021268, Tel. Naturfreunde St. Aegyd +43/664/5930922). Gschwendthütte (10 B., 40 L.; ganzjährig Sa., So. und Feiertage geöffnet, Tel. Renate Höfer +43/664/3832406).

Vom **Bhf. St. Aegyd** ❶ auf Straße nordwestwärts zur Haselgraben-Siedlung. Einen Graben westwärts hinauf zum Sattel mit dem Osterkogel (Kirche links), danach zur Rechtskurve. Links ab und den Fahrweg Nr. 33, 622 und 655 zur Rechtsabzweigung des »Hans-Wancura-Steiges«. Auf ihm, an der **Hermannsrast** vorbei, nordwärts hoch zu einer Forststraße und diese zu einer Verzweigung. Links den Wancura-Steig über die Hänge weiter aufwärts zum Wiesenplateau der **St. Aegyder Bürgeralpe** und dort links haltend zur **Jausenstation Bürgeralpe** ❷, 1033 m. Zurück zum Hauptweg und diesen nach links zur **Zdarskyhütte** ❸, 1082 m. Den Weg Nr. 33, 622 und 655 im Wald steil in Nordrichtung hinauf an den Wiesenrücken des Traisenbergs und dort auf Fahrweg über die **Starkhöhe** ❹, 1185 m, in eine Mulde. Rechts ab und auf bezeichnetem Weg aufwärts in den Sattel vor der Paulmauer. Auf bezeichnetem Steig über Wiesen und durch Wald steil nach links (Nordwesten) empor zum Gipfel der **Paulmauer** ❺, 1248 m (Kreuz, Buch, schöne Rundsicht!) mit 100 m hoher Westwand. Den Nordrücken hinab in einen Sattel und jenseits empor zum Gipfel des **Linsberges** ❻, 1238 m, mit Teilung. Halb rechts ab und auf Karrenweg am rechten Wiesenrand hinunter zur **Gschwendthütte** ❼, 1072 m.

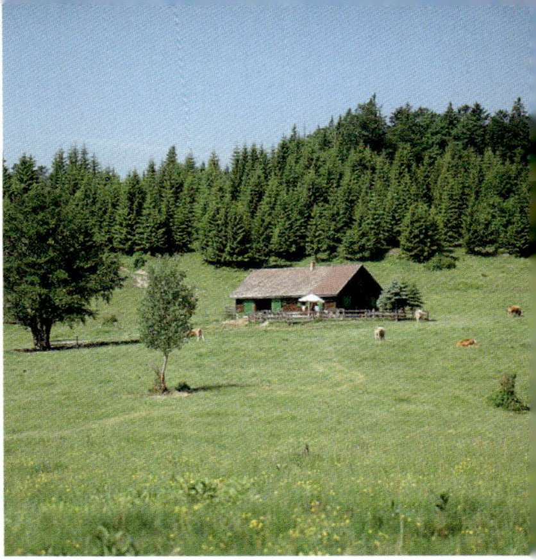

Inmitten lieblicher Almweiden liegt das Kleinod der St. Aegyder Bürgeralpe.

Auf Straße ostwärts hinab in einen Sattel (Hüttenparkplatz). Den Weg Nr. 22 am Rücken gegen den **Kienbergstein** hoch, dann unterm Gipfel vorbei an den Ostrücken und dort abwärts zur Schulter der **Bergerhöhe** ❽, 730 m, zuletzt links hinab zur Straße im **Steinparztal**. Auf ihr rechts haltend nach **Hohenberg** ❾.

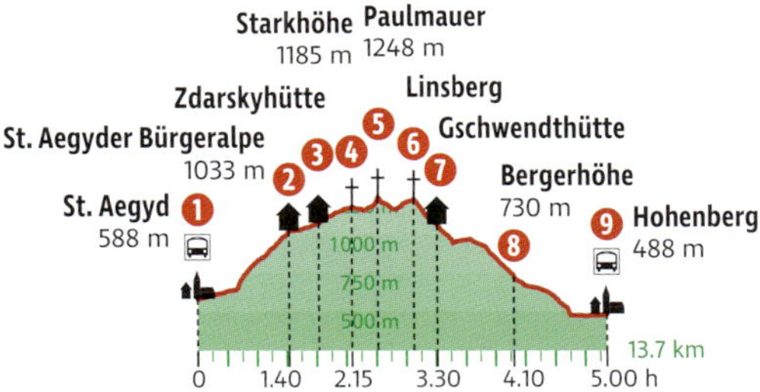

TOP

↗ 840 m | ↘ 1120 m | 11.4 km

18 Göller, 1766 m

5.00 h

Ein großes Gipfelziel zu jeder Jahreszeit

Wer Abstand gewinnen möchte von den Widrigkeiten des Alltags, der nehme Hut und Wanderstab und besteige mit mir die Höhe des Göller. Das geht freilich nicht ohne Schweißtropfen ab. Zur großen Bergfahrt wird das Ganze allerdings erst danach, am langen Abstieg über den Waldhüttsattel nach Kernhof. Wer da bei Kaiserwetter unterwegs ist und die famose Gipfelschau genießen kann, wird an die Göllertour noch lange denken!

Ausgangspunkt: Kernhofer Gscheid, 970 m (Parkplätze), lang gestreckter Wiesensattel zwischen Göller und Traisenberg. Auffahrt mit dem eigenen Auto von Kernhof, 7 km.
Endpunkt: Kernhof, 690 m. Rückkehr per Taxi (Taxi Manfred Schweiger in St. Aegyd, Tel. +43/2768/6843) oder zu Fuß in 1¾ Std.
Anforderungen: Unschwierige, aber lange und etwas anstrengende Tour. Trittsicherheit und Ausdauer nötig.
Einkehr: Göllerhütte (35 L.; 1. Mai bis erster Sonntag im Nov. Sa., So. und Fei-

Blick vom Göller nach Osten auf Gippel (Tour 19) und Schneeberg.

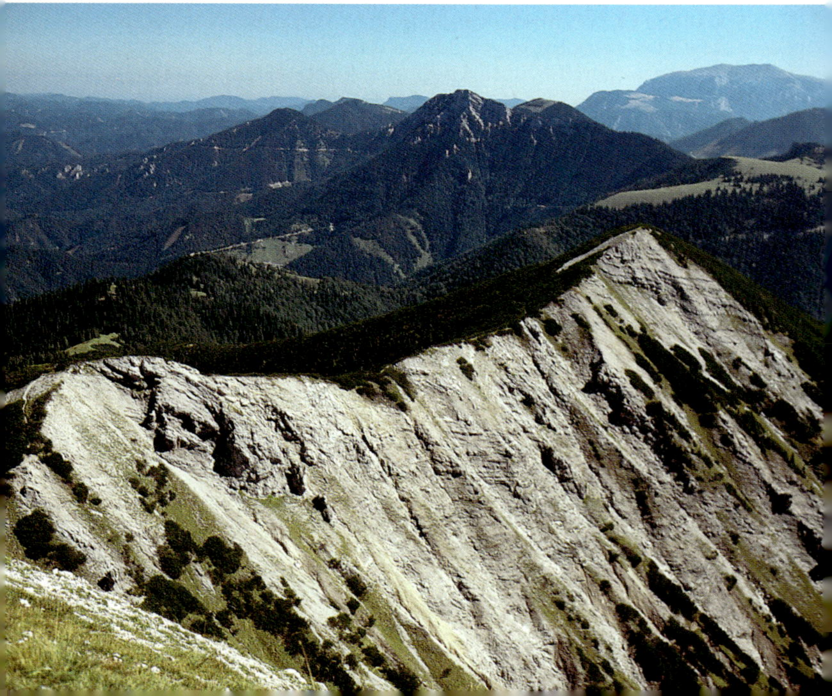

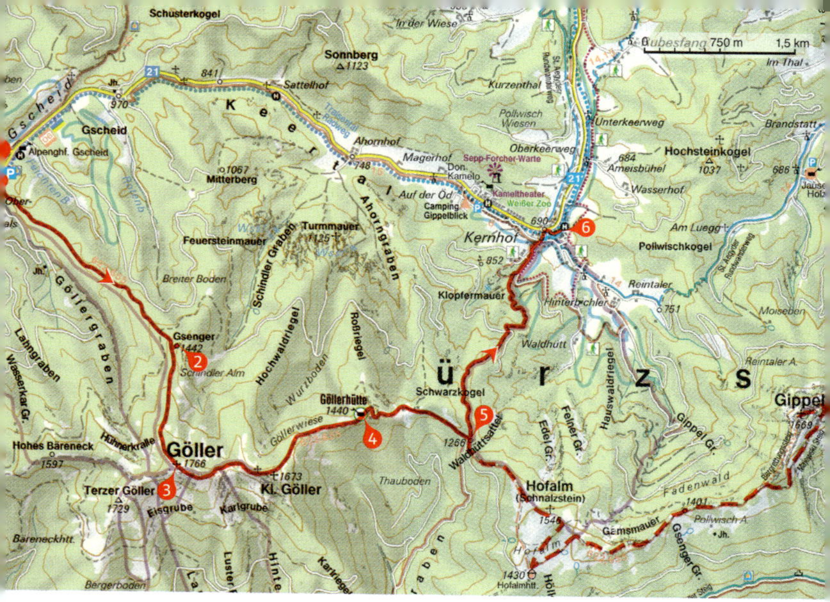

ertage geöffnet, Jagdsperre 15./20. Sept. bis 15. Okt., Tel. +43/664/9882275 und +43/664/5115474, goellerhuette.naturfreunde.at). Kernhofer Gscheid: Gasthof Gschoadwirt (50 B., 20. März bis 15. April geschlossen, sonst immer geöffnet, Mi. und Do. Ruhetag, Tel. +43/2768/7220, www.gschoadwirt.at), Wirtshaus Göllerblick (4 Apartments für 2–4 Personen, ganzjährig geöffnet, Mo. und Di. Ruhetag, Tel. +43/664/4648753, www.goellerblick.at). Kernhof: Felsenwirtshaus »Don Kamelo« im Kameltheater Weißer Zoo am westlichen Ortsrand (1. April bis 15. Nov. Sa., So. und Feiertage, 1. Juli bis 10./15. Sept. Di. bis So. 10–18 Uhr geöffnet, Tel. +43/2768/20020 und +43/664/1111012, www.kameltheater.at). Der Gasthof Gnedt im Ortszentrum von Kernhof ist geschlossen!

Variante: Ab dem Waldhüttsattel kann eine Besteigung des Gippel angeschlossen werden (siehe Tour 19), 5 Std. zusätzlich.

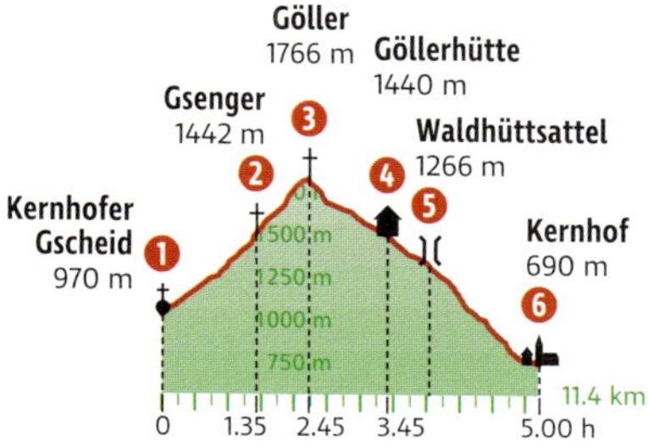

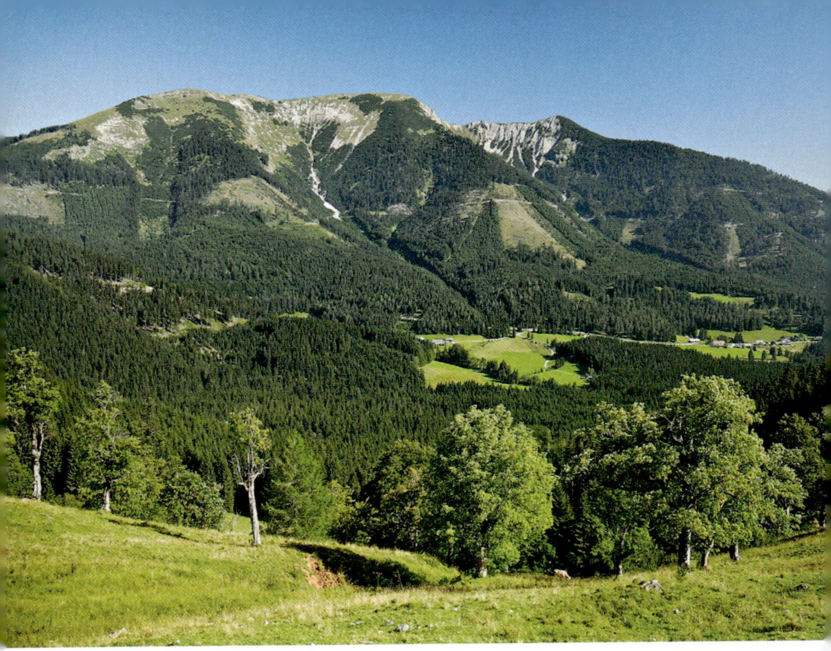

Das Göllermassiv über dem Lahnsattel, gesehen vom Anstieg auf die Wildalpe (Tour 20).

Wegbeginn am **Kernhofer Gscheid** ❶, an der B 21 gegenüber der Gscheidkapelle. Den Weg Nr. 622 und 655 am Waldrücken zwischen Andre- und Feichtenbachgraben südostwärts hinauf in einen Wiesensattel, 1430 m, und dort links empor zur Schulter des **Gsenger** ❷, 1442 m. Zurück in den Sattel und am Göller-Nordrücken durch Latschen und Bergwiesen steil hoch, zuletzt links um einen Vorgipfel herum auf den **Göller** ❸, 1766 m (Kreuz, Buch).
Über den Ostrücken zum Steilabfall gegen die Karlgrube. Links hinab in einen Sattel, dann am schmalen Kamm aufwärts und eben in eine Scharte vor dem Kleinen Göller. Durch seine Nordflanke hinüber an den Nordostkamm und dort bergab, später am breiten Rücken durch Wiesen **(»Göllerwiese«)** und Wald abwärts, zuletzt hinauf zur **Göllerhütte** ❹, 1440 m. Über einen Steilhang in Kehren hinab zu einer Wiesenschulter, dann auf Fahrweg durch die Südflanke des **Schwarzkogels** in den **Waldhüttsattel** ❺, 1266 m. Links ab und auf bezeichnetem Weg an der bewaldeten Ostflanke des Berges abwärts, dann am Nordostrücken zu einer Felsgruppe mit Forststraße. Links vom Rücken in Kehren hinunter in einen Graben und jenseits durch Wald, zuletzt über Wiesen nach **Kernhof** ❻.

↗ 1250 m | ↘ 1250 m | 19.4 km

TOP

7.30 h

Gippel, 1669 m

19

Um und auf den stolzesten Felsgipfel der Mürzsteger Alpen

Als imponierendste Berggestalt der Mürzsteger Alpen ist der felsgewaltige Gippel ein beliebtes Tourenziel, wenngleich seine Besteigung zumindest auf der hier gewürdigten Runde nur wirklich ausdauernden Gehern empfohlen werden kann.

Ausgangspunkt: Kernhof, 690 m, Ort im Keertal, am Nordfuß von Gippel und Göller. Startplatz ist der ehemalige Gasthof Gnedt im Ortszentrum. Parkplatz vor dem aufgelassenen Bahnhof in Kernhof.
Anforderungen: Besonders lange und anstrengende Tour. Zwischennächtigung zu empfehlen. Ausdauer, Bergerfahrung und an einigen exponierten Passagen auch Trittfertigkeit nötig. Nur bei sicherem Wetter!
Einkehr: Kernhof: Felsenwirtshaus »Don Kamelo« im Kameltheater Weißer Zoo am westlichen Ortsrand (1. April bis 15. Nov. Sa., So. und Feiertage, 1. Juli bis 10./15. Sept. Di. bis So. 10–18 Uhr geöffnet, Tel. +43/2768/20020 und +43/664/1111012, www.kameltheater.at). Der Gasthof Gnedt im Ortszentrum von Kernhof ist geschlossen! Kohlröserlhütte auf der Hofalm (10 L.; 10./15. Juni bis 15. Sept. geöffnet, Di. Ruhetag). Gippelhütte auf der Gippelalm (16 L.; 15. Juni bis 15./20. Sept. geöffnet, Mi. Ruhetag).

Der felsige Gipfelaufbau des Gippel vom Südwesten (von der Pollwischalm).

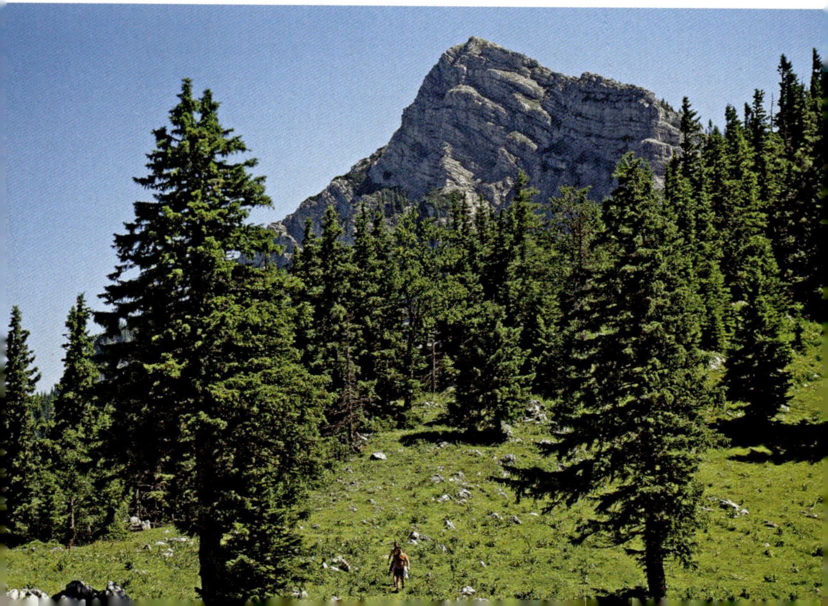

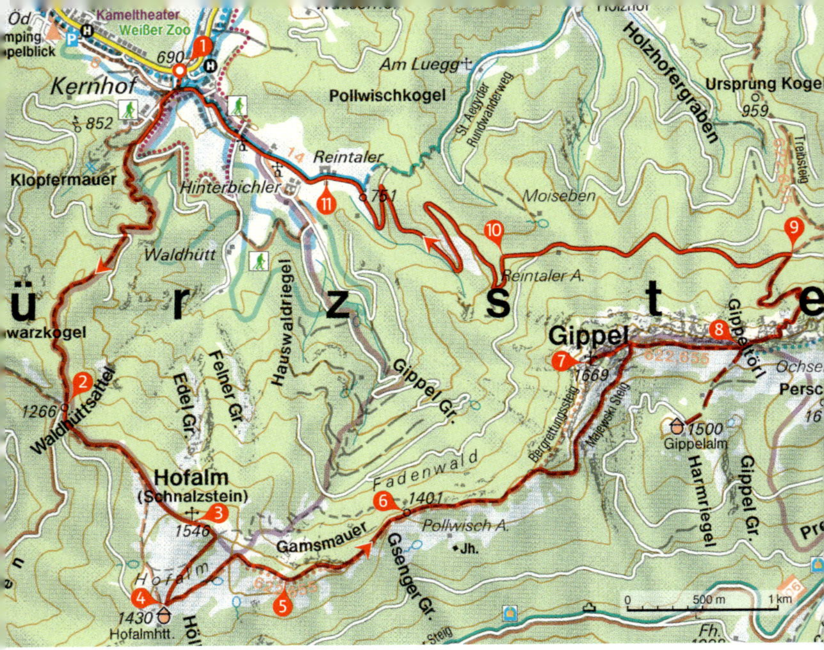

Aus dem Ortszentrum von **Kernhof** ❶ (ehemaliger Gasthof Gnedt) auf Straße südwärts zu einer Verzweigung und links über Wiesen zum Waldrand mit Teilung. Rechts auf bezeichnetem Karrenweg aufwärts, dann nach links über einen Graben und jenseits die steilen Waldflanken hoch zur Forststraße bei einer Felsgruppe, 980 m. Nun am Nordostrücken des Schwarzkogels aufwärts, später durch seine Ostflanke empor in den **Waldhüttsattel** ❷, 1266 m, zwischen Gippel und Göller. Den Fußweg Nr. 622 und 655 am steilen Waldrücken links hinauf zur

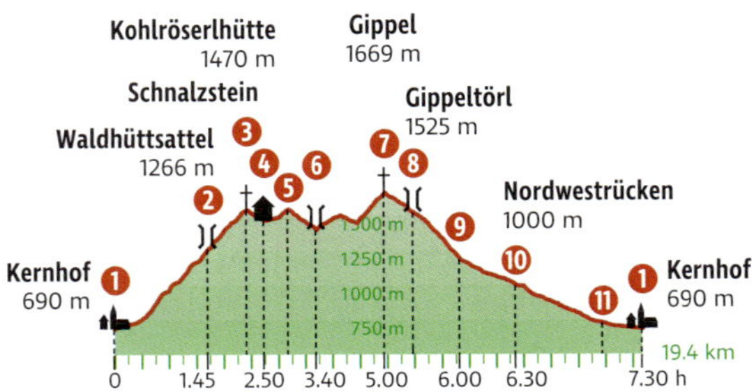

prachtvollen Wiesenschulter der **Hofalm**. Dort links ab und weglos ohne Markierung schräg nach rechts aufwärts, später links empor auf den **Schnalzstein** ❸, 1546 m (Kreuz) und über seinen Südrücken sanft abwärts zur **Kohlröserlhütte** ❹, 1470 m.

Eine Wiesenmulde nach Nordosten hinauf in einen Sattel und dort den Steig Nr. 622 und 655 nach rechts (Osten) aufwärts, später etwas exponiert über die felsige Gratschneide der **Gamsmauer** ❺, 1550 m, und hinab in den Sattel, 1401 m, bei der **Pollwischalm** ❻. Jenseits den Roman-Majewski-Weg am Waldrücken hoch, dann rechts von ihm in das Südkar des Gippel. Dort an Schutthängen nach Nordosten aufwärts, später eine begrünte Steilflanke nordwärts empor an den Ostrücken und den Querweg links zum Gipfel des **Gippel** ❼, 1669 m (Kreuz und Buch).

Auf bezeichnetem Weg jetzt den Ostrücken zur Gänze hinunter in den Felseinschnitt des **Gippeltörl** ❽ mit dem Gatter »Gippeltürl«, 1525 m (nach rechts in ¼ Std. zur südwestlich gelegenen Gippelalm und -hütte, 1500 m). Nach links in die Nordseite des Massivs und dort den »Treibsteig« durch eine Felsflanke nach rechts hinab in den Wald. Die steilen Hänge in Kehren weiter abwärts zu unbezeichneter **Forststraße** ❾. Auf ihr durch die bewaldete Nordflanke des Gippel eben nach links an den Nordwestrücken ❿, 1000 m, und jenseits hinunter in den **Gippelbachgraben**. Dort über Wiesen zum **Hof Reintaler** ⓫, 730 m, später auf Asphaltstraße nach **Kernhof** ❶.

Der Gippel von Nordwesten, von Kernhof aus betrachtet.

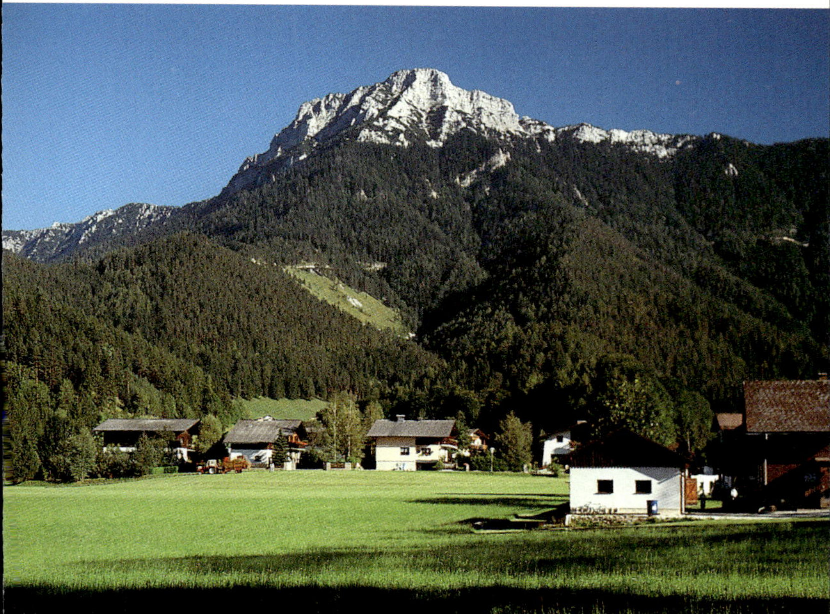

↗ 550 m | ↘ 550 m | 13.1 km

20 Wildalpe, 1523 m

4.30 h

Schautribüne zwischen Mürz- und Halltal

Höhenmäßig ist die Wildalpe nur eine Miniaturausgabe des nahen Göller. Doch ihre grasige Gipfelkuppe erweist sich als einzigartige Schautribüne, die man auf einfachen Zugängen aus dem Halltal oder wie hier beschrieben vom Lahnsattel her erreicht, der durch die »Göllerlahn« (1844, 1878) traurige Berühmtheit erlangt hat. Unterwegs wird natürlich an der Jausenstation Wildalm eingekehrt, oder sollte man steirischen Leckereien abgeneigt sein?

Ausgangspunkt: Lahnsattel, 1015 m (Parkplatz; vom 1. Mai bis 26. Okt. Halt von Anrufbussen der Linie 195 Mariazell-Mürzzuschlag, Tel. +43/664/4837688), zwischen Göller und Wildalpe an der B 23 aus dem Mürz- in das Salzatal, 7 km von Frein, 14,5 km von Mariazell.
Anforderungen: Einfache, aber lange Wanderung auf unbezeichneten Fahr- und Fußwegen. Bei guter Sicht kaum zu verfehlen.
Einkehr: Jausenstation Sennhütte Wildalm (keine Nächtigung; 1. Juni bis 15. Sept. geöffnet, kein Ruhetag, Tel. +43/664/4181043).
Hinweis: Am Lahnsattel Gedenkstätte für die Toten der am 17. Jänner 1844 (10 Personen) und am 18. Jänner 1878 (13 Personen) vom Göller abgegangenen Großlawinen.

Sanfte Bergwiesen im Anstieg auf die Wildalpe.

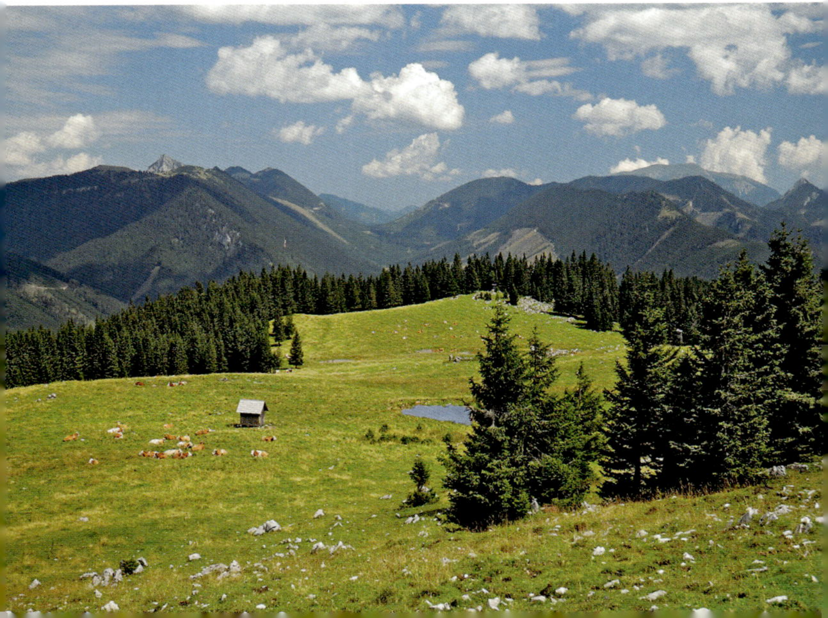

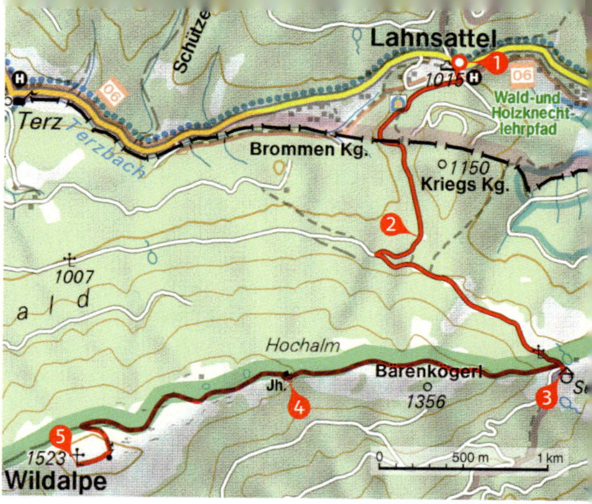

Vom **Lahnsattel** ❶ auf unbezeichneter Forststraße 40 m eben nach Süden zur Teilung am Waldrand. Rechts die angegrünte Straße westlich um den Kriegskogel herum im Wald sanft nach Süden aufwärts, dann leicht fallend zu einer Verzweigung. Halb links ab und auf Fußweg an den Waldhängen in Südrichtung leicht steigend weiter, zuletzt wieder auf Forststraße in den **Sattel** ❷, 1050 m (Hochstand), nach dem Kriegskogel und halb rechts (westwärts) bergauf zu querender Waldstraße, 1060 m. Diese an den Nordhängen der Wildalpe nach links (Südosten) hoch zu einem Gatter, danach über freie Wiesen an den Ostrücken des Berges und dort in den Sattel zwischen Wildalpe und Sulzriegel mit der **Jausenstation Halterhütte Wildalm** ❸, 1150 m. Noch vor der Almhütte rechts ab und den Ostrücken des Berges, am Wasserburger-Gedenkkreuz vorbei, entlang einer sehr steilen Wiesengasse hinauf zu einem Zaun (Übertritt), danach weniger steil zu querendem Fahrweg, 1340 m. Auf ihm in der rechten Seite (Nordseite) des Rückens eben oder leicht fallend in eine Wiesenmulde mit Teich, 1330 m (Viehtränke). Auf verfallenem Fahrweg den Wiesenrücken hinauf zu zwei hölzernen Jagdhütten ❹, 1410 m (**»Drescherhütte«**). Im lichten Baumbestand weiter zur Hochalm und dort in die rechte Seite (Nordseite) des Berges. An einer Hausruine vorbei, südwestwärts zu einer Doline, danach links ab und steiler nach Südosten empor zu den zwei Sendemasten am Gipfelrücken. Über ihn nach rechts zum höchsten Punkt der **Wildalpe** ❺, 1523 m (Kruzifix mit Gipfelbuch in der Metallschatulle). Herrliche Rundschau vom Gesäuse bis zum Schneeberg! **Abstieg** entlang der Anstiegsroute.

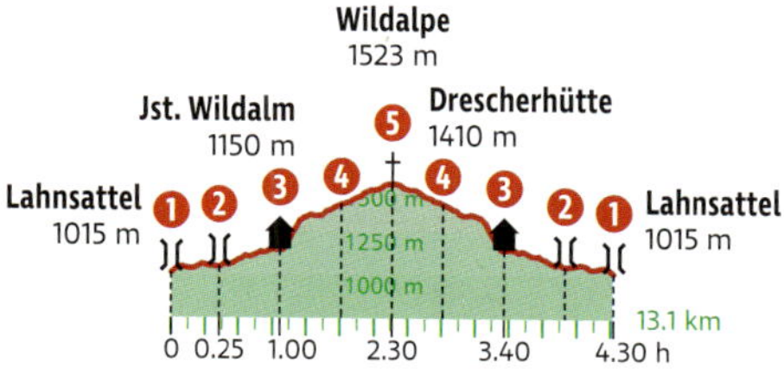

↗ 680 m | ↘ 680 m | 10.0 km

3.45 h

21 Hohe Student, 1539 m

Liebe auf den zweiten Blick

Auf den ersten Blick gibt es rein gar nichts, was zu dieser Bergtour animieren könnte. Die geringe Höhe, das Fehlen jeglicher Einkehr, steile Waldflanken und unansehnliche Form verheißen nichts Gutes. Umso größer ist dann freilich die Überraschung für jene, die eine Besteigung der Student – der Name wird vom slawischen »studena« = die kalte (Alm) hergeleitet – dennoch versuchen. Auch an Schönwetter-Wochenenden ist man in ihren Revieren meist allein, darf eine betörende Blumenpracht und die ungeahnt freie Rundsicht von den beiden baumfreien Gipfeln in aller Stille genießen.

Ausgangspunkt: Halltal-Ort, 870 m (begrenzte Parkmöglichkeit an der Brücke über die Salza), Dorf im oberen Salzatal. Anreise von Mariazell mit Bus oder eigenem Auto, 5 km.
Anforderungen: Einfache Bergtour auf meist bezeichneten Wegen, nur im Gipfelbereich stellenweise schlecht markiert, deshalb etwas Orientierungsvermögen nötig.
Einkehr: Dorfgasthaus Halltal (keine Nächtigung; ganzjährig geöffnet, Di. Ruhetag, Tel. +43/3882/20020 und +43/664/5742056). Unterwegs keine Einkehr! Biwakhütte Studentalm (stets geöffnete, aber nicht bewirtschaftete Unterstandshütte für Notfälle, heizbarer Ofen, Nächtigung mit Schlafsack im Dachraum).

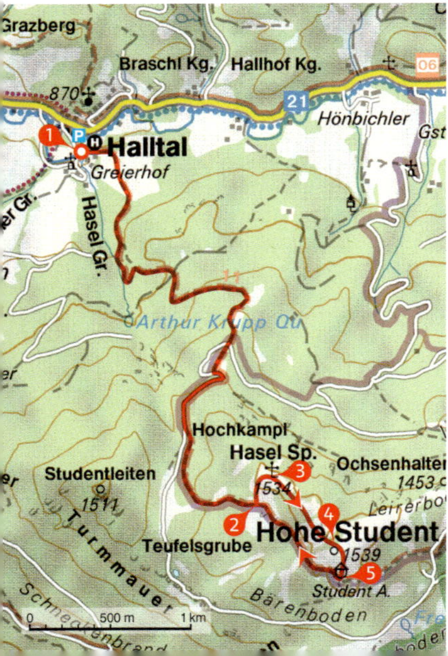

Vom Parkplatz in **Halltal** ① die Straße mit Weg Nr. 11 über die Salza und jenseits nach links zum **Greierhof**. Auf Karrenweg über Wiesen nach Süden hoch, dann im Wald links des **Haselgrabens** zu einer Verzweigung. Links ab und auf bezeichnetem Steig an steiler Waldflanke hoch, später links empor an einen Rücken und über ihn, eine Forststraße traversierend, südwärts hinauf zur nächsten Straße. Diese nach rechts (Südwesten) gegen die Haselspitze empor, dann in die Westseite des Berges und dort zu einer Verzweigung. Links ab und auf Fußweg südwärts eben dahin, später nach links in einen Graben. Durch ihn, an Felsen vorbei, nach Osten hinauf zu einer Waldlichtung, dann rechts empor in eine Wiesenmulde mit

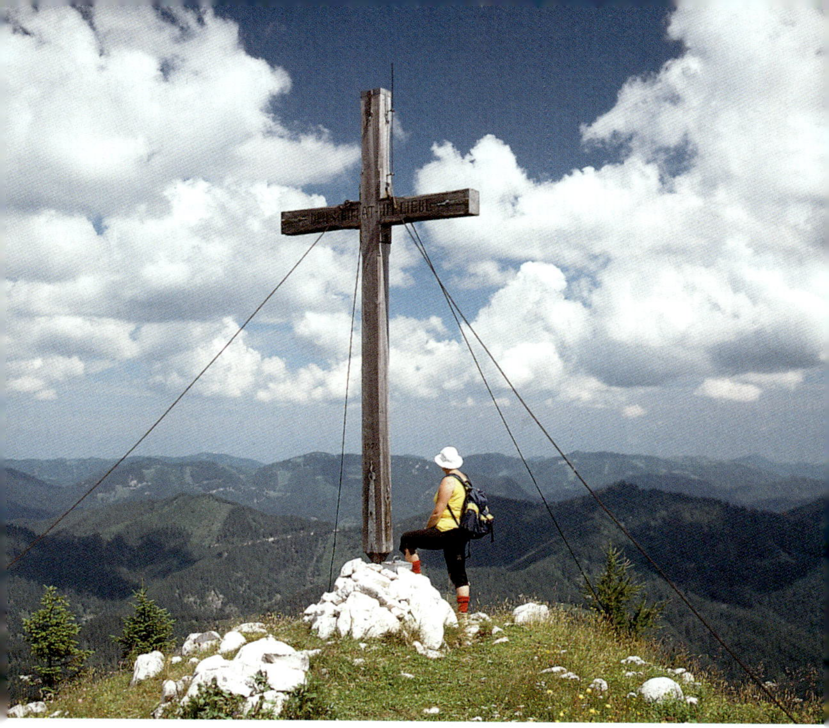

Das Gipfelkreuz auf der Hohen Student.

Verzweigung ❷, 1450 m. Links ab und auf unbezeichnetem Steig durch lichten Baumbestand und über Wiesen steil nach Nordosten aufwärts zum Gipfel der **Haselspitze** ❸, 1534 m (Kreuz und Buch). Den unbezeichneten Steig am Wiesenrücken nach Südosten hinab in einen Sattel, dann im Wald über eine Anhöhe hinweg in die nächste Senke. Hinauf an den Gipfelkamm und über ihn nach links zum höchsten Punkt der **Hohen Student** ❹, 1539 m. Über eine steile Grasflanke weglos nach Süden hinab zu der auf großer Wiesenterrasse stehenden **Biwakhütte Studentalm** ❺, 1520 m. Den Querweg Nr. 11 nach rechts in die Südseite des Berges und dort im Wald zur erwähnten »Wiesenmulde« ❷. Weiter auf bekanntem Weg zum Parkplatz in **Halltal** ❶.

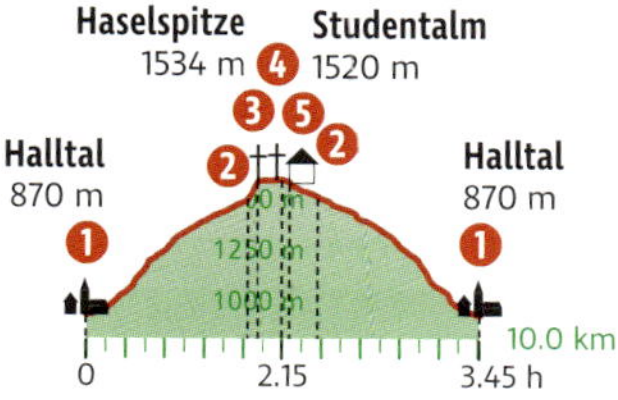

↗ 550 m | ↘ 550 m | 9.9 km

22 Sauwand, 1420 m

4.00 h

Im Schatten der Großen

Als relativ bescheidene Höhe im Gipfelreigen um Mariazell wird die Sauwand etwas vernachlässigt. Doch der Waldberg hat verborgene Reize, überrascht mit unerwartet schönen Zugängen und lohnt die geringe Anstiegsmühe mit interessanten Ausblicken. Der direkteste Weg auf die Sauwand ist jener von Fallenstein im Aschbachtal. Abwechslungsreicher sind indes die Nordzugänge von dem aus dem Halltal per Auto erreichbaren Wiesenplateau Mooshuben. Im Abstiegsschlenker nach Süden kommt man an der Jausenstation Eibelbauer vorbei, wo einem allerlei Schmankerl und guter Most serviert werden.

Ausgangspunkt: Pension Wieland, 875 m (Parkplatz), am Nordrand der Wiesenhochfläche Mooshuben. Autozufahrt von Mariazell auf Asphaltstraßen, 6 km.
Anforderungen: Mittellange Bergtour auf bezeichneten Wegen und Forststraßen. Am felsigen Gipfelgrat sind Trittsicherheit und Schwindelfreiheit nötig.
Einkehr: Ghf. Mooshubenwirt (8 B., 24 L.; März und Nov. geschlossen, sonst immer geöffnet, Di. und Mi. Ruhetag, Tel. +43/3882/2660, www.mooshubenwirt.at). Jausenstation Eibelbauer (keine Nächtigung; ganzjährig geöffnet, kein Ruhetag). Die Alpenrosehütte ist nicht öffentlich zugänglich.
Variante: Die Sauwand kann auf bezeichneten Wegen auch von Süden aus dem Aschbachtal (Fallenstein) bestiegen werden. Gesamter Zeitaufwand: 3½ Std.

Die Alpenrosehütte am Pollerboden südöstlich unterm Gipfel der Sauwand.

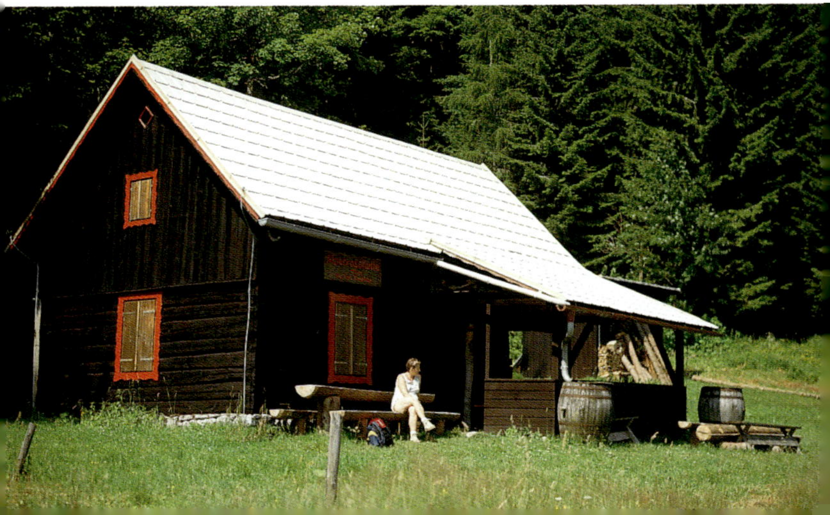

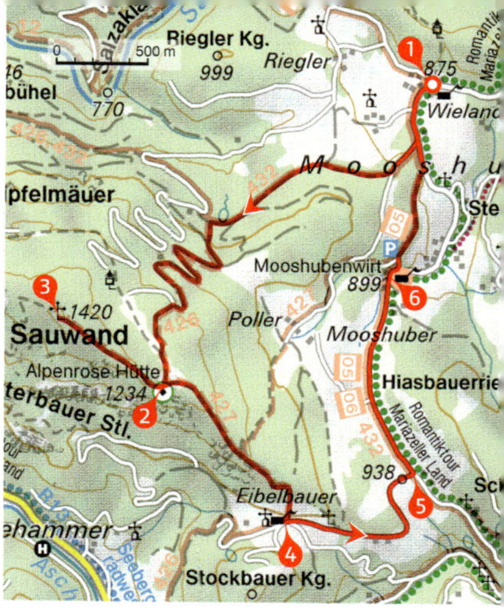

Vom **Parkplatz Pension Wieland** ❶ auf Asphaltstraße über Wiesen (Feuchtbiotop) nach Süden hinauf zu einer Anhöhe, danach zu Verzweigung (Kruzifix). Rechts den rot bezeichneten Fahrweg Nr. 432 im Wald nach Südwesten aufwärts zu einer Schulter. Rechts ab **(»Sauwand-Promenade«)** und am Oberrand der Wiesen weiter, später im Wald unter die Nordostflanke der Sauwand und dort zu einer Verzweigung. Links den bezeichneten Weg über den steilen Waldhang hoch zur Forststraße und auf ihr die Flanke in weiten Kehren empor. Gleich nach der letzten Rechtskehre (!) links ab und auf bezeichnetem Steig im Wald nach Süden hinauf zur Terrasse und Waldwiese (Sumpfbiotop) des **Pollerbodens**. Über diese eben nach links zu der am Waldrand stehenden **Alpenrosehütte** ❷, 1234 m. Auf Weg Nr. 427 im krautig verwachsenen Wald steil nach Süden hinauf an den felsig-bewaldeten Südostrücken der Sauwand. Über oder knapp rechts von ihm teils exponiert aufwärts zu einem Vorgipfel, danach in eine Scharte. Rechts der Kammhöhe im Wald weiter, dann steiler hoch und unter dem Gipfel vorbei, zuletzt scharf nach links zum höchsten Punkt der **Sauwand** ❸, 1420 m (Kreuz und Buch), mit Tiefblick über steile Felswände auf Gußwerk.

Abstieg: Zurück zur **Alpenrosehütte** ❷. Den rot bezeichneten Weg Nr. 426 und 427 eben nach rechts in den Wald und dort an den Südostrücken der Sauwand. Über ihn hinab zu einer Verzweigung und gerade fort zu aussichtsreicher Schulter. Am Rücken über eine felsige Steilstufe hinunter, dann nach rechts zu den Eibelbauer-Wiesen. Über diese hinab in den Sattel, 990 m, vor dem Stockbauer Kogel mit dem **Hof Eibelbauer** ❹ (Jausenstation). Auf Asphaltstraße nach Osten abwärts in den **Mooshubensattel** ❺, 938 m, mit querender Straße. Auf ihr (Weg Nr. 405, 406 und 432) links (nordwärts) über Wiesen zu dem in einem Graben gelegenen **Ghf. Mooshubenwirt** ❻, 899 m. Nun nicht entlang der Straße, sondern auf dem Weg Nr. 405 links von ihr im Wald kurz nach Norden hoch, wieder zur Straße, und auf bekanntem Weg zur **Pension Wieland** ❶, 875 m.

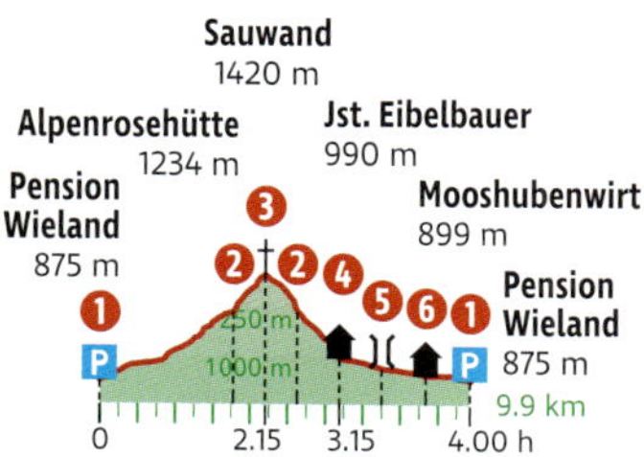

↗ 920 m | ↘ 920 m | 11.4 km

23 Tonion, 1699 m

4.30 h

Ein Aussichtsgipfel mit klasse Anstieg

Obwohl die mächtige Tonion bis nach Mariazell hereingrüßt, ist sie ein erstaunlich vernachlässigtes Massiv, das nur an Wochenenden regeren Besuch erhält. Der schönste, aber auch anstrengendste Weg zu ihrem Scheitel ist allemal jener von Fallenstein an der Seebergstraße über den steilen Westrücken. Er führt im oberen Abschnitt an der kleinen Tonionhütte vorbei, wo man an wetterbegünstigten Wochenenden gemütliche Hüttenatmosphäre und auch Verpflegung erwarten kann.

Ausgangspunkt: Fallenstein, 780 m, Parkplätze, zwei Gasthöfe an der Mündung des Freingrabens ins Aschbachtal. Anreise mit Bus oder eigenem Auto von Gußwerk (3 km) oder Mariazell (8 km).
Anforderungen: Etwas anstrengende Tour auf bezeichneten Wegen und Forststraßen. Nur bei sicherem Wetter!
Einkehr: Gasthof Eder in Fallenstein (14 B.; ganzjährig geöffnet, Do. ab 13 Uhr und Fr. Ruhetag, Tel. +43/3882/2625 und +43/650/7741988). Gasthof »Zum Fallenstein« (12 B.; im Nov. geschlossen, sonst immer geöffnet, Mi. und Do., Juli und Aug. nur Mi. Ruhetag, Tel. +43/3882/2661, www.stromminger.at). Gasthaus Lechnerbauer (13 B.; ganzjährig geöffnet, kein Ruhetag, Tel. +43/3882/2567, www.lechnerbauer.at). Tonionhütte (25 L.; Pfingsten bis 30. Sept. Sa., So. und Feiertage geöffnet, teilweise bew. Selbstversorgerhütte, Tel. +43/3882/ 2244-205 und +43/664/2105804, www.naturfreunde-huetten.at/steiermark/tonionhuette).

Vom **Ghf. Eder** in **Fallenstein** ❶ auf Naturstraße in den Freingraben und dort durch die Verengung mit dem Fallenstein aufwärts, dann eben zu einer Teilung. Rechts haltend die Straße mit Weg Nr. 428 im Wald nach Süden hinauf zur Wiesenschulter beim **Lechnerbauern** mit neuerlicher Teilung ❷, 875 m. Links weiter zu einer Verzweigung am Waldrand und dort rechts haltend zur nächsten Gabelung. Links ab und auf Fahrweg in der rechten Flanke des Tonion-Massivs, dem **Schopfriegel**, nach Südosten hinauf zu einer Forststraße.

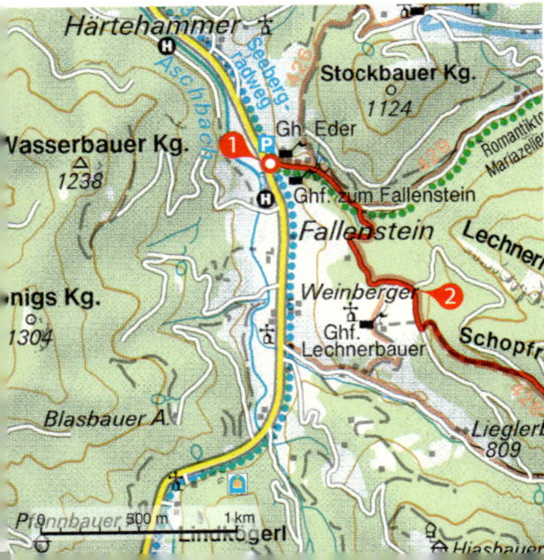
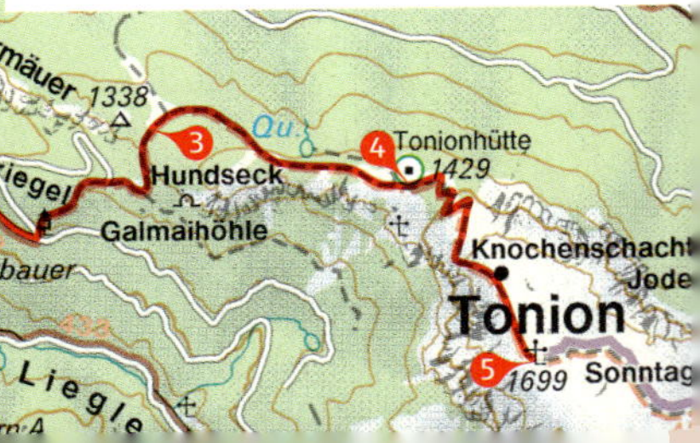

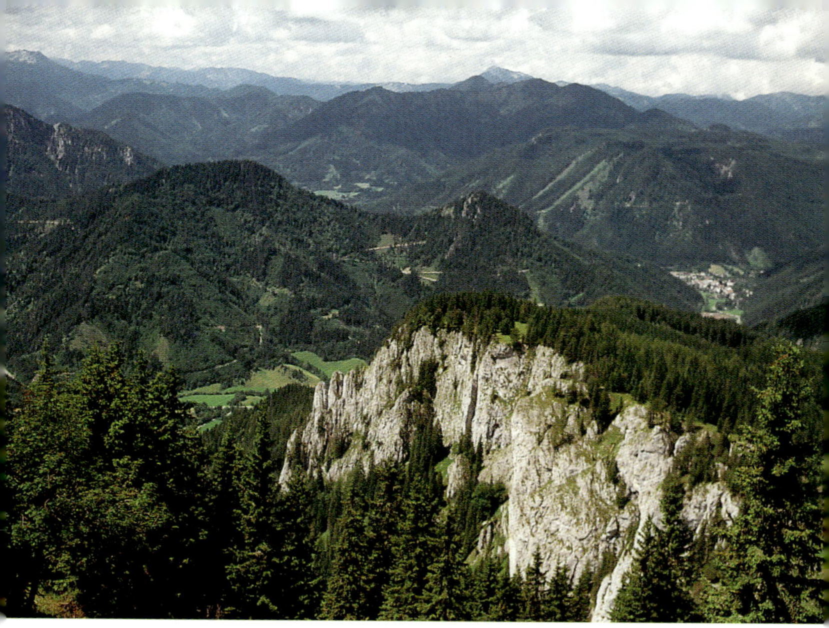

Im Anstieg auf die Tonion. Blick nach Nordwesten auf Gußwerk, die Zellerhüte und den Dürrenstein.

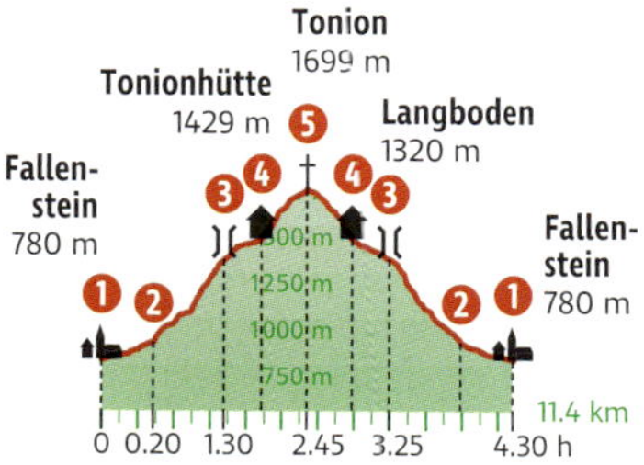

Diese rechts haltend an den Hängen bergauf zu einer Verzweigung. Links auf bezeichnetem Steig (Nr. 428) an der steilen Waldflanke nach Nordosten hoch zu einer Schulter am Tonion-Nordwestrücken. Dort weiter aufwärts und oberhalb der Lechnermäuer nach links (Norden) hinauf in den Wiesensattel, 1320 m, des **Langbodens** ❸. Nun auf Karrenweg in der Nordseite des Rückens zur Schulter der **Tonionalm** mit der **Tonionhütte** ❹, 1429 m. Durch lichten Baumbewuchs und Latschen steil nach Südosten empor auf das Gipfelplateau, dort über Wiesen zu einer Verzweigung (origineller Wegweiser, Gipfelbuch in der Schatulle) und kurz nach rechts zum höchsten Punkt der **Tonion** ❺, 1699 m (Kreuz). Tolles Panorama vom Wienerwald im Osten bis zum Gesäuse und Toten Gebirge im Westen.

Abstieg auf demselben Weg.

↗ 680 m | ↘ 680 m | 16.0 km

24 Königskogel, 1574 m, und Proles, 1579 m

5.30 h

Zwei Gipfelschmankerl im schönsten Almengebiet des Mariazeller Landes

Die ausgedehnten Almreviere zwischen Freingraben und Mürztal sind wie geschaffen für genussreiche Wanderungen. Da laden winzige Halterhütten zu erquickender Einkehr und manch lohnendes Gipfelziel zu einem Besuch. Einen raschen Zugang in dieses verträumte Bergparadies vermittelt die für den öffentlichen Verkehr gesperrte Bergstraße von Schöneben zur Dürriegel- und Königsalm. Von dort lassen sich Großer Königskogel und Kleine Proles (die Große Proles ist die niedrigere!) ohne Beschwer besteigen, wobei sich immer wieder prächtige Ausblicke ergeben.

Ausgangspunkt: Schöneben, 1099 m, Wiesenboden mit Jagdhaus im Freingraben. Kleiner Parkplatz 50 m vor dem Haus bei der Linkskehre der Talstraße. Anreise mit eigenem Auto von Gußwerk (8,5 km) oder Mariazell (13 km).
Anforderungen: Lange, nicht schwierige Wanderung. An den grasigen Steilflanken im Gipfelbereich Trittsicherheit nötig.

Einkehr: Jausenstation Dürriegelalm (6 L. nur nach Voranmeldung; 1. Juni bis 15. Sept. geöffnet, Di. Ruhetag, Tel. +43/676/3420103). Jausenstation Königsalm (keine Nächtigung, 1. Juni bis 20. Sept. geöffnet, Mo. Ruhetag, Tel. +43/677/622 69 262).
Variante: Ausdauernde können auch den Kleinen Königskogel und die Große Proles besteigen. 1 Std. zusätzlich.

Kleine und Große Proles von Südwesten (von der Königsalm).

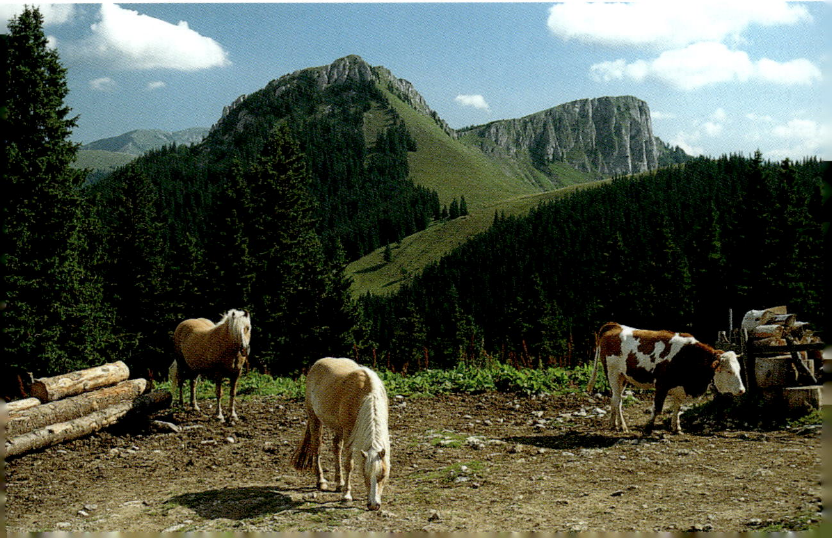

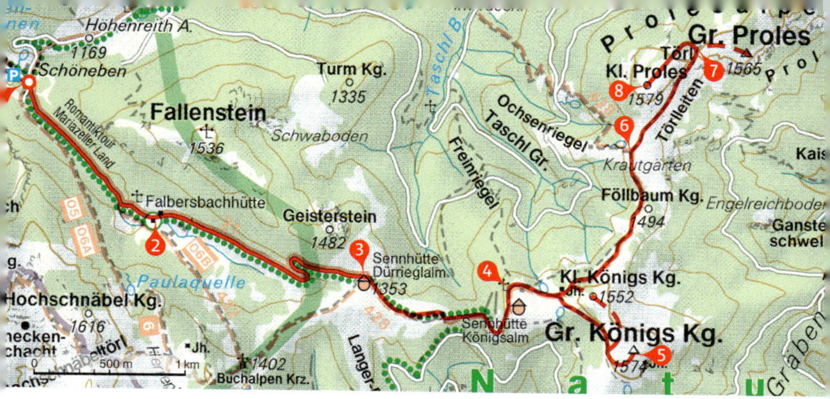

Vom **Parkplatz Schöneben** ❶ auf Naturstraße (Weg Nr. 21 und 406B) an der linken Seite des Falbersbachgrabens im Wald nach Südosten hinauf zur Talweitung bei der **Falbersbachalm** ❷, 1210 m. Am linken Rand der Mulde weiter aufwärts zu der am baumfreien Rücken des **Dürriegel** südlich des Geistersteins gelegenen **Jausenstation Dürriegelalm** ❸, 1353 m. Den Fahrweg Nr. 428 gerade fort in einen Sattel und jenseits am Westrücken des Kleinen Königskogels hoch zur **Jausenstation Königsalm** ❹, 1440 m. Auf bezeichnetem Weg gegen den Kleinen Königskogel hinauf zu einer Jagdhütte. Rechts ab und auf unbezeichneten Steigspuren unterm Kleinen Königskogel südostwärts in den Sattel vor dem Großen Königskogel. Nach rechts in seine grasige Westflanke und über sie zum Gipfel des **Großen Königskogels** ❺, 1574 m.
Zurück zur erwähnten Jagdhütte. Rechts den Weg Nr. 428 quer durch die Nordflanke des Kleinen Königskogels an den Nordostrücken. Hinab in einen Sattel und jenseits gegen den Föllbaumkogel hoch, dann durch seine Westflanke in den Wiesensattel der **Krautgärten** ❻, 1430 m. Auf unbezeichnetem Steig geradeaus in die steile grasige Ostflanke **(Törlleiten)** der Kleinen Proles hinein und dort in langer Hangquerung empor in den Sattel des **Törl** ❼, 1490 m. Links am Nordostrücken des Berges auf unbezeichneten Steigspuren im lichten Baumbestand und über Wiesen zum Gipfel der **Kleinen Proles** ❽, 1579 m. – **Abstieg** auf bekanntem Weg.

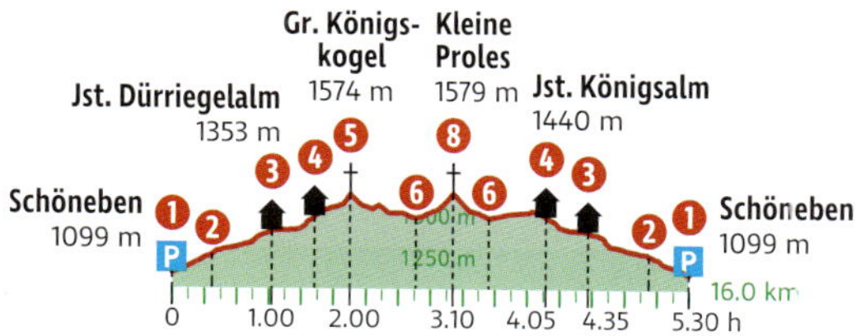

TOP

25

Hohe Veitsch, 1981 m

↗ 900 m | ↘ 900 m | 13.4 km

5.00 h

Stramme Tagestour auf die höchste Erhebung der Mürzsteger Alpen

Wer seine Zelte in Mariazell aufgeschlagen hat, kommt an einer Besteigung der Hohen Veitsch, der zentralen Erhebung in den Mürzsteger Alpen, nicht vorbei. Die überragende Höhe dieser zwischen Mürztal und Seebergsattel isoliert aufragenden Kalkscholle, das am Südrand der Gipfelhochfläche postierte Graf-Meran-Haus und die Rundsicht sind Grund genug, die Mühen des 900-Meter-Anstiegs vom nördlich gelegenen Niederalpl auf sich zu nehmen.

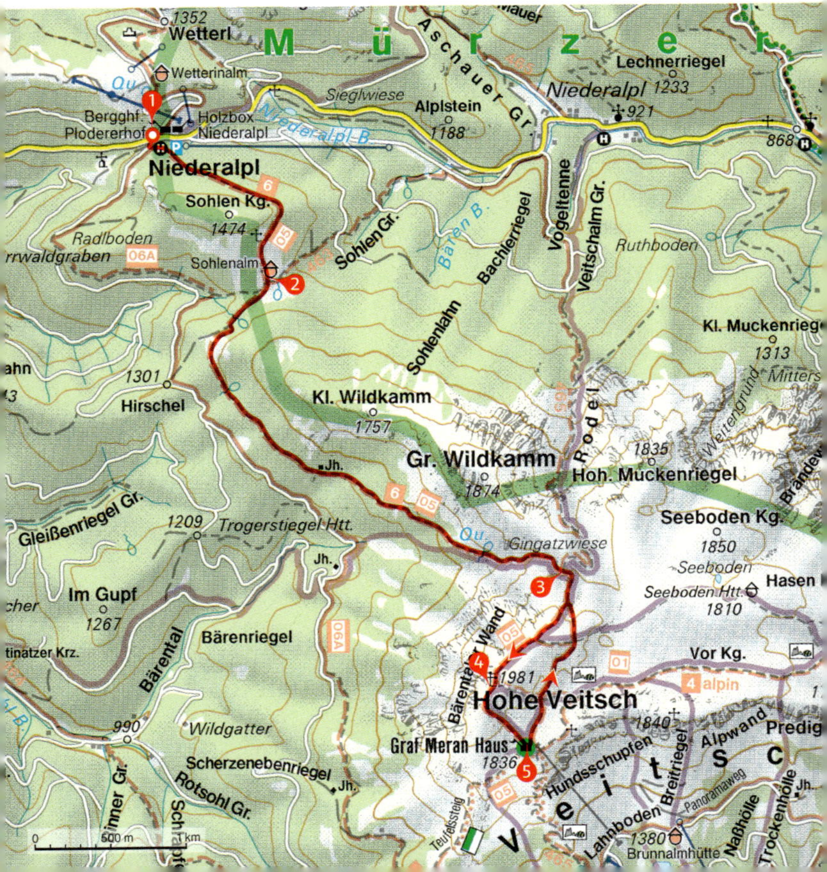

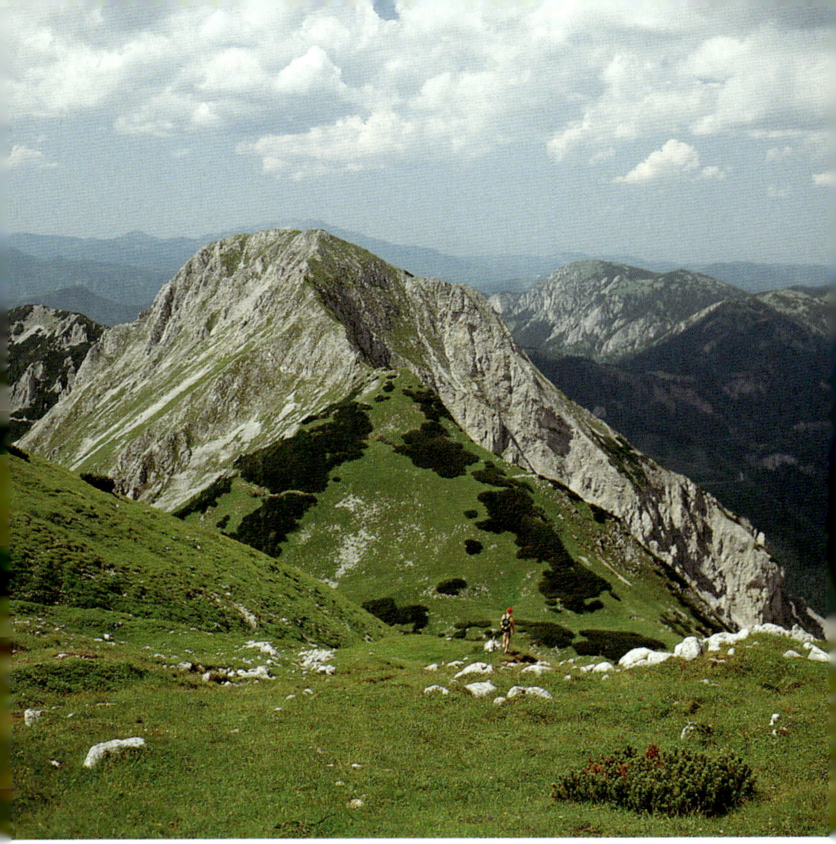

Im Anstieg auf die Hohe Veitsch. Blick gegen den Großen Wildkamm.

Ausgangspunkt: Niederalpl, 1224 m (Großparkplatz, Bushalt), Sattel zwischen Veitsch und Tonion an der Straße aus dem Mürztal in das Salzatal. Anreise mit eigenem Auto von Mariazell (21 km), Gußwerk (15 km) oder Mürzsteg (8 km). Vom 1. Mai bis 26. Okt. verkehren Anrufbusse der Linie 196 Mariazell-Niederalpl, Tel. +43/664/4837688).
Anforderungen: Lange, anstrengende Bergtour auf bezeichneten Wegen.
Einkehr: Am Niederalpl: Berggasthof Plodererhof (30 B., 30 L.; April und Nov. geschlossen, sonst stets geöffnet, Mo. Ruhetag, Tel. +43/3859/2390 und +43/676/5018584, www.plodererhof.at). Holzbox Ferienapartments Niederalpl (11 Apartments, 60 B.; April und Nov. geschlossen, sonst immer geöffnet, kein Ruhetag, Tel. +43/3859/30090, www.holzbox-niederalpl.at). Graf-Meran-Haus (Schutzhütte des ÖTK, 20 B., 36 L.; 15. Mai bis 15. Okt. durchgehend, sonst bei Schönwetter Fr. bis So. und an Feiertagen geöffnet, Tel. +43/3856/31584 und +43/664/1513220).

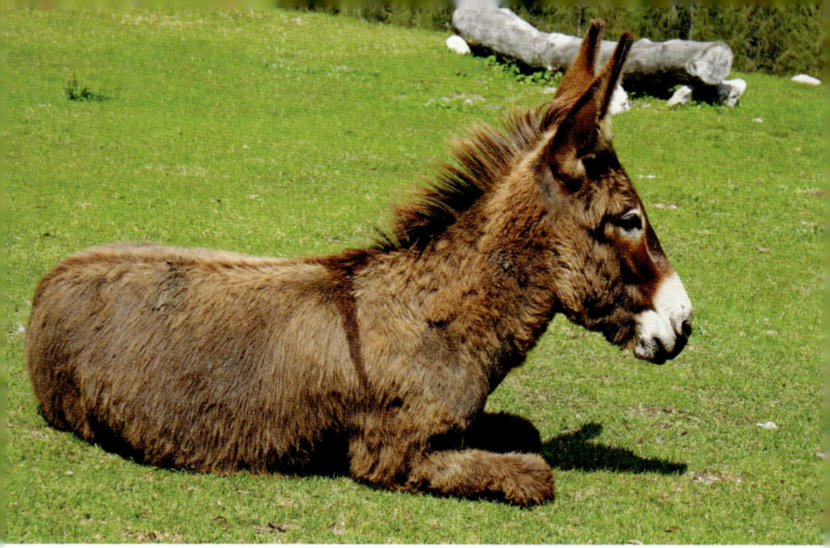

Junges Eseltier, hellhörig und überhaupt nicht störrisch!

Vom **Niederalpl** ❶ die Passstraße 50 m nach Westen zur Linksabzweigung einer Forststraße und auf ihr sogleich zur Abzweigung von Weg Nr. 6 und 405. Auf ihm an der Nordflanke des **Sohlenkogels** im Wald nach links hinauf an den Ostrücken. Um ihn herum in die Südflanke des Berges und dort über Wiesen (schönes Holzkreuz) abwärts in den Sattel bei der **Sohlenalm** ❷, 1352 m. Auf bezeichnetem Fahrweg an den Abhängen des Wildkammes nach rechts aufwärts zu einer Quelle, dann links ab und auf Fußweg durch Wald empor an den Nordwestrücken des Berges. Um ihn herum, dann über dem Bärental in Südostrichtung aufwärts, später über Wiesen und durch Latschen zu einer Quelle und in die Sohle des **Bärentales**.
Dort steil bergauf, dann unterhalb des **Gingatzsattels** ❸ (auch **»Gingatzwiese«**), 1760 m, rechts über Almweiden hoch zu einer Verzweigung am

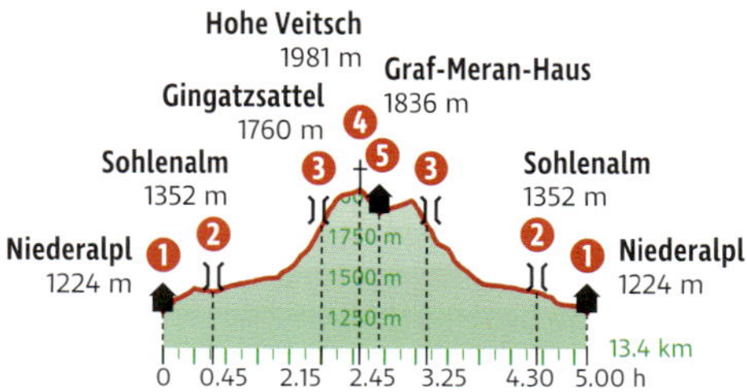

Wiesenplateau der Veitsch. Rechts haltend über den Nordostrücken empor zum Gipfel der **Hohen Veitsch** ❹, 1981 m (Kreuz und Buch).
Auf dem Weg Nr. 405 über den Südrücken abwärts, später einen Grashang nach links hinunter zu dem am südlichen Abbruchrand der Hochfläche gelegenen **Graf-Meran-Haus** ❺, 1836 m. Den Fußweg Nr. 405 (Stangenmarkierung) über Wiesen nach Norden aufwärts, dann über die gewellte Hochfläche und unter dem Veitsch-Gipfel durch zum nördlichen Rand der Hochfläche. Jenseits über herrliche Bergwiesen abwärts zur Verzweigung und auf dem bereits bekannten Weg zurück zum Ausgangspunkt am **Niederalpl** ❶.

Das Holzkreuz auf der Sohlenalm.

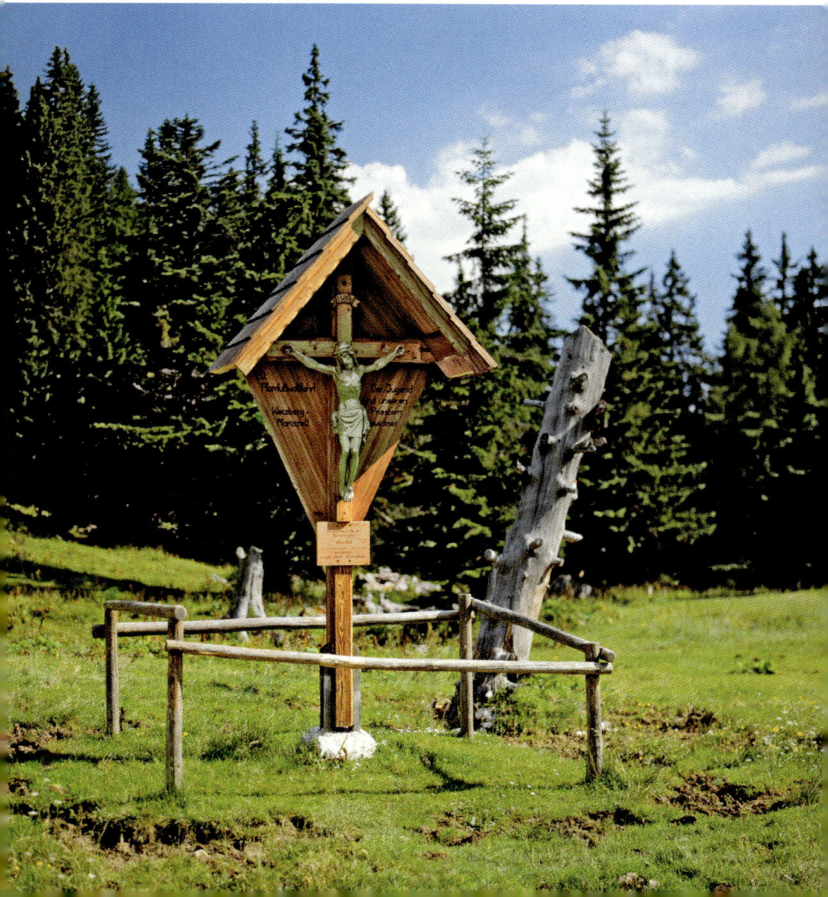

↗ 510 m | ↘ 510 m | 7.8 km

26 Hochanger, 1682 m

3.00 h

Sommer-Winter-Ziel für gehobene Ansprüche

Er ist keiner von den Großen, nur eine bescheidene grüne Rückfallkuppe westlich der Veitschalpe, schon nahe dem Seebergsattel. Dafür hat der Hochanger wunderbare Zugangswege und ein tolles Panorama zu bieten, was ihn zu einem exzellenten Proszenium vor Hochschwab und Veitsch, zwischen Mariazeller Land und steirischem Gebirge stempelt. Die Normalroute von der Seebergstraße, an der bewirtschafteten Göriacher Alm vorbei, verspricht im Sommer unbeschwerten Gehgenuss und im Winter eine Skitour der Sonderklasse.

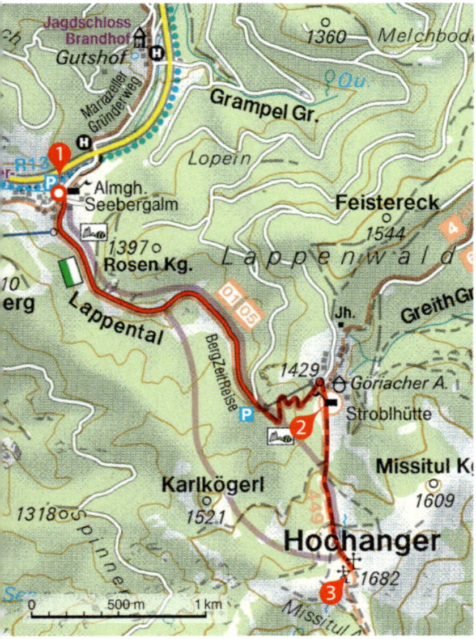

Ausgangspunkt: Seebergalm, 1180 m (Parkplatz) an der Mündung des Lappentales in das Gollradtal etwas abseits der B 20. Anreise mit Bus oder eigenem Auto von Mariazell (21 km), Gußwerk (15 km) oder Seewiesen (6 km).
Anforderungen: Leichte Bergtour auf Forststraßen und markierten Wegen.
Einkehr: Almgasthaus Wurzenberger auf der Seebergalm (8 B.; im Nov. geschlossen, sonst immer geöffnet, außer im Aug. am Di. Ruhetag, Tel. +43/3863/24114). Stroblhütte auf der Göriacher Alm (8 B., 10 L.; 1. Juni bis 15./20. Sept. durchgehend, 1. bis 31. Mai und 21. Sept. bis 31. Okt. an Wochenenden geöffnet, Tel. +43/3863/2192 und +43/650/8272 834).
Hinweis: Bei Anfahrt bis zum Parkplatz im inneren Lappental (Mautstraße! Automatische Kassa bei Schranke) insgesamt 1 Std. Zeitersparnis.

An der **Seebergalm** ❶ gleich hinter dem **Ghf. Wurzenberger** links ab und die Naturstraße mit Weg Nr. 401 und 405 (Mautstraße) im Wiesengrund des breiten **Lappentales** nach Südosten aufwärts, später den enger werdenden Waldgraben hinauf zum Parkplatz bei einer Linkskehre im Talschluss. Auf begrüntem Fahrweg im Graben weiter aufwärts, dann links ab und auf schottrigem Karrenweg über eine Waldflanke in steilen Kehren nach Osten empor, zuletzt nach links hinauf in den Wiesensattel, 1429 m, zwischen Hochanger und Feistereck mit dem malerischen Almdorf der **Göriacher Alm** ❷.

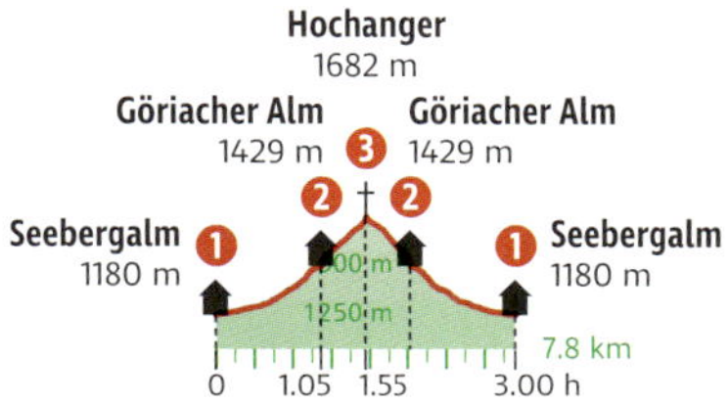

Rechts den Weg Nr. 449 am Nordrücken des Hochanger über Almweiden und durch lichten Wald hinauf an den steilen Gipfelaufbau. Dort vorerst im lichten Lärchenbestand, dann über Wiesen zu einem Zaun und bei abnehmender Steilheit empor zum Gipfel des **Hochanger** ❸, 1682 m (Kreuz und Buch). Prachtvolle Schau auf Hochschwab, Ötscher und Veitsch! **Abstieg** auf demselben Weg.

Gipfelrast am Hochanger. Blick nach Nordosten zur Hohen Veitsch.

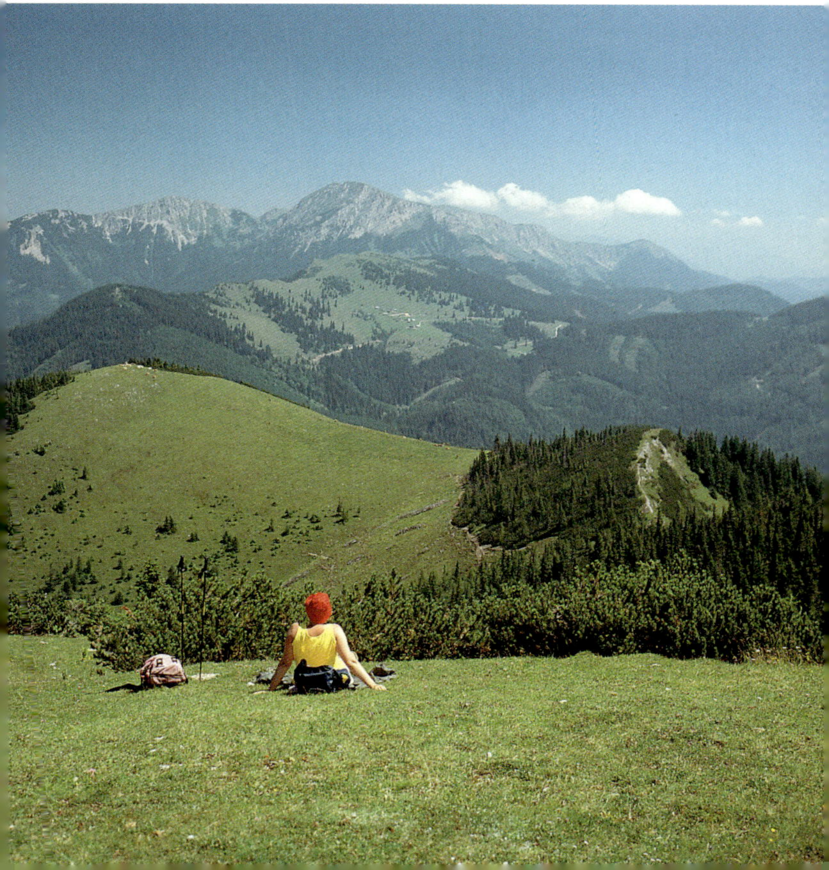

↗ 20 m | ↘ 400 m | 4.7 km

27 Bürgeralpe, 1266 m: Über die Stehralm nach Mariazell

1.15 h

Wanderung bergab mit intensiven Landschaftseindrücken

Es gibt viele Zugänge auf den Mariazeller Hausberg, die Bürgeralpe. Bequeme nehmen überhaupt gleich die neue Kabinenumlaufbahn und folgen nach Rundsichtgenuss und obligater Einkehr einem der schönen Promenadenwege talwärts. Zu den empfehlenswertesten Abstiegen gehört jener über die auf freier Wiesenschulter gelegene Stehralm, von der sich eine imponierende Schau auf den weltberühmten Wallfahrtsort und seine malerische Umgebung bietet.

Mariazell mit der Basilika, dahinter DER Wanderberg des Mariazeller Landes, die Gemeindealpe, rechts der Ötscher.

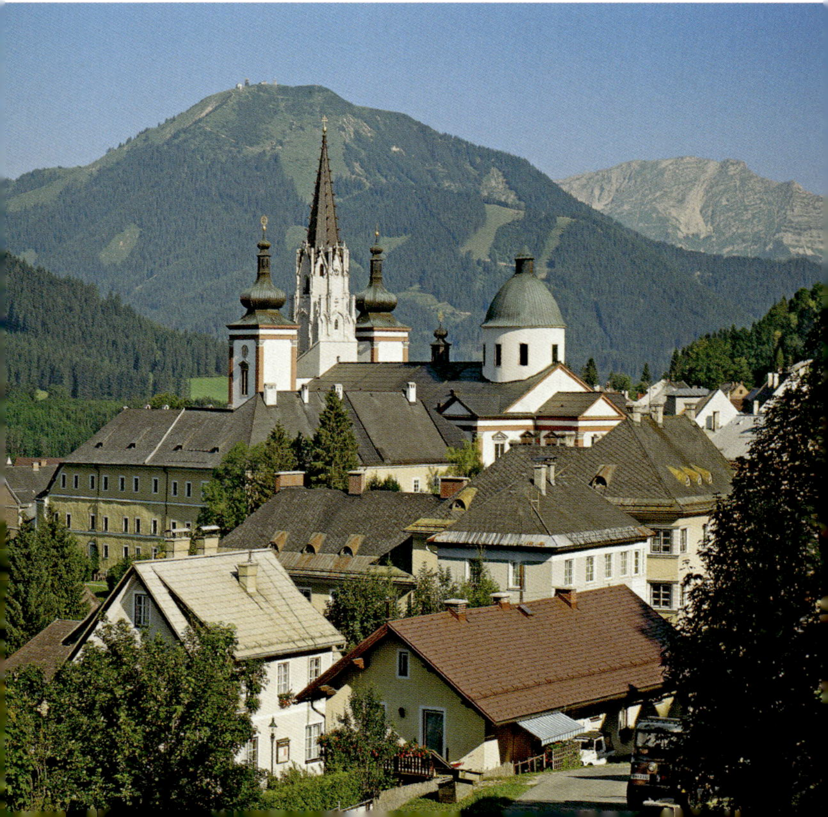

Ausgangspunkt: Talstation der Kabinenumlaufbahn »Bürgeralpe-Express«, 868 m, im Zentrum von Mariazell (teils kostenpflichtige Parkplätze), an der Wienerstraße beim Haus Nr. 21. Bergstation, 1247 m, auf einer Wiesenschulter südlich unterhalb des Gipfels. 1. Mai bis 30. Juni und 12. Sept. bis 19. Okt. Mi. bis So. und Feiertage, 1. Juli bis 11. Sept. täglich, 20. Okt. bis 2. Nov. wieder täglich geöffnet. Betriebszeiten: 9.30–17 Uhr, Sa. und in den Ferien: 9.30–20 Uhr (Tel. +43/3882/2555, www.buergeralpe.at).
Anforderungen: Kurzer, bequemer Talabstieg auf guten Wegen und Straßen.
Einkehr: Berggasthof Bürgeralpe (18 B.; mit der Seilbahn geöffnet, kein Ruhetag, Tel. +43/3882/2508). Edelweißhütte (keine Nächtigung; mit der Seilbahn geöffnet, kein Ruhetag, Tel. +43/664/8950258). Zahlreiche Gasthöfe und Restaurants in Mariazell.

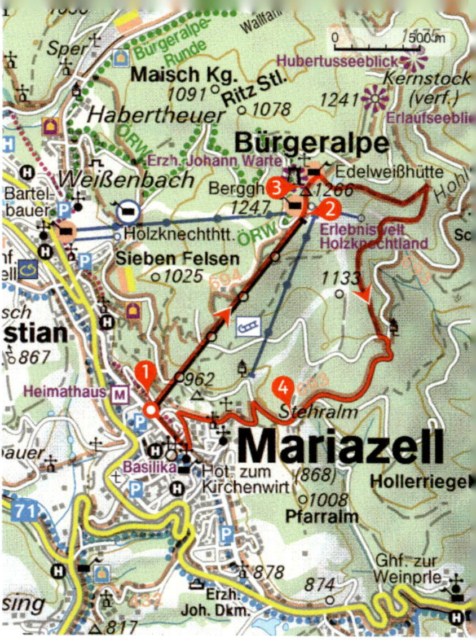

Nach der Gondelfahrt von **Mariazell** ❶ zur **Bergstation** ❷ auf einer Naturstraße, an **Jägerwirt's Berggasthof** und dem Eingang in die **»Erlebniswelt Holzknechtland«** (mit Bergsee, Uferbahn, Holztrift, Wasserwerkstätte, Sägewerk, Darstellung der Baumbearbeitungsphasen etc.) vorbei, über Wiesen und durch Wald nach Norden aufwärts zu der am Gipfel der **Bürgeralpe**, 1266 m, stehenden, 24 m hohen **Erzherzog-Johann-Warte** ❸ (Blick auf Hochschwab, Türnitzer, Mürzsteger und Ybbstaler Alpen), danach weiter zur **Edelweißhütte**.
Den bezeichneten Weg Nr. 695 ostwärts gegen den Rechengraben (Walster) hinunter und nach 10 Min. zu einer Teilung. Rechts ab und auf markiertem Fußweg (keine Nummer!) am Ostabhang der Bürgeralpe bergab zu einem Fahrweg und diesen links zur Forststraße Hohlenstein-Stehralm. Auf ihr rechts haltend talwärts, dann am Südabhang des Berges hinab zur aussichtsreichen Wiesenschulter der **Stehralm** ❹, 1008 m, mit Sternwarte (siehe www.astroteam.at). Auf Naturstraße (Weg Nr. 693) durch Wald in Kehren nach Westen abwärts in einen Graben, der nach rechts gequert wird. Nun auf Asphaltstraße (Helleportweg) am **Kalvarienberg** vorbei, dann durch die **Viktor-Lang-** und die **Schießstattgasse** steil nach Westen hinunter in das Zentrum von **Mariazell** ❶.

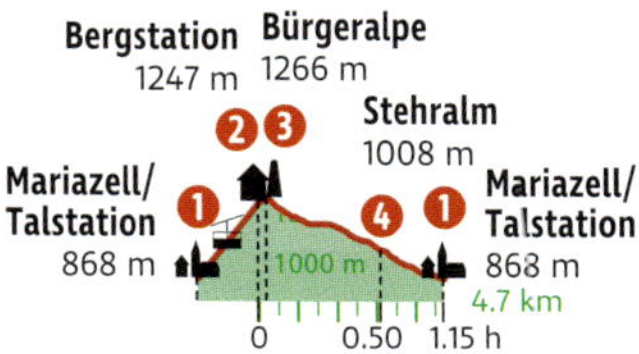

↗ 70 m | ↘ 450 m | 7.1 km

28 Bürgeralpe, 1266 m: Über den Habertheuersattel nach Mariazell

2.15 h

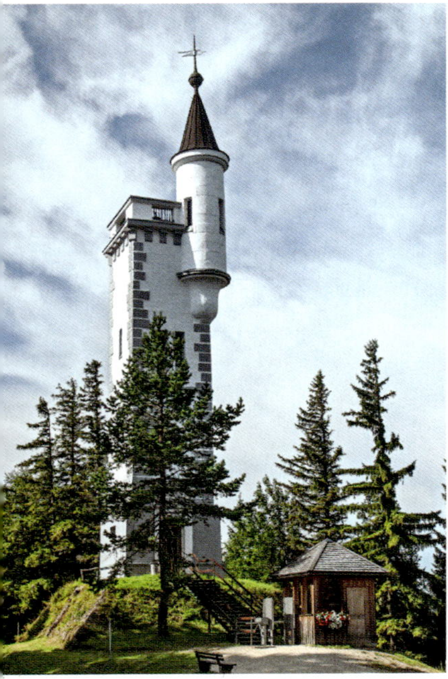

Auf langem Spiralenweg zu Tal

Das oft wechselhafte Wetter im Mariazeller Land mag Gipfelsammler mitunter schon zur Verzweiflung bringen. Gottlob gibt es da auch weniger hochtrabende Ziele, die ohne großen Aufwand ein Optimum an Bergglück vermitteln. Und sollte es wirklich einmal Schusterbuben regnen, so ist bei den ersten Sonnenstrahlen eine Seilbahnfahrt auf die Bürgeralpe immer gut. Von den möglichen Talabstiegen ist der hier gewürdigte zwar der längste, gilt aber auch als der reizvollste.

Ausgangspunkt: Talstation der Kabinenumlaufbahn »Bürgeralpe-Express«, 868 m, im Zentrum von Mariazell (teils kostenpflichtige Parkplätze), an der Wienerstraße beim Haus Nr. 21. Bergstation, 1247 m, auf einer Wiesenschulter südlich unterhalb des Gipfels. 1. Mai bis 30. Juni und 12. Sept. bis 19. Okt. Mi. bis So. und Feiertage, 1. Juli bis 11. Sept. täglich, 20. Okt. bis 2. Nov. wieder täglich geöffnet. Betriebszeiten: 9.30–17 Uhr, Samstag und in den Ferien: 9.30–20 Uhr (Tel. +43/3882/2555, www.buergeralpe.at).

Anforderungen: Leichte Wanderung auf bezeichneten Wegen und Forststraßen.

Einkehr: Berggasthof Bürgeralpe (18 B.; mit der Seilbahn geöffnet, kein Ruhetag, Tel. +43/3882/2508). Edelweißhütte (keine Nächtigung; mit der Seilbahn geöffnet, kein Ruhetag, Tel. +43/664/8950258). Zahlreiche Gasthöfe und Restaurants in Mariazell.

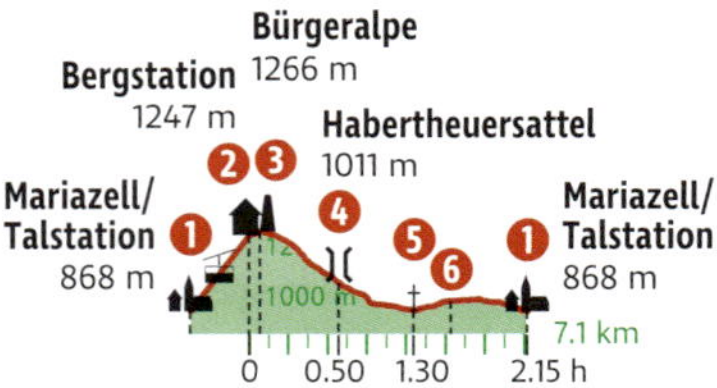

Nach der Gondelfahrt von der Talstation in **Mariazell** ❶ hinauf zur **Bergstation** ❷ auf Naturstraße, an **Jägerwirt's Berggasthof** und dem Eingang in die **»Erlebniswelt Holzknechtland«** (mit Bergsee, Uferbahn, Holztrift, Wasserwerkstätte, Sägewerk, Darstellung der Baumbe-

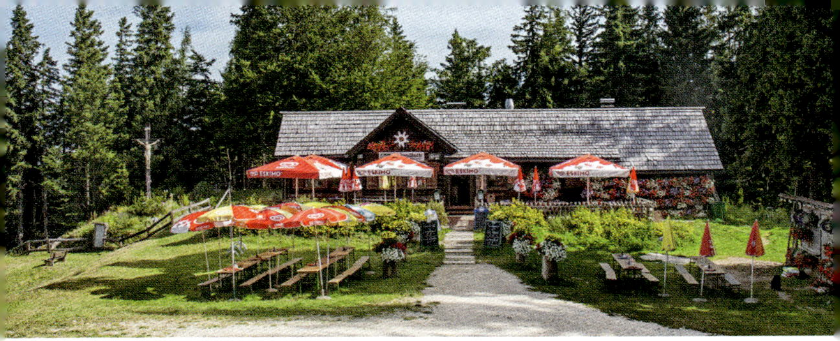

Oben: Die Edelweißhütte auf der Mariazeller Bürgeralpe.
Links: Die Erzherzog-Johann-Warte am Gipfel der Mariazeller Bürgeralpe.

arbeitungsphasen) vorbei, über Wiesen und durch Wald nach Norden aufwärts zu der am Gipfel der **Bürgeralpe**, 1266 m, stehenden, 24 Meter hohen **Erzherzog-Johann-Warte** ❸ (Blick auf Hochschwab, Türnitzer, Mürzsteger und Ybbstaler Alpen), danach weiter zur **Edelweißhütte**. Auf Forststraße (Weg Nr. 694) am bewaldeten Nordrücken abwärts, später links auf breitem Weg zu einer Verzweigung (links zum »Erlaufseeblick«). In der rechten Flanke des Rückens hinab zu einer Forststraße, die traversiert wird. Danach links ab (geradeaus zum »Hubertusseeblick«) und auf bezeichnetem Weg westwärts an steiler Waldflanke entlang wieder an den Nordrücken des Berges. Über ihn bergab, dann rechts hinunter zum Weg Nr. 693 und diesen nach links zum **Habertheuersattel** ❹, 1011 m.

Den Weg 606 und 692 nach links (Südwesten) hinab in den **Habertheuergraben** und dort auf einer Naturstraße eben talauswärts zum **»Rosenkranzweg«** ❺, 870 m, mit charakteristischen Bildstöcken. Auf ihm durch Wald nach links (Süden) aufwärts zu einer Anhöhe mit der **Sebastian-Holzknecht-Hütte** ❻, 920 m. Nun in langer Querung, am Westabhang der Bürgeralpe entlang, zum asphaltierten **Buschniggweg**. Auf ihm zu zwei Unterstandshütten, dann unter der Gondelbahn (schöner Blick auf Mariazell und Basilika!) durch, zuletzt die **Schießstattgasse** hinab ins Zentrum von **Mariazell** ❶.

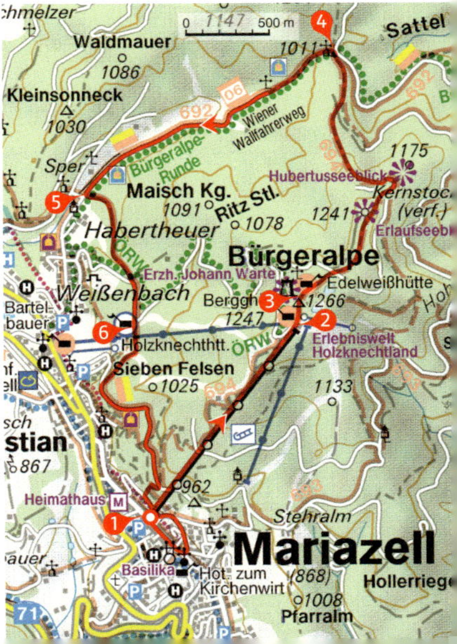

↗ 500 m | ↘ 500 m | 8.8 km

29 Großer Sulzberg, 1400 m

3.15 h

Ein stiller Großer im Reich der Türnitzer Berge

Er ist der höchste im Reich der Türnitzer Berge, doch sein Besuch hält sich in Grenzen, denn es fehlen ihm Hütte, Wege und Markierung. Ein großer Einsamer also, der trotz fantastischer Rundsicht (vom Schneeberg bis zum Gesäuse) auch an Wochenenden noch stille Stunden und echtes Bergerleben verspricht, was eine Eintragung im Gipfelbuch klar belegt:
»Hirsche röhren, Gämsen rudeln, es ist Sonntag, brauchst net hudeln.
Oh' Gott, behüte Deine Schäfchen und gönne mir ein Mittagsschläfchen.
Von zwölf bis zwei war' dann verflossen, die Zeit, ohne die Artgenossen«.

Ausgangspunkt: Fadental, 899 m, Weiler in einem Talkessel südlich von Bichleralpe und Sulzberg, im Graben der Schwarzen Walster. Zufahrt mit eigenem Auto von Mariazell (15 km), Annaberg (16 km), Kernhof (20 km) und Ulreichsberg (6,5 km). Eigentlicher Startplatz ist der kleine Waldsattel (900 m; Parkplatz, Verzweigung), an der asphaltierten Autozufahrt nach Fadental, 500 m östlich der Siedlung.
Anforderungen: Leichte Wanderung auf unbezeichneten Forststraßen, Wegen und Steigspuren. Orientierungsvermögen nötig.
Einkehrmöglichkeit: Keine.

Vom **Parkplatz bei Fadental** ❶ die von der Fadental-Zufahrt abzweigende Forststraße an den südseitigen Waldhängen des Sulzbergs sanft nach Osten aufwärts in die weite Mulde des **Lärchentrogs**. Dort an schöner Waldwiese und einer Sandgrube vorbei zur ersten **Gabelung** ❷, 1055 m.

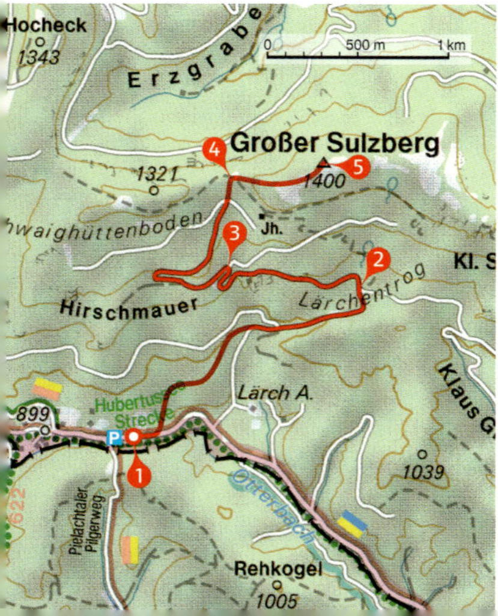

Nach links in die steilen Südhänge des Großen Sulzberges hinein und dort in langer Querung und über ein Schartl hinweg nach Westen hinauf zur nächsten **Straßengabelung** ❸. Links haltend an den felsig-bewaldeten Hängen in Westrichtung weiter aufwärts, später nach rechts (Norden) hoch, am Abhang des **Schwaighüttenbodens** in eine Mulde und dort zur dritten Verzweigung am unteren Rand einer schönen Wiese. Auf Steigspuren am linken Wiesenrand steil hinauf an den **Westrücken** ❹ des Sulzberges, der etwas oberhalb des Sattels zwischen Schwaighüttenboden und Großem Sulzberg erreicht wird. Auf

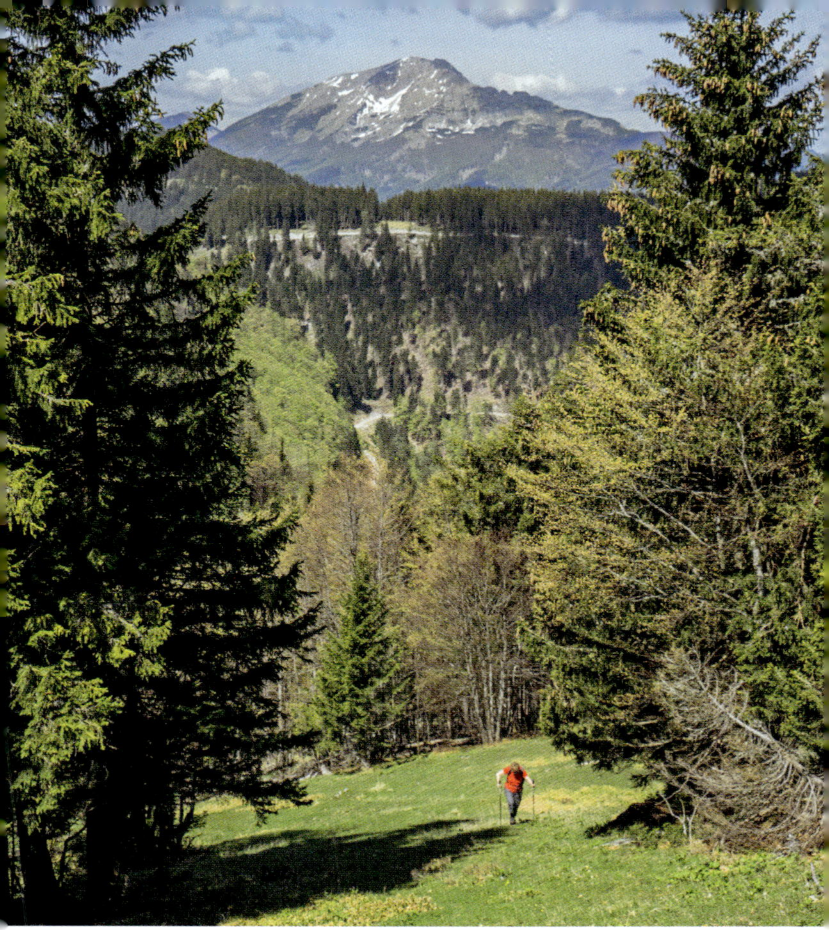

Am Westrücken des Großen Sulzberges. Blickfang ist der gewaltige Ötscher.

Steigspuren knapp rechts des Rückens durch Wiesen und lichten Baumbestand steil hoch, zuletzt sanft aufwärts zum Gipfel des **Großen Sulzbergs** 5, 1400 m (Kreuz mit Buch), 35 m westlich vom Vermessungsstein am höchsten Punkt. **Abstieg** auf derselben Route.

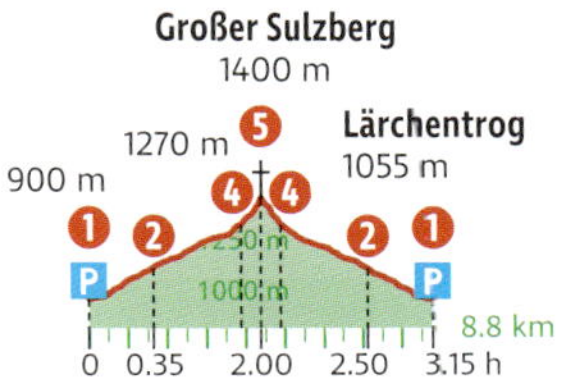

↗ 480 m | ↘ 480 m | 10.2 km

30 Bichleralpe, 1378 m

3.15 h

Wunderbarer Aussichtsthron über dem Mariazeller Land

Gemessen an ihrer Eignung als Orientierungs- und Aussichtspunkte würden Hochstadelberg (Tour 32) und Bichleralpe einen außerordentlich regen Besuch rechtfertigen. De facto bleiben sie aber von dem Gros der Bergwanderer unbeachtet, dem damit Landschaftseindrücke besonderer Art entgehen. Leider wird der früher gut markierte Fußweg von Josefsberg her derzeit nicht gewartet, weshalb sich für einen Besuch der Bichleralpe als beste Alternative die ostseitige Forststraße von Fadental her empfiehlt. Eine großartige Gipfelschau mit Blick über das Mariazeller Land (Ötscher!) hinweg auf Hochschwab und Gesäuse lohnen den Anstieg.

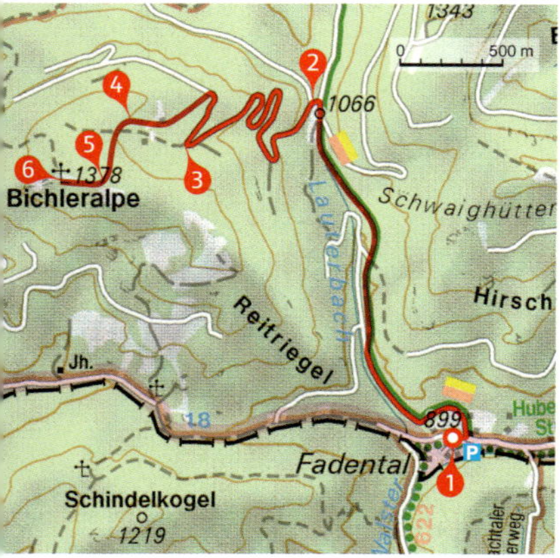

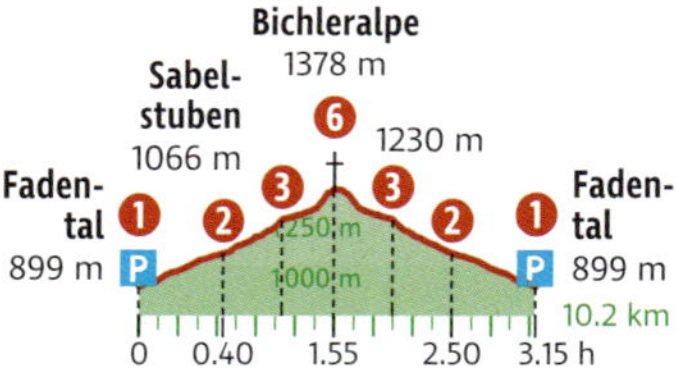

Ausgangspunkt: Fadental, 899 m, Weiler in einem Talkessel südlich von Bichleralpe und Sulzberg, im Graben der Schwarzen Walster. Zufahrt mit eigenem Auto von Mariazell (15 km), Annaberg (16 km), Kernhof (20 km) und Ulreichsberg (6,5 km). Eigentlicher Wegbeginn in Fadental ist der Parkplatz vor dem »Kreisverkehr« um eine Rotbuche am Straßenende.

Anforderungen: Leichte, kaum anstrengende Bergtour auf teils unmarkierten Forststraßen, im Gipfelbereich verfallene Fußwege. Orientierungsvermögen nötig!

Einkehrmöglichkeit: Keine.

Hinweis: Vorsicht mit Kindern beim Gipfelkreuz der Bichleralpe (Felsabbrüche).

Vom **Parkplatz in Fadental** ❶ auf grün bezeichneter Forststraße (Fahrverbot) nach Norden hinauf in den Wald und dort nach links (Westen) aufwärts, schließlich nach rechts in den Lauterbachgraben. Dort rechts oberhalb der Grabensohle an den Waldhängen nordwärts zu einer Straßengabelung und rechts haltend weiter zur lang gestreckten Wiese. Über diese in den Sattel **»Sabelstuben«**, 1066 m, zwischen Großem Sulzberg rechts und Bichleralpe links und dort zur **Straßenverzweigung** ❷ am Nordende der Wiese.

Auf unbezeichneter Forststraße scharf links weg (nicht der Hinweistafel zur Bichleralpe nach rechts folgen!) und an den Waldhängen nach Südwesten aufwärts in einen seichten Graben. Rechts von ihm über eine Steilstufe in Kehren hoch, später nach links in den oberen flachen Grabenabschnitt und dort zur **Verzweigung** 3. Entlang der Straße scharf nach rechts empor an einen Waldrücken. Diesen oberhalb einer Wiesenmulde (links unter uns) über Kahlschläge und durch Jungwald nach Westen aufwärts, später im Linksbogen empor zu querender **Forststraße** 4. Ohne dieser zu folgen auf breitem, begrüntem Fußweg (rote Sprühpunkte an den Bäumen) durch dichten Wald mäßig steil nach Südwesten aufwärts, dann entlang einer steilen Waldschneise nach links empor an den **Ostrücken** mit **Querweg** 5. Diesen rechts haltend, an kleiner Dolinenmulde vorbei, dann einen Grasrücken steil aufwärts, zuletzt durch lichten Baumbestand auf den grasigen Gipfel der **Bichleralpe** 6, 1378 m (durch Bäume beeinträchtigte Rundsicht). Jenseits, dem Rücken folgend, kurz nach Westen abwärts zum großen **Gipfelkreuz**, 1369 m (Buch), hart an der Abbruchkante steiler Felswände. **Abstieg** entlang der Anstiegsroute.

Das Gipfelkreuz auf der Bichleralpe mit dem Ötscher.

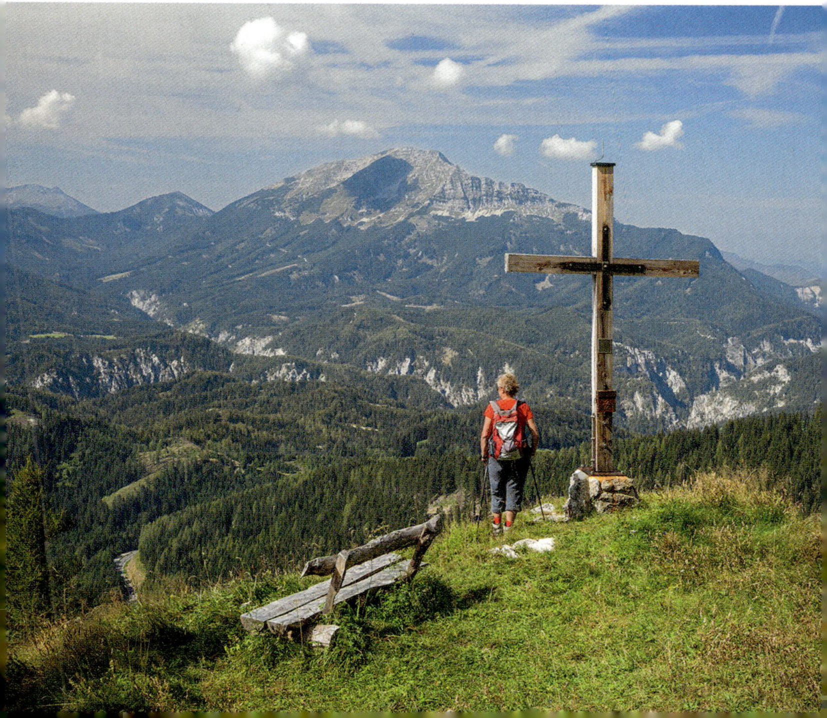

↗ 560 m | ↘ 560 m | 13.3 km

31 Hennesteck, 1334 m: Herzerlweg

4.30 h

Als Wanderziel unterschätzt

Wer den winterlichen Pistenrummel um die nun auch im Sommer betriebenen Annaberger Lifte (früher Reidllifte) kennt, erwartet von einer Besteigung des Hennesteck zunächst nicht allzu viel. Doch unterwegs an dem mit roten Herzen markierten »Herzerl-Rundweg« wird man sich eines Voralpenjuwels bewusst, in dem die mächtige Felspyramide des Ötscher immer präsent bleibt. Am Sattel beim Weißen Kreuz sollten Ausdauernde vor einem Abstecher zur »Hölzernen Kirche«, in einem Seitenast des inneren Pielachtales gelegen, nicht zurückscheuen. Denn er führt zu einem echten Kleinod, wo man losgelöst von Trubel und Hektik noch wahren Bergfrieden finden kann.

Ausgangspunkt: Annaberg, 967 m, Erholungsort an der B 20, am Sattel zwischen Scheiblingberg und Ginsel. Parkplatz vor dem Gemeindeamt.
Anforderungen: Unschwierige, aber lange Berg- und Rundtour. Bezeichnete Wege und Forststraßen.
Einkehr: Gasthöfe im Ort Annaberg. Im Bereich der Annaberger Lifte (Reidllifte): Jufa-Hotel Annaberg mit angeschlossenem Cafe-Restaurant Reidlhütte (120 B., ganzjährig geöffnet, Tel. +43/570/83750, www.jufahotels.com), Jausenstation Waldbauer (keine Nächtigung; Sommerbewirtschaftung, Tel. +43/660/1205108). Jausenstation Anna-Alm (keine Nächtigung; zu den Betriebszeiten der Annaberger Lifte vom 15. Mai bis 26. Okt. Do. bis So., in den Sommer- und Herbstferien täglich geöffnet), Tel. +43/2728/8477 und +43/680/2336565, www.anna-alm.at).
Tipp: Die Annaberger Lifte besitzen eine spektakuläre Zipline, auf der man an vier nebeneinander gespannten Seilen zu Tal sausen kann.

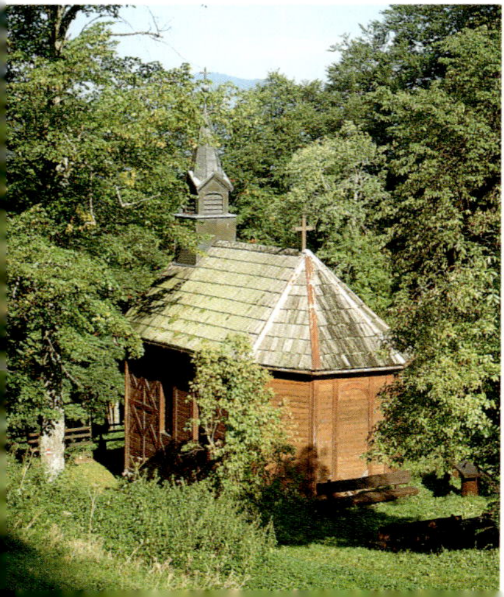

Vom **Gemeindeamt-Parkplatz** in **Annaberg** ❶ auf Weg Nr. 46 an den Flanken des Ginsel (auch »Günsl«) zu einer **Verzweigung** ❷, 945 m. Rechts hinab in einen Sattel und zum **Schlepplift Reidl 4**. Auf einem Karrenweg am Waldrücken nach rechts (Norden) aufwärts zu einer Forststraße und diese links in die Mulde des Tannbaches. Über Wiesen zum **Hof Waldbauer** ❸, 975 m (Jausenstation), später im Wald zum

Die »Hölzerne Kirche« im Tannwaldgraben nordöstlich des Hennesteck (kleiner Abstecher).

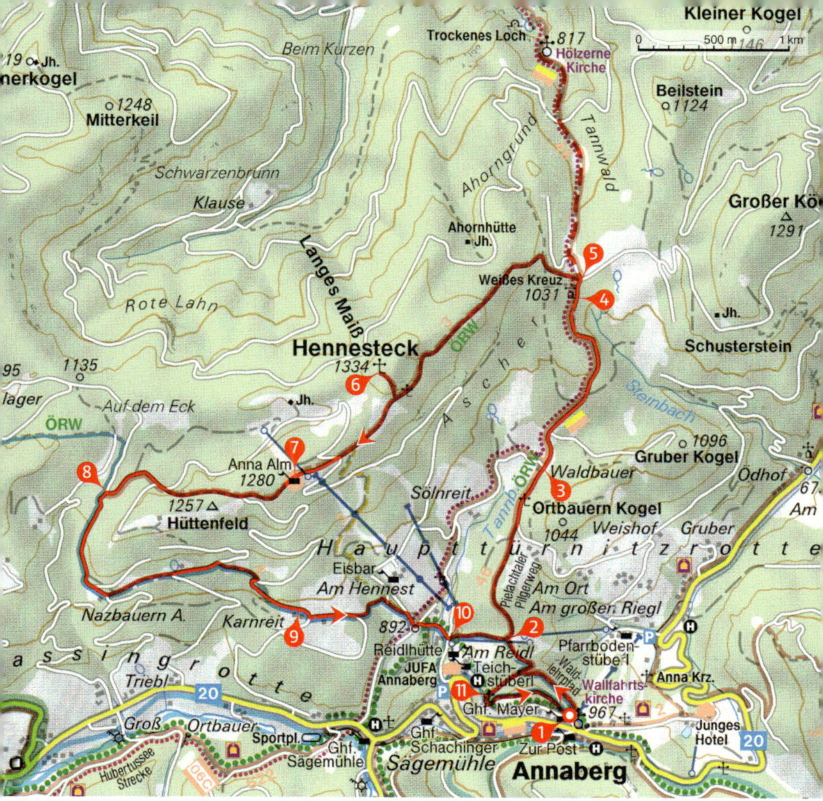

Bildstock **Weißes Kreuz** ❹, 1031 m, und durch Wiesen in den **Sattel** ❺, 1040 m, zwischen Hennesteck und Großem Kegel (geradeaus auf Weg Nr. 46 durch den Tannwaldgraben in 20 Min. hinab zur **Hölzernen Kirche**, 817 m).

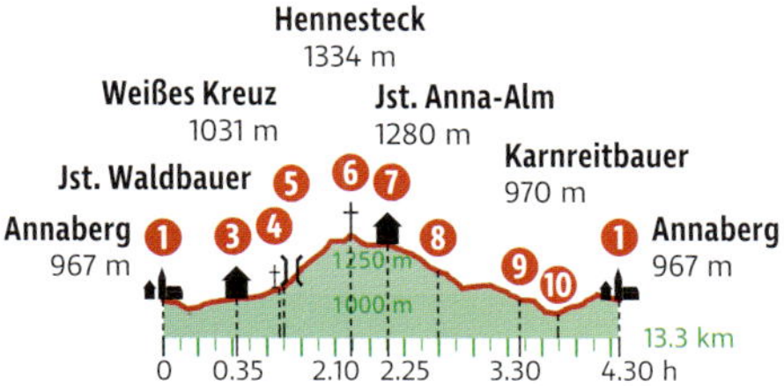

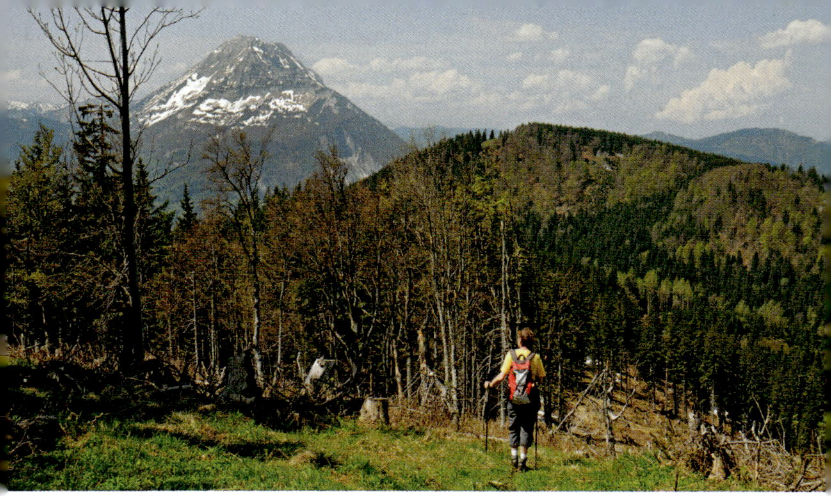

Im Abstieg von der Anna-Alm zur Spindelhofalm. Im Westen die Ötscher-Pyramide, rechts davor der bewaldete Hochstadelberg (Tour 32).

Weg Nr. 3 im Wald steil nach links hinauf an den Nordostrücken des Hennesteck. Dort an den Waldhängen links unterm Gipfel durch. Kurz vor Errreichen der südseitigen Wiesen rechts ab und auf rot bezeichnetem Steig steil nach Norden hoch zum bewaldeten höchsten Punkt des **Hennesteck** 6, 1334 m (Gipfelkreuz, Buch in separat aufgestellter Metallschatulle). Lohnender Besuch der Hennesteck-Aussicht (Ötscherblick!) westlich unterm Gipfel.

Zurück zum Hauptweg und diesen, an den Bergstationen zweier Sessellifte (kein Sommerbetrieb!) und der **Jausenstation Anna-Alm** 7, 1280 m, vorbei, am grasigen Südwestrücken eben fort, dann auf Weg Nr. 4 in den Wald und dort, rechts (nördlich) unterm Hüttenfeld hinab zu einem Fahrweg und auf ihm abwärts zu einer **Verzweigung** 8, 1130 m. Die Forststraße nach links hinunter zu einer Waldwiese, danach links ab und in die Südseite des Berges. Dort auf Karrenweg ostwärts über die Hangwiese der **Spindelhofalm** zu einer Forststraße. Diese aufwärts, später auf Fußweg nach rechts zum **Karnreitbauer** 9, 970 m. Über traumhaft schöne Wiesen ostwärts zu einer Anhöhe mit Ausblick und im Wald weiter, dann rechts hinab zu den Wiesen **»Am Hennest«**. Hinunter zum Tannbach und jenseits Talstation der **Annaberger Lifte** 10, 892 m, mit Großparkplatz beim Jufa-Hotel Annaberg. Auf Fahrweg mit dem Schlepplift Reidl 4 nach Osten aufwärts zu einer **Verzweigung** 2 und auf bekannter Route hoch zum querenden Fußweg. Auf ihm weiter, dann einen Güterweg rechts hinauf an den **Westrücken** 11, 1000 m (Verzweigung, Holzkruzifix, »Ötscherbankerl«) und jenseits zurück nach **Annaberg** 1.

↗ 550 m | ↘ 550 m | 12.2 km

TOP 32

4.15 h

Hochstadelberg, 1285 m, und Hennesteck, 1334 m

Bellevues vor dem Ötscher

Ein erlesener Aussichtspunkt ist der Hochstadelberg zwischen Reith und Wastl am Wald. Die per Seilbahn erreichbare Mariazeller Bürgeralpe ausgenommen wüsste ich weit und breit keine Höhe, die bei ähnlich geringem Aufwand ein derart umfassendes Panorama böte. Da gibt sich das 50 Meter höhere, bewaldete Hennesteck weniger einladend, doch nur dem nicht Eingeweihten! Wer nämlich vom Gipfelkreuz gegen den westlichen Plateaurand absteigt, hat bald einen wunderbaren Ötscherblick, den man so bald nicht vergisst!

Ausgangspunkt: Parkplatz Ötscherblick, 1085 m, an der B 28, südlich des Schüsselecks. Zufahrt mit eigenem Auto über Wastl am Wald (2 km), Reith (6 km) oder Puchenstuben (9 km).
Anforderungen: Leichte Wanderung auf meist bezeichneten Wegen und Forststraßen.
Einkehr: Jausenstation Anna-Alm (keine Nächtigung; zu den Betriebszeiten der Annaberger Lifte 15. Mai bis 26. Okt. Do. bis So., in den Sommer- und Herbstferien täglich geöffnet), Tel. +43/2728/8477 und +43/680/2336565, www.anna-alm.at).
Tipp: Von der Bergstation kann mit der 1,3 km langen Zipline Annaberg zur Talstation »geflogen« werden.

Waldromantik im Abstieg vom Hochstadelberg zu den Wastlböden.

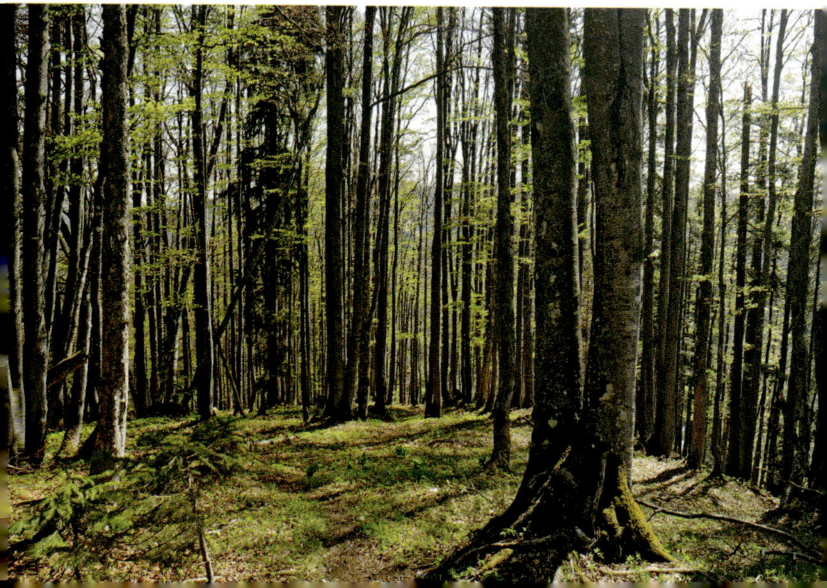

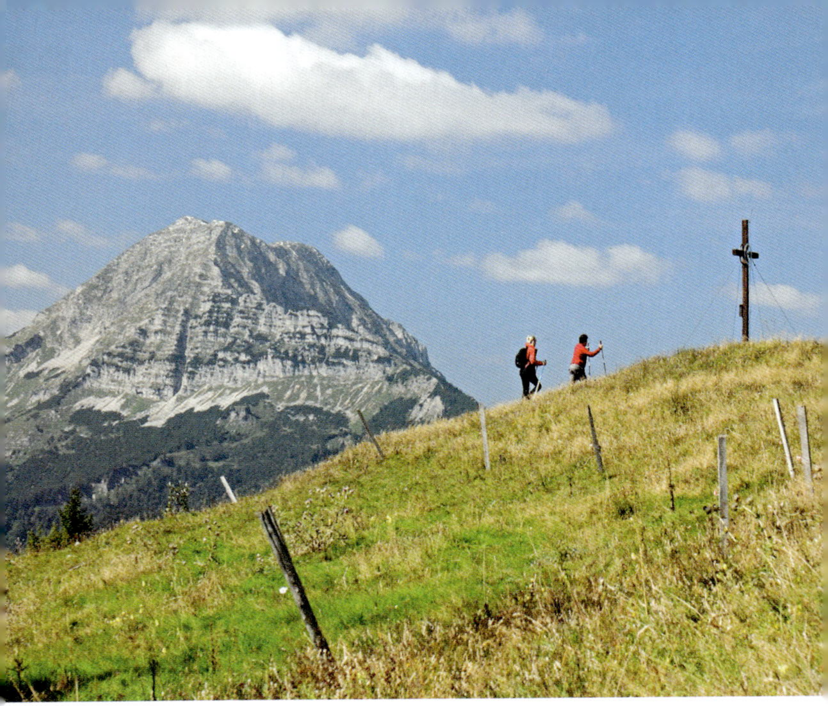

Der Westgipfel des Hochstadelbergs mit dem majestätischen Ötscher.

Vom **Parkplatz Ötscherblick** ❶ auf blau bezeichnetem Fußweg im Wald nach Nordosten aufwärts zu querender Forststraße. Diese rechts haltend in die Nordflanke des Hochstadelberges hinein und dort, einen Jungforst querend, nach Osten aufwärts zur **Abzweigung** ❷, 1185 m, einer unbezeichneten Forststraße scharf nach rechts. Auf ihr empor zur Linkskehre, dort den nach rechts abzweigenden Fahrweg kurz hinab an den **Nordwestrücken** ❸, 1225 m, wo bei einem Steinmann ein unbezeichneter Fußweg nach links abzweigt. Auf ihm den Waldrücken hoch zum baumfreien **Westgipfel** des **Hochstadelberges** ❹, 1285 m (Kreuz mit Buch). Den grasigen Höhenrücken auf unbezeichnetem Weg kurz nach Osten hinab in einen Sattel (links Biotop mit Tümpel) und jenseits empor auf den **Ostgipfel** des **Hochstadelberges** ❺, 1280 m.
Auf unbezeichnetem, aber gut erkennbarem Jagdsteig am bewaldeten Nordostrücken hinab zum blau bezeichneten breiten **Weg** ❻, 1150 m, quer durch die Nordflanke des Berges. Auf ihm nach rechts (Osten) abwärts in den Sattel vor dem Hennesteck und dort (Zaun, Durchlass) zur lang gestreckten Sattelwiese der **Wastlböden**, 1110 m. Links von ihr im Wald

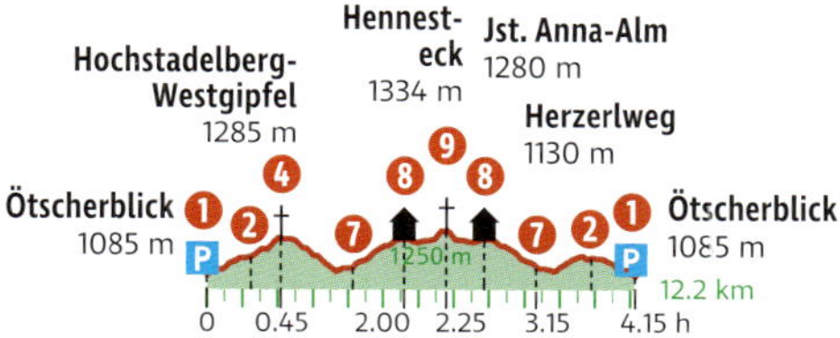

sanft nach Süden aufwärts zu einer Forststraße und diese rechts haltend nach 250 m zu einer **Straßenkreuzung** ❼, 1130 m. Links die rot bezeichnete Straße **(»Herzerlweg«)** im Wald nach Nordosten aufwärts, dann im Rechtsbogen zu einer Gabelung und dort links haltend nach 50 m zu einer Verzweigung. Rechts auf bezeichnetem Fußweg an den Abhängen des Hüttenfeldes nach Osten empor zu eingezäunter Wiese, danach zur einer Schulter (Ötscherblick!) am Hennesteck-Höhenrücken mit der **Jausenstation Anna-Alm** ❽, 1280 m.
Auf Naturstraße über den Höhenrücken nach Nordosten hinab zur Rechtskehre. Geradeaus den rot bezeichneten Fußweg (»Herzerlweg«) weiter in den Sattel vor dem Hennesteck-Gipfel. Gegen diesen hoch in den Wald und dort gleich zu einer Verzweigung (Pfeile). Links auf rot bezeichnetem Steig am rechten Rand einer Grasmulde steil nach Norden hoch, dann über Felsstufen auf das Gipfelplateau und mehr nach links (Nordwesten) empor zum bewaldeten Gipfel des **Hennesteck** ❾, 1334 m (Kruzifix, Buch in separat aufgestellter Metallschatulle). Lohnender Besuch der Hennesteck-Aussicht (Ötscherblick!) westlich unterm Gipfel.
Abstieg: Zurück zur **Verzweigung** ❻ in der Hochstadelberg-Nordflanke. Den breiten blau bezeichneten Weg gerade fort auf und ab zur bekannten **Straßenverzweigung** ❷ und zurück zum **Parkplatz Ötscherblick** ❶.

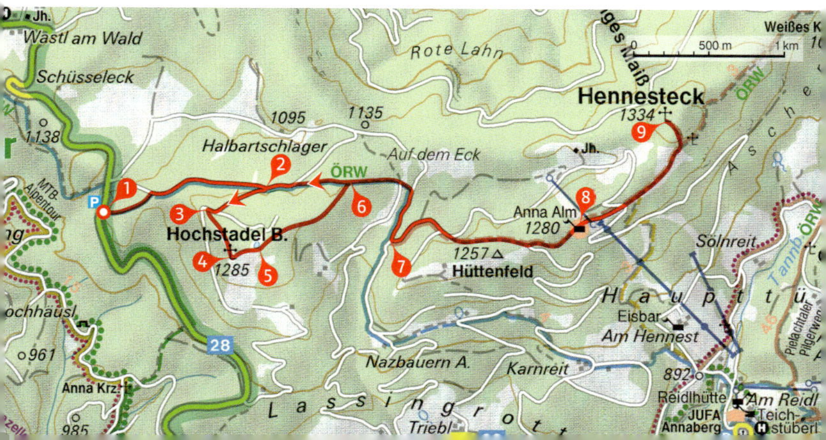

TOP

33 Hintere Tormäuer

↗ 500 m | ↘ 500 m | 14.0 km

4.15 h

Im »Keller« des Mariazeller Landes

Wandern in drei »Etagen«, das ist der große Clou im Mariazeller Land. Man kann zwischen Bergtouren, ebenen Talspaziergängen und Schluchtwanderungen wählen. Eine Tour mit »umgekehrtem Vorzeichen« bieten auch die Hinteren Tormäuer zwischen Erlauf- und Stierwaschboden. Auf guten Fußwegen wird uns dort eine wilde Canyon-Landschaft vor Augen geführt mit schäumenden Wassern, einladenden Badetümpeln und steil aufragenden Wänden.

Ausgangspunkt: Reith, 818 m, Dorf in einem Sattel westlich von Annaberg. Parkplatz vor dem Bahnhof.
Anforderungen: Einfache, aber lange Wanderung auf zum Teil schlecht markierten Wegen. Trittsicherheit und Orientierungsvermögen nötig.

Einkehr: Ghf. Johann Steiner in Reith (18 B.; ganzjährig geöffnet, Mo. Ruhetag, Tel. +43/2728/292). Imbiss-Kiosk am Eingang in die Hinteren Tormäuer (1. Juni bis 31. Okt. bei Schönwetter geöffnet). Jausenstation Kollerbauer (10 B.; ganzjährig geöffnet, kein Ruhetag).

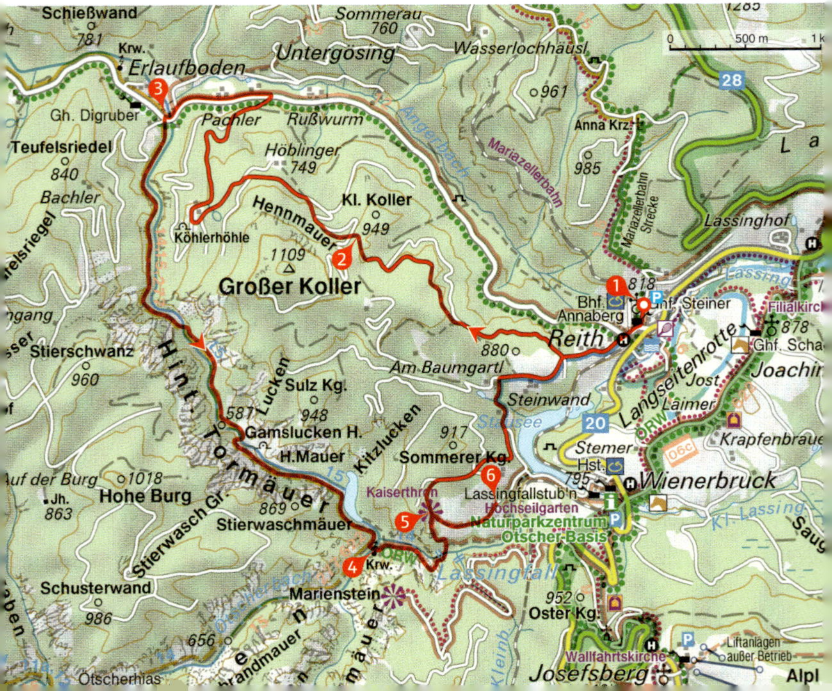

Vom **Bhf. Reith** ❶ die Straße nach Erlaufboden zu einer Teilung und links weiter, bis sie zu steigen beginnt. Rechts ab und auf Forststraße (»Bankerlweg«, Nr. 8) an den Hängen nach Westen hinauf in einen Sattel. Links auf unbezeichnetem Fußweg am Rücken steil hoch, dann in seiner rechten Flanke zum Wendeplatz nördlich des **Kleinen Koller**.

An den Abhängen des Berges hinab zu einer Teilung, dort auf Fahrweg, später auf verwachsenem Steig geradeaus in den Sattel **Dürre Lärche** ❷, 910 m, zwischen Großem Koller und P. 951. Jenseits auf unbezeichnetem Steig bergab, dann die Forststraße in den **Angerbachgraben** und auf Asphaltstraße hinunter nach **Erlaufboden** ❸, 540 m.

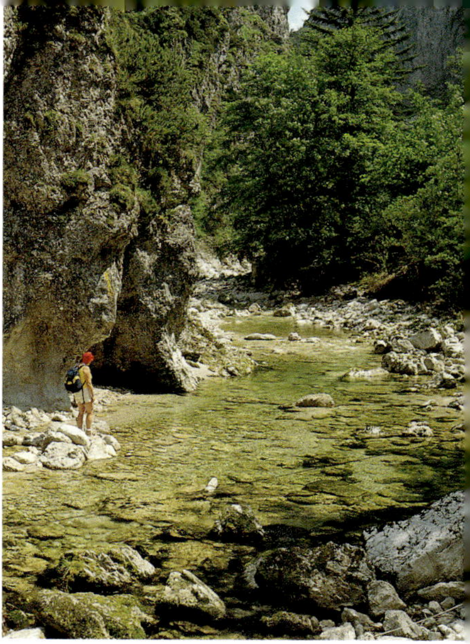

Unterwegs in den Hinteren Tormäuern zwischen Erlauf- und Stierwaschboden.

Nach der Erlaufbrücke auf Straße (Weg Nr. 277) neben dem Fluss nach links, dann auf breitem Weg am rechten Ufer durch die Hinteren Tormäuer. Man gelangt schließlich durch die Enge der Stierwaschmäuer zur Talweitung des **Stierwaschbodens** ❹. Dort am Stausee entlang, später über eine Brücke an das linke Ufer mit dem Kraftwerk Wienerbruck der EVN, 622 m. An dem Gebäude entlang nach links, dann den aus dem Fels gesprengten Weg Nr. 7 rechts der steilen Lassingschlucht gegenüber dem **Lassingfall** (besonders schön im Frühjahr!) durch vier kleine Tunnels aufwärts, später über eine Brücke zur Wegteilung danach. Links auf bezeichnetem Steig nordwärts steil hinan zur Aussichtskanzel **Kaiserthron** ❺, 840 m (Verzweigung, Tiefblick in die Schluchten von Erlauf und Ötscherbach!) und über eine Wiese nach rechts zur **Jausenstation Kollerbauer** ❻, 820 m.

Zurück zur Verzweigung beim **Kaiserthron** ❺. Den bezeichneten Weg nordostwärts zu einer Straße und auf ihr über eine Anhöhe hinweg, dann links über dem **Lassing-Stausee** entlang zu einer Straße. Diese rechts aufwärts zur Anhöhe beim Steinwandhof und jenseits nach **Reith** ❶.

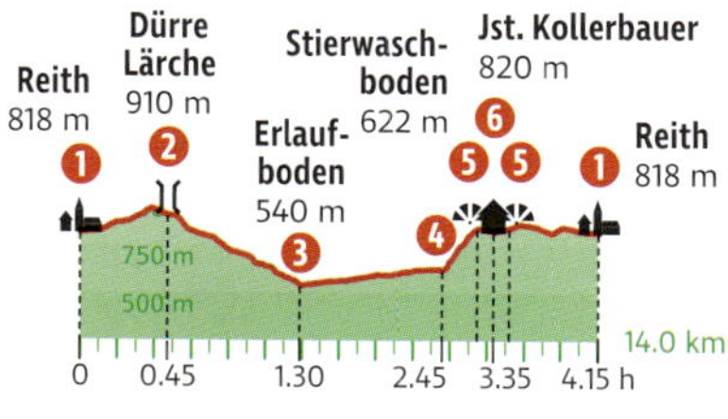

TOP

34 Vordere Ötschergräben

↗ 230 m | ↘ 210 m | 7.1 km

2.30 h

»Traulich und treu ist's nur in der Tiefe ...« (Richard Wagner)

Um die großartige Talschlucht der Vorderen Ötschergräben zwischen Stierwaschboden und Jausenstation Ötscherhias zeitsparend kennenzulernen, gibt es keine empfehlenswertere Tour als diese. Sie wird auch rege frequentiert, was der an Wochenenden oft überfüllte Parkplatz in Wienerbruck beweist.

Ausgangspunkt: Naturparkzentrum Ötscher-Basis, 795 m (Restaurant, Info-Bereich, Verkauf heimischer Produkte; Kletterpark und Hochseilgarten) im westlichen Ortsbereich, am Ufer des Lassing-Stausees, vom Parkplatz und der Bahnhaltestelle Wienerbruck zu Fuß in wenigen Minuten zu erreichen.
Endpunkt: Hst. Erlaufklause, 814 m, der Mariazellerbahn. Fahrzeiten der Züge zurück nach Wienerbruck vor Tourantritt erkunden!
Anforderungen: Leichte Wanderung auf bezeichneten Wegen.
Einkehr: Seegasthaus im Naturparkzentrum Ötscher-Basis (keine Nächtigung; 15. Mai bis 31. Okt. täglich 8–16.30 Uhr geöffnet, Tel. +43/2728/21100, www.naturpark-oetscher.at/oetscherbasis). Jausenstation Ötscherhias (keine Nächtigung; 1. Mai bis 26. Okt. täglich 9–17 Uhr geöffnet, Tel. +43/664/2759888). Buffet Zinkenpub an der Haltestelle Erlaufklause der Mariazellerbahn (1. Mai bis 31. Okt. täglich geöffnet). Jausenstation Erlaufstauseeschänke, das »Stapelhaus«, am Ortsrand von Mitterbach, am Südostende des Sees (keine Nächtigung; 1. Mai bis 25. Okt. geöffnet, Mai bis Sept. täglich außer Mi. 11–20 Uhr, im Okt. Fr. bis So. 11–18 Uhr, Tel. +43/664/9322267, https://erlaufstauseeschaenke.jimdo.com).
Variante: Von der Verzweigung nach dem Hagengut kann man auf schönem Promenadenweg, am Südufer des fjordartigen Erlaufstausees entlang, nach Mitterbach (Bahnstation) wandern. Zusätzlicher Zeitaufwand ¾ Std.
Hinweis: Besuchenswert ist der Kletterpark (Kletterturm) und Hochseilgarten beim Naturparkzentrum Ötscher-Basis in Wienerbruck.

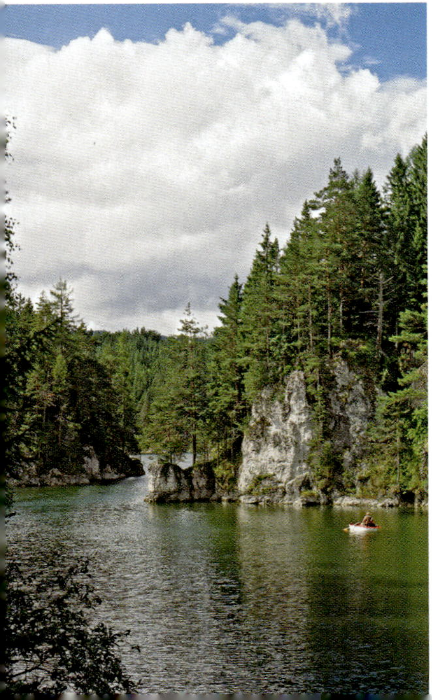

Unser Streifzug durch die Vorderen Ötschergräben endet am Ufer des fjordartigen Erlaufstausees.

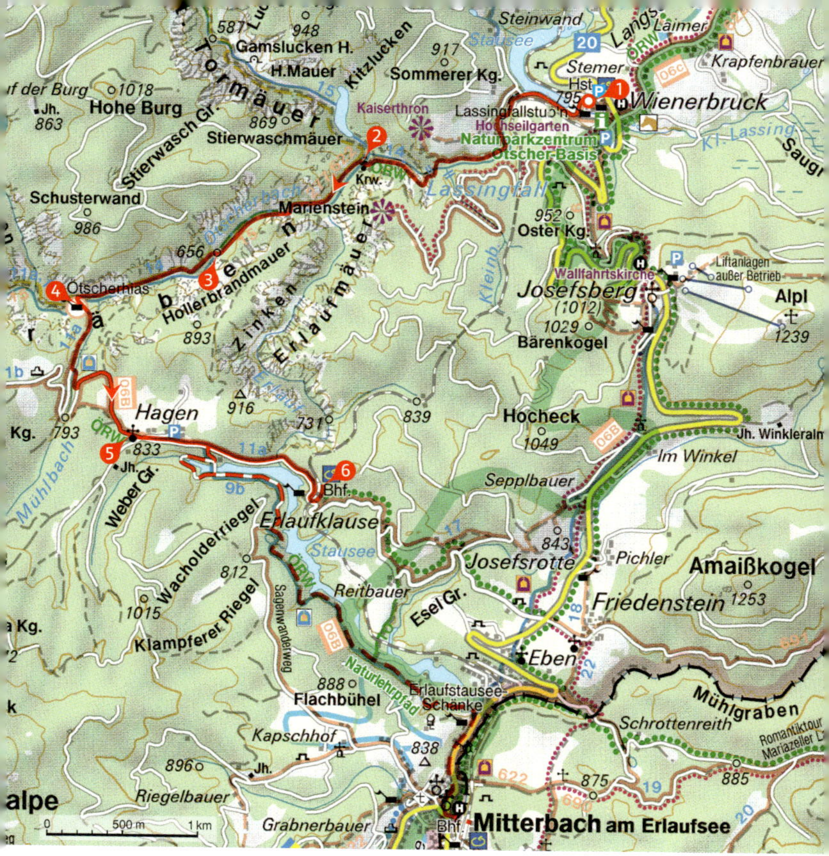

Vom **Naturparkzentrum Ötscher-Basis** ❶ auf Straße, am Lassing-Stausee, 790 m, entlang, nordwestwärts eben zur Staumauer. Vor ihr links ab und auf breitem Weg links über der Lassingklamm dahin, dann abwärts und über eine Brücke an die rechte Talseite. Durch die Klamm, unterm Kienbachfall vorbei, zur zweiten Lassingbrücke, dort an das linke Ufer und abwärts zu einer Aussichtskanzel. Die steile Felsschlucht gegenüber dem **Lassingfall** durch vier kleine Tunnels hinab zum **Stierwaschboden** ❷, 622 m, in den **Hinteren Tormäuern** mit dem Kraftwerk Wienerbruck der EVN. Am Gebäu-

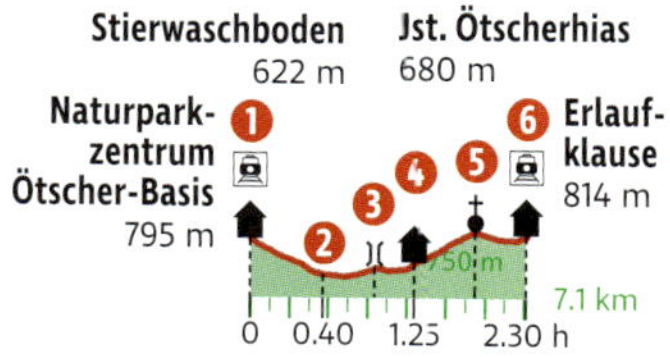

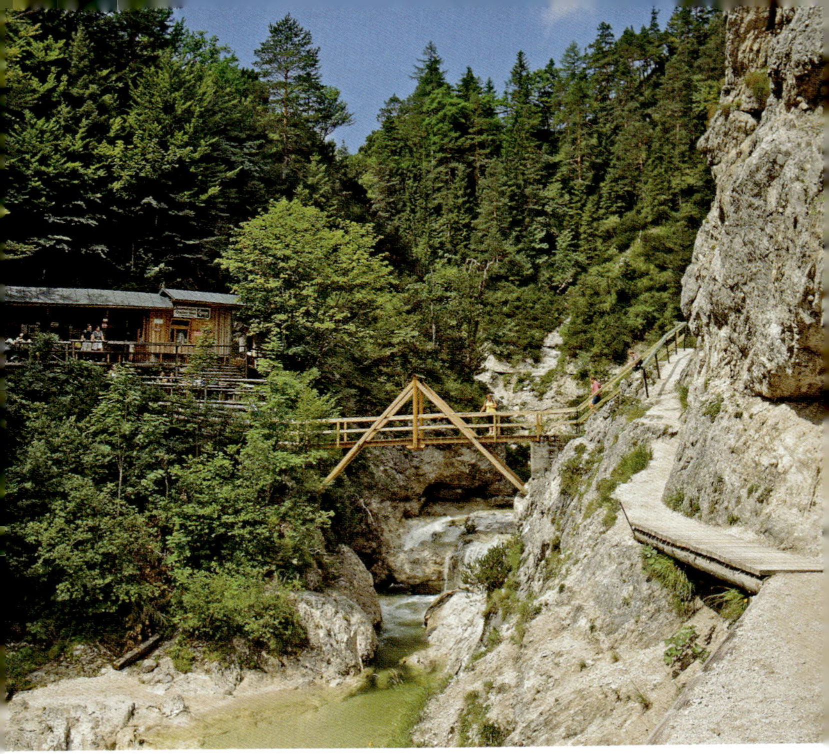

Die Jausenstation Ötscherhias, eine beliebte Einkehr inmitten der von rauschenden Wassern erfüllten Canyons.

de entlang nach links, dann über die Erlauf zum breiten Weg Nr. 277 und 622 und diesen links zur Vereinigung von Erlauf und Ötscherbach. Rechts von ihm aufwärts in die **Vorderen Ötschergräben** und dort an das linke Ufer. Nun an steilen Hängen entlang, später über eine **Doppelbrücke** ❸, 656 m (Felsblock-Träger im Bachbett), an das rechte Ufer und weiter, bis sich das Tal verengt. Auf guter Wegtrasse (Holzstege) zu einer Teilung und nach links über die Brücke zu der an steiler, bewaldeter Felsflanke postierten **Jausenstation Ötscherhias** ❹, 680 m.

Den Weg Nr. 34 und 206B durch den Mühlbachgraben südwärts hinauf zu einem Fahrweg. Nach links über den Bach und jenseits auf Steig nach Südosten empor zur »Ötscherstraße«. Auf ihr links aufwärts zur Anhöhe beim **Forsthaus Hagengut** ❺, 833 m, und jenseits zur Verzweigung noch vor dem Erlaufstausee. Links haltend weiter, später über die Staumauer und etwas bergauf zur **Haltestelle Erlaufklause** ❻ der Mariazellerbahn.

↗ 320 m | ↘ 320 m | 15.6 km

4.30 h

TOP **35**

Hintere Ötschergräben

Im Tal der stürzenden Wasser

Ein vollkommenes Wandererlebnis verspricht die Begehung der Hinteren Ötschergräben. Der durch enge Felsdurchlässe gischtende glasklare Bach mit urig-knorrigen Baumriesen an den Ufern, die steil aufragenden Schluchtwände und mächtigen Wasserfälle, sie übertreffen die vorderen Abschnitte der Erlauf-Canyons noch an landschaftlicher Schönheit. Doch sind trittsichere Geher gefordert, denn der oft ungesicherte Steig führt oft in schwindelerregender Höhe über dem Ötscherbach entlang!

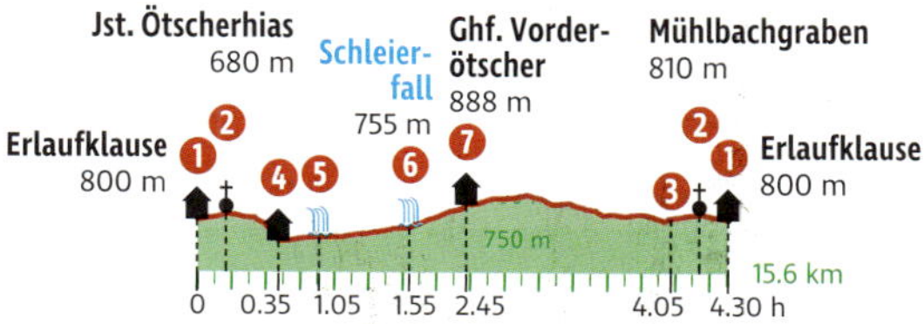

Ausgangspunkt: Parkplatz Erlaufklause (800 m), 500 m westlich der Haltestelle Erlaufklause der Mariazellerbahn, 6,5 km von Mitterbach.

Anforderungen: Lange und deshalb etwas anspruchsvolle Wanderung auf meist guten, an exponierten Stellen durch Drahtseile abgesicherten Wegen. Trittsicherheit und Schwindelfreiheit nötig (Vorsicht mit Kindern!).

Einkehr: Buffet Zinkenpub an der Haltestelle Erlaufklause der Mariazellerbahn (1. Mai bis 31. Okt. täglich geöffnet). Jausenstation Ötscherhias (keine Nächtigung; 1. Mai bis 26. Okt. täglich 9–17 Uhr geöffnet, Tel. +43/664/2759888). Schutzhaus Vorderötscher (19 B., 20 L.; 1. Mai bis 31. Okt. geöffnet, im Juli und Aug. täglich, sonst Mo. Ruhetag; Mai/Juni und Sept./Okt. keine Nächtigung So/Mo. und Mo./Di. möglich, Tel. +43/2728/21100, www.naturpark-oetscher.at/vorderoetscher.

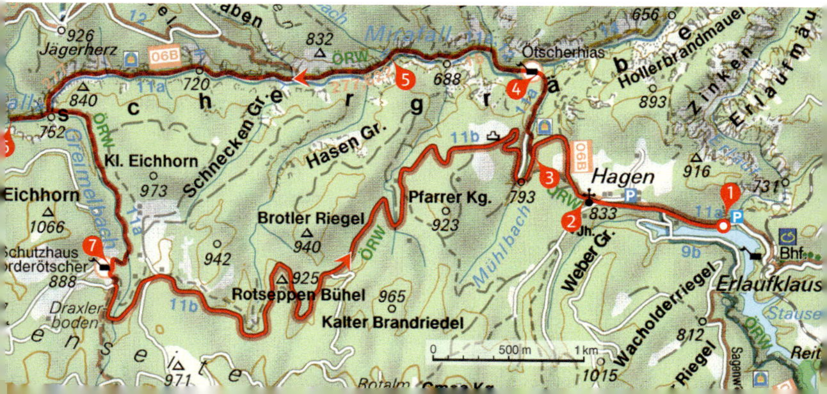

Vom **Parkplatz Erlaufklause** 1 die Naturstraße rechts überm Erlaufstausee eben nach Westen, später aufwärts zum **Forsthaus Hagengut** 2, 833 m. Sanft abwärts weiter in den **Mühlbachgraben** 3, 810 m, dort rechts ab und auf Steig Nr. 206B hinunter in die Grabensohle. Jenseits auf bezeichnetem Weg den Graben hinab zu einer Aussichtskanzel und in die **Ötschergräben** mit der an steiler, bewaldeter Felsflanke über dem rauschenden Ötscherbach postierten **Jausenstation Ötscherhias** 4, 680 m.
Über die Brücke zum Schluchtweg Nr. 206B, 277 und 622 am Nordufer. Auf diesem links haltend oberhalb des Ötscherbaches zum Teil etwas exponiert (Drahtseilsicherungen) talein unter den 80 m hohen **Mirafall** 5, 700 m. An Schrofenhängen aufwärts, dann durch einen zahmeren Abschnitt zur letz-

Der eindrucksvolle Mirafall in den Hinteren Ötschergräben.

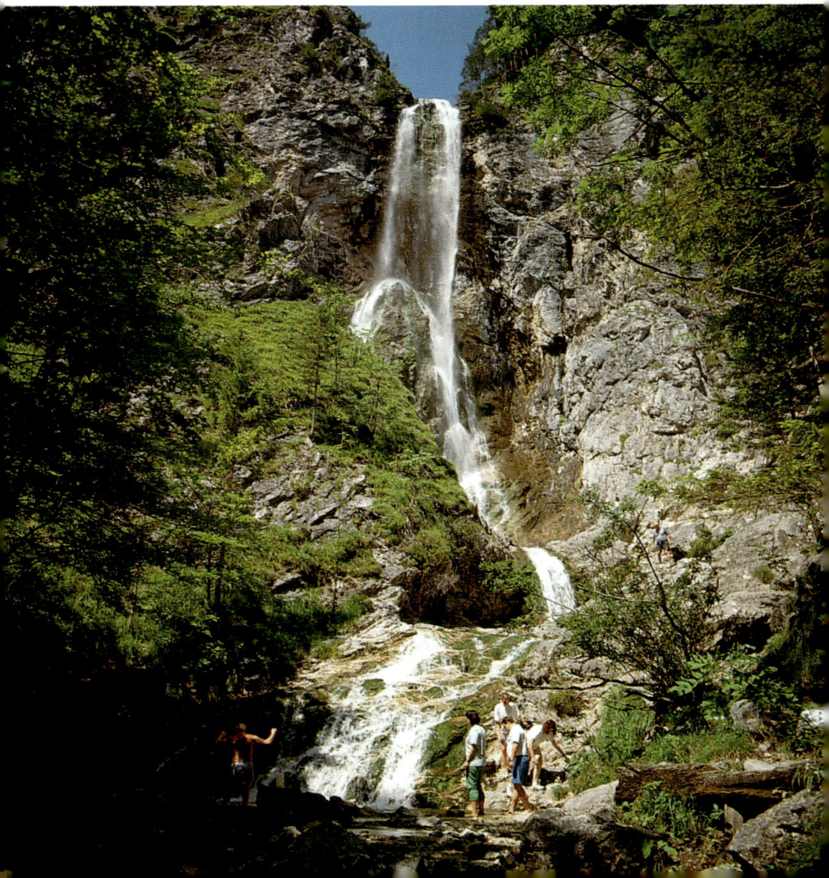

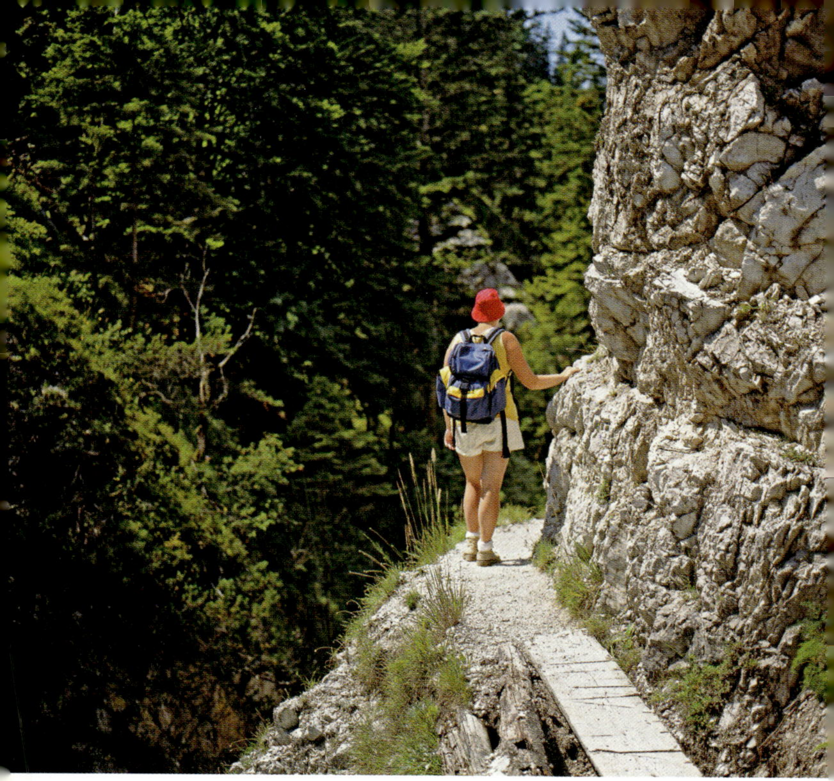

Der schmale Wanderweg durch die Schluchten des Ötscherbachs erfordert trittfeste Geher.

ten Talverengung. Auf Steig (Sicherungen) durch sie hindurch zur Brücke (**Greimelsteg**, 752 m) über den Ötscherbach. Noch 150 m weiter zu dem über eine 50 m hohe Wand herabstürzenden **Schleierfall** ❻, 755 m. Zurück zum Greimelsteg, dort über den Ötscherbach und jenseits auf bezeichnetem Steig links vom **Greimelgraben** im Wald nach Süden aufwärts, später an das rechte Ufer. Westwärts empor zu großer Wiese und über sie zum **Ghf. Vorderötscher** ❼, 888 m.
In Südrichtung hinauf zu unbezeichneter Forststraße (Ötscherstraße). Auf ihr in etwas einförmiger Wanderung, am Nordabhang der Gemeindealpe entlang, nach links aufwärts zu einer Terrasse. Nun um den Rotseppenbühel herum, dann (bei Verzweigung links!) nordostwärts hinab in den **Mühlbachgraben** ❸, der im Linksbogen ausgegangen wird. Weiter auf bekannter Route zum **Parkplatz Erlaufklause** ❶.

↗ 50 m | ↘ 870 m | 15.5 km

36 Gemeindealpe, 1626 m: Über den Erlaufsee nach Mitterbach

4.30 h

Ein Berg für jeden Geschmack

Die durch Sessellift und Schutzhaus erschlossene Gemeindealpe ist DER Wanderberg des Mariazeller Landes. Oben angelangt, huldigen die einen der Devise »hier ist es schön, hier will ich bleiben«, genießen Verpflegung, Rundsicht, Sonne und fahren wieder zu Tal. Andere halten sich hingegen an den Leitspruch »Bewegung ist das halbe Leben«, wählen einen der Abstiegswege und sind glücklich damit. Auch wir benützen als Aufstiegshilfe den Sessellift und wandern über den Panoramapunkt Eiserner Herrgott und den Zellerrain zum Erlaufsee, von wo uns ein schöner Promenadenweg nach Mitterbach bringt. Viel Vergnügen!

Ausgangspunkt: Talstation (Großparkplatz), 804 m, des zweiteiligen Gemeindealpen-Sessellifts (Vierersessellift »Bodenbauerexpress«, Zweiersessellift »Gipfelbahn«) 600 m südwestlich vom Ortszentrum Mitterbach, an der Straße zum Erlaufsee. Bergstation, 1623 m, am Gipfelplateau. Betrieb (nur bei Schönwetter!) 5./10. Mai bis 2. Nov.; in den Sommer- und Herbstferien täglich, sonst Sa., So. und Feiertage, im Juni Do. bis So., 15. Sept. bis 15. Okt. Fr. bis So. 9–16.30/17 Uhr; www.gemeindealpe.at.
Anforderungen: Unschwierige Tour auf bezeichneten Wegen und Straßen.
Einkehr: Terzerhaus (32 L.; mit Lift geöffnet, Tel. +43/699/12043852, www.terzerhaus.at). Jausenstation Brunnsteiner Halterhütte »Auf der Brach« (keine Nächtigung, 1./5. Juni bis 20. Sept. geöffnet, Mi. Ruhetag, Tel. +43/676/4962859). Alpengasthaus Zellerrain (keine Nächtigung; ganzjährig geöffnet, Di. Ruhetag, Tel. +43/7480/5702 und +43/664/7600959). Rest. Herrenhaus (Apartments; 1. Mai bis 31. Okt. geöffnet, Juni, Juli und Aug. täglich, sonst Sa., So. und Feiertage; Tel. +43/676/5915647, www.herrenhaus-see.at). Strandbuffet Liane (Sommerbewirtschaftung).
Variante: Erlaufsee-Nordufer-Promenade, siehe Karte.
Hinweis: Von der Mittelstation des Gemeindealpenliftes kann man mit Mountaincarts oder Monsterrollern auf knapp 5 km langer Straße zur Talstation nach Mitterbach gelangen.

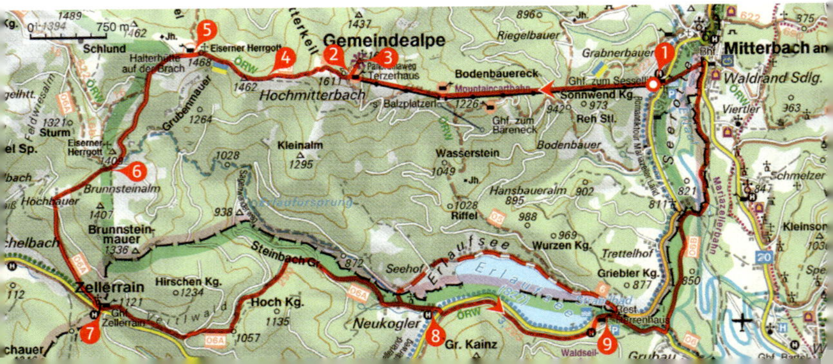

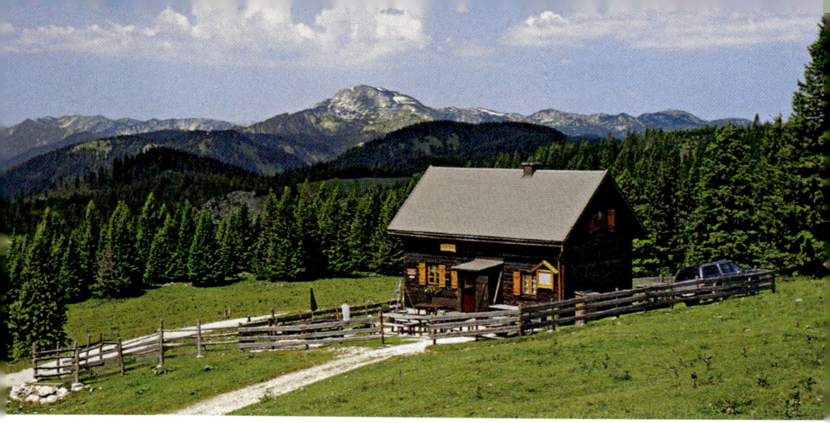

Eine urige Almeinkehr ist die Brunnsteiner Halterhütte »Auf der Brach«. Blick gegen den Dürrenstein (Tour 48).

Nach der Fahrt im Sessellift von **Mitterbach** 1 zur **Bergstation** 2 geht es über den latschenbewachsenen Rücken nordwärts zum höchsten Punkt der **Gemeindealpe** 3, 1626 m (Gipfelkreuz, Rundsicht!).
Zurück zur **Sessellift-Bergstation** 2. Rechts auf Weg Nr. 605 über den steilen Westrücken abwärts, dann eben in einen **Sattel** 4, 1430 m, und jenseits empor zur Anhöhe beim **Eisernen Herrgott** 5, 1468 m, mit **Jausenstation »Auf der Brach«**. Auf Forststraße 200 m westwärts zu einer Teilung und dort links haltend hinab zur Verzweigung am **Brunnsteinsattel** 6, 1360 m. Auf Weg Nr. 206A rechts über die Sattelwiese zum Waldrand. Jenseits an den Hängen der Brunnsteinmauer nach Südwesten abwärts, dann über Wiesen steil hinunter zum **Höchbauer**, 1235 m. Nun auf Straße an den Waldhängen nach Südosten abwärts zur B 71 am **Zellerrain-Sattel** 7, 1121 m. Vom Ghf. Zellerrain den Weg Nr. 206A ostwärts in den Wald und dort durch die Südseite des Hirschenkogels in einen Sattel. Auf Straße 100 m weiter, dann rechts ab und auf Fußweg entlang eines Grabens hinab zur Forststraße im **Steinbachgraben**. Diese rechts bergab, dann über Wie-

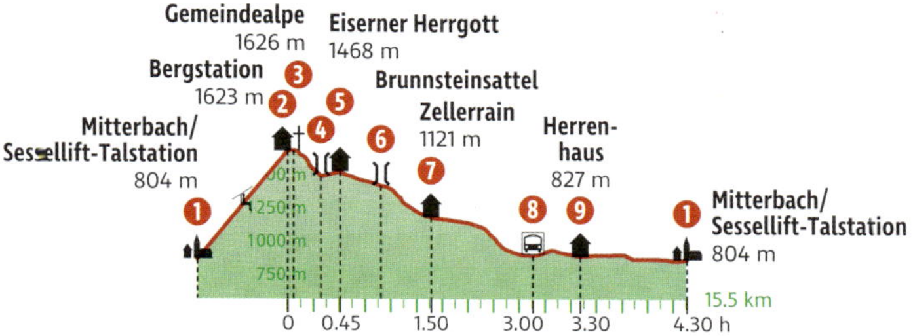

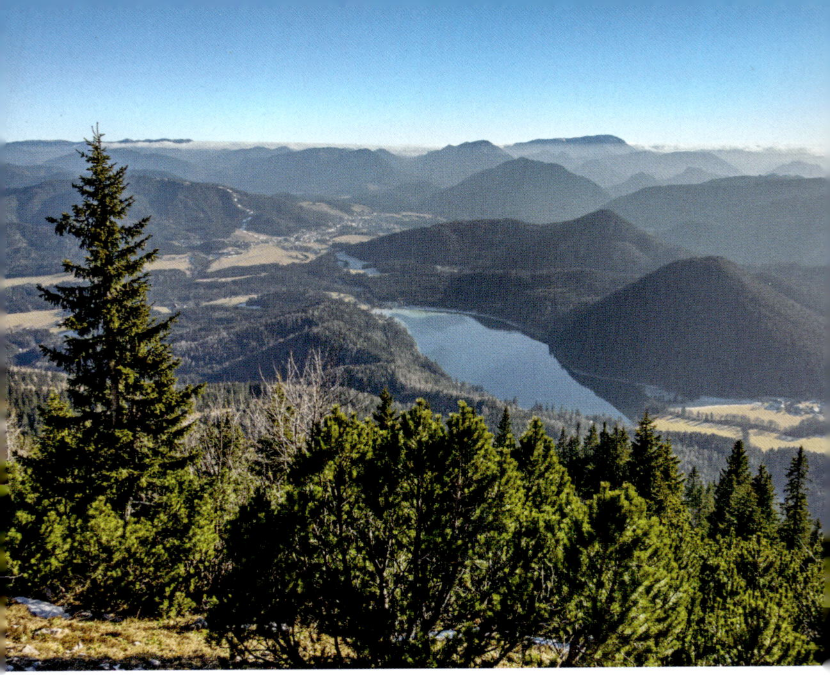

Blick von der Gemeindealpe über den Erlaufsee hinweg nach Südosten auf Sauwand, Tonion und Hohe Veitsch (Touren 22, 23, 25). Links davor der Wallfahrtsort Mariazell.

sen, am Hof Neukogler (Verzweigung) vorbei, zur Bushaltestelle **Seewirt 8**, 832 m, am Westende des **Erlaufsees**, wo die Autostraße traversiert wird. Jenseits den rot bezeichneten Süduferweg (Mariazeller Rundwanderweg) an den Waldhängen oberhalb von Straße und See zurück zum **Restaurant Herrenhaus 9**, 827 m (Großparkplatz), am Ostende des Erlaufsees, danach zur Linkseinmündung der Straße von Mitterbach. Die Asphaltstraße in Richtung Mariazell 500 m weiter zur Linksabzweigung einer gelb bezeichneten Forststraße. Diese im Wald eben nach Norden zum Straßenende (Wendeplatz). Auf schönem Fußweg im Wald abwärts zur Erlauf. An oder über ihrem Ufer entlang vorerst nach rechts (Osten), dann in Nordrichtung zu schmaler Asphaltstraße und auf ihr links haltend zur **Mariazellerbahn**. Vor dem Bahngleis links ab und auf gelb bezeichnetem Waldweg oberhalb der Erlauf nach Norden zur B 20, bereits im Ortsbereich von **Mitterbach**, 789 m. Die Straße 200 m nach links zum **Ghf. Filzwieser**. Noch vor dem Haus links ab und auf breitem, nachts beleuchtetem Fußweg **(Schwurwiesenweg)** im Wald eben nach Südwesten zur **Gemeindealpenlift-Talstation** in **Mitterbach 1**.

↗ 840 m | ↘ 840 m | 15.7 km

5.45 h

Gemeindealpe, 1626 m: Südanstieg

37

Zu Fuß auf DEN Panoramaberg des Mariazeller Landes

All jenen, die Aufstiegshilfen hassen und mit eigener Kraft auf die Gemeindealpe wollen, ist dieser Wandervorschlag gewidmet. Abseits der Seilbahntrasse folgen wir der markierten Südroute über das Bodenbauereck, die an der Nordufer-Promenade des Erlaufsees ansetzt und über »Eiserner Herrgott«, Brunnsteinsattel und Erlaufursprung wieder dorthin zurückführt.

Ausgangspunkt: Erlaufsee-Parkplatz, 827 m, beim Rest. Herrenhaus an der Autostraße am Ostende des Sees. Zufahrt mit dem eigenen Auto von Mariazell bzw. Mitterbach (3,5 km).
Anforderungen: Leichte, aber lange Bergtour auf bezeichneten Wegen und Forststraßen.
Einkehr: Rest. Herrenhaus (Apartments; 1. Mai bis 31. Okt. geöffnet, Juni, Juli und Aug. täglich, sonst Sa., So. und Feiertage; Tel. +43/676/5915647, www.herrenhaus-see.at). Terzerhaus (32 L.; mit Lift geöffnet, Tel. +43/699/12043852, www.terzerhaus.at). Jausenstation Brunnsteiner Halterhütte »Auf der Brach« (keine Nächtigung, 1./5. Juni bis 20. Sept. geöffnet, Mi. Ruhetag, Tel. +43/676/4962859). Strandbuffet Liane (Sommerbewirtschaftung). Jausenstation s'Balzplatzerl bei der Gemeindealpen-Mittelstation (keine Nächtigung; mit dem Lift geöffnet).
Varianten: 1) Auf dem beim Lindenhof rechts abzweigenden Fahrweg erreicht man bei gleichem Zeitaufwand die Autostraße beim ehem. Ghf. Seewirt (Haltestelle der temporär verkehrenden Buslinie 193) und weiter wie bei Tour 36 auf dem oberhalb der Straße verlaufenden Süduferweg den Erlaufsee-Parkplatz.
2) Vom Bodenbauereck kann man auch per Sessellift (2. Sektion) auf die Gemeindealpe gelangen. Betrieb (nur bei Schönwetter!) 5./10. Mai bis 2. Nov.; in den Sommer- und Herbstferien täglich, sonst Sa., So. und Feiertage, im Juni Do. bis So., 15. Sept. bis 15. Okt. Fr. bis So. 9–16.30/17 Uhr; www.gemeindealpe.at.

Vom **Erlaufsee-Parkplatz** ❶ auf der Autostraße 150 m Richtung Mariazell zur Linksabzweigung der Straße nach Mitterbach. Auf ihr über den Seeabfluss, danach links ab und entlang der asphaltierten Nordufer-Promenade zur Rechtsabzweigung des Gemeindealpen-Weges Nr. 605. An den Hängen des Wurzenkogels hinauf in einen Sattel, danach zu einer Forststraße und auf ihr einen Graben nordwärts hoch, später auf Fußweg die Flanke empor zur Schul-

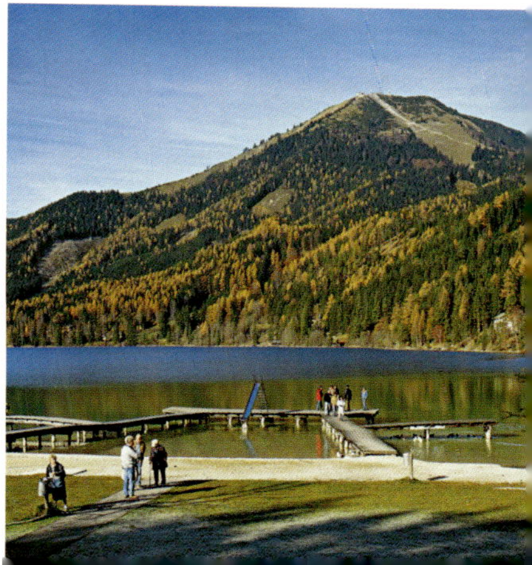

Die Gemeindealpe mit dem Erlaufsee.

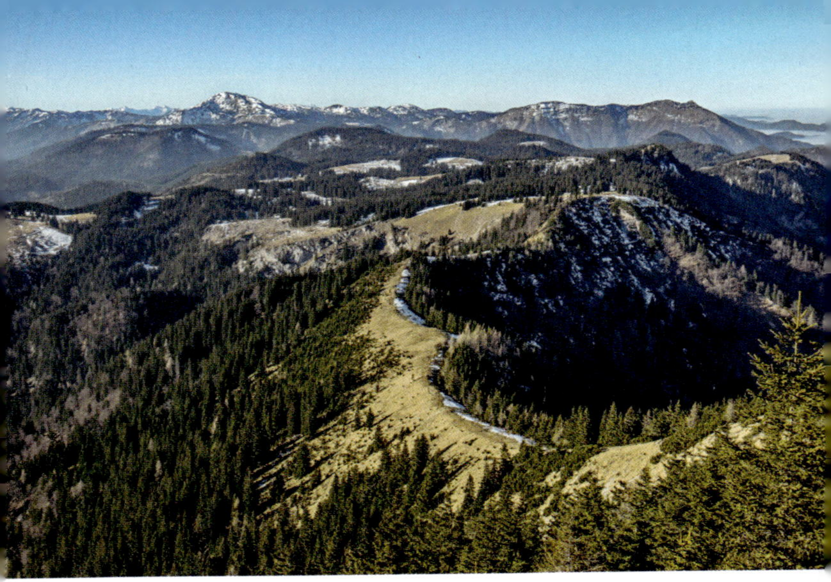

Blick vom Gipfel der Gemeindealpe über die Anhöhe beim Eisernen Herrgott hinweg auf Dürrenstein und Scheiblingstein (rechts).

ter des **Bodenbauereck**, 1297 m, mit Talstation der 2. Sektion (»Gipfelbahn«) des Gemeindealpen-Sesselliftes. Nach links unter den Gipfelaufbau. Entlang eines Zaunes aufwärts, später die Ostflanke nach links empor an die steile Südostrippe. Über sie zum Gipfelplateau und dort zum **Terzerhaus** und zur **Gemeindealpenlift-Bergstation** ❷, 1623 m. Weiter wie bei Tour 36 nach einem Abstecher zur **Gemeindealpe** ❸ auf Weg Nr. 605 abwärts in einen **Sattel** ❹. Jenseits empor zur Anhöhe beim **Eisernen Herrgott** ❺ (Jausenstation »Auf der Brach«). Auf Forststraße 200 m westwärts zu einer Teilung und dort links haltend zum **Brunnsteinsattel** ❻, 1360 m. Links ab und auf blau bezeichnetem Weg nach Nordosten hinab in den Wald und dort zur Wiesenschulter bei der verfallenen **Engleitenalm**, 1290 m. Durch

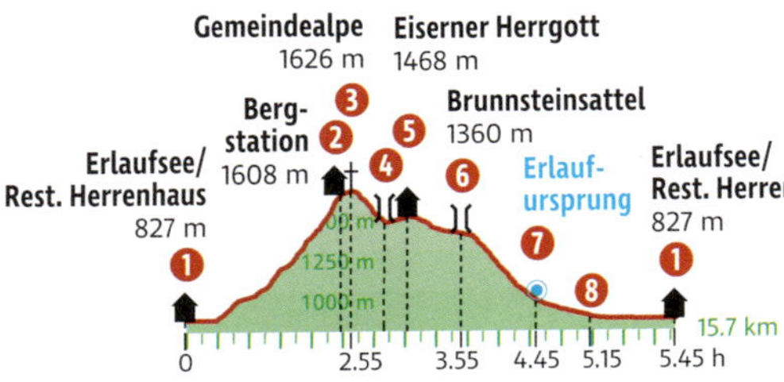

einen Waldgraben (links niedrige Felswände aus Brunnsteiner Marmor) in Ostrichtung bergab, später nach rechts hinunter zu einem alten **Marmorsteinbruch**, 1240 m (Quelle), danach zu einer Forststraße und diese kurz nach links zu Verzweigung. Den bezeichneten Fußweg durch einen steilen Waldgraben kurz nach rechts (Süden) hinab, dann in langer Hangquerung nach links (Osten) abwärts, zuletzt durch Buschwerk und Jungwald hinunter zu einer Waldwiese im Hintergrund des **Steinbachgrabens**. Auf Fahrweg am linken Wiesenrand durch ein Gatter und zum **Erlaufursprung** 7, 938 m (trockenes Bachbett mit Karsthöhle, Siphon und temporärer »Überfallquelle«). An der linken Seite des breiten Waldgrabens südostwärts leicht fallend talaus zur Verzweigung beim **Lindenhof** 8, 840 m. Geradeaus am Hof vorbei, danach auf Naturfahrweg ostwärts zum **Erlaufsee**. Dort die asphaltierte Nordufer-Promenade am größtenteils unverbauten Ufer entlang zur Linksabzweigung von Weg Nr. 605 und auf bekannter Route zum **Parkplatz** 1.

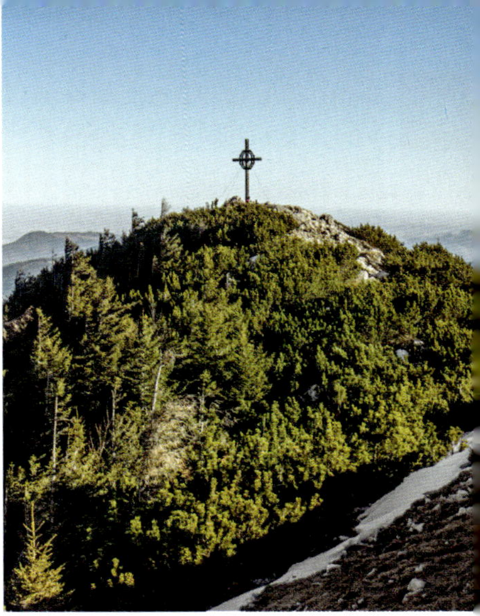

Das Gipfelkreuz auf der Gemeindealpe von Süden.

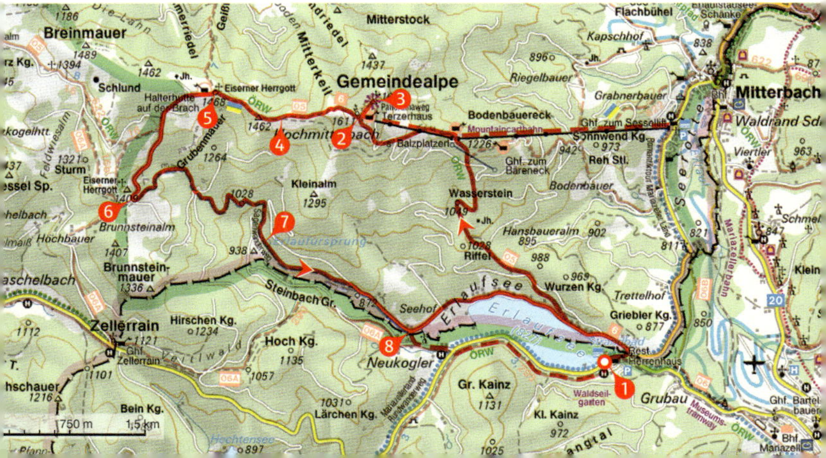

↗ 200 m | ↘ 1000 m | 17.4 km

38 Gemeindealpe, 1626 m: Durch die Ötschergräben nach Mitterbach

5.30 h

Alle Höhen und Tiefen der Mariazeller Berge

Durch die Wiedereröffnung des Sessellifts auf die Gemeindealpe im Winter 2003/2004 wurde der Berg einem acht Jahre dauernden Dornröschenschlaf entrissen. Das am Gipfel stehende Terzerhaus bietet Einkehr und Labung sowie die Möglichkeit, Sonnenauf- und -untergänge an »Ort und Stelle« zu erleben. Die großen Abstiegsrunden über den Erlaufsee oder durch die Hinteren Ötschergräben beglücken Geher mit intensiven Eindrücken und gehören zu den Wanderhits des Mariazeller Landes.

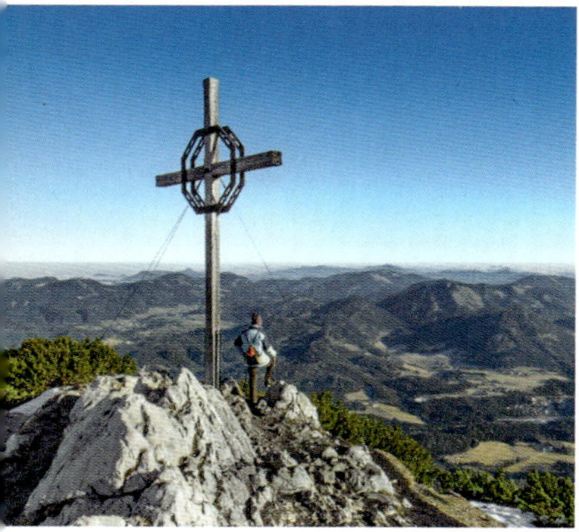

Das Gipfelkreuz auf der Gemeindealpe.

Ausgangspunkt: Talstation (Großparkplatz), 804 m, des zweiteiligen Gemeindealpen-Sessellifts (Vierersessellift »Bodenbauerexpress«, Zweiersessellift »Gipfelbahn«) 600 m südwestlich vom Ortszentrum Mitterbach, an der Straße zum Erlaufsee. Bergstation, 1623 m, am Gipfelplateau. Betrieb (nur bei Schönwetter!) 5./10. Mai bis 2. Nov.; in den Sommer- und Herbstferien täglich, sonst Sa., So. und Feiertage, im Juni Do. bis So., 15. Sept. bis 15. Okt. Fr. bis So. 9–16.30/17 Uhr; www.gemeindealpe.at.
Anforderungen: Lange, anspruchsvolle Tour für trittfeste, schwindelfreie Geher.
Einkehr: Terzerhaus (32 L.; mit Lift geöffnet, Tel. +43/699/12043852, www.terzerhaus.at). Jausenstation Brunnsteiner Halterhütte »Auf der Brach« (keine Nächtigung, 1./ 5. Juni bis 20. Sept. geöffnet, Mi. Ruhetag, Tel. +43/676/4962859). Schutzhaus Vorderötscher (19 B., 20 L.; 1. Mai bis 31. Okt. geöffnet, im Juli und Aug. täglich, sonst Mo. Ruhetag; Mai/Juni und Sept./Okt. keine Nächtigung So/Mo. und Mo./Di. möglich; Tel. +43/2728/21100, www.naturpark-oetscher.at/vorderoetscher). Jausenstation Ötscherhias (keine Nächtigung; 1. Mai bis 26. Okt. täglich 9–17 Uhr geöffnet, Tel. +43/664/2759888). Buffet Zinkenpub an der Haltestelle Erlaufklause der Mariazellerbahn (1. Mai bis 31. Okt. täglich geöffnet). Jausenstation Erlaufstauseeschänke, das »Stapelhaus«, am Ortsrand von Mitterbach, am Südostende des Sees (keine Nächtigung; 1. Mai bis 25. Okt. geöffnet, Mai bis Sept. täglich außer Mi. 11–20 Uhr, im Okt. Fr. bis So. 11–18 Uhr, Tel. +43/664/9322267, https://erlaufstauseeschaenke.jimdo.com).
Variante: Bei Bahnbenützung ab Haltestelle Erlaufklause 1 Std. Zeitersparnis.
Hinweise: Vorsicht mit Kindern in den Ötschergräben (exponierte Wegpassagen!). Nach längeren Regenfällen (Hochwasser) ist von dieser Tour abzuraten. Mountaincarts- oder Monsterroller-Fahrt ab Gemeindealpe-Mittelstation, s. Tour 36.

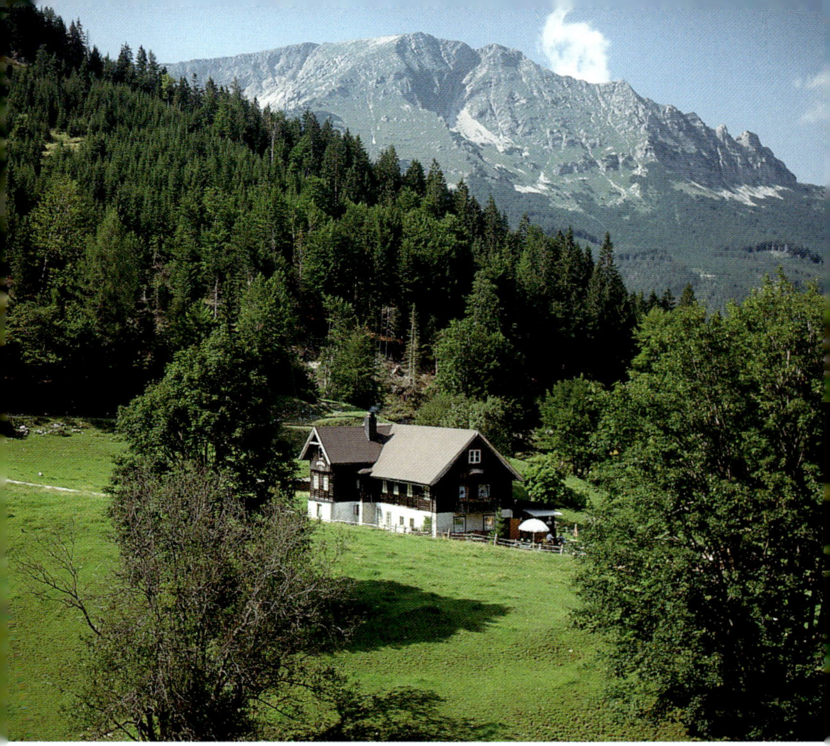

Das Schutzhaus Vorderötscher, dahinter Ötscher und Rauer Kamm (Tour 51).

Nach der Fahrt im Sessellift von **Mitterbach** 1 zur **Bergstation** 2 zunächst wie bei Tour 36 über den Rücken nordwärts zum höchsten Punkt der **Gemeindealpe** 3, zurück zur **Bergstation** 2. Rechts auf Weg Nr. 605 über den steilen Westrücken abwärts, dann eben in einen Sattel 4 und jenseits empor zur Anhöhe beim **Eisernen Herrgott** 5 mit Jausenstation **»Auf der Brach«**. Rechts ab und auf dem rot bezeichneten Steig Nr. 7 kurz nach Norden empor zur Kammhöhe (Ötscherblick!). Jenseits über eine Wiese nach links hinab an die Hangrippe **Geißriedel**. Dort durch Wiesen und lichten Wald abwärts, später entlang des Abbruchs (Vorsicht!) gegen den Brunnboden in Kehren steil bergab, schließlich in langer Hangquerung nach links (Nordwesten) in den **Greimelgraben**. Über den Bach und jenseits auf schönem Hangsteig (Wasserleitung) nordwärts hinunter zur **Ötscherstraße**, die traversiert wird. Jenseits kurz über einen Waldrücken bergab, dann, einen Graben querend, nach links (Westen) zur Wiese beim **Schutzhaus Vorderötscher** 6, 888 m.

Durch ein Gatter, dann den rot bezeichneten Weg Nr. 7 nach Norden hinab in den Wald und dort nach rechts zum **Greimelbach**. Anfangs links, dann an den Waldhängen rechts von ihm nach Norden abwärts, später nach links hinunter in die **Hinteren Ötschergräben** und dort über den **Ötscherbach** 7, 752 m **(Greimelsteg)**, zum Schluchtweg Nr. 206B, 277 und 622 am Nordufer. Auf diesem kurz nach links zu dem über eine 50 m hohe Felswand herabstürzenden **Schleierfall** 8 (Bänke).

Zurück zum Greimelsteg. Dort geradeaus auf dem gelb und rot bezeichneten, teils exponierten Weg (Drahtseilsicherungen), oberhalb des Ötscherbachs durch eine klammartige Verengung, später durch den zahmeren mittleren Schluchtabschnitt zur Verzweigung an der Mündung des Moissengrabens. An Schrofenhängen (Stege, aus dem Fels gesprengter Steig) gerade fort unter den 80 m hohen **Mirafall** (Bild S. 122). An der Mündung des Jodlgrabens vorbei, später am Fuß der Schusterwand zu einer Verzweigung. Über eine Holzbrücke nach rechts an das Südufer des Ötscherbaches und dort zu der an bewaldeter Felsflanke direkt über dem rauschenden Bach postierten **Jausenstation Ötscherhias** 9, 680 m (Bild S. 120).

Die Schlucht verlassend auf dem rot bezeichneten Weg Nr. 34 und 206B durch Wald in Kehren nach Süden hoch zu einer Aussichtskanzel. An der rechten Seite des **Mühlbachgrabens** weiter bergauf zum **Hüttendepot** (Park- und Wendeplatz) am Ende der Zubringerstraße. Nach links über den Bach und jenseits im Wald nach Südosten empor zur **Ötscherstraße**. Die Naturstraße in Schleifen aufwärts in den Wiesensattel beim **Forsthaus Hagengut** 10, 833 m (schöne Holzkapelle!) und jenseits zu einer Teilung (links auf der Ötscherstraße am Nordufer des Erlaufstausees in 15 Min. zur Haltestelle Erlaufklause der Mariazellerbahn, 814 m (Buffet Zinkenpub).

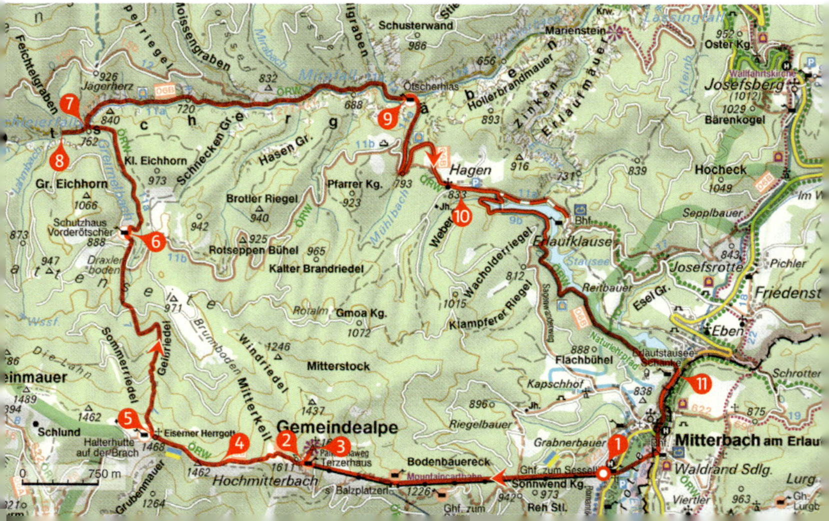

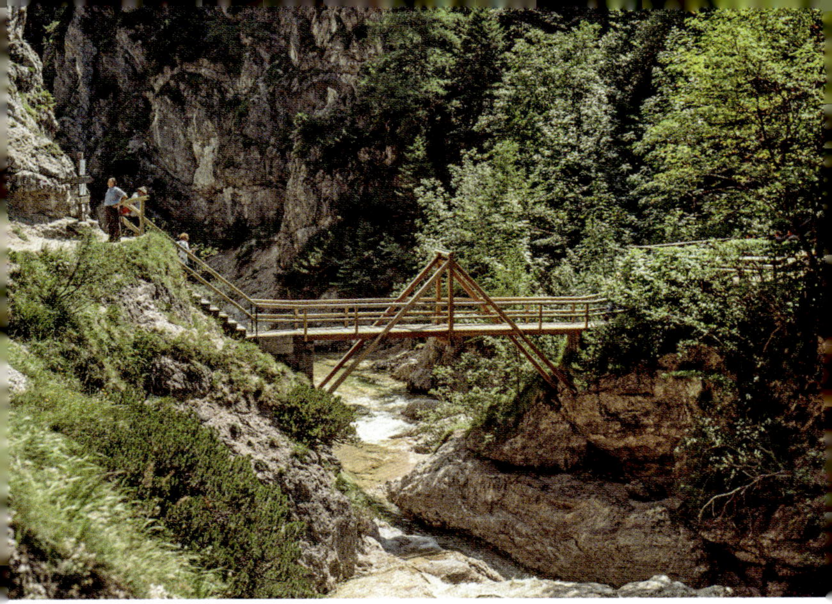

Schluchtromantik: Die Brücke über den Ötscherbach beim Ötscherhias.

Rechts auf blau bezeichneter Naturstraße, das Ende des **Erlaufstausees** ausgehend (oder auf einsturzgefährdeter Brücke abkürzend), an das Südufer und dort im Wald zu einer Verzweigung. Links auf breitem Fußweg, einige Buchten ausgehend, an den Waldhängen über dem fjordartigen See zu einer Lichtung (Ötscherblick!) und nach der **Erlaufstauseeschänke** ⑪, 783 m, zur B 20. Auf ihr rechts haltend durch das Ortsgebiet von **Mitterbach**, 789 m, zum **Ghf. Filzwieser**. Danach rechts ab und auf nachts beleuchtetem Fußweg **(Schwurwiesenweg)** im Wald eben nach Südwesten zum Parkplatz an der **Gemeindealpenlift-Talstation** ①, 804 m.

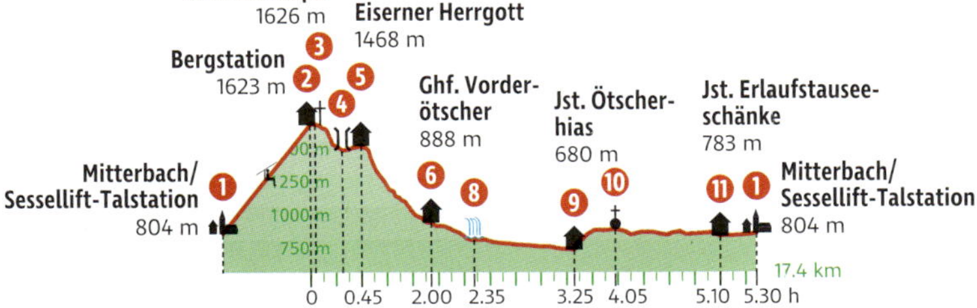

TOP

39

↗ 1160 m | ↘ 1160 m | 13.9 km

6.00 h

Zellerhüte: Ost-West-Überschreitung

Klassische Gipfeltour für Feinschmecker

Eine Überschreitung der Zellerhüte führt geradewegs in die Einsamkeit, was auch Meister Petz belegt, auf dessen Spuren man in diesen Bergen stoßen kann. Wenn ich die herrliche Kammwanderung hier in Ost-West-Richtung empfehle, so deshalb, weil es sich dabei um die kürzeste, kräftesparendste Traversierung aller Gipfel handelt. Wirklich beinschindend ist nur der abschließende Steilabstieg in die Grünau.

Ausgangspunkt: Parkplatz Grünau, 836 m, beim ehemaligen Hotel Marienwasserfall im Grünautal. Zufahrt mit eigenem Auto von Mariazell (7 km) oder Mitterbach (8 km).

Anforderungen: Lange, anspruchsvolle Tour für ausdauernde und trittsichere Geher. Nur bei stabilem Wetter zu empfehlen.

Einkehr: Keine.

Vom **Parkplatz Grünau** ❶ den Weg Nr. 293 und 294 südwestwärts zur Verzweigung im **Seewirtgraben** (geradeaus zum Marienwasserfall). Links den Weg Nr. 294 nach Südosten aufwärts, dann am Rücken zwischen Seewirt- und Rehgraben hinauf zu einem Fahrweg. Diesen 50 m nach rechts, dann links in den **Rehgraben**. Durch ihn empor, später in langer Querung nach links hoch zu einer Schulter und jenseits an Steilhängen nach Südosten weiter aufwärts zum **Feldhütlsattel** ❷, 1260 m. Auf Weg Nr. 292 nach rechts (Westen) hoch, dann durch die Nordflanke des **Feldhütls** in einen Sattel.

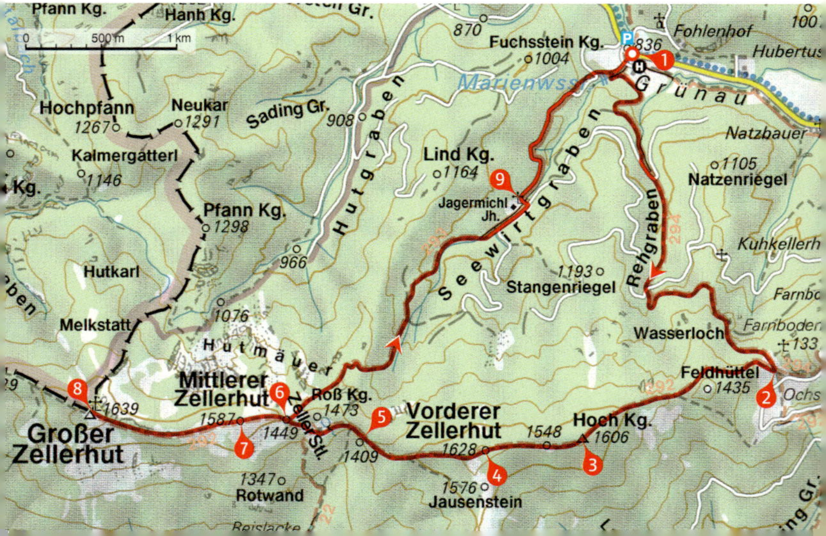

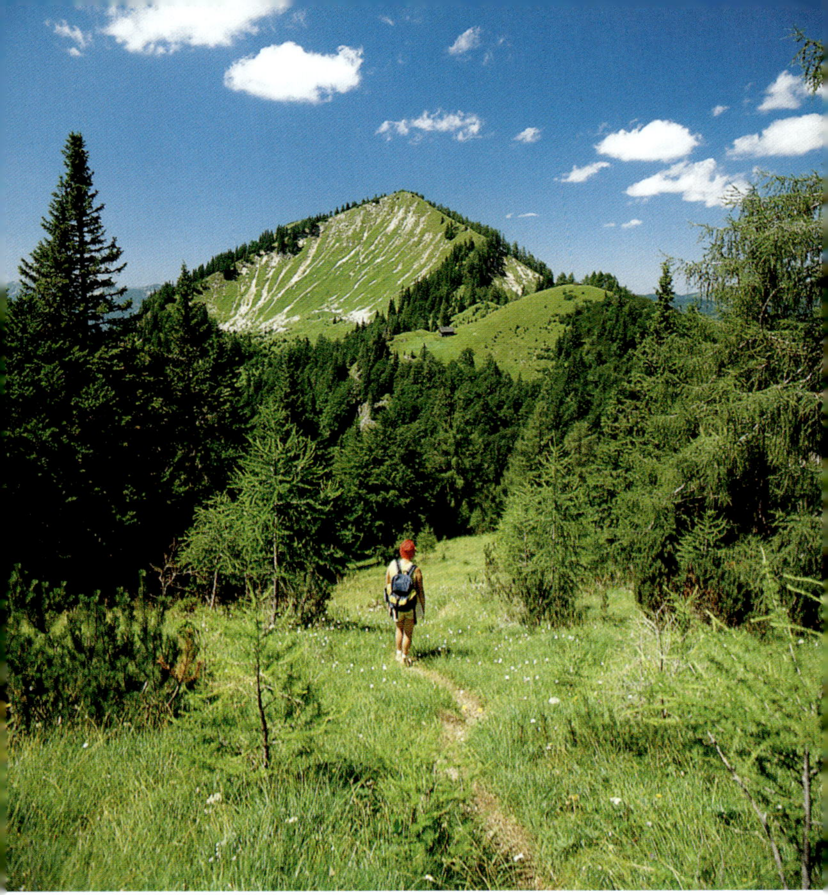

Mittlerer Zellerhut und Krausalm von Osten (vom Vorderen Zellerhut).

Am steilen Kamm empor, später sanft aufwärts zum Gipfel des **Hochkogels** ❸, 1606 m. Hinab in einen Sattel und jenseits auf den **Vorderen Zellerhut** ❹, 1628 m. Am Rücken abwärts in die tiefste **Senke** ❺, 1409 m, vor dem Roßkogel (auch »Hüttenkogel«). Links hinauf zu einer Quelle (einzige Wasserstelle!), danach zu versperrter Jagdhütte (ehemalige Krausalm) und in den **Zellersattel** ❻, 1449 m. Links den steilen Rücken hoch, später am schmalen Graskamm zum Gipfel des **Mittleren Zellerhuts** ❼, 1587 m. Hinab in einen Sattel, dann einige Erhebungen links umgehen, zuletzt steil empor zum **Großen Zellerhut** ❽, 1639 m (Kreuz, Buch).

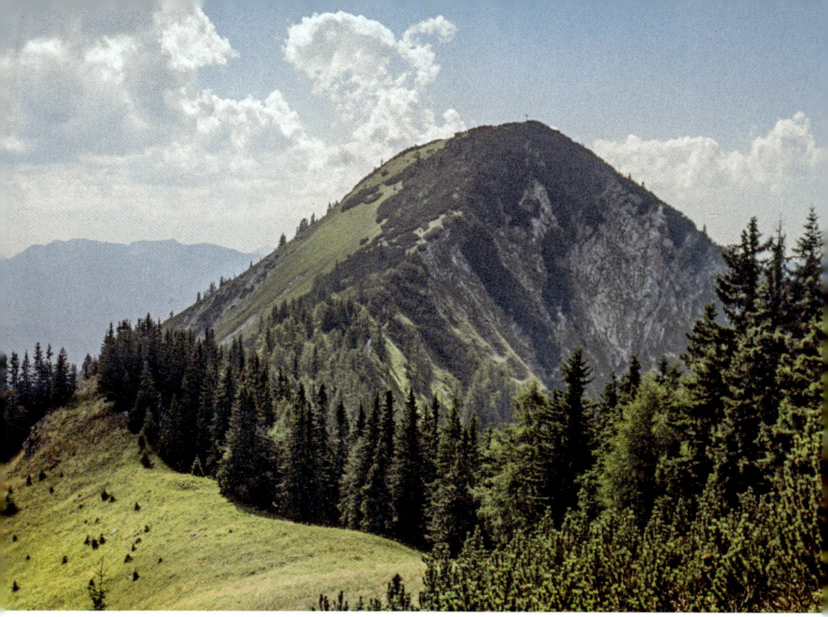

Ziel der langen Überschreitung: Der Große Zellerhut von Osten (vom Mittleren Zellerhut).

Zurück in den **Zellersattel** ❻. Den Weg Nr. 293 nach links in die Nordseite und dort einen steilen, krautig verwachsenen Graben abwärts, dann unter den Roßkogel-Wänden nach rechts an den Nordostrücken des Berges und jenseits durch Wald steil hinunter zur Forststraße im **Seewirtgraben**. Diese 50 m nach links, dann auf Weg nach rechts (Nordosten) abwärts, zuletzt auf Forststraße zur Wiese bei der **Jagdhütte Jagermichl** ❾, 950 m. Die Straße weiter, später links ab und auf Fußweg zur Verzweigung beim Marienwasserfall. Auf bekanntem Weg zurück zum **Parkplatz Grünau** ❶.

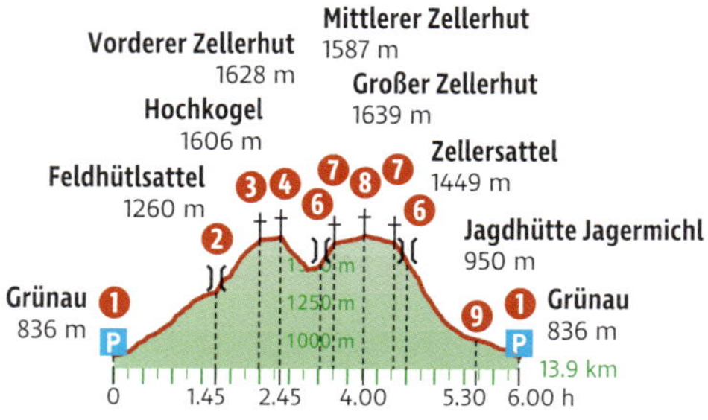

↗ 750 m | ↘ 750 m | 11.0 km

4.15 h

Großer Zellerhut, 1639 m: Von Neuhaus über die Valtlhöhe

40

Die »Insiderroute« von Neuhaus

Statt die drei Zellerhüte in einem Aufwaschen von Ost nach West zu überschreiten (Tour 39), kann man sich auch auf den höchsten, den Großen Zellerhut, konzentrieren und ihm von Neuhaus über die Valtlhöhe (auch »Faltlhöhe«) und den Westrücken an den Leib rücken. Man durchwandert das touristisch kaum erschlossene Tal- und Waldgebiet der Weißen Ois (so wird der Oberlauf der Ybbs genannt), durch das gelegentlich auch Braunbären streifen. Die Route wird vorwiegend von einheimischen Kennern frequentiert, ist unschwierig, erfordert aber der zwar stets vorhandenen, jedoch unmarkierten und unbeschilderten Pfade wegen einigen Spürsinn …

Ausgangspunkt: Neuhaus, 989 m, Weiler westlich des Zellerrain-Sattels, an der B 71, 13 km von Mariazell bzw. Mitterbach, 14 km von Lackenhof. Parkplatz bei der Kirche, am Beginn der Straße in den Valtlbachgraben. 1. Mai bis 26. Okt. 2x täglich Rufbus (Mariazell-Lackenhof, Linie 193); Abfahrt 6.50 und 16.25 Uhr ab Mariazell (Fahrzeit 22 Min.), 7.30 und 17.10 Uhr ab Lackenhof nach Neuhaus (17 Min.), jeweils Sa., So., Feiertage, im Juli und Aug. auch Do., Fr.; Anruf spätestens 90 Min. vor Abfahrt, Tel. +43/664/4837688.
Anforderungen: Unschwierige Bergtour auf allerdings unbeschilderten, unbezeichneten Fahr- und Fußwegen. Im steilen Gipfelanstieg Trittsicherheit nötig.
Einkehr: Keine.

Vom **Parkplatz** in **Neuhaus** ❶ auf Forststraße den seichten bewaldeten **Valtlbachgraben** südwärts fast eben talein zu dreifacher **Verzweigung** ❷, 1000 m. Die mittlere Straße neben dem mäandrierenden Bach weiter zu einer Wiesenlichtung mit großer Wildfütterung und neuerlicher **Teilung** ❸, 1004 m. Links nun etwas abseits vom Bach

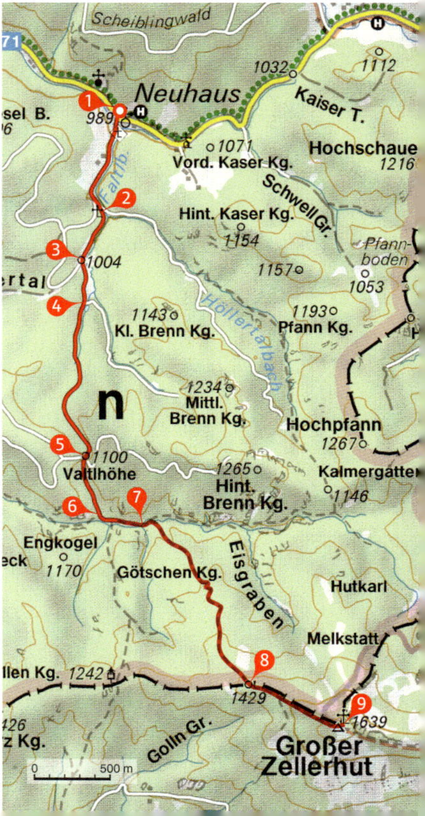

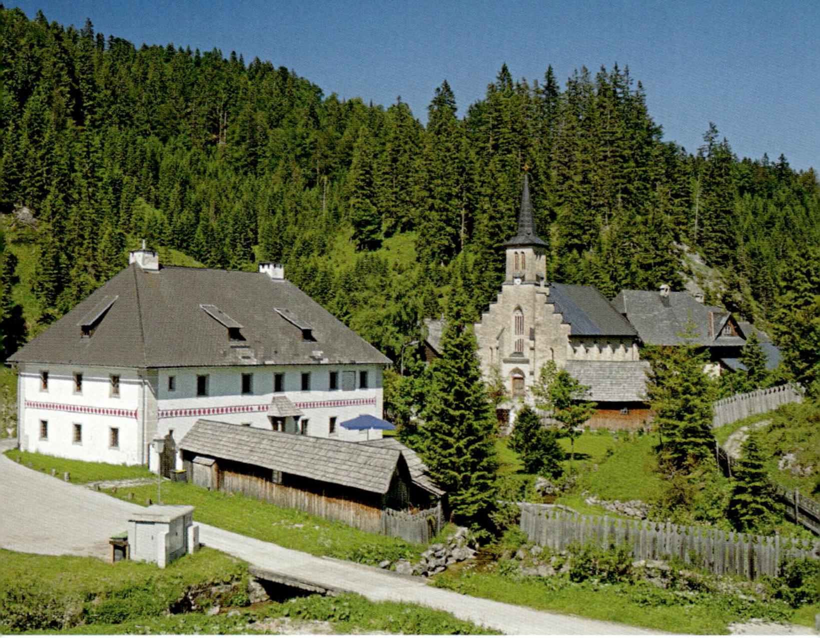

Der Kirchweiler Neuhaus ist Ausgangspunkt für die Besteigung des Großen Zellerhuts.

einen sanften Wald- und Wiesenrücken nach Süden hoch zu dritter **Gabelung** 4, 1010 m. Rechts die Forststraße durch den jetzt schmäleren gewundenen Waldgraben steiler bergauf in den Sattel der **Valtlhöhe** 5, 1100 m, mit querender Forststraße, die traversiert wird.

Jenseits auf Forststraße einen Waldgraben sanft nach Süden abwärts und im Linksbogen in das Tal der **Weißen Ois** 6, 1050 m. Dort links vom Bach nach Osten zu einem Holzablageplatz, danach auf Fußweg durch Krummholz eben talein über einen **Holzsteg** 7, 1060 m, nach rechts über die Ois.

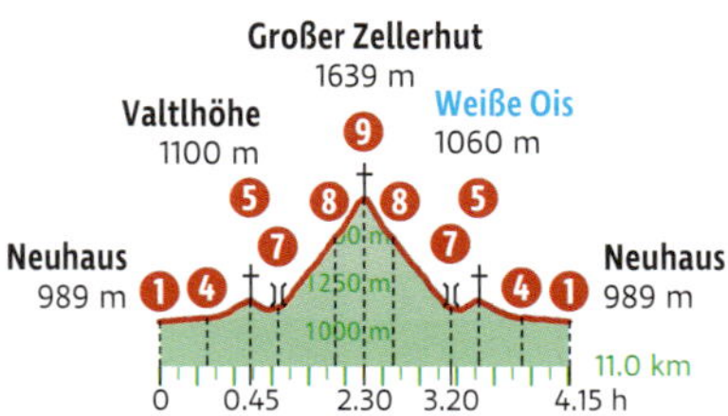

Jenseits zunächst eben fort, dann auf gut erkennbarem, ausgetretenem Pfad einen Waldgraben in Südostrichtung bergauf, schließlich über den links flankierenden Rücken steiler empor auf eine licht bewaldete Kammerhebung. Über den steilen Waldrücken in Windungen weiter zu einer Schulter, 1429 m, am **Westrücken** des **Zellerhuts** 8.

Über den Rücken aufwärts zur nächsten Schulter, 1500 m, danach, einen Steilaufschwung links in der Nordseite umgehend, den Kamm durch Latschen und über Felsstufen empor an den flachen Gipfelrücken. Über oder knapp rechts von ihm weiter auf den **Großen Zellerhut** 9, 1639 m (Holzkreuz mit Gedenktafel, Gipfelbuch in der Metallschatulle). Umfassende Rundsicht mit Blick nach Westen zu den Gesäusebergen, auf Grimming und Dachstein!

Abstieg entlang der Anstiegsroute.

Am Westrücken des Großen Zellerhuts mit Blick auf den Dürrenstein (Tour 48).

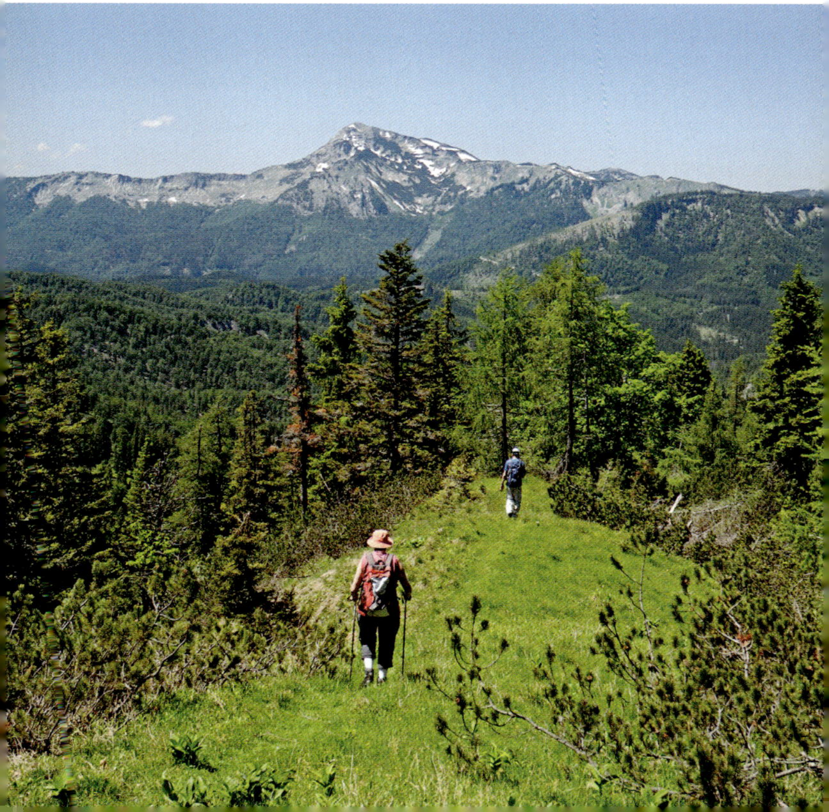

↗ 1160 m | ↘ 1160 m | 18.8 km

41 Kräuterin: Hochstadl, 1919 m

7.00 h

Dort, wo die Füchse Gute Nacht sich sagen ...

Nicht einmal der alte Werbespruch »Dort, wo die Füchse Gute Nacht sich sagen, fährt heute schon der Postkraftwagen« trifft für Dürradmer, den Ausgangspunkt unserer Wanderung auf die Kräuterin, zu, denn es gibt weder Asphaltstraßen, geschweige denn einen Postbus dorthin. Am anstrengenden, aber nicht wirklich beschwerlichen 1100-Meter-Anstieg auf ihre höchste Erhebung, den Hochstadl, ist man im Sommer meist allein, trotz etlicher landschaftlicher Delikatessen und trotz des viel gepriesenen Gipfelpanoramas!

Ausgangspunkt: Dürradmer, 808 m (Parkplätze), entlegene Siedlung im inneren Radmertal. Anreise mit eigenem Auto von Greith oder Weichselboden (je 5,5 km).

Anforderungen: Ungewöhnlich lange, aber leichte Bergtour auf markierten Wegen und Forststraßen mit beachtlichem Höhenunterschied. Im Gipfelbereich Trittsicherheit nötig. Nur bei stabilem Wetter.

Einkehr: Ghf. Leitner in Greith (17 B.; ganzjährig geöffnet, Mo. und Di. Ruhetag, Tel. +43/3885/203 und +43/664/2033035, www.leitnergreith.at). Jausenstation Kräuterinalm (10 L.; 15. Juni bis 15. Sept. geöffnet, Do. Ruhetag, Tel. +43/676/9696496).

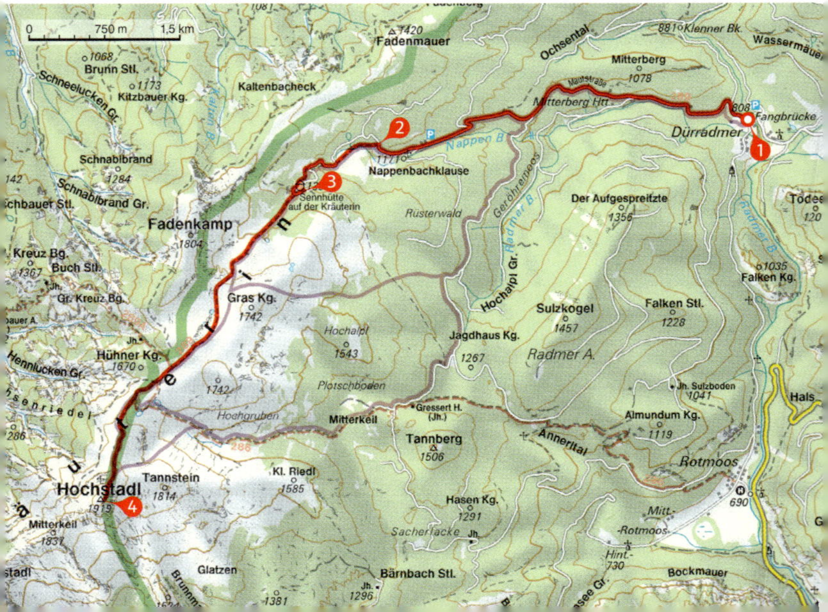

Von **Dürradmer** ① die Kräuterin-Forststraße (Weg Nr. 289, Schranke) an der rechten Seite des Fadentales westwärts hinauf zur zweiten Schranke oberhalb der **Nappenbachklause** ②. Die Straße weiter zu einem Bildstock, dort links ab und auf bezeichnetem Fußweg vorerst im engen Graben des **Nappenbaches**, dann links empor zu schöner Wiese. Über sie nach Südwesten hinauf zur Straße und diese (bezeichneten Abkürzer benutzen!) durch Wald empor zur **Jausenstation Kräuterinalm** ③, 1394 m (Brunnen, Ötscherblick!).

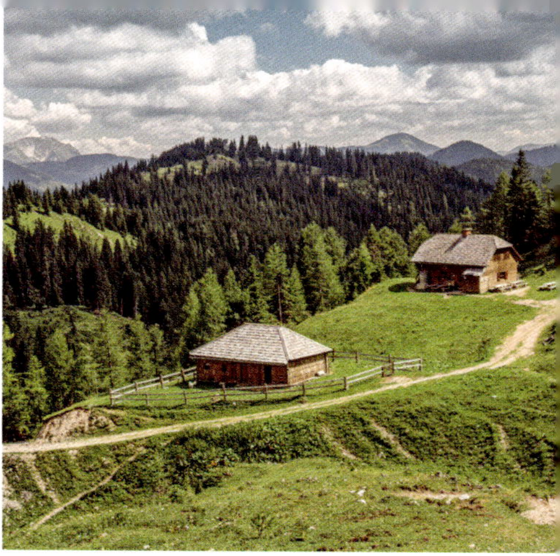

Auf der Kräuterinalm. Blick nach Nordosten zur Gemeindealpe, ganz links der Ötscher.

Den Weg Nr. 289 an der linken Seite des Hochtales zwischen Fadenkamp und Graskogel durch Lärchenwald und Latschen hinauf in den oberen Talbereich. Dort durch Dolinenmulden südwestwärts in einen Sattel, 1650 m, am **Kräuterin-Plateau**, wo erstmals der Gipfel des Hochstadl auftaucht. Jenseits sanft abwärts in die Mulde vor dem Hochstadl (Linkseinmündung von Weg Nr. 286). Den bezeichneten Steig rechts hinauf an den Nordrücken des Berges und dort bergauf, später nach links in eine Mulde. Durch sie über Felsblöcke hoch, dann am Rücken empor unter den steilen Gipfelaufbau. Über Blockwerk und Karrenfelsen aufwärts und nach rechts zum Gipfelkreuz. Nun über das Gipfelplateau südwärts zum höchsten Punkt des **Hochstadl** ④, 1919 m (Buch). Imponierender Tiefblick in das Salzatal sowie prächtige Schau auf Hochschwab, Eisenerzer Berge und Gesäuse.
Abstieg auf demselben Weg.

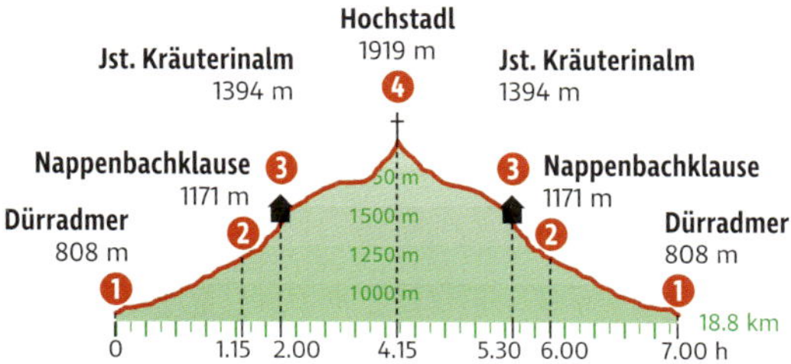

↗ 1100 m | ↘ 1100 m | 12.9 km

42 Kräuterin: Hochtürnach, 1770 m

6.30 h

Einsamkeit pur am südlichen Randgipfel der Kräuterin

Durch den Einriss des Salzatales distanziert sich das Kräuterinmassiv und mit ihm die südliche Randerhebung des Hochtürnach klar von der Hochschwabgruppe. Mehr als die Kräuterin ist der Türnach-Stock heute noch Geheimtipp. Die nordseitige Anstiegsroute von Rotmoos führt am kleinwinzigen Türnsee vorbei, ein Naturjuwel von erlesener Schönheit. In Gipfelnähe angelangt, verschlagen einem der abrupte Tiefblick in das Salzatal und die Schau auf den wuchtigen Hochschwab darüber beinahe den Atem!

Ausgangspunkt: Rotmoos, 690 m (Bushalt, Parkmöglichkeit), Rotte am Nordrand der Rotmoos-Wiese (Hochmoor) im unteren Radmertal, 2,5 km von Weichselboden, 8 km von Greith, 18 km von Gußwerk.

Anforderungen: Besonders anspruchsvolle, lange Tour für ausdauernde Geher. Weder Beschilderung noch Farbmarkierung. Bis zum Türnsee guter Steig, danach Steigspuren oder weglos, Orientierung vorwiegend nach Steinmännern. Trittsicherheit und Schwindelfreiheit nötig; früher Aufbruch dringend angeraten!

Einkehr: Keine.

Hinweis: Die sporadische Steinmänner-Markierung im Gipfelbereich erfordert konzentriertes und zeitraubendes Gehen.

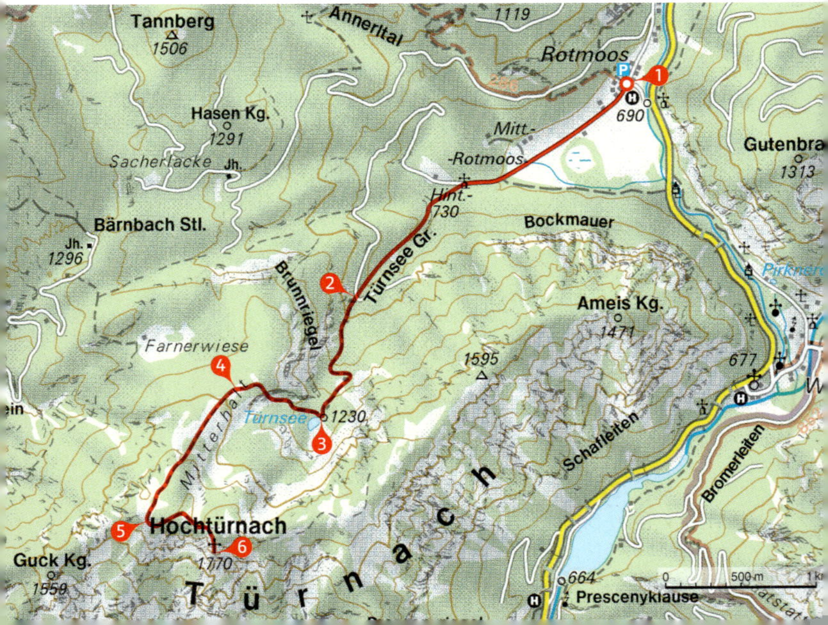

Von **Rotmoos** ❶ auf Naturstraße (Fahrverbot) über die riesige Gras- und Moorfläche »Rotmoos« eben nach Südwesten, dann leicht bergauf in den Wald (Schranke) und dort, an einem Holzmarterl vorbei, zur Teilung. Die Straße links neben einem Zaun nach Südwesten aufwärts zur Linksabzweigung des mit Steinmännern bezeichneten Steiges auf den Hochtürnach (Tafel). Auf ihm gegen den schluchtartigen **Türnseegraben** aufwärts, dann über das Schotterbett des Bachs nach rechts an die westseitige Grabenflanke. Dort durch Wald in Kehren steil nach Südwesten empor zu querender Forststraße und diese sanft bergauf zum **Wendeplatz** ❷ am Straßenende, 950 m (Quelle).

Am Beginn des Platzes bei Steinmann rechts von der Straße ab und auf Steig durch Buschwerk in Kehren steil nach Westen hoch, dann in langer Querung nach links (Süden) in die Sohle des Türnseegrabens. Dort aufwärts zur Talverflachung (Sattel) vor dem Türnsee mit wichtiger Verzweigung. Jenseits kurz durch

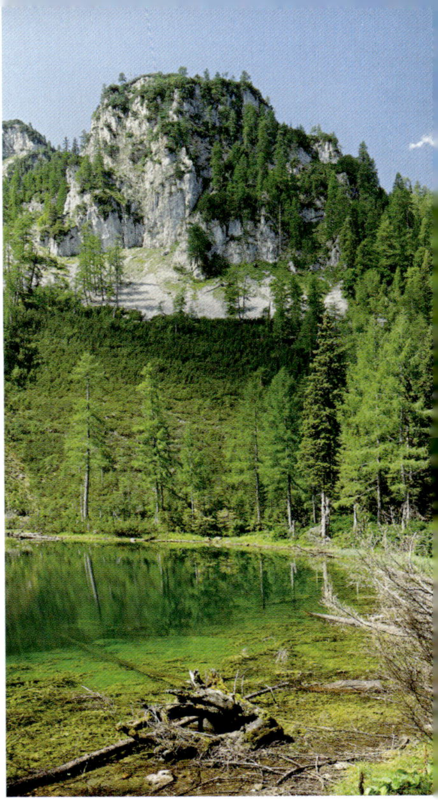

Der zauberhafte Türnsee am Weg zum Hochtürnach verdient auch für sich allein einen Besuch!

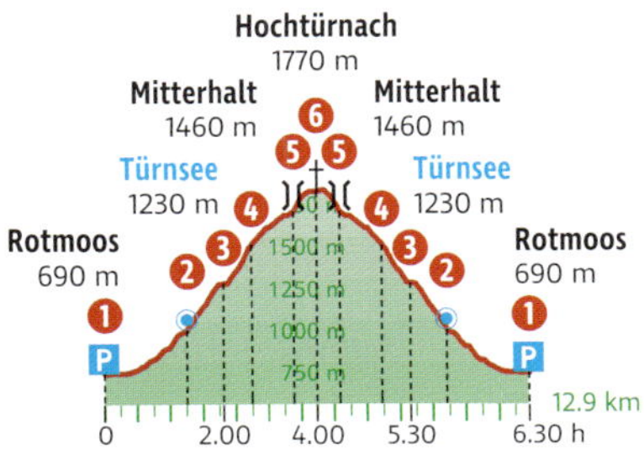

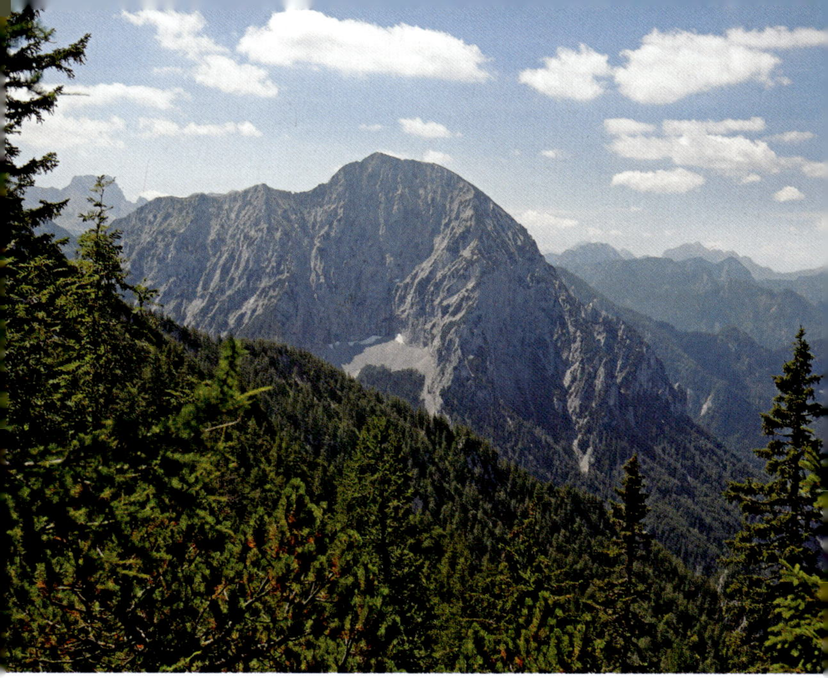

Die wuchtige Riegerin mit dem Ebenstein (Hochschwabgruppe) vom Mitterhalt.

Gestrüpp bergab zu dem von Wänden flankierten tiefgrünen **Türnsee** ❸, 1230 m, ein unberührtes, kaum bekanntes Juwel der Mariazeller Berge! Zurück zur »wichtigen Verzweigung«. Den links abzweigenden Pfad (Steinmänner) durch Wald in steilen Windungen nach Westen hoch, später rechts empor unter die Brunnriegelwände. Unter diesen an Geröllhängen nach links hoch, danach über eine Schuttrampe steil nach rechts (Norden) an einen Schrofenrücken. Über diesen etwas exponiert (Absturzgefahr!) nach Westen empor an den **Hochtürnach-Nordostrücken** ❹, 1460 m **(»Mitterhalt«)**. Den breiten Rücken (Steigspuren, Steinmänner) durch lichten Baumbestand und Wiesen etwas unübersichtlich bergauf in den seichten Sattel vor einer mit Latschen bewachsenen Kammerhebung. Diese wird rechts (westlich) durch Latschengassen (gute Wegspur) umgangen und ein **Wiesensattel** ❺, 1650 m (Tiefblick in das Salzatal mit dem Hochschwab darüber!) erreicht. Nach links (Osten) hoch zu einer Schulter, danach durch Latschengassen auf einen Vorgipfel, zuletzt über den kurzen luftigen Gipfelgrat nach rechts (Süden) auf den **Hochtürnach** ❻, 1770 m (Gipfelkreuz mit Buch).
Abstieg entlang der Anstiegsroute.

↗ 1450 m | ↘ 1450 m | 15.5 km

7.30 h

Voralpe: Tanzboden, 1727 m, und Stumpfmauer, 1770 m

43

Ausgefallene Gipfelziele über Altenmarkt an der Enns

Wie der Gamsstein (Tour 44), so ist auch die gegenüber aufragende Voralpe ein ziemlich selten besuchtes Tourenziel. Daran sind zum einen ihre abseitige Lage, zum anderen die beschwerlichen Zugänge und das Fehlen von Stützpunkten schuld. Dem Höhenrücken entragen zwei markante Gipfel, die höhere, steilfelsige Stumpfmauer und der begrünte Tanzboden südlich von ihr. Beide können auf markierten Steigen erreicht und überschritten werden, steil und direkt von Norden aus dem Hammerbachtal bei Hollenstein; lang, aber sanft wie im vorliegenden Fall aus dem Ennstal bei Altenmarkt.

Ausgangspunkt: Schottergruben-Parkplatz, 630 m. Dorthin per Auto von Altenmarkt auf der B 115 1 km Richtung Hieflau zur Linksabzweigung der Zufahrt zum Druck-Gusswerk Fischer-Mössner. Auf ihr zum Hof Zenfreut, danach zu Verzweigung. Rechts die Naturstraße gegen den Hof Hinterhalser nach Osten aufwärts zur Linksabzweigung des Tanzboden-Weges (kleiner Parkplatz), 40 m danach zum Schottergruben-Parkplatz, 3 km von Altenmarkt.

Anforderungen: Anstrengende Tour mit beachtlichem Höhenunterschied. Meist Forststraßen, im Gipfelbereich bezeichnete Steige. Trittsicherheit und Ausdauer nötig.

Einkehr: Keine.

Variante: Im Abstieg vom Tanzboden kann man auch dem rot bezeichneten »Almweg« südlich um die Kuppe der Teufelskirche herum folgen. 10 Min. zusätzlicher Zeitaufwand.

Hinweis: Wer nur den aussichtsreichen Tanzboden besteigt, spart in Summe 1½ Std. Gehzeit.

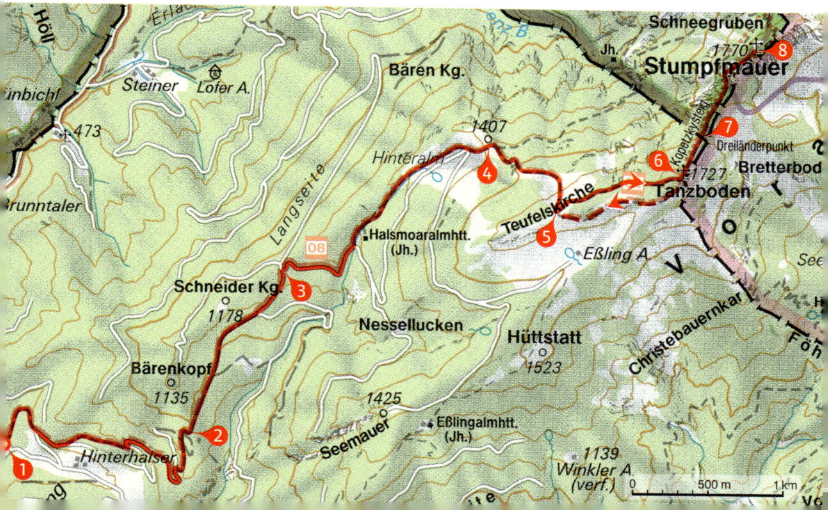

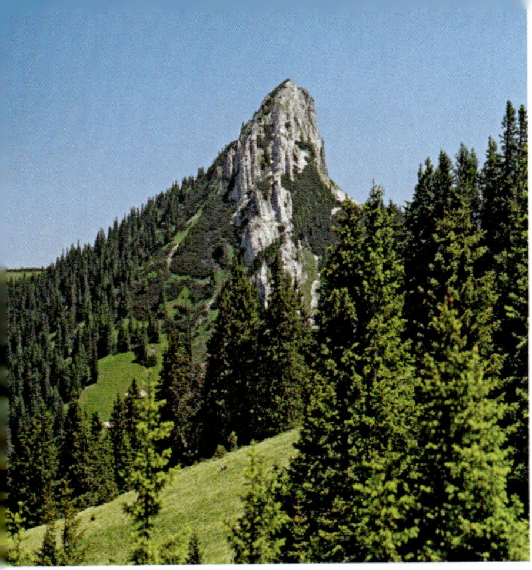

Der elegante Felszahn der Stumpfmauer von Südwesten.

Vom **Parkplatz** ❶ die Zufahrtsstraße zurück zur Rechtsabzweigung des rot bezeichneten Fahrweges Nr. 08 und 208. Auf ihm durch einen düsteren Waldgraben nach Norden hoch, danach an den Hängen nach rechts hinauf zu querender Forststraße. Auf ihr geradeaus an den Waldhängen des **Bärenkopfs** aufwärts, später in Kehren (bezeichneter Abkürzer) nach links hoch zu einer Schulter, 990 m, am Südrücken des Berges, wo die Straße links gegen den **Kasbachgraben** einschwenkt ❷. Dort auf Karrenweg an den Flanken des Bärenkopfs und des Schneiderkogels nach Nordosten bergauf zu einer Forststraße und auf ihr zur Verzweigung am **Sattel** ❸, 1130 m, zwischen Schneiderkogel und Tanzboden. Die Straße an den Waldhängen nach rechts (Osten) hinauf in den oberen Kasbachgraben. Links ab und auf Karrenweg den Waldgraben, an einer Quelle vorbei, nach Nordosten empor in die Wiesenmulde der **Hinteralm** und entlang der Pflockmarkierung zur **Schulter** ❹, 1407 m, westlich unterm Tanzboden. Den Geländerücken (trennt Wald und Wiesen) auf bezeichneten Steigspuren steil nach rechts empor auf eine Wiesenrampe und diese nach links hoch, zuletzt gegen die **Teufelskirche** steil nach rechts (Süden) empor zu einer **Verzweigung** ❺, 1610 m. Links auf bezeichneten Steigspuren (»Kammweg«) an der Nordseite der Teufelskirche durch Wiesen und Latschen zur Kammhöhe. Jenseits über Karrenfelsen und durch Latschen auf und ab weiter, zuletzt steil em-

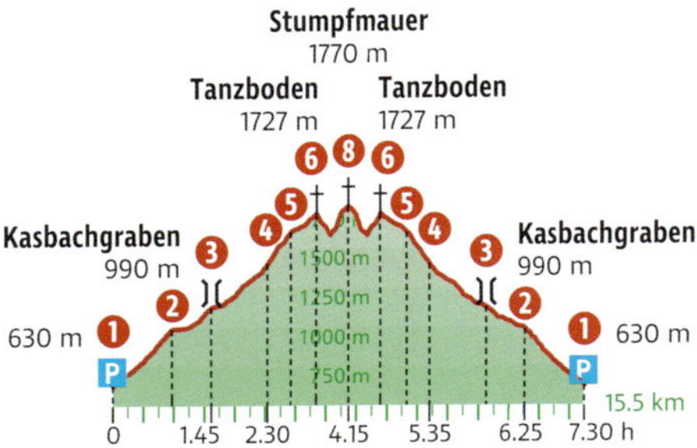

por auf den **Tanzboden** 6, 1727 m, mit kleiner Wiese (»Tanzboden«), Gipfelkreuz und -buch. Prächtige Schau nach Süden zu den Gesäusebergen, nach Nordwesten zur Stumpfmauer.
Den rot bezeichneten Kopetzkysteig links vom Nordostrücken durch Latschen steil hinab in den **Sattel** 7, 1590 m, vor der Stumpfmauer. Jenseits im lichten Nadelwald unter die Felsen empor, dort eben nach links und durch einen Durchschlupf (»Lucken«) zu Verzweigung. Rechts im felsigen Gelände nach Nordosten hoch, dann nach links in eine Steilrinne. Durch sie (Halteseile) hinauf in ein Schartl, zuletzt nach rechts empor zum Gipfel der **Stumpfmauer** 8, 1770 m (Gipfelkreuz und -buch, 360-Grad-Panorama!).
Abstieg: Entlang der Anstiegsroute zurück zum **Parkplatz** 1.

Tamischbachturm (Gesäuseberge) vom Anstieg auf den Tanzboden.

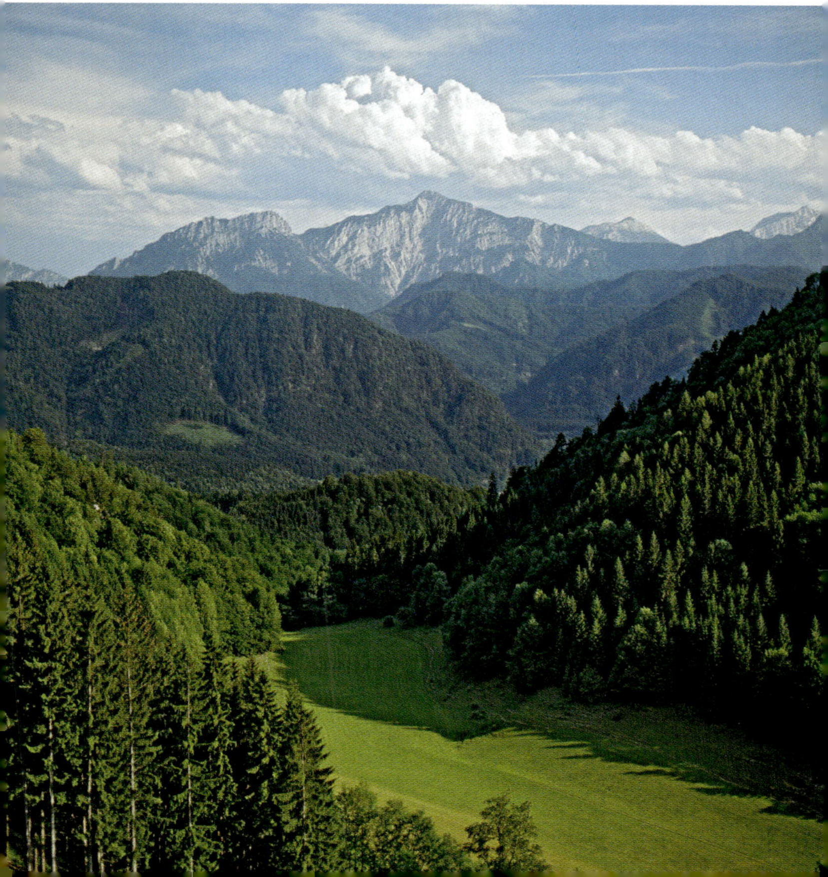

TOP

44

↗ 1060 m | ↘ 1060 m | 14.5 km

Gamsstein, 1770 m, und Hochkogel, 1774 m

6.00 h

Großer Aussichtsberg mit anstrengendem Tausend-Meter-Anstieg

Der in einer kesselartigen Verbreiterung des Ybbstales gelegene Ort Hollenstein wird im Süden von den Kalkschollen des Gamssteins und der Voralpe überragt. Beide sind sie famose Panoramaberge und werden trotzdem ziemlich vernachlässigt. Denn das Bekanntere ist des Bekannten Feind, und es gibt prominentere Berge ringsum, denen sich das Gros der Wanderer zuwendet, und von den beiden Massiven ist die Voralpe mit dem steilen Felshaupt der Stumpfmauer fraglos das attraktivere Ziel. Dafür besitzt der begrünte und etwas plump wirkende Gamsstein weniger anstrengende Zugänge. Man tut übrigens gut daran, sich mit genug Proviant und Wasservorrat einzudecken, denn unterwegs gibt es weder »Futter« noch Wasser. Und noch eins: Der unvergleichlichen Rundsicht wegen sollte man den Gamsstein und den benachbarten, etwas höheren Hochkogel nur bei »Kaiserwetter« ins Visier nehmen.

Der Gipfel des Gamssteins von Nordosten.

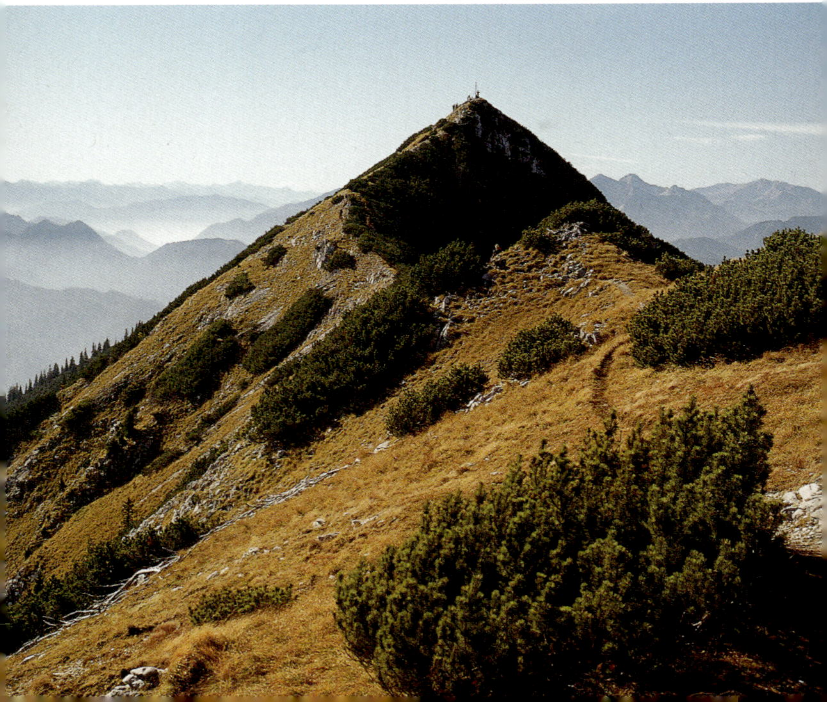

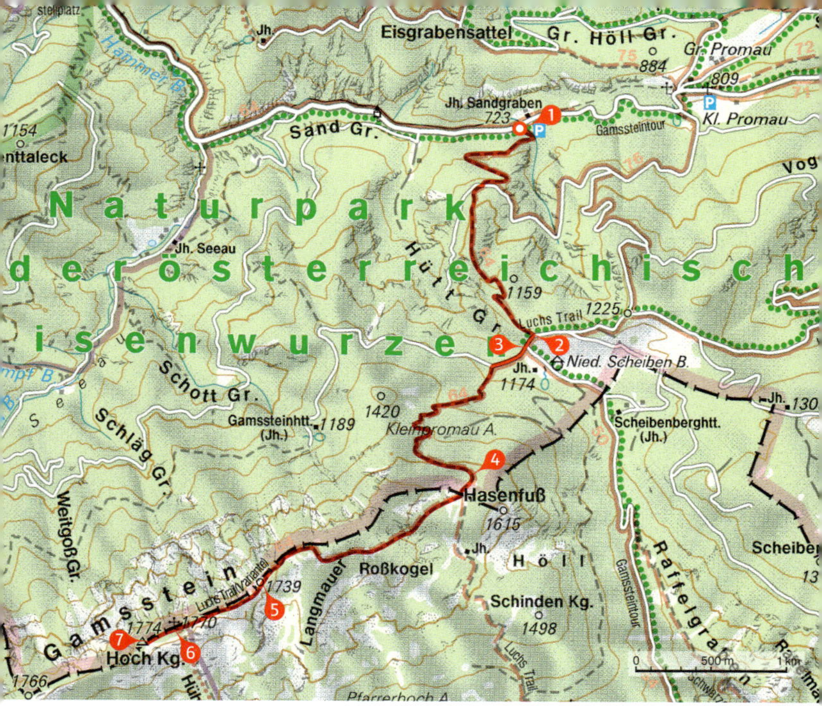

Ausgangspunkt: Parkplatz »Jagdhaus Sandgraben«, 723 m. Zufahrt von Hollenstein mit eigenen Auto auf der Asphaltstraße durch das Hammerbachtal vorerst nach Süden, dann in Ostrichtung aufwärts zum Jagdhaus Sandgraben, 8 km.

Anforderungen: Unschwierige, aber lange und anstrengende Tour. Meist gut markierte Wege und Steige. Nur für ausdauernde, trittfeste Geher bei sicherem Wetter.

Einkehr: Keine.

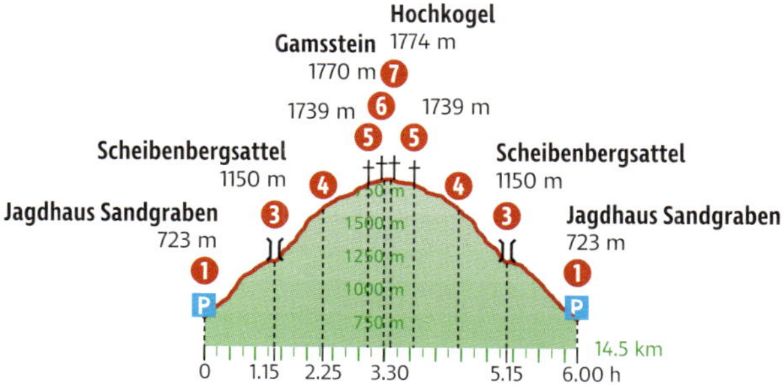

Vom **Jagdhaus Sandgraben** ❶ auf dem rot bezeichneten Steig Nr. 64 einen steilen Waldhang in Kehren nach Süden empor zur querenden Forststraße. Auf ihr 100 m nach rechts, dann links die Böschung (angelehnte kurze Eisenleiter) hoch. Nun in der rechten Flanke (Westseite) einer bewaldeten Bergrippe in ein Schartl (Felszacken rechts), danach zu einer Schulter. Nach links in die Ostseite der Rippe, dort eben in einen Waldgraben und durch ihn bergauf, schließlich wieder nach rechts an die erwähnte Bergrippe und über sie zum Beginn eines Güterweges. Diesen links zu den Wiesen der **Scheibenbergalm** ❷, 1160 m (Holzhütte), mit Forststraße. Auf ihr 50 m nach rechts bergab zur Straßenteilung am **Scheibenbergsattel** ❸, 1150 m.

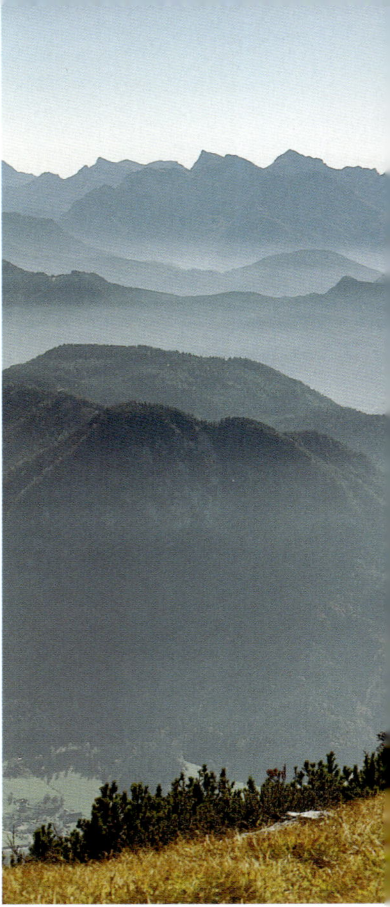

Die Straße eben nach Südwesten zu einer Rechtskurve, 200 m danach zu einer Verzweigung. Links ab und anfangs auf rot bezeichnetem Fahrweg, dann auf Steig (Nr. 64) an der linken Seite eines seichten Waldgrabens hinauf zum Wiesenboden der ehemaligen Kleinpromaualm. Auf Serpentinensteig südwärts im steilen Hochwald bergauf, später entlang eines Grabens nach rechts aufwärts, schließlich durch lichten Wald in langer Hangquerung nach links (Südosten) empor in die Wiesenmulde der **Moaralm** ❹, 1550 m, zwischen Gamsstein-Rücken und Hasenfuß. An der Linkseinmündung von Weg Nr. 284 vorbei, südwestwärts durch Wiesen, Latschen und lichten Baumbestand in die lang gestreckte Wiesenmulde zwischen Roßkogel bzw. Langmauer links und Gamsstein-Rücken rechts. Die Mulde aufwärts, später durch Latschen nach rechts (Nordwesten) an den Höhenrücken des Gamssteins. Über ihn durch Latschen nach Südwesten empor auf den **P. 1739** ❺ (kleines Gipfelkreuz).
Den markierten Steig am flachen Höhenrücken oder links von ihm über Bergwiesen und durch Latschen auf und ab in den Sattel vor dem Gams-

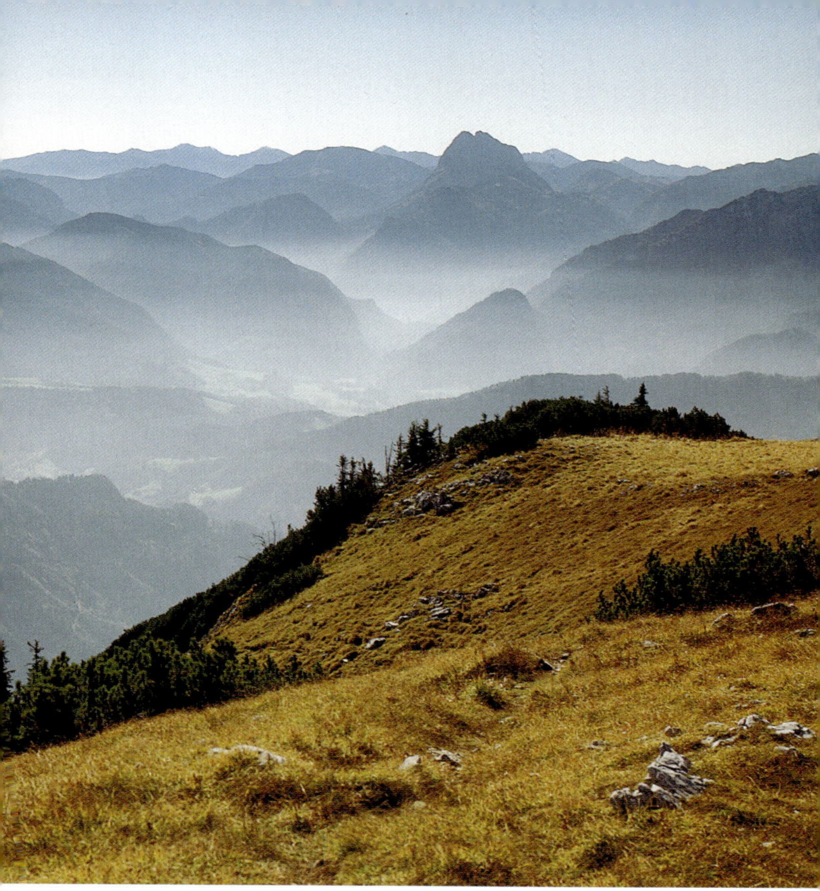

Blick vom Gamsstein nach Süden auf die Eisenerzer- und Gesäuseberge (rechts der Lugauer).

stein-Gipfel. Nun im felsigen Gelände (Trittsicherheit nötig!), an der Linkseinmündung des Hühnerriegel-Steiges Nr. 67 vorbei, steil empor zum Gipfel des **Gamssteins 6**, 1770 m, mit herrlicher Rundsicht (Gipfelkreuz und -buch).

Weiter auf Steigspuren entweder über den flachen, latschenbewachsenen Kamm oder über die felsdurchsetzten Steilwiesen links von ihm (Trittsicherheit nötig!) nach Südwesten zum Gipfel des **Hochkogels 7**, 1774 m.

Abstieg: Entlang der Anstiegsroute zurück zum **Jagdhaus Sandgraben 1**.

45 Königsberg-Überschreitung

4.00 h

Almenspaziergang vor Stumpfmauer, Gamsstein und Gesäuse

Eine kurvige Zufahrt bringt von Göstling zum Parkplatz Ebnerbrand an der Nordostschulter, wo unsere Wanderung über den sechs Kilometer langen, nahezu ebenen Königsberg-Höhenrücken beginnt. Er muss hin und retour begangen werden mit je einem Gastbetrieb am Anfang und am Ende der Strecke. Blickfang sind Ötscher, Hochkar, Stumpfmauer, Gamsstein, Gesäuseberge, Haller Mauern, Warscheneck und Totes Gebirge, die man auf dieser »Almroas« bei wechselndem Licht bewundern kann.

Ausgangspunkt: Parkplatz Ebnerbrand, 1100 m, im Nordosten des Königsberg-Kammes. Auffahrt von Göstling mit eigenem Kfz die B 25 2 km in Richtung Hieflau zur Rechtsabzweigung des Güterweges Kurzeck im Ortsteil Göstling-Süd. Die Asphaltstraße durch den bewaldeten Scheitergraben nach Norden hoch, später nach Süden empor zum aussichtsreich gelegenen Hof Kurzeck, 7 km ab Göstling. Auf Schotterstraße im Wald weiter zum Ende der öffentlich befahrbaren Straße, 8 km von Göstling.

Anforderungen: Problemloser Höhenspaziergang auf bezeichneten Fahr- und Fußwegen.

Einkehr: Almhaus Siebenhütten (12 B.; 25. Mai bis 31. Okt. geöffnet, außer Feiertag Do. Ruhetag, Tel +43/664/4719939 und +43/664/4950401, www.mostviertel.at/alle-lokale/a-alm-siebenhuetten). Kitzhütte (25 L.; 25. Mai bis 31. Okt. täglich geöffnet, kein Ruhetag, Tel. +43/680/2311636, www.mostviertel.at/kitzhuette; bei einem mehrtägigen Aufenthalt wird am Lagerfeuer gegrillt).

Vom **Parkplatz Ebnerbrand** ❶ die abgeschrankte, rot bezeichnete Naturstraße (Weg Nr. 4 und 10) über eine Wiese nach Südwesten aufwärts zur Verzweigung nach der ersten Linkskehre am Waldrand. Rechts ab und auf beschilderter Abkürzung im Wald steil nach Südwesten hoch wieder zur Straße. Auf ihr, an der Almkopf-Nordseite westwärts hinauf zu dem auf einer Wiesenschulter am Königsbergrücken gelegenen **Almhaus Siebenhütten** ❷, 1300 m. Auf

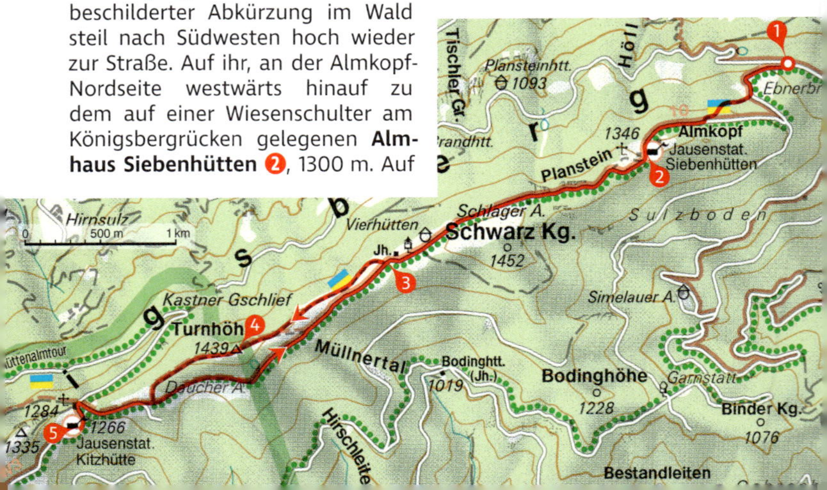

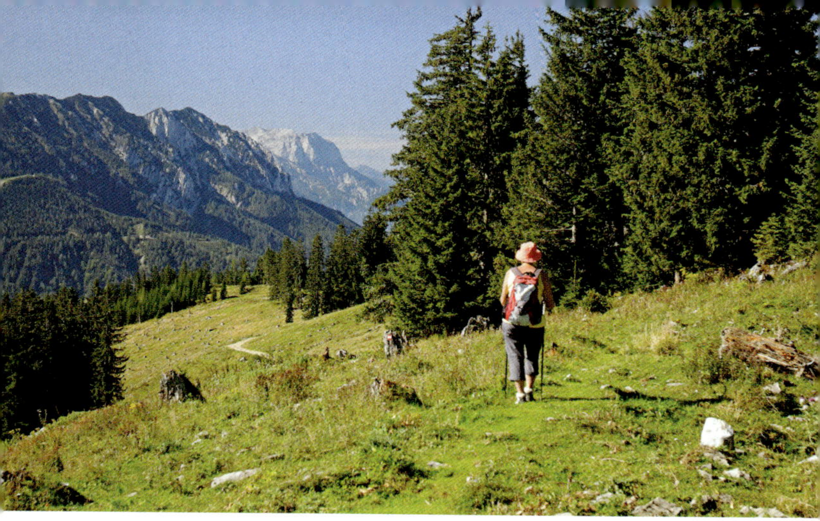

Großer Buchstein mit dem Gamsstein (Tour 44) links davor, vom Anstieg zur Durnhöhe.

der Straße, links unterm Planstein vorbei, den Höhenrücken nach Südwesten aufwärts zu den Wiesen der **Schlager Alm**. Dort rechts unterm bewaldeten **Schwarzkogel** (höchste Erhebung am Königsberg, 1452 m) durch, eben und abwärts zur Verzweigung beim **Jagdhaus Vierhütten** ❸, 1390 m (Kruzifix). Rechts von der Straße ab und auf dem rot bezeichneten »Kammweg« (Nr. 4) am Höhenrücken über Wiesen aufwärts in einen Sattel, danach steiler empor auf die baumfreie **Durnhöhe** ❹, 1439 m. 360-Grad-Panorama (siehe auch Bild Seite 34/35)!
Über den grasigen Südwestrücken hinunter, dann im licht bewaldeten Gelände weiter zu einem Gatter, wo der Höhenrücken nach links verlassen wird. Ostwärts hinab auf eine Wiesenschulter (Gatter), 1330 m, und dort auf Forststraße an den Waldhängen nach rechts abwärts in einen Sattel am Königsberg-Rücken, 1284 m (Verzweigung; Kruzifix). Dort nach links (Süden) hinunter zu der in einer seichten Wiesenmulde gelegenen **Kitzhütte** ❺, 1266 m.
Rückweg: Zurück zur Wiesenschulter, 1330 m. Jenseits auf bezeichnetem Fußweg an den Grashängen der **Daucheralm** unterhalb der Durnhöhe vorbei, nordostwärts zu einer Wiesenschulter, 1350 m, danach auf Forststraße zu den **Vierhütten** ❸. Weiter auf bekanntem Weg zum **Parkplatz Ebnerbrand** ❶.

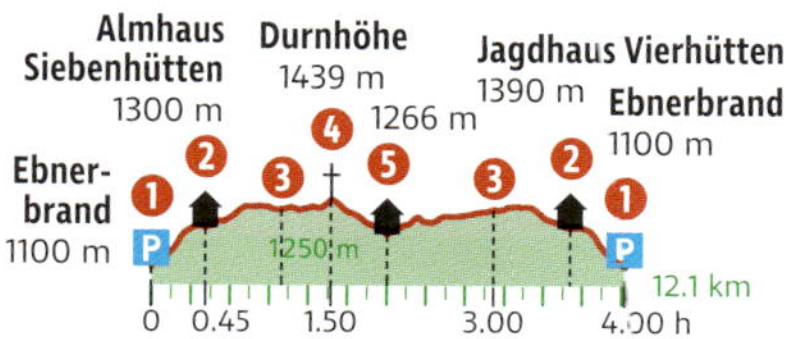

↗ 390 m | ↘ 390 m | 6.2 km

46 Hochkar, 1808 m

3.00 h

Auch im Sommer einen Besuch wert!

Mit dem Dürrenstein, der Kräuterin, dem Gamsstein und der Voralpe gehört das Hochkar zum Reigen jener großen Kalkstöcke, die das Gebiet der Ybbstaler Alpen im Süden, zur Salza hin, flankieren. Vielen ist das Hochkar vom Winter her geläufig, wo seine Skilifte und Pisten von Skifreaks rege besucht werden. Doch auch für den Sommersportler hat das Hochkar einiges zu bieten. Begünstigt durch eine gut ausgebaute Mautstraße ist die Almregion rasch zu erreichen, wo Wanderer, Mountainbiker und Paragleiter ungestört ihrem Hobby nachgehen können. Der beschriebene Aufstieg über den Scheineckgrat ist eine der klassischen Aufstiegsrouten zum Hochkargipfel, der mit seiner unvergleichlichen Aussicht jede Mühe rasch vergessen lässt.

Ausgangspunkt: Großparkplatz des 4er-Sessellifts, 1480 m. Zufahrt von Göstling nach Lassing, dann Mautstraße (im Sommer keine Gebühr, 9 km), oder mittels Regionalbus Nr. 643 der VOR, www.verkehrsmittel.info/linie-643-vor). Hochkar 4er-Sessellift zum JoSchi Berghaus (ehemaliges Geischlägerhaus; Liftbetrieb durchgehend Anfang Juli bis Mitte Sept. täglich bei Schönwetter, außer Mo., 9.00–16.00 Uhr; Wochenendbetrieb Ende Mai bis Ende Juni und Mitte Sept. bis 26. Okt., Tel. +43/7484/7214, +43/7484/21220, www.hochkar.com).

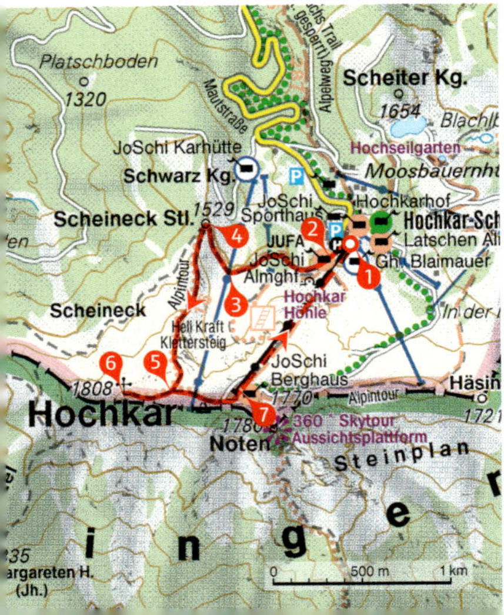

Anforderungen: Am steilen, schottrigen Steig des Steineckgrates Trittsicherheit nötig!

Einkehr: Hochkar-Schutzhaus (6 B, 26 L.; geöffnet Juni bis Okt., im Mai und Nov. auf Anfrage, Do. und Fr. Ruhetag; Tel. +43/7484/7203, www.schutzhaus-hochkar.at). Mehrere Gastbetriebe im Umkreis des Hochkar-Parkplatzes. JoSchi Berghaus (ehemaliges Geischlägerhaus; keine Nächtigung; Öffnungszeiten wie Hochkar-Sessellift, Tel. +43/7484/7213, www.jo-schi.at).

Hinweis: Hochkar 360 ° Skywalk, südöstlich der Bergstation des Sesselliftes (1. Mai bis 31. Okt.). Eine zum Teil aus Stahl gefertigte Anlage, rund um den Noten, 1781 m, mit 60 m langer Hängebrücke und 8,5 m auskragender Aussichtsplattform, 120 m über dem Abgrund. Großartiger Ausblick. Zeitaufwand ¾ Std. Hochkarhöhle in der Nähe der Talstation des Sesselliftes. Besichtigung nur im Rahmen einer Führung. Anmeldung an der Talstation oder im Hochkar-Schutzhaus. Zeitaufwand 1½ Std.

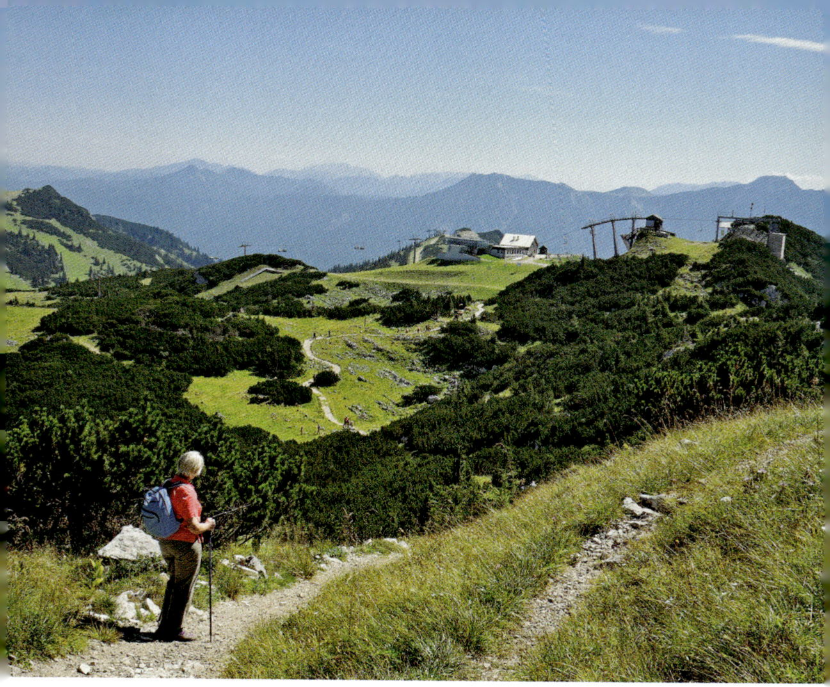

Blick vom Gipfel des Hochkars nach Osten, zum JoSchi Berghaus.

Vom **Großparkplatz** ❶, 1480 m, unterhalb des **Hochkar-Schutzhauses** bei der Sessellift-Talstation zum oberen (südlichen) Rand des Parkplatzes und zum Beginn eines Karrenweges (Pfeil »Gipfel«). Auf diesem, vorbei am Almgasthof Jagersberger, zu einer Wegteilung ❷. Nicht den Karrenweg weiter aufwärts (führt zum Heli-Kraft-Klettersteig), sondern auf Steig rechts ab (blau bezeichnet, Pfeil) über Wiesen und durch Bergwald zu einer Bergkuppe. Über mehrere Skitrassen hinweg, in das Große Kar mit querendem **Sessellift** ❸. Nun durch die dicht mit Latschen bewachsene Ostflanke des Scheineckgrates entlang einer Schneise über Wurzeln leicht ansteigend hinauf zum **Scheinecksattel** ❹, 1529 m, vor dem nördlich aufragenden Schwarzkogel. Scharf nach links und einen steinigen Pfad (blau bezeichnet) steil und anfangs in Kehren, später durch Latschengassen, immer im Bereich des **Scheineckgrates** aufwärts. Schöne Tiefblicke hinab ins Große Kar und zur Hochkar-Almsiedlung.

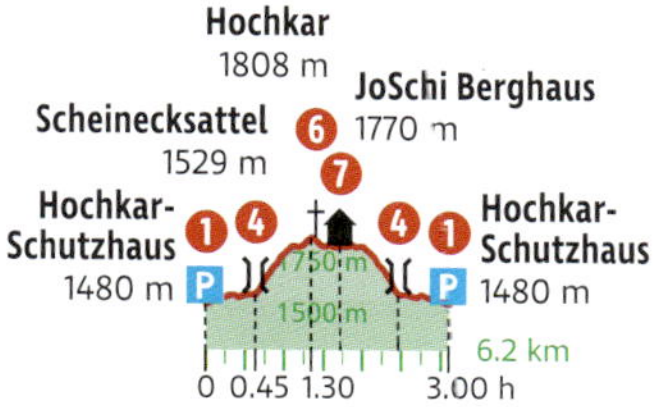

Den allmählich flacher werdenden, latschenbewachsenen Bergrücken hinauf in einen **Sattel** ❺, 1762 m. Hier erreicht man den vom JoSchi Berghaus (ehemaliges Geischlägerhaus) zum Hochkargipfel führenden Promenadeweg. Auf diesem rechts haltend auf bequemen Weg über eine Steilstufe hinauf auf den Gipfel des **Hochkars** ❻, 1808 m (Kruzifix), mit umfassender Rundsicht.
Vom Gipfel zurück zur Abzweigung zum Scheineckgrat und geradeaus den Promenadeweg ohne große Höhenunterschiede weiter nach Osten, unter einem Sessellift durch, zum **JoSchi Berghaus** ❼, 1770 m, mit der Bergstation des 4er-Sesselliftes.
Abstieg wie Aufstieg oder direkt mit dem Sessellift zur Talstation (Zeitersparnis insgesamt 1 Std.).

Am Gipfel des Hochkars mit Blick nach Südwesten gegen die Gesäuseberge.

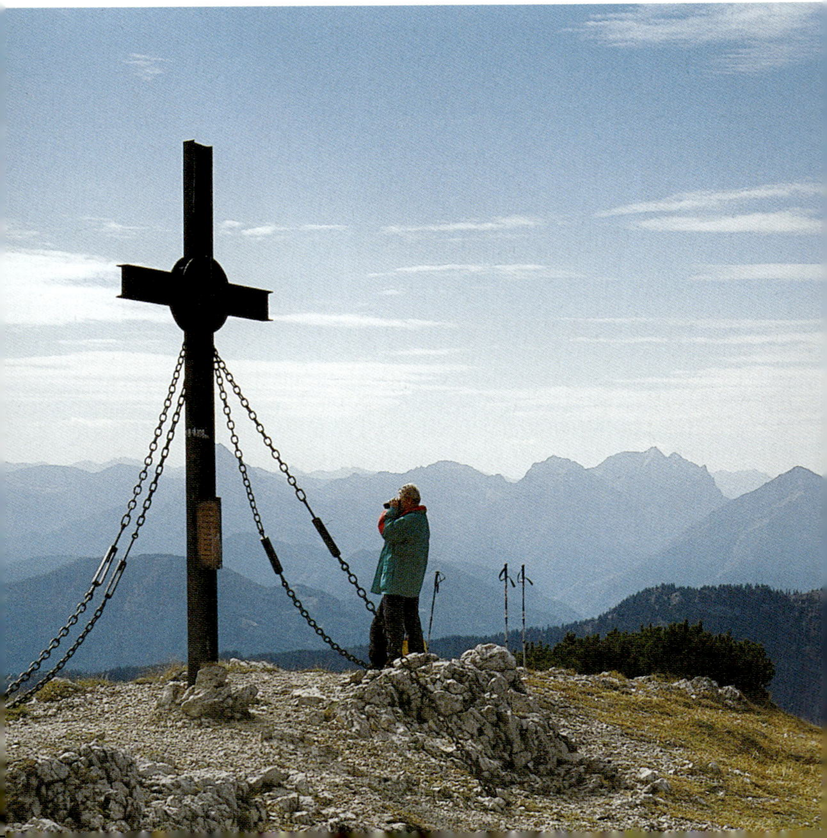

↗ 930 m | ↘ 930 m | 14.8 km

6.00 h

Hochkar: Ringkogel, 1668 m

47

Stilles Tourenziel im Nordosten des Hochkar-Massivs

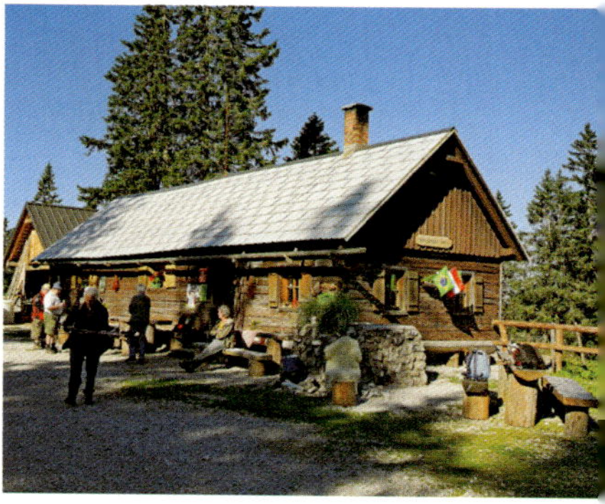

Rast bei der idyllischen Schwarzalm.

Das Gebiet nördlich des Hochschwab, zwischen Hochkar und Ötscher, gehört zu den einsamsten und wildesten Österreichs. Nicht ohne Grund wurde gerade dieser Bereich von den wieder heimisch gewordenen Braunbären als Lebensraum auserkoren. Da es hier nur wenige bezeichnete Wege und bewirtschaftete Hütten gibt, kann der darauf eingestellte Wanderer in diesen Bergen unvergessliche einsame Stunden erleben. Die hier beschriebene Route führt von der Wiesenterrasse Hochreit entlang des von Felswänden umgebenen Leckermoors unter die Nordwestflanke des Hochecks. Der Anstieg über diese steile Waldflanke ist einigermaßen beschwerlich, doch spätestens am felsigen Waldkamm südlich des Hocheckgipfels haben die Mühen ein Ende. Angesichts des überm Kessel des Steinbachtales majestätisch aufragenden Dürrensteins gelangt man zu den sanften Matten der Wiesenalm, einem Glanzstück der Gegend. Entlang der Abbruchkante gegen das Steinbachtal steigt man über den Kesselberg schließlich zum Gipfel des Ringkogels an.

Ausgangspunkt: Hof Hochtal, 864 m, auf der Wiesenhochfläche von Hochreit. Zufahrt vom südlichen Ortsrand von Göstling auf asphaltierter Straße zum Hochreit und dort zum Straßenende beim Hof Hochtal (begrenzte Parkmöglichkeit am Straßenrand vor dem Leckermoor). 7 km von Göstling.
Anforderungen: Lange, anstrengende Wanderung auf teilweise unbezeichneten Steigen, Trittsicherheit nötig! Am Kesselberg schwierige Orientierung.
Einkehr: Jausenstation Schwarzalm (20 L.; bewirtschaftet vom 20. Juni bis Ende Sept., Tel. +43/664/3135706).
Hinweise: Mit neun Hektar Fläche gilt das Leckermoor als eines der größten Hochmoore Niederösterreichs. Besonders ausdauernden Gehern ist die mehrtägige »Alpintour« vom Hochkar über den Ringkogel zum Dürrenstein und weiter zum Ötscher zu empfehlen.

Vom Ende der fahrbaren Straße beim **Hof Hochtal** ❶ eben nach Süden in das von steilen Wald- und Felshängen flankierte Hochtal rings um das **Leckermoor**. Den Fahrweg an der östlichen Seite des Moors in Südrichtung talein zu einem **Forsthaus** ❷, 890 m, mit Verzweigung.

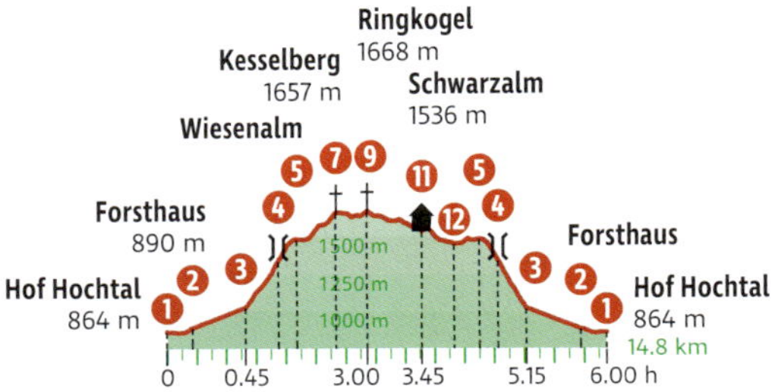

Schräg links die rot bezeichnete Forststraße (Weg Nr. 23) in weiten Kehren über einen bewaldeten Steilhang nach Südosten empor zur Abzweigung am **Scheitel der fünften Kehre** ❸. Rechts den rot markierten und sehr direkt angelegten Holzknechtsteig Nr. 23 über die Waldflanke steil und anstrengend aufwärts, zuletzt auf steinigem Steig und über Schrofen zu einem Wildgatter. Im lichter werdenden Wald weiter zur Kammschneide des **Hochecks**, die an einem **Sattel** ❹, 1345 m, erreicht wird. Über den

Am Gipfel des Ringkogels: im Südwesten das Hochkar, dahinter der Lugauer.

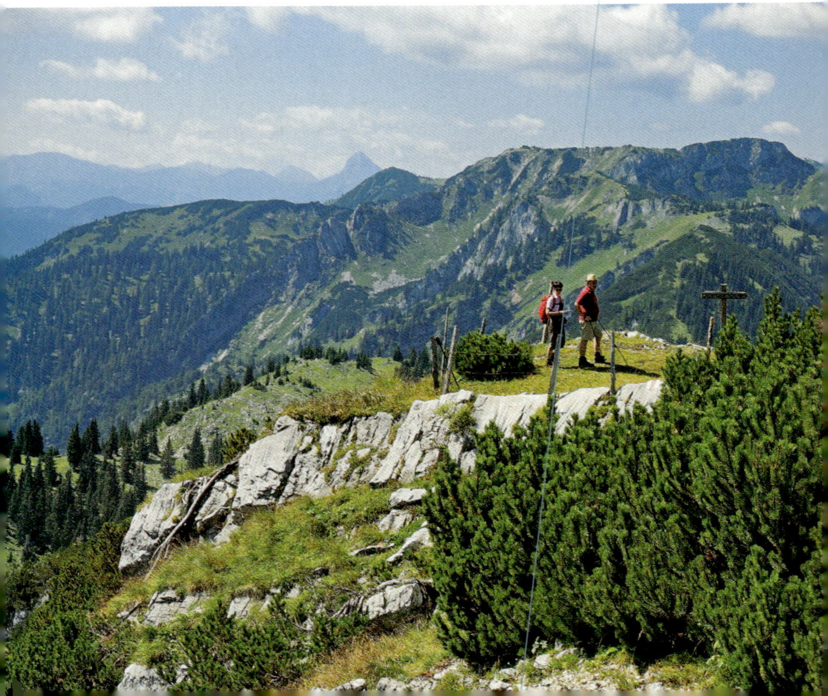

bewaldeten Rücken in Südrichtung weiter aufwärts, zuletzt über freie Weideflächen eben zur **Wiesenalm** 5, 1486 m.

Über Almböden nach Südosten zur **Jagdhütte** 6 am Abbruchrand der Hochfläche gegen das **Steinbachtal**, einem der zauberhaftesten Flecken im Hochkar-Massiv. Entlang von Steigspuren (unbezeichnet) über Bergwiesen und durch Latschengassen nach Süden mühsam empor auf den **Kesselberg** 7, 1657 m. Etwas unterhalb des Höhenrückens in Südrichtung eben zur **Einmündung** 8 des rot bezeichneten Weges von der Schwarzalm. Ohne große Höhenunterschiede unterhalb des Bergkammes südöstlich zwischen Latschen vor zum Steilabbruch gegen das Tal des Lassingbaches und wenige Meter nach links (Norden) zum Gipfel des **Ringkogels** 9, 1668 m.

Entlang der Anstiegsroute zurück zur **Einmündung** 8 des rot bezeichneten Weges von der Schwarzalm. Auf ihm (rote Zeichen) über eine Wiese schräg links abwärts, später durch ein unübersichtliches Karstgebiet nach Nordwesten hinab zu einer **Wegteilung** 10, wo von rechts Weg Nr. 23 von der Wiesenalm einmündet. Auf ihm nach links (Westen) hinab zur nahen **Schwarzalm** 11, 1536 m.

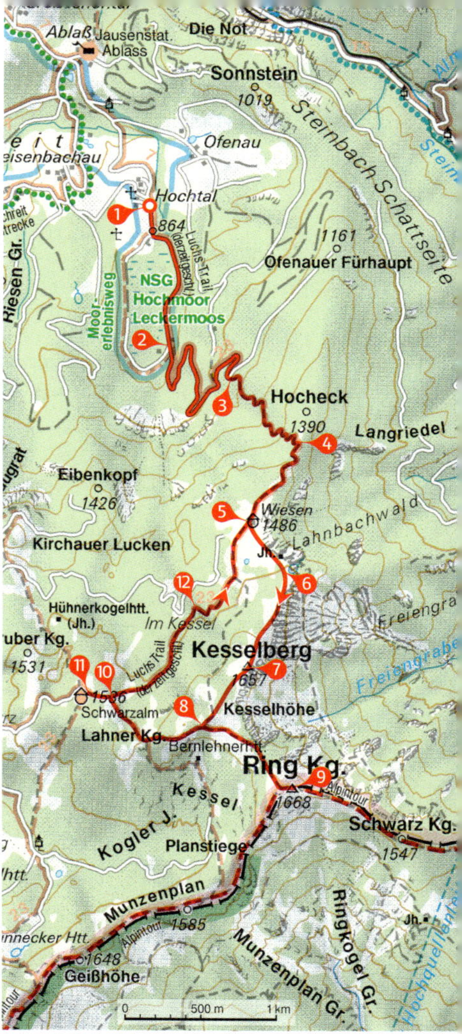

Zurück zur **Einmündung** des Weges vom Ringkogel 10. Dort auf dem rot bezeichneten Steig Nr. 23 links haltend durch lichten Bergwald nach Nordosten hinab in das unübersichtliche Karstgebiet des **»Kessels«** 12. Nach Querung der Flanken des Kesselberges wieder aufwärts zur **Wiesenalm** 5 und entlang der Anstiegsroute zurück zum **Hof Hochtal** 1.

TOP

↗ 1450 m | ↘ 1430 m | 26.7 km

48 Dürrenstein, 1878 m

2 Tage

Zwei-Tages-Tour am Lunzer Hausberg

Als mächtige Kalkscholle mit Hochschwab, Schneealpe und Veitsch vergleichbar, ist der Dürrenstein ein Eldorado unberührter Bergnatur, in dem Urwälder, weite Karrenplateaus, tiefe Schluchten und grüne Bergseen das Landschaftsbild bestimmen. Wer den Berg ohne Hast und Eile besteigen und dabei die schönsten Winkel kennenlernen will, wählt die hier gewürdigte Route von Kasten durch den Lechnergraben und nimmt den Abstieg durch das herrliche Seetal, wobei in der am Plateau gelegenen Ybbstaler Hütte genächtigt wird.

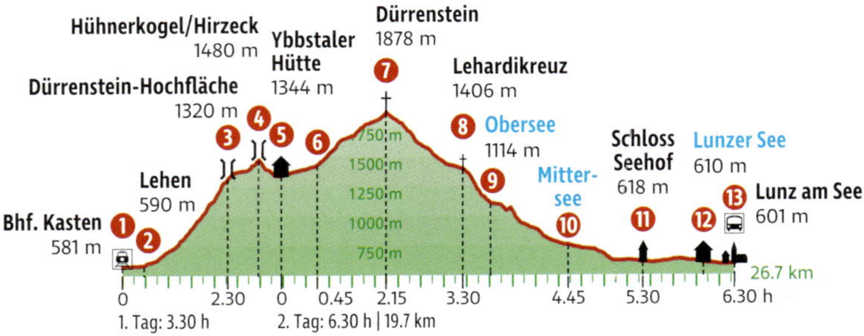

Ausgangspunkt: Kasten, 581 m, 2,5 km südlich von Lunz am See gelegene Fraktion. Bushalt beim Bahnhof der stillgelegten Ybbstalbahn (im Sommer verkehren gelegentlich noch Nostalgiezüge). Parkmöglichkeit bei der Töpperbrücke.
Endpunkt: Lunz am See, 601 m, Markt und Fremdenverkehrsort im Ybbstal. Rückkehr per Bus (Fahrzeiten vor Antritt der Tour erkunden!) oder zu Fuß entlang der Straße (2,5 km) nach Kasten.
Anforderungen: Lange, anstrengende Tour für ausdauernde Geher bei gutem Wetter. Im Anstieg durch den Lechnergraben Trittsicherheit nötig. Die Aufteilung auf zwei Tage ist sehr zu empfehlen.
Einkehr: Ybbstaler Hütte (4 B., 43 L.; 5./10. Mai bis 26. Okt. geöffnet, im Mai nur Sa., So. und Feiertage, Tel. +43/664/9886801, www.ybbstalerhuette.info). Schlosstaverne (ganzjährig geöffnet, Okt. bis März Mo. und Di. Ruhetag, Tel. +43/7486/20276). Gasthöfe in Lunz am See.
Hinweis: Man kann die Tour auch in Lunz beginnen (Parkplätze im Ortsgebiet) und mit dem Bus nach Kasten fahren. Fahrzeiten vor Tourenantritt erkunden!

1. Tag:

Vom **Bhf. Kasten** ❶ die Straße rechts der Ybbs 300 m nach Süden und über die **Töpperbrücke** zur Erlauftal Straße B 25. Auf ihr 400 m nach rechts, dann auf Straße links ab zur Brücke vor dem Weiler **Lehen** ❷. Noch-

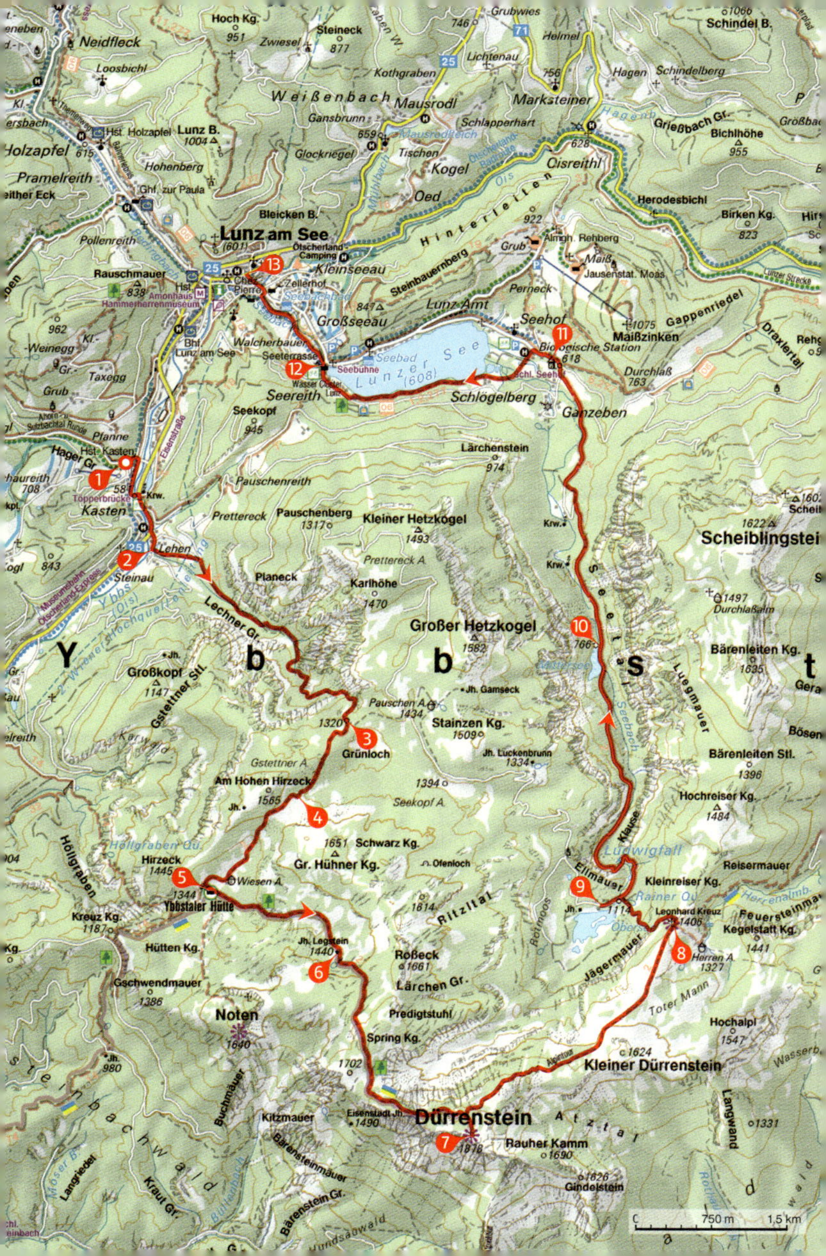

Neidfleck
Loosbichl
Hoch Kg.
951
Zwiesel
Steineck
877
Grubwies
746
Helmel
756
Schindel B.
Lichtenau
Kothgraben
Hagen
Schindelberg
Weißenbach
Mausrodl
Marksteiner
Gansbrunn
Schlapperhart
Grießbach Gr.
Großbach
Hst. Holzapfel
615
Lunz B.
1004
Holzapfel
659
Mausrodlteich
628
Bichlhöhe
955
Glockriegel
Tischen
Kogel
Cisreithl
Hohenberg
Pramelreith
Ghf. zur Paula
Oed
Ois
Herodesbichl
Bleicken B.
922
Hinterleiten
Birken Kg.
823
Lunz am See
(601)
Ötscherland Camping
Almgh. Rehberg
Grub
Pollenreith
Kleinseeau
Steinbauernberg
Maiß
Jausenstat. Moas
Rauschmauer
838
Amonhaus
Hammerherrenmuseum
Zellerhof
Seebachbad
847
Lunz Amt
Perneck
Gappenriedel
962
Großseeau
Seehof
1075
Maißzinken
Draxlertal
Weinegg
Walcherbauer
Seeterrasse
Seebad
Lunzer See
(608)
Biologische Station
618
Taxegg
Bhf. Lunz am See
Seebühne
Schl. Seehof
Durchlaß
763
Grub
Seereith
Schlögelberg
Ganzeben
Seekopf
945
Pfanne
Lärchenstein
974
Hst. Kasten
Hager Gr.
708
Töpperbrücke
Kasten
Pauschenreith
Krw.
Pretteréck
Pauschenberg
1317
Kleiner Hetzkogel
1493
1622
Scheiblingstein
Lehen
843
Steinau
Planeck
Prettereck A.
Karlhöhe
1470
Ybbs
(Ois)
Museumsbahn Ötscherland-Express
Lechner Gr.
Großer Hetzkogel
1582
Durchlaßalm
1497
Y
b
b
s
t
Großkopf
1147
Gstettner Stl.
766
Mittersee
Bärenleiten Kg.
1635
Jh. Gamseck
Pauschen A.
1434
1320
Grünloch
Stainzen Kg.
1609
Jh. Luckenbrunn
1334
Luegmauer
Seebach
Gstettner A.
Bärenleiten Stl.
1396
Am Hohen Hirzeck
1565
1394
Seekopf A.
Hochreiser Kg.
1484
Klause
Höllgraben Qu.
1651
Schwarz Kg.
Gr. Hühner Kg.
Ofenloch
Ludwigfall
Höllgraben
Hirzeck
1445
Wiesen A.
Ellmauer
Kleinreiser Kg.
Reisermauer
1344
Ybbstaler Hütte
1614
Ritzltal
Rainer Qu.
1114
Obersee
Leonhard Kreuz
1406
Feuersteinmauer
Kegelstatt Kg.
1441
Kreuz Kg.
1187
Hütten Kg.
Jh. Legstein
1440
Roßeck
1661
Rotmoos
Jägermauer
Herren A.
1327
Gschwendmauer
1386
Lärchen Gr.
Noten
1640
Predigtstuhl
Toter Mann
Hochalpl
1547
Spring Kg.
1624
Kleiner Dürrenstein
1702
Jh.
980
Steinbachwald
Buchmauer
Kitzmauer
Eisenstadt Jh.
1490
Dürrenstein
1878
Atztal
Rauher Kamm
1690
Langwand
1331
Bärensteinmauer
1626
Gindelstein
Langriedel
Kraut Gr.
Bärenstein Gr.
750 m
1,5 km

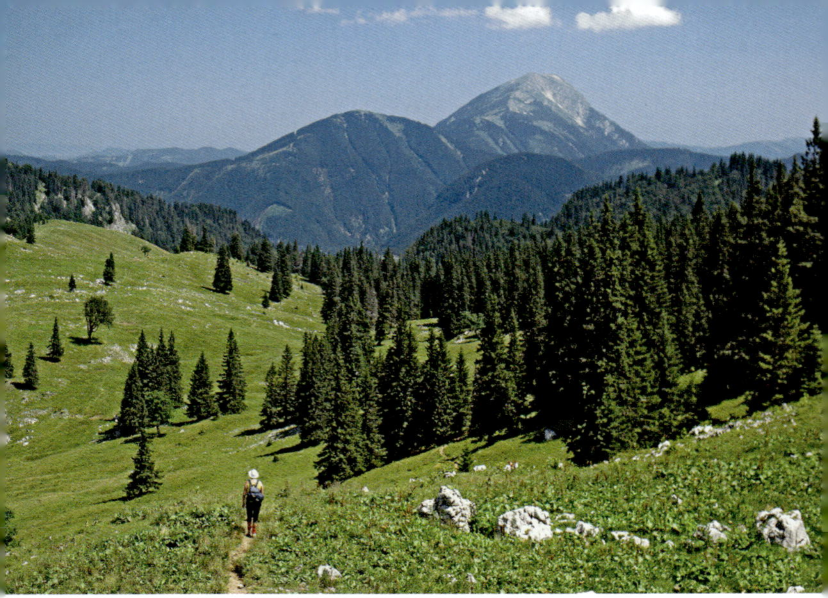

Im Abstieg vom Dürrenstein genießt man prächtige Ausblicke gegen den Ötscher.

mal links ab und den Karrenweg Nr. 2 über Wiesen nach Südosten hinauf zum Waldrand. Geradeaus im bewaldeten **Lechnergraben** meist links vom Bach talein, später auf Steig steil aufwärts in den Talschluss. Einen bewaldeten Steilhang rechts hoch, dann nach links über den Bach und über eine Waldflanke ostwärts in Kehren empor in das Hochtal unter der Sonnwendmauer. Das Tal im Rechtsbogen hoch, später über eine Rampe nach rechts aufwärts, schließlich durch einen Graben nach Süden auf die **Dürrenstein-Hochfläche** und dort in den Sattel 3, 1320 m, zwischen Hirzeck und Sonnwendmauer, der den Übergang in die Doline des Grünlochs (mit Tiefsttemperaturen bis -52°C österreichischer Kältepol!) vermittelt. Steil nach rechts empor an den Nordostrücken des Hirzeck. In seiner Ostflanke ab und auf in den **Sattel** 4, 1480 m, zwischen Großem Hühnerkogel und Hirzeck. Hinab in die Dolinenmulde der **Wiesenalpe** und jenseits zur erhöht stehenden **Ybbstaler Hütte** 5, 1344 m.

2. Tag:
Zur Verzweigung südlich der Hütte. Den Weg Nr. 2 durch einen Waldgraben nach links (Osten) aufwärts, dann oberhalb einer großen Dolinenmulde nach rechts in ein seichtes Hochtal. Dort nach Süden hoch und über eine Anhöhe hinweg in die Mulde der **Legsteinalm** (Bergrettungshütte). Das Hochtal, an Quelle und **Jagdhütte** 6, 1440 m, vorbei, aufwärts, später

am Westabhang des **Springkogels** zum Sattel zwischen ihm und P. 1702. Jenseits in den Sattel vor dem **Dürrenstein-Westrücken** und nach links in seine Nordseite. Dort in langer Querung aufwärts, dann rechts empor in eine Scharte am Westrücken. Über ihn ein Stück hoch und wieder nach links in die steile Nordflanke. Diese querend empor in eine Mulde und zur Schulter am Nordostrücken mit Wegteilung. Auf bezeichnetem Steig gerade weiter, dann über steile Grashänge rechts hinauf zum höchsten Punkt des **Dürrensteins** 7, 1878 m (Kreuz, Buch).
Zurück zur Schulter mit Wegteilung. Rechts den Weg Nr. 2 über den Nordostrücken des Dürrensteins, am Großen Schneeloch (Schachtdoline!) vorbei, hinab in einen Sattel. In der Nordseite des Rückens und unterm **Kleinen Dürrenstein** weiter abwärts zur Wiesenschulter der **Herrenalm** und über sie zur Verzweigung beim **Lehardikreuz** 8, 1406 m. Links ab und über einen steilen Waldhang in Kehren nach Nordwesten hinunter in das **Seetal** mit Forststraße und auf ihr nach links zum nahen **Obersee** 9, 1114 m. Die Straße, an der kleinen Höhle »Brüllender Stier« (hörbarer unterirdischer Wasserfall), dann am Ludwigfall vorbei, durch das Tal hinunter zur Verengung der »Klause«, dann eben zum **Mittersee** 10, 766 m, und weiter talaus zum **Schloss Seehof** 11, 618 m (Schlosstaverne). 100 m danach (bei der »Biologischen Station Lunz«) links ab und den Weg Nr. 1, 206 und 277 westwärts zum Südufer des **Lunzer Sees**. An den Waldhängen überm See entlang zu einer Straße und diese zum **Seerestaurant** 12, 610 m, am Westende. Nun die Seepromenade über Wiesen nach Nordwesten, zuletzt nach rechts über die Ybbs in das Ortsgebiet von **Lunz** 13.

Der herrliche Obersee verdient eine ausgiebige Rastpause …

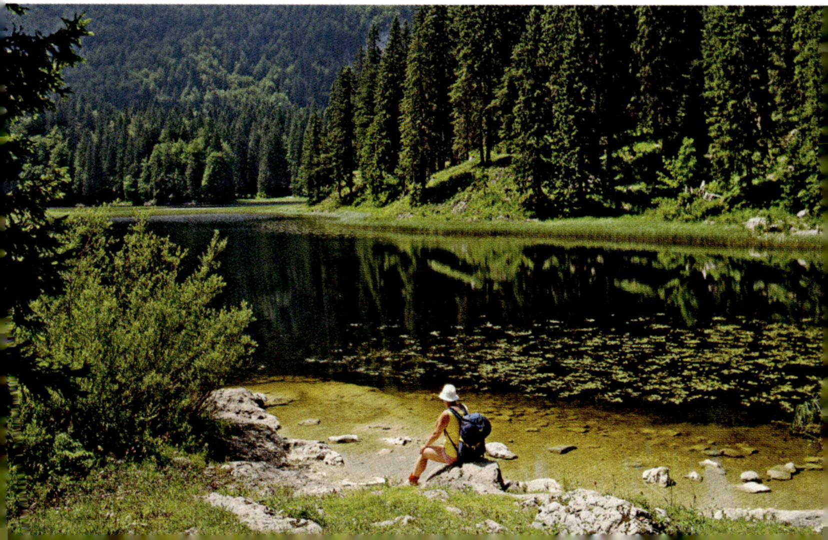

↗ 1000 m | ↘ 1000 m | 7.9 km

49 Dürrenstein: Scheibe, 1602 m, und Scheiblingstein, 1622 m

4.30 h

Für Liebhaber ausgefallener Ziele

Nicht überall wird man in den Mariazeller und Lunzer Bergen mit gut markierten Wegen verwöhnt. Es gibt auch naturbelassenes, unwegsames Gelände, wie etwa im Kräuteringebiet oder am Dürrenstein. Hier muss der Scheiblingstein mit seinem schweißtreibenden 1000-Meter-Steilanstieg aus der Langau genannt werden, ein Geheimtipp mit 360-Grad-Panorama und spektakulärem Tiefblick auf den Lunzer See. Wer nach dem Gipfelbesuch dem Höhenrücken des Bärenleitenkogels nach Süden folgt, kann auch über die im Sommer bewirtschaftete Herrenalm und durch den Taglesgraben zum Ausgangspunkt zurückkehren.

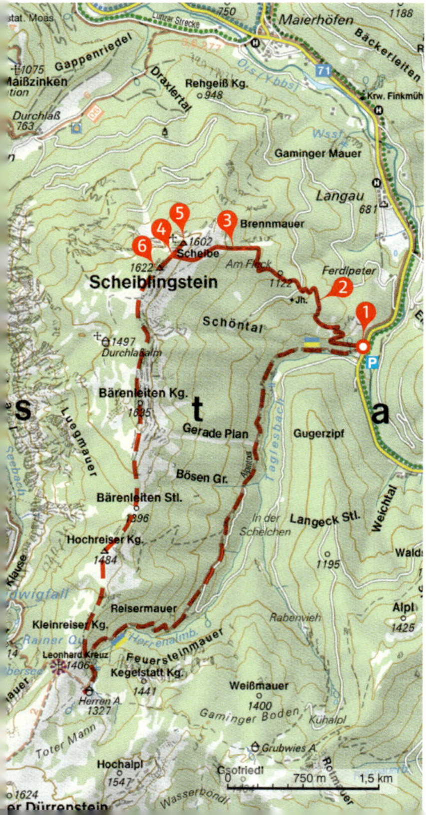

Ausgangspunkt: Parkplatz Langau, 700 m (Hütte, Tafel), östlich von Lunz, an der Mündung des Taglesgrabens in das Tal der oberen Ybbs (»Ois«) nahe an der B 71, 2 km südlich vom Weiler Langau, 12 km von Lunz, 20 km von Mariazell bzw. Mitterbach. Ab Mariazell oder Lackenhof verkehrt im Sommer ein Rufbus (Linie 193) zu den Haltestellen Holzbodenhütten oder Langau (von dort zu Fuß zum Parkplatz Langau).

Anforderungen: Anspruchsvolle Tour mit 1000-Meter-Steilanstieg und einigen (einfachen) Felspassagen am Übergang von der Scheibe auf den Scheiblingstein. Meist gut erkennbarer Steig ohne Farbmarkierung, jedoch teils mit Steinmännern. Die sehr steile Grasrinne im oberen Teil des Anstiegs ist bei Nässe gefährlich.

Einkehr: Bei Variante Jausenstation Herrenalm (20 L.; 5./10. Juni bis 15. Sept. geöffnet, bei Übernachtungsabsicht Voranmeldung nötig; Tel +43/664/73828860, www.mostviertel.at/herrenalm-gaming).

Variante: Im Abstieg vom Scheiblingstein kann man auf unbezeichnetem Steig am Höhenrücken über Bärenleiten- und Hochreiserkogel in 2½ Std. zur bewirtschafteten Herrenalm gelangen, danach dem markierten Weg durch den Taglesgraben in die Langau folgen; 4 Std. vom Scheiblingstein.

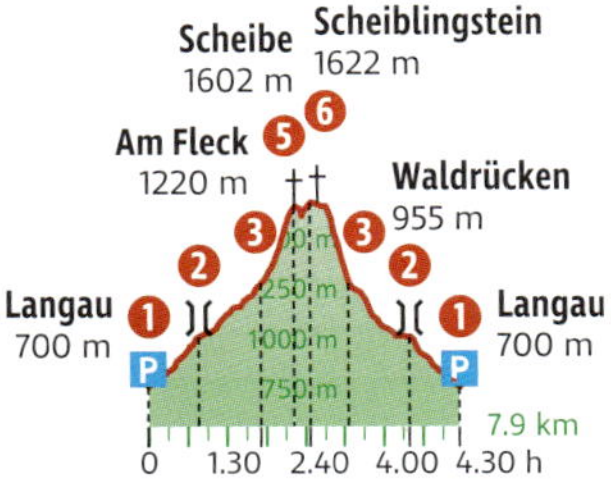

Vom **Parkplatz Langau** ❶ den markierten Weg in Richtung Herrenalm/Dürrenstein durch Buschwerk 50 m nach Westen aufwärts zur Rechtsabzweigung (Steinmann) des unbezeichneten Weges auf den Scheiblingstein. Diesen durch Buchenwald in Serpentinen nach Nordwesten aufwärts, danach Linksquerung einer steilen Flanke, schließlich in Nordrichtung empor an einen Waldrücken, der an einem **Sattel** ❷, 955 m, erreicht wird. Über den Rücken westwärts bergauf zu einer Forststraße, die traversiert und später nochmals an einer Kehre erreicht wird. Auf dem gut erkennbaren Steig (Steinmänner) links unterhalb einer Kammerhebung (P. 1122) vorbei nach Norden empor zur Waldgrenze an der aussichtsreichen Wiesenschulter **»Am Fleck«** ❸, 1220 m (kleiner würfelförmiger Felsblock, Ötscherblick!).

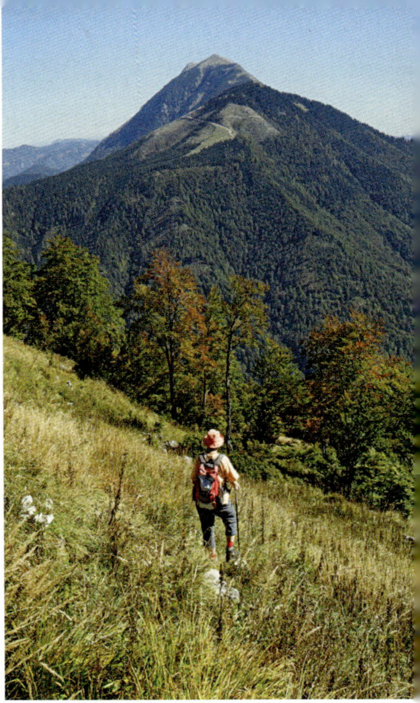

Im Anstieg auf die Scheibe: Großer und Kleiner Ötscher von der Wiesenschulter »Am Fleck«.

An den Grashängen unterhalb der Scheibe schräg nach links hinauf in eine Grasrinne und durch diese (Vorsicht!) steil und mühsam hoch in die **Scharte** ❹, 1550 m, zwischen Scheibe und Scheiblingstein. Über eine Rampe nach rechts aufwärts, dann durch Latschen zum Gipfel der **Scheibe** ❺, 1602 m (Holzkreuz), mit Ötscherblick und Tiefblick zum Lunzer See.

Zurück in die erwähnte **Scharte** ❹. Jenseits auf unbezeichnetem Pfad über Karrenfelsen und durch Latschen empor auf das Gipfelplateau und entlang einer Latschengasse zum höchsten Punkt des **Scheiblingsteins** ❻, 1622 m (Gipfelkreuz). Wunderbarer Rundumblick auf Ötscher (Osten), Hochschwab (Süden), Gesäuseberge (Südwesten), Haller Mauern, Warscheneck und Totes Gebirge (Westen).

Abstieg entlang der Anstiegsroute.

↗ 460 m | ↘ 1050 m | 9.5 km

50 Ötscher, 1893 m: Normalanstieg von Lackenhof

3.45 h

Der einfachste Weg auf den »Fudschijama« Niederösterreichs

Wer kennt ihn nicht, den verheißungsvoll und mächtig über dem Alpenvorland aufsteigenden Ötscher, Lockziel für jeden Wanderer, Prototyp eines vollendet schönen Berges. Kein Wunder, dass dieser Recke früher als Sitz von Göttern und Hexen galt, als heidnische Kultstätte Bedeutung besaß. Natürlich will ein jeder oben gewesen sein, die tolle Rundsicht geschaut haben, was bei Benützung des Ötscher-Sesselliftes an einem Vormittag möglich ist. Zurück ins Tal sind wir aber dann zu Fuß über den Riffelsattel und durch das Weitental unterwegs.

Ausgangspunkt: Talstation des Ötscher-Doppelsessellifts im Weitental, 847 m (Großparkplatz, Bushalt »Lackenhof Weitental« der Linie 653), 1,5 km südöstlich von Lackenhof. Bergstation, 1436 m, beim Ötscherhaus. Der Lift ist 20./25. Mai bis 26. Okt. geöffnet: Mai, Juni und ab 15. Sept. an Sa., So. und Feiertagen, 1. Juli bis 14. Sept. durchgehend. Betriebszeiten: 8.30–12.15 und 13–16.30 Uhr, Sa., So. und Feiertage bis 17 Uhr. Auskunft: Tel. +49/7480/5354, www.oetscher.at.

Anforderungen: Leichte Bergtour auf bezeichneten Wegen. Wegen eventueller Orientierungsprobleme am Gipfelplateau nur bei nebelfreiem Wetter!

Einkehr: Ötscher-Schutzhaus (47 L.; 15./20. Mai bis 27. Okt. geöffnet, bei Nächtigungsabsicht Voranmeldung nötig. Tel. +43/7480/5249).

Hinweis: Bei Talfahrt mit dem Ötscherlift ¾–1 Std. Zeitersparnis (Betriebszeiten beachten!).

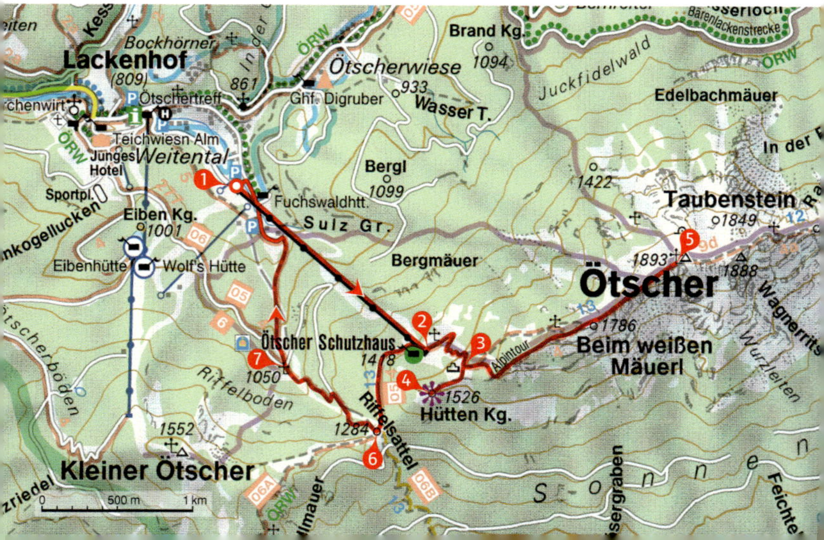

Nach der Fahrt mit dem Sessellift von der **Ötscherlift-Talstation** 1 hinauf zur **Bergstation** 2, 1436 m, den Weg Nr. 4 über die Grasflanke der Wiesmahd in Kehren nach Südosten empor zu einer Teilung 3, 1526 m, und dort 50 m eben nach rechts zur Schulter des **Hüttenkogels** 4, 1526 m (Panorama-Fernrohr).

Zurück zur Verzweigung 3 und den bezeichneten Weg rechts hinauf an den Südwestrücken des Ötscher. Dort durch Latschen und über Felsstufen aufwärts zur Schulter beim **Großen Wetterloch** (Schachtdoline). Weiter am begrünten Rücken oder links davon, an der felsigen Verschmälerung des **Weißen Mäuerl** vorbei und hinauf zum Gipfel des **Ötscher** 5, 1893 m (Metallkreuz).

Zurück zum **Ötscherlift** 2 und zu dem unterhalb stehenden **Ötscherhaus**, 1418 m. Auf Weg Nr. 4 und 605 weiter abwärts zu einer Forststraße und diese im Linksbogen nach Süden hinunter in den **Riffelsattel** 6, 1284 m. Auf Fußweg Nr. 6, 277 und 605 ein Stück in die bewaldete Nordflanke des **Kleinen Ötscher** hinein, dort in Kehren abwärts in den Riffelgraben und nach rechts zur Straße. Von ihr bald links ab und auf bezeichnetem Fußweg wieder hinunter in den Graben. Dort abwärts zur Waldlichtung beim **Riffelboden** mit Forststraße 7, 1050 m. Diese kurz nach rechts, dann links ab und den Karrenweg Nr. 5A durch einen Waldgraben nach Norden hinunter zu den Wiesen im **Weitental** und zu einer Asphaltstraße. Auf ihr nach Nordwesten abwärts und eben zum Parkplatz an der **Ötscherlift-Talstation** 1.

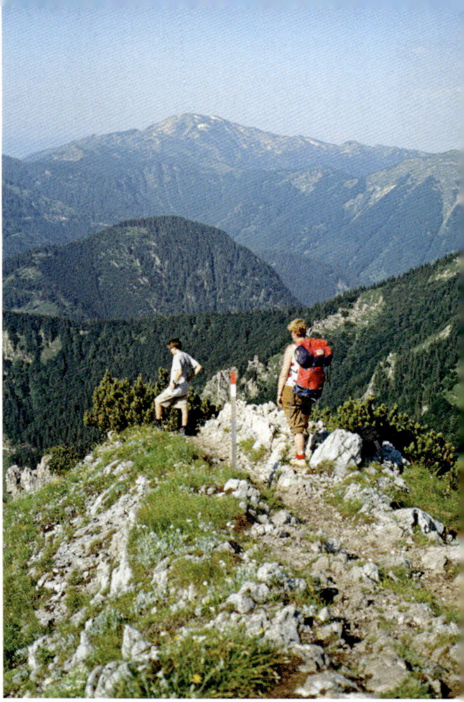

Schon fast am Ziel! Am Südwestrücken des Ötscher mit Blick gegen den Dürrenstein.

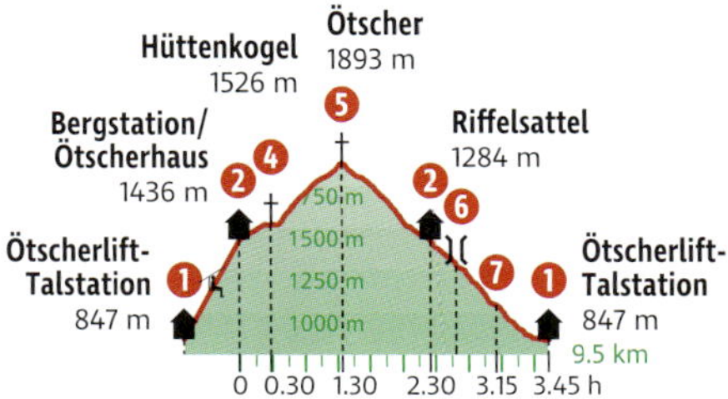

TOP

↗ 1100 m | ↘ 510 m | 12.6 km

51 Ötscher, 1893 m: Rauer Kamm

5.30 h

Der schönste Weg auf den Berg

Wer den Ötscher einfach nur besteigen und die herrliche Rundsicht schauen will, der wählt den leichten Weg über den Südwestrücken (Tour 50). Den schönsten Zugang vermittelt jedoch sein türmebewehrter Nordostgrat, der Raue Kamm. Allerdings erfordert die Begehung der zwar markierten, aber ungesicherten Route Übung und Trittsicherheit. Wer sich der Sache gewachsen fühlt, kann an dieser »Mariazeller Himmelsleiter« einen glanzvollen Tag mit hochalpinen Eindrücken und ein Gipfelpanorama vom Feinsten erleben!

Ausgangspunkt: Ranecksattel, 953 m, nördlich unterm Ötscher (Privathäuser, Forsthaus, Parkplatz). Zufahrt auf Asphaltstraße mit eigenem Auto von Lackenhof (3 km).
Anforderungen: Anspruchsvolle Tour für geübte Bergsteiger. Bezeichneter Steig mit exponierten Felspassagen im Schwierigkeitsgrad I. Nur bei trockenem Wetter!
Einkehr: Ötscher-Schutzhaus (47 L.; 15./20. Mai bis 27. Okt. geöffnet, bei Nächtigungsabsicht Voranmeldung nötig. Tel. +43/7480/5249). Pizza-Restaurant Fuchswald an der Ötscherlift-

Der Ötscher von Osten, aus der Gegend von Gösing.

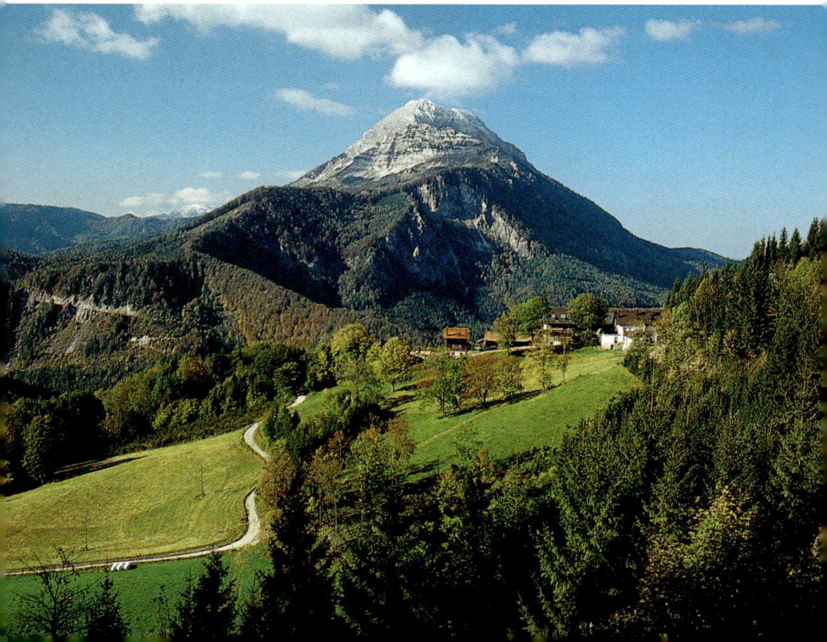

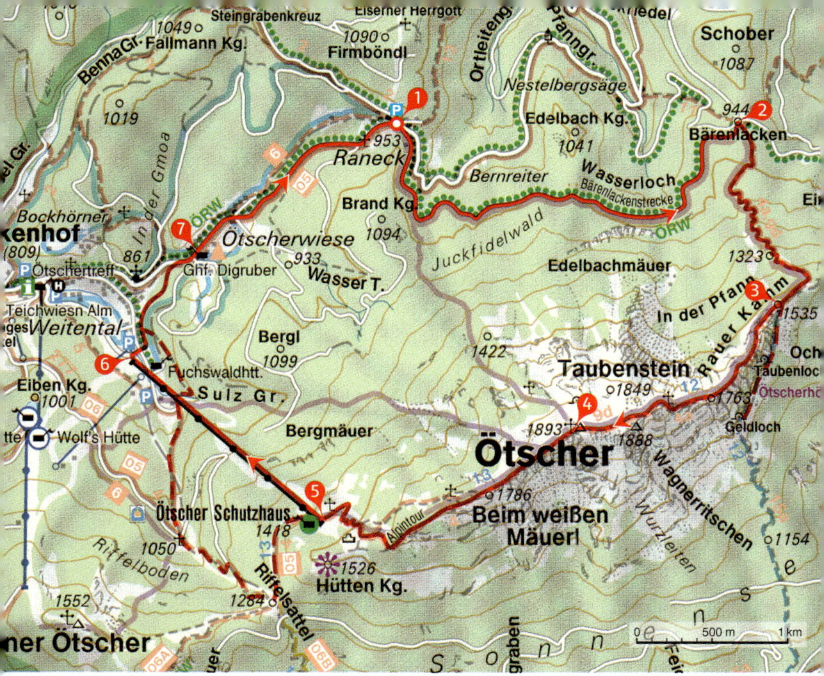

Talstation (keine Nächtigung; mit dem Ötscherlift geöffnet, kein Ruhetag, www.pizza-fuchswald.at). Gasthof Digruber auf der Ötscherwiese (46 B.; ganzjährig geöffnet, Tel. +43/7480/5276, http://digruber.at).

Varianten: Ohne Benützung des Ötscherliftes ¾ Std. zusätzlicher Zeitaufwand.

Hinweise: 1) Ötscherlift 20./25. Mai bis 26. Okt. geöffnet: Mai, Juni und ab 15. Sept. Sa., So. und Feiertage, 1. Juli bis 14. Sept. durchgehend. Betriebszeiten: 8.30–12.15 und 13–16.30 Uhr, Sa., So. und Feiertage bis 17 Uhr. Auskunft: Tel. +49/7480/5354, www.oetscher.at. 2) Die Besichtigung der Ötscherhöhlen (Geldloch, Taubenloch) an der Südseite ist nur mit entsprechender Ausrüstung (keine Führungen!) ratsam.

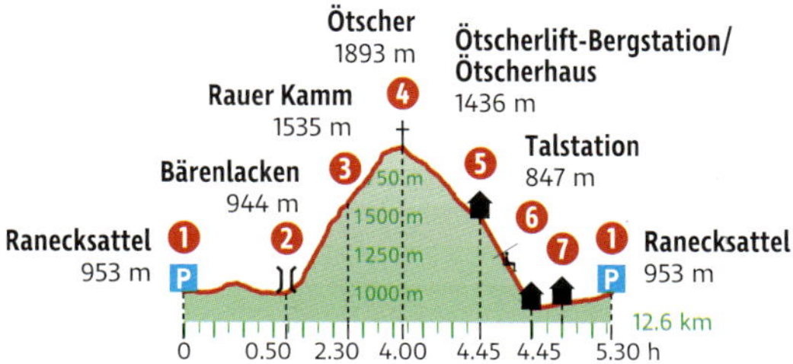

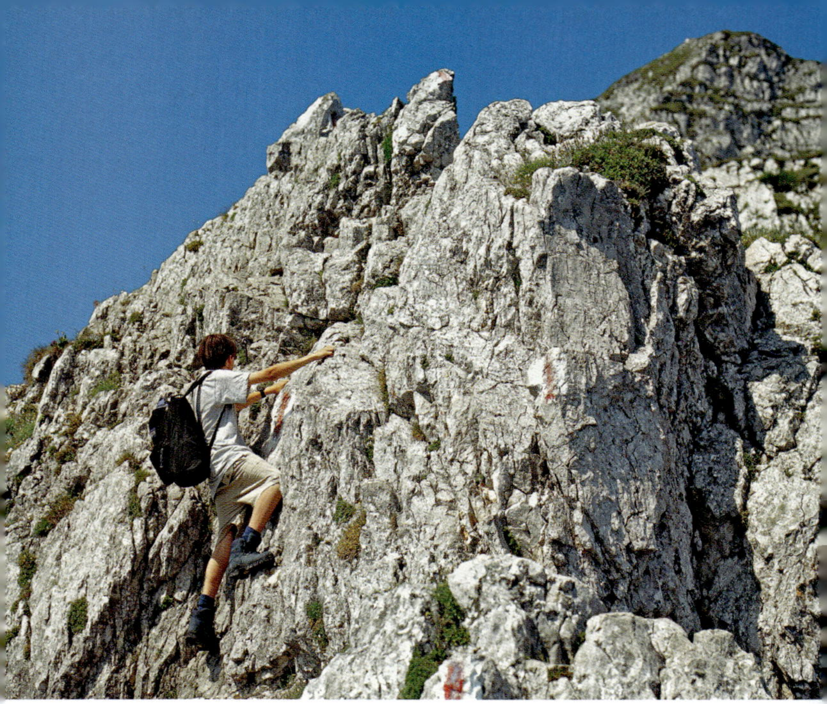

An den Felspassagen am Rauen Kamm muss gelegentlich auch mit den Händen zugepackt werden.

Vom **Ranecksattel** ➊ die obere Forststraße mit Weg-Nr. 1a, am bewaldeten Nordabhang des Ötscher entlang, ostwärts zum Sattel der **Bärenlacken** ➋, 944 m. Rechts auf dem bezeichneten Steig Nr. 4a nach Süden aufwärts, dann einen sehr steilen Waldhang in vielen Kehren empor zu einer Schulter, 1480 m, am Ötscher-Nordostrücken und über ihn hoch zum Ansatzpunkt des **Rauen Kammes** mit Verzweigung ➌, 1535 m (links in ¼ Std. zu den **Ötscherhöhlen**). In der Nordseite des getürmten Felsgrates auf Bändern hoch, danach links über Steilschutt und Schrofen (I) empor zur Kammhöhe. Auf eine Graterhebung und jenseits hinab in eine Scharte. Am flachen Grat weiter, dann über eine 3-Meter-Wand (Eisenstifte) in der linken Gratseite hoch. Weiter über die Gratschneide aufwärts, später nach links in die Südseite, dort unter eine 20 m hohe steile Wand. Über sie (Kletterei, I+) in Kehren luftig empor zu einem Vorgipfel, 1860 m, danach in eine Scharte. An der begrünten Nordseite des P. 1888 (»Herrenstand«) westwärts auf das Gipfelplateau und über Wiesen zum höchsten Punkt des **Ötscher** ➍, 1893 m (Metallkreuz).

Den Steig Nr. 4 über den grasigen Südwestrücken abwärts zur Verschmälerung des Weißen Mäuerl und zur Schulter beim **Großen Wetterloch** (Schachtdoline!). Durch Latschen und über Felsstufen steiler bergab, dann die Grasflanke der Wiesmahd rechts hinab zur **Ötscherlift-Bergstation** 5, 1436 m, beim **Ötscherhaus** und mit dem Sessellift hinab.
Von der **Ötscherlift-Talstation** 6, 847 m, in Lackenhof die Straße nordostwärts zum **Fuchswald-Wirt** und dort kurz gegen den Wald hinauf zur breiten Wegtrasse der »Sagenwandermeile«. Auf ihr am Waldrand eben nach links (Norden) zur Asphaltstraße und auf dieser rechts haltend zur **Ötscherwiese** 7, 880 m, mit dem Ghf. Digruber. Die Straße noch 250 m weiter, dann halb links ab und auf Fahrweg (Nr. 05 und 277) durch einen Wiesengraben nach Nordosten bergauf, später rechts empor in den **Ranecksattel** 1.

Verschnaufpause im oberen Bereich des Rauen Kammes mit Rückblick gegen die im Text erwähnte »Graterhebung«.

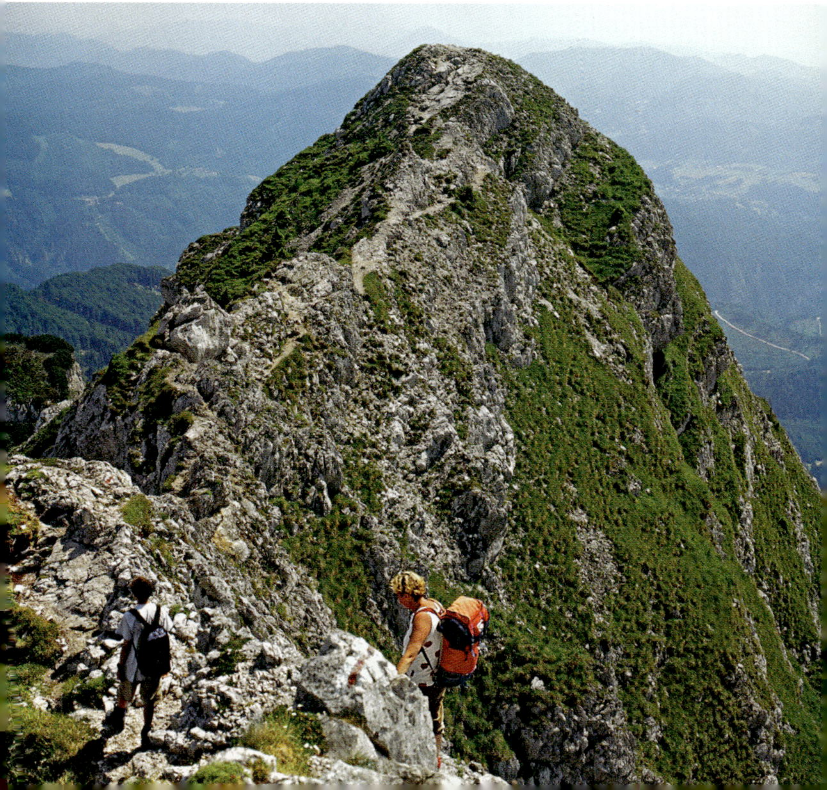

↗ 280 m | ↘ 280 m | 8.0 km

52 Molterkogel, 1004 m

2.30 h

Ein Geheimtipp bei Gösing

Der in wundervoller Position über den Erlaufschluchten thronende Erholungsort Gösing an der Mariazellerbahn hat neben renommiertem Viersternehotel und berühmtem Ötscherblick auch dem Wanderer etwas zu bieten, nämlich den Molterkogel. Das ist ein niedriger, schlanker Waldkegel mit weit schauendem Jagdhaus oben drauf. Wer es im Zuge dieser zweieinhalbstündigen Runde besucht, darf neben informativer Rundschau auch mit kerniger Brettljause und köstlich schmeckendem Most rechnen.

Ausgangspunkt: Gösing, 869 m, über der Erlaufschlucht gelegene kleine Siedlung an der Mariazellerbahn. Parkplatz vor dem Bahnhof, 11 km von Puchenstuben, 13 km ab Reith.

Anforderungen: Kurze, bequeme Wanderung auf bezeichneten Wegen und Forststraßen.

Einkehr: Alpenhotel Gösing (120 B.; Tel. +43/2728/217, www.goesing.at), Jausenstation Jagdhaus Ochsenburg (keine Nächtigung, ganzj. geöffnet).

Vom **Parkplatz Bhf. Gösing** ❶ die Straße rechts neben dem Gleis der Mariazellerbahn zum Eingang in den Gösingtunnel. Nach links über das Bahngleis zu einer bezeichneten Forststraße (Untere Gürtelstraße). Auf ihr an Waldhängen nordwestwärts hinauf zu einer **Verzweigung** ❷, 930 m. Den Fußweg Nr. 10 nach links in einen Graben und jenseits zu einem Fahrweg. Diesen an der rechten Grabenseite nach Süden hinab zu seinem Ende. Auf Steig an steilen Hängen weiter abwärts, später auf Holzstegen etwas exponiert um eine Ecke herum zu einem Karrenweg und auf ihm in die **Wiesenmulde Maisbuder** ❸, 800 m, mit Forststraße. Diese in Kehren nach rechts (Nordwesten) empor zum **Hohenas-Sattel** ❹, 920 m. Die Straße mit Weg Nr. 17 nach links (Westen) aufwärts unter den Molterkogel. An seiner

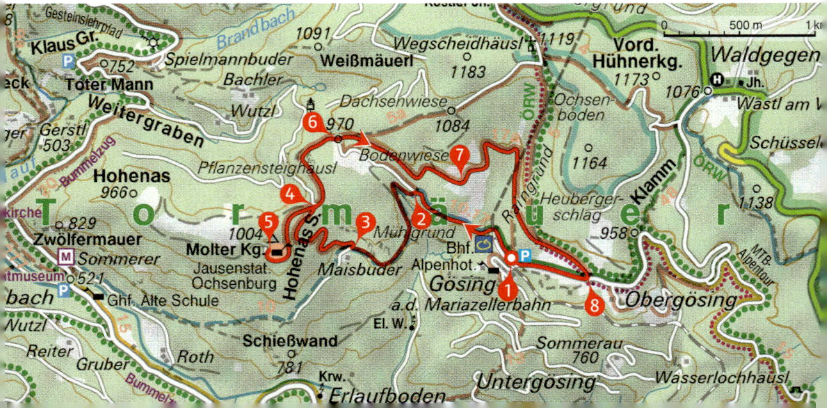

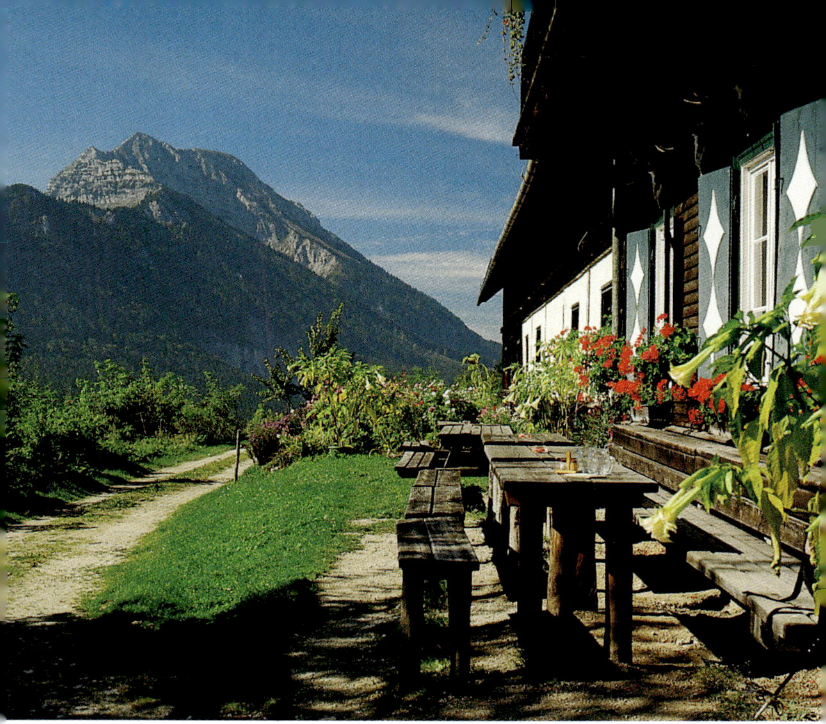

Das Jagdhaus Ochsenburg am Molterkogel mit dem Ötscher im Hintergrund.

Ostflanke links haltend hoch, dann nach rechts in die Südseite, zuletzt im Rechtsbogen empor zur Jausenstation **Jagdhaus Ochsenburg** 5, 1000 m (Ötscherblick!), unter dem bewaldeten Gipfel des **Molterkogels**, 1004 m. Zurück in den **Hohenas-Sattel** 4. Die Straße (Weg Nr. 17a) gerade fort und an den Waldhängen nach links (Norden) hoch, später um eine Ecke nach rechts herum und hinauf in den **Sattel** 6, 970 m, am Oberrand der **Bodenwiese** mit Teilung. Links haltend wieder in den Wald und dort an Hängen entlang zur **Dachsenwiese** 7, 980 m (Panoramablick vom Schneeberg bis zum Ötscher!). Über sie zu einer Anhöhe und in den Wald, danach, den **Raingraben** ausgehend, südostwärts nach **Obergösing** 8, 940 m. Nun auf Asphaltstraße eine Wiesenmulde (Eschen-Allee) nach rechts hinab zum **Bhf. Gösing** 1.

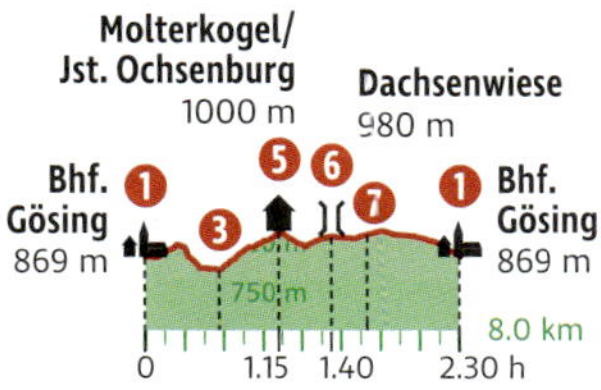

↗ 530 m | ↘ 530 m | 10.9 km

53 Brandmauer, 1276 m

4.00 h

Logenplatz vor Tormäuer und Ötscher

Zu den hervorragendsten Aussichtspunkten in Niederösterreichs Bergwelt zählt die Brandmauer östlich über dem Erlauf-Canyon. Doch ist sie kein Gipfel für jedermann. Wer sie von Puchenstuben besucht, braucht im dicht bewaldeten und großteils weglosen Gelände schon eine geschulte »Spürnase« und später am luftigen Aussichtsplatzerl westlich des Gipfels auch etwas Kaltblütigkeit. Denn sogar eingefleischten Berghasen verschlägt dort der unvermittelte Tiefblick in die Abgründe der Tormäuer den Atem, vom großartigen Ötscher darüber ganz zu schweigen!

Ausgangspunkt: Puchenstuben, 868 m, Luftkurort an der B 28. Großparkplatz am südlichen Ortsende bei der Statue des hl. Johannes von Nepomuk.
Anforderungen: Mittellange Tour auf unbezeichneten Steigspuren, Wegen und Forststraßen. Nur für geübte Geher mit gutem Orientierungsvermögen. Im Abstieg über den oberen felsigen Westkamm der Brandmauer sind Trittsicherheit und Schwindelfreiheit nötig.
Einkehr: Gasthöfe in Puchenstuben. Berghaus Turmkogel (keine Nächtigung; nur Winterbetrieb).

Vom **Parkplatz** in **Puchenstuben** ❶ anfangs auf Straße, dann den Fußweg, die B 28 kreuzend, südwärts hinauf zu einer Anhöhe mit Straßenteilung. Die obere Straße am Westabhang des Florkogels aufwärts zur nächsten Teilung. Geradeaus in die Wiesenmulde **Brandeben** (mit den Turmkogelliften) und an ihrem linken Rand empor in den **Turmkogelsattel** ❷, 1109 m (Kruzifix), mit dem Berghaus Turmkogel links der Straße. Beim Kruzifix rechts von der Straße ab, am oberen Wiesenrand (Zaun) nach rechts (Westen) aufwärts zur Holzhütte an der Bergstation des Turmkogel-Schlepplifts und

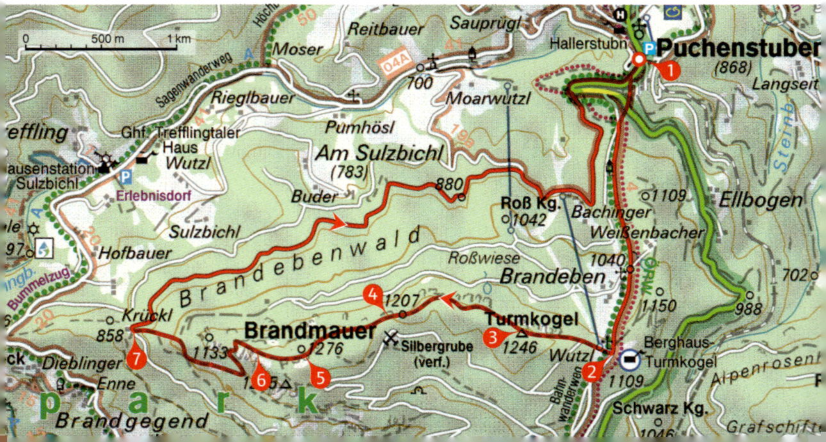

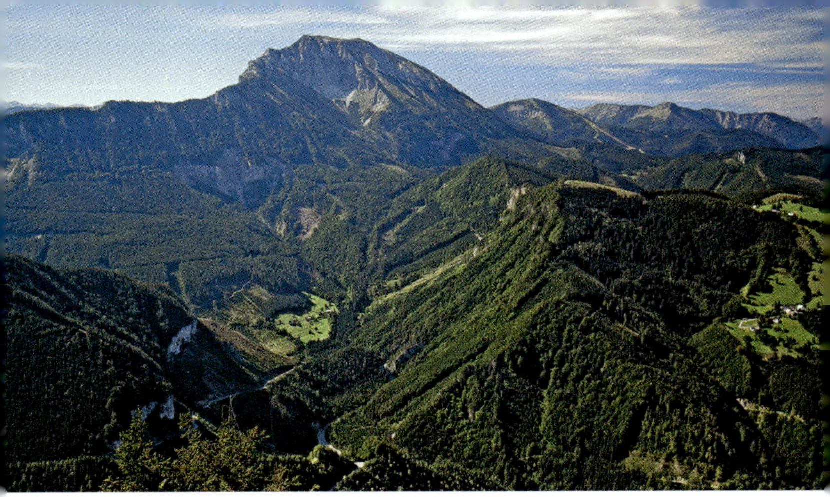

Der Ötscher über dem Schluchtenlabyrinth der Tormäuer von der Brandmauer-Aussicht.

kurz weiter bergauf zur Seilscheibe am Liftende. Auf teilweise nur schwer erkennbarer, unbezeichneter Wegspur (keine Markierung, keine Hinweistafeln) den bewaldeten Ostrücken des Turmkogels steil empor zum **Gipfel** ❸, 1246 m. Am Rücken hinab in einen **Sattel** ❹, 1180 m, danach über den jetzt schmäleren Kamm bergauf, später rechts oberhalb einer »Karstgasse« auf den Waldgipfel der **Brandmauer** ❺, 1276 m (kleines Holzkreuz, eingeschränkte Rundsicht). Den Steig links unter dem Westrücken hinab zum Westende der »Karstgasse« und zum **»Ötscherblick«** ❻, 1255 m, auf baumfreier Schulter am Westrücken der Brandmauer. Toller Tiefblick in die Tormäuer und Fernschau nach Westen bis zum Toten Gebirge.
Auf unbezeichnetem Steig am schmalen Rücken über Felsstufen steil hinab zu einem Absatz, wo der Steig den Kamm nach links (!) verlässt, 5 Min. ab Schulter. Über eine Schuttflanke in Kehren 150 Höhenmeter nach Südwesten hinunter, dann von der Wegspur rechts ab und unter Felswänden, an steilen Geröll- und Waldhängen entlang, wieder an den Westrücken des Berges. Über ihn hinab zur Schulter des **Keseleck** ❼, 875 m, mit Forststraße. Auf ihr an der bewaldeten Nordflanke der Brandmauer eben nach rechts (Osten) und in den Graben mit den Turmkogelliften. Dort unter dem **Florkogel** links hinauf zur B 28 und diese abwärts nach **Puchenstuben** ❶.

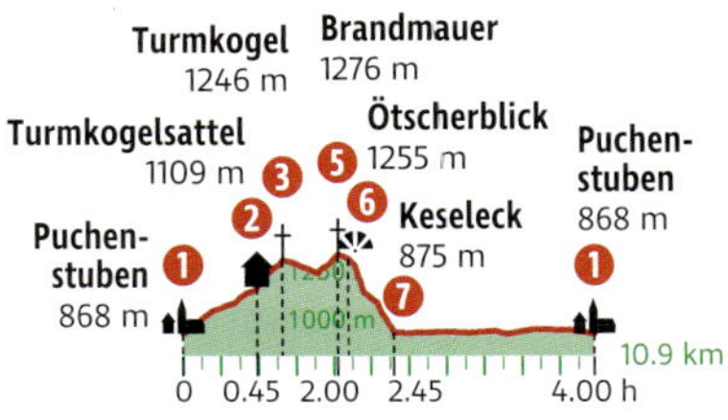

TOP

↗ 370 m | ↘ 370 m | 14.7 km

54 Vordere Tormäuer und Nestelberg

4.45 h

Riesencanyon am Ötscherfuß

Die Gräben von Erlauf und Ötscherbach bilden ein 20 km langes Schluchtensystem zu Füßen des Ötscher. Mit ihren gepflegten Wegen und bizarren Felslandschaften stellen sie das Kernstück im Naturpark Ötscher-Tormäuer dar. Als Kostprobe und Pflichtprogramm für Wanderer jeder Kategorie empfehle ich die Begehung der Vorderen Tormäuer vom Eibenboden nach Trübenbach. Und am Rückweg über Nestelberg lernt man eines der entlegensten Bergdörfer des Gebietes kennen.

Ausgangspunkt: Parkplatz Eibenboden, 450 m (WC und Regenunterstand, Bänke, Info-Tafeln), am Eingang in die Vorderen Tormäuer. Anreise mit eigenem Auto von Gaming, 10 km, oder Kienberg, 9 km (jeweils Hinweistafeln zum »Naturpark Ötscher-Tormäuer/Ötscher Tropfsteinhöhle«): Auf schmaler Asphaltstraße durch das Erlauftal zur Mündung des Nestelberggrabens mit Linksabzweigung des Güterwegs »Eiben«. Auf ihm nach 200 m zum Parkplatz Eibenboden, 1. Mai bis 1 Nov. kostenpflichtig.

Anforderungen: Ziemlich lange, aber leichte Wanderung auf markierten Wegen.

Einkehr: Ghf. Schindlhütte an der Zufahrt von Kienberg-Gaming (10 B.; Di. bis So., Nov. und Dez. Do. bis So. 10–20 Uhr geöffnet, Jan. und Feb. geschlossen. Tel.

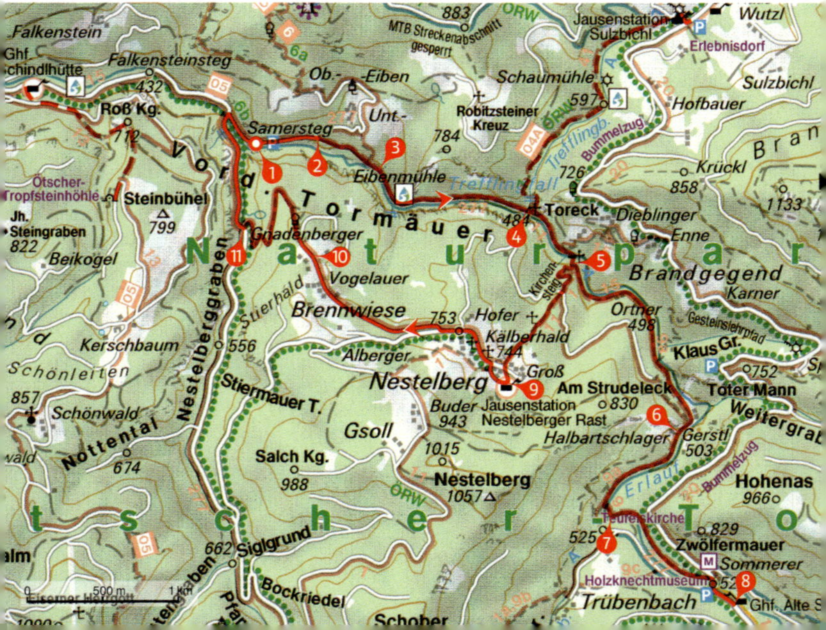

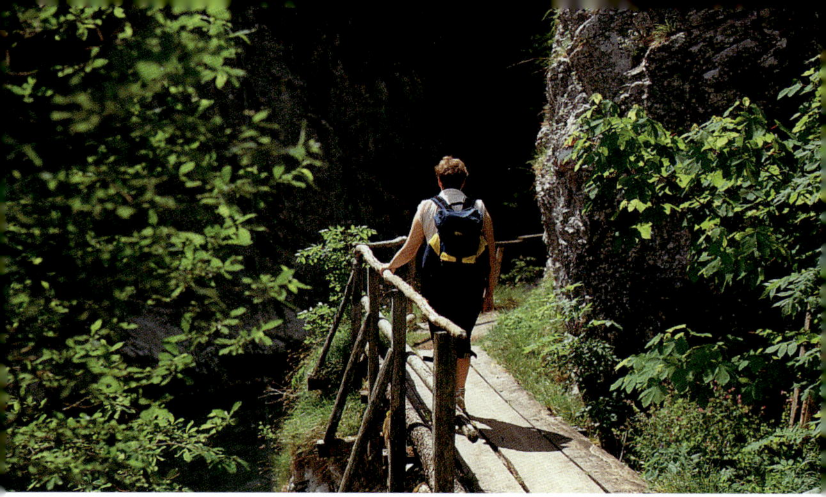

Die Vorderen Tormäuer gehören zu den beliebtesten Wanderzielen in den niederösterreichischen Kalkalpen.

+43/7485/67069, www.schindlhuette.at). Gasthaus »Alte Schule« in Trübenbach (20 L.; 1. Mai bis 31. Okt. 9–18 Uhr, am Wochenende schon ab 7.30 Uhr geöffnet, Mo. Ruhetag, Tel. +43/2728/392 und +43/664/5356714, www.gaming.gv.at/Gasthaus_Alte_Schule_10). Jausenstation Nestelberger-Rast (derzeit unsichere Öffnungszeiten, Einkehr mit Getränkekühlschrank auf der Terrasse, Tel. +43/7485/988-91, www.gaming.gv.at/Jausenstation_Nestelbergerrast).

Variante: Vom Gasthaus »Alte Schule« in Trübenbach kann man mit dem von dort betriebenen Ötscher-Wandertaxi oder mit dem Bummelzug »Ötschi's Bahnorama« (verkehrt 1. Mai bis 30. Sept. Sa., So. und Feiertage; Infos im Gemeindeamt Puchenstuben: Tel. +43/2726/238) zum Kiosk Sulzbichl am Eingang in den Naturpark Ötscher-Tormäuer fahren, von dort wie bei Tour 55 durch das Trefflingtal, am Trefflingfall vorbei, zum Toreck in den Vorderen Tormäuern, 484 m, absteigen und auf bekanntem Weg zum Parkplatz Eibenboden zurückkehren.

Tipp: Von der Schindlhütte (an der Zufahrtsstraße von Kienberg-Gaming, 1,5 km vor Eibenboden) lohnender Besuch der Ötscher-Tropfsteinhöhle (Führungen 1. Mai bis 26. Okt. Sa., So. und Feiertage 9–16 Uhr, Juli und Aug. auch Mi., Tel. +43/664/4064154 und +43/7485/98559).

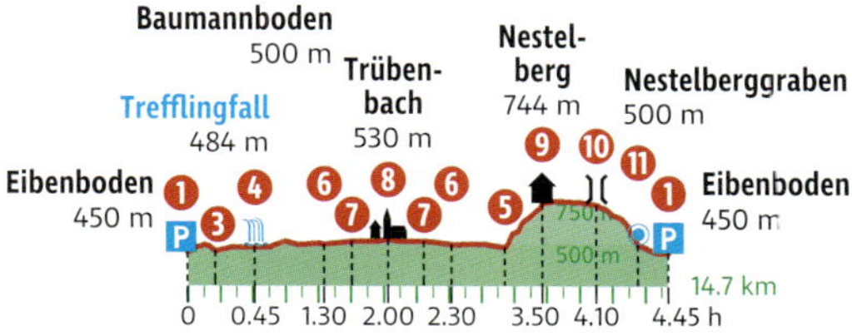

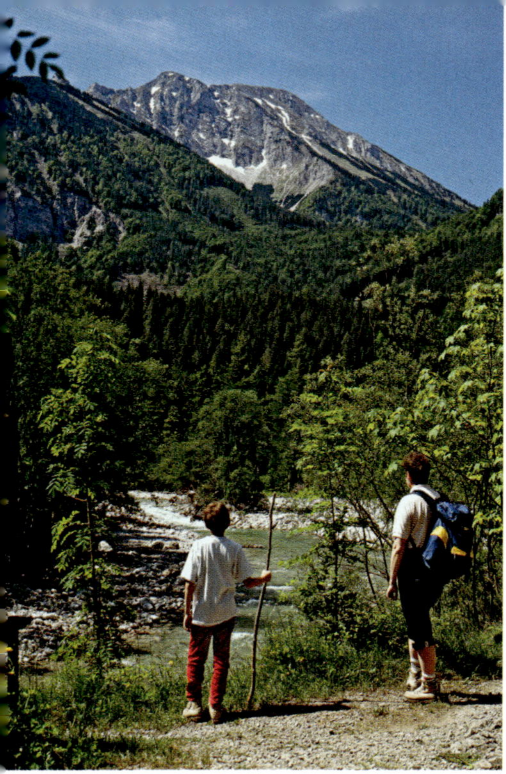

Rasten und schauen! Der wunderbare Ötscherblick vom Baumannboden.

Vom **Parkplatz Eibenboden** ❶ die schmale Asphaltstraße mit Weg Nr. 6 und 15 am Waldhang nach Osten aufwärts zur Linkskehre mit **Verzweigung** ❷. Rechts ab und auf abgeschranktem Güterweg (Nr. 3, 7, 277 und 604 A) hinab zur verfallenen **Eibenmühle** ❸, 460 m. Den Fußweg links neben der Erlauf taleinwärts zur Brücke über den in Kaskaden als **Trefflingfall** ❹, 484 m, herabstürzenden Trefflingbach. Durch eine klammartige Engstelle, dann um die Felsecke des Toreck herum und über den **Kirchensteg** ❺, 484 m (Brücke), an das rechte Ufer. Geradeaus weiter zum Haus Gerstl am **Baumannboden** ❻, 500 m, mit schönem Ötscherblick danach.

Bei der nächsten Verzweigung an das linke Ufer und dort zum ausgehöhlten Felsturm der **Teufelskirche** ❼, 520 m. Unter einer Wand weiter, danach im Wald zur »Panoramastraße«. Auf ihr rechts über die Erlauf zu einem Parkplatz und links hinauf zum **Gasthaus »Alte Schule« in Trübenbach** ❽, 530 m (sehenswertes Holzknechtmuseum).

Zurück zum **Kirchensteg** ❺. Davor links ab und den bezeichneten **Kirchensteig** im Wald steil nach Südwesten hoch, dann über einen Rücken hinauf nach **Nestelberg** ❾, 744 m. Auf Asphaltstraße an den Hängen des Nestelberges nach Nordwesten in die Mulde der Brennwiese. Weiter in einen **Sattel** ❿, 735 m, und zum Ende der asphaltierten Straße am Waldrand. Links ab und auf bezeichnetem Weg (»Kassteig«) hinab zur Straße im **Nestelberggraben** ⓫, 500 m (Quelle). Auf ihr an der linken Grabenseite abwärts, später an einer Felswand (an ihr entspringen die **Soachabachfälle**) entlang, zuletzt über die Erlauf zur Tormäuer-Straße und diese rechts zum **Parkplatz Eibenboden** ❶.

↗ 550 m | ↘ 550 m | 11.1 km

3.45 h

Hochbärneck, 954 m **55**

Bergbalkon über den Vorderen Tormäuern

Wer in den Schluchten der Erlauf Platzangst bekommt, nach oben will, für den gibt es »Fluchtwege« auf einige lohnende Ziele am Rande der Canyons. Neben Molterkogel und Brandmauer ist hier die von St. Anton an der Jeßnitz auch mit dem Auto erreichbare Terrasse Hochbärneck zu nennen. Ausgestattet mit Schutzhütte und Aussichtsturm, präsentiert sie den Ötscher von seiner schönsten Seite. Und zum Kennenlernen von Trefflingfall und Tormäuer hat man am Rückweg immer noch Gelegenheit!

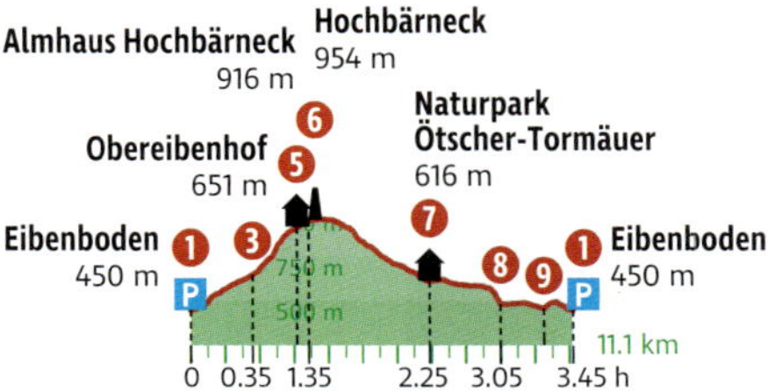

Ausgangspunkt: Parkplatz Eibenboden, 450 m (WC und Regenunterstand, Bänke, Info-Tafeln), am Eingang in die Vorderen Tormäuer. Anreise mit eigenem Auto von Gaming, 10 km, oder Kienberg, 9 km (jeweils Hinweistafeln zum »Naturpark Ötscher-Tormäuer/ Ötscher Tropfsteinhöhle«): Auf schmaler Asphaltstraße durch das Erlauftal zur Mündung des Nestelberggrabens mit Linksabzweigung des Güterwegs »Eiben«. Auf ihm nach 200 m zum Parkplatz Eibenboden, 1. Mai bis 1 Nov. kostenpflichtig.
Anforderungen: Einfache Wanderung auf nicht immer gut bezeichneten Wegen und Forststraßen. Trittsicherheit nötig.
Einkehr: Ghf. Schindlhütte an der Zufahrt von Kienberg-Gaming (10 B.; Di. bis So., Nov. und Dez. Do. bis So. 10–20 Uhr geöffnet, Jan. und Feb. geschlossen. Tel. +43/7485/67069, www.schindlhuette.at). Almhaus Hochbärneck (10 B., 14 L.; ganzjährig geöffnet, neu eingerichteter Klettergarten in Hüttennähe; Mo. und Di. Ruhetag, Tel. +43/7482/48464 und +43/676/7263415, www.hochbaerneck.com). Erlebnisdorf Sulzbichl (7 Stelzenhäuser und eine Gemeinschaftshütte mit Platz für bis zu 36 Personen; 1. Mai bis 31. Okt. geöffnet, Buchung: Gemeindeamt Puchenstuben, Tel. +43/2726/238, gemeinde.puchenstuben@wavenet.at, www.naturpark-oetscher.at/erlebnisdorf-sulzbichl). Kiosk Sulzbichl (keine Nächtigung; 1. Mai bis 26. Okt. täglich 9–19 Uhr geöffnet, sonst auf Anfrage, Tel. +43/2726/205, www.puchenstuben.at). Gasthaus Trefflingtalerhaus auf Sulzbichl (keine Nächtigung; Mai bis Nov. Mi. bis So., sonst Fr., Sa., So. und Feiertage geöffnet, Tel. +43/2726/231, www.trefflingtalerhaus.at).
Variante über den Kirchensteig: Vom Obereibenhof kann man länger und beschwerlicher auch dem Weg Nr. 6 (»Kirchensteig«) über die Falkensteinhöhe nach Hochbärneck folgen: Von der am

Hauptweg erwähnten Garage ❹ auf dem Naturfahrweg westwärts gerade fort zu einer Rechtskehre (Tafel). Links ab und auf meist unbezeichnetem, aber beschildertem Steig an den steilen Waldhängen (Trittsicherheit nötig) anfangs unter einer Wand entlang, dann oberhalb eines Abbruchs vorbei und durch Wald in den Sattel der Falkensteinhöhe (835 m) am Westrücken des Turmkogels. Nach rechts hinauf zur Zufahrtsstraße von St. Anton und diese zum Parkplatz Hochbärneck, 940 m. Weiter entlang der Straße (Fahrverbot) ostwärts durch Wiesen zum Almhaus Hochbärneck. Zusätzlicher Zeitaufwand: 1 Std.

Hinweis: Von Sulzbichl im Trefflingtal erreicht man mit dem Bummelzug »Ötschi's Bahnorama« (1. Mai bis 30. Sept. Sa., So. und Feiertage, Infos im Gemeindeamt Puchenstuben: Tel. +49/2726/238) das Gasthaus »Alte Schule« in Trübenbach und von dort (siehe Tour 54 in umgekehrter Richtung) durch die Vorderen Tormäuer den Eibenboden.

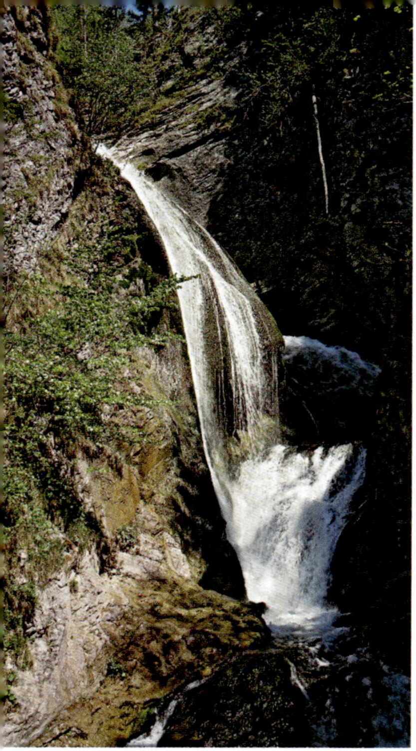

Der über steile Felsabsätze gischtende Trefflingfall präsentiert sich im Frühling am eindrucksvollsten.

Vom **Parkplatz Eibenboden** ❶ die schmale Asphaltstraße (Weg Nr. 6, 15 und 605) am Waldhang nach Osten hinauf zur **Linkskehre** ❷ (rechts ginge es in die Vorderen Tormäuer). Die Straße mit Weg Nr. 6 und 605 in Nordostrichtung weiter in die liebliche Wiesenmulde um den **Untereibenhof**. Durch ein kurzes Waldstück im Linksbogen empor zu den Wiesen um den **Obereibenhof** ❸, 651 m. Vor der Hofeinfahrt links ab und auf abgeschranktem Naturfahrweg durch Wiesen (Ötscherblick!) westwärts bergauf zu einer **Garage** ❹. Geradeaus kann man, weiterhin dem Fahrweg (»Kirchensteig«, siehe Variante!) folgend, etwas länger und anspruchsvoller ebenfalls nach Hochbärneck gelangen. Wir aber halten uns rechts und folgen Weg Nr. 6 a durch dichten Wald in steilen Kehren und Windungen etwas mühsam nach Norden empor zum Almhaus **Hochbärneck** ❺, 916 m. Nach Südosten hinauf in einen Sattel und nach rechts zum Gipfel des **Hochbärneck** ❻, 954 m (Aussichtsturm).
Kurz zurück in den erwähnten Sattel. Auf dem Fahrweg Nr. 7 nach rechts in die Südflanken des Turmkogels hinein und dort bald auf einer Forststraße ostwärts zu einer Schulter. In Ostrichtung weiter zur Gabelung vor

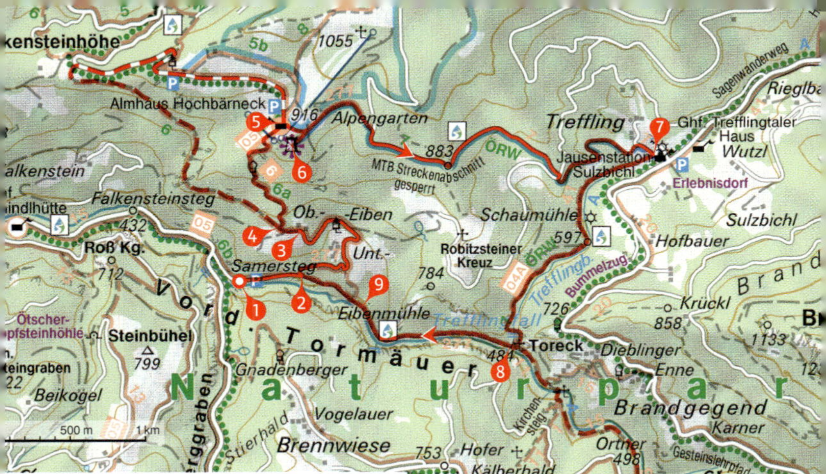

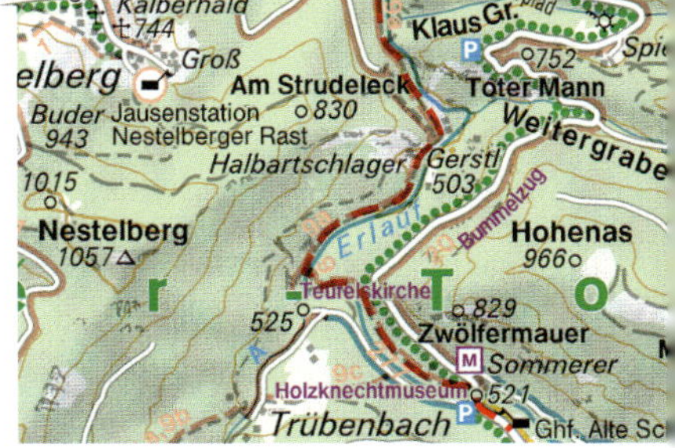

der Bergecke »Talirda«, dann durch einen Graben in die Wiesenmulde bei den **Trefflinghöfen** und weiter zum Erlebnisdorf Sulzbichl im Trefflingtal. Dort über den Bach zum Eingang in den **Naturpark Ötscher-Tormäuer** ⑦, 616 m (Kiosk).

Zurück zum Trefflingbach und jenseits den Weg Nr. 7 und 604 A durch das **Trefflingtal** hinab zum Steilabfall gegen die Vorderen Tormäuer. Dorthin bergab, dann rechts vom **Trefflingfall** durch eine Wand in Kehren hinunter. Nach links über den Wasserfall (Brücke) und jenseits hinab in die **Vorderen Tormäuer**, die beim **Toreck** ⑧, 484 m, erreicht werden. Den Querweg Nr. 604 A und 277 talauswärts zur verfallenen **Eibenmühle** ⑨, 460 m, danach auf Karrenweg hinauf zur bekannten **Kehre** ② und auf der Asphaltstraße zurück zum **Eibenboden** ①.

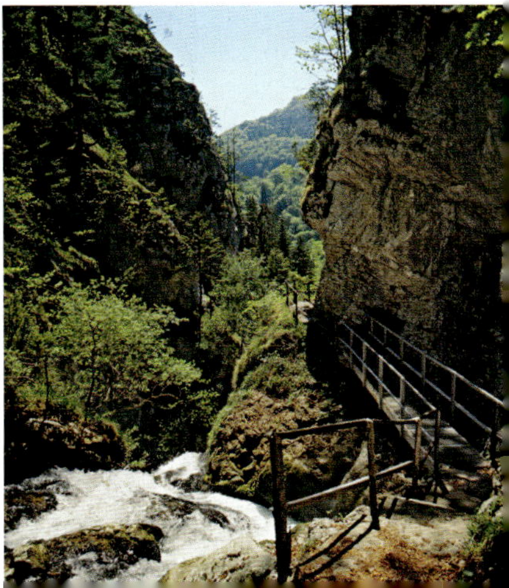

Durch das steile Trefflingtal führt ein gut abgesichertes Steig, an Wasserfällen vorbei, in die Schlucht der Tormäuer.

↗ 690 m | ↘ 690 m | 9.8 km

56 Rainstock, 1296 m

3.30 h

»Aber hier, wie überhaupt, kommt es anders, als man glaubt« (W. Busch)

Ein ansässiger Bergfreund hat mich vor Jahren auf den Rainstock bei Gaming aufmerksam gemacht. Doch mied ich ihn lange, weil der Blick auf die Landkarte auf den durch Forstwege übererschlossenen Plateauberg nördlich des Ötscher keine Sensationen verhieß. Diese gibt es jedoch in der Tat, in Form zauberhafter Ausblicke zu den Gesäusebergen sowie im Vorhandensein einer gemütlichen Almeinkehr.

Ausgangspunkt: Parkplatz Neudeckbachbrücke (auch »Neideckbach«), 610 m, im gleichnamigen Graben. Zufahrt per Auto von Gaming 200 m durch die Tormäuerstraße, dann rechts die asphaltierte Schleierfallstraße den Gaminggraben talein zur Gabelung bei der ehemaligen Polzbergmühle, 3 km. Links auf schmaler Asphaltstraße (Weg Nr. 14, 19, 20) den Neudeckgraben einwärts zur Straßenteilung (Parkplatz) vor der Brücke über den Neudeckbach, 4 km.
Anforderungen: Unschwierige Bergtour auf teils schlecht oder nur sporadisch bezeichneten Fahr- und Fußwegen. Orientierungsvermögen nötig!
Einkehr: Jausenstation Gföhler Alm (25 L.; 20./30. Mai bis 20. Sept. geöffnet, Di. und Mi. Ruhetag, Info: Tourismusbüro Gaming, Tel. +43/7485/9730812 und +43/676/7577890, www.gaming.gv.at/Gfoehleralm).

Nach der Gipfeltour unbedingt zu empfehlen: gemütliche Einkehr in der Gföhler Alm.

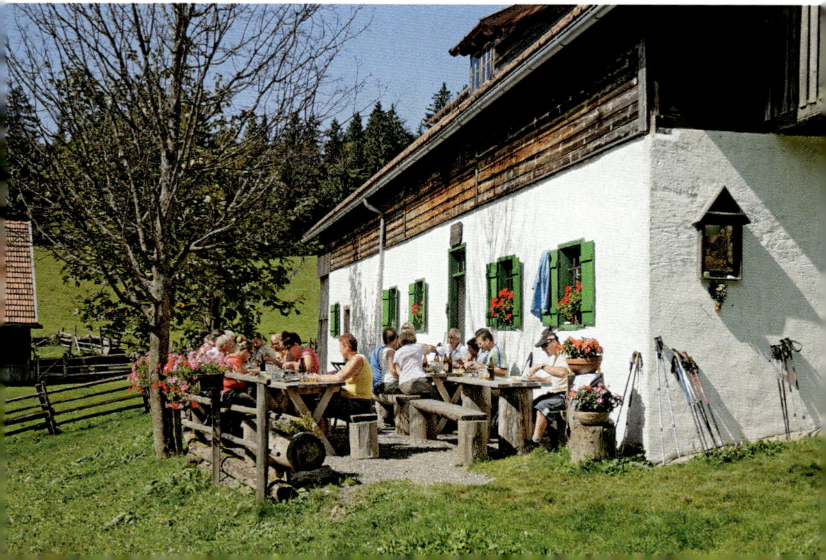

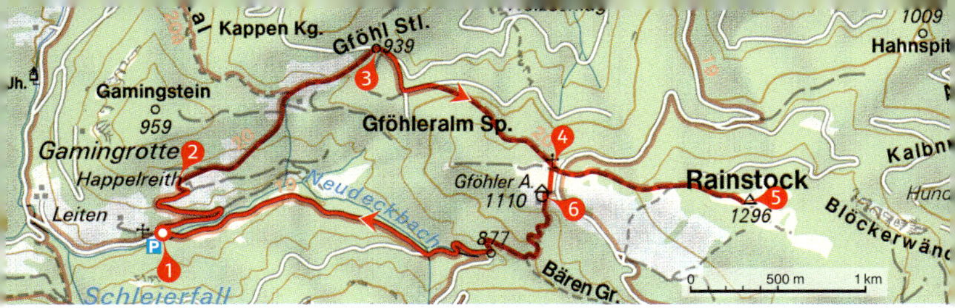

Vom **Parkplatz Neudeckbachbrücke** ❶ die rot bezeichnete Asphaltstraße mit Weg Nr. 20 durch Wald in Kehren nach Norden hoch, dann über Wiesen zum Ende der Asphaltstraße beim **Hof Happelreith** ❷, 720 m. Weiter auf Naturfahrweg nordostwärts vorerst am Oberrand der Wiesen, dann im Wald bergauf, zuletzt durch ein Gatter und über einen Wiesensattel hinweg zur Linkseinmündung von Weg Nr. 20a. Über eine Viehweide hinauf zum nächsten Gatter, dann durch Wald in den **Gföhlsattel** ❸, 939 m (Jagdhütte), zwischen Kappenkogel und Gföhler Almspitze. Auf querender Forststraße 50 m nach rechts zu einer Teilung. Halb rechts die Forststraße (rot bezeichnet, Weg Nr. 14 und 20) südostwärts in einen Waldsattel mit dreifacher Verzweigung. Links den rot bezeichneten Fahrweg nach 50 m zur nächsten Gabelung. Halb rechts auf gutem Fußweg, die Nordflanke der Gföhler Almspitze querend, im Wald nach Südosten aufwärts und über einen Zaun (Übertritt) in den Wiesensattel der **Gföhler Alm** ❹, 1120 m (Kruzifix), zwischen Gföhler Almspitze und Rainstock. Nicht jenseits hinab zur nahen Jausenstation Gföhler Alm, sondern auf bezeichnetem Fahrweg über Wiesen gegen den Rainstock nach links (Osten) bergauf, später im Wald entlang eines Zaunes, schließlich durch Wiesen und lichten Baumbestand auf das offene **Rainstock-Gipfelplateau** ❺, 1296 m (Kruzifix mit Buch in Metallschatulle).

Abstieg: Zurück zur **Gföhler Alm** ❹ und dort auf Fahrweg über eine Wiese kurz nach links (Süden) hinab zur nahen **Jausenstation Gföhler Alm** ❻, 1110 m. Beginn des rot bezeichneten Brunnweges (Nr. 14) gleich unterhalb des Hauses. Über Kahlschläge und durch Jungwald in Kehren nach Süden hinunter in den **Bärengraben** und dort zu querendem Fahrweg, 950 m. Auf ihm an der rechten Grabenseite hinab zur Forststraße im **Ölmäuergraben**, 877 m. Auf ihr rechts des Grabens weiter bergab, später an der linken Seite des **Neudeckgrabens** durch Wald, Wiesen und Obstgärten talaus, schließlich auf Asphaltstraße steiler abwärts und über den Bach nach rechts zum **Parkplatz Neudeckbachbrücke** ❶.

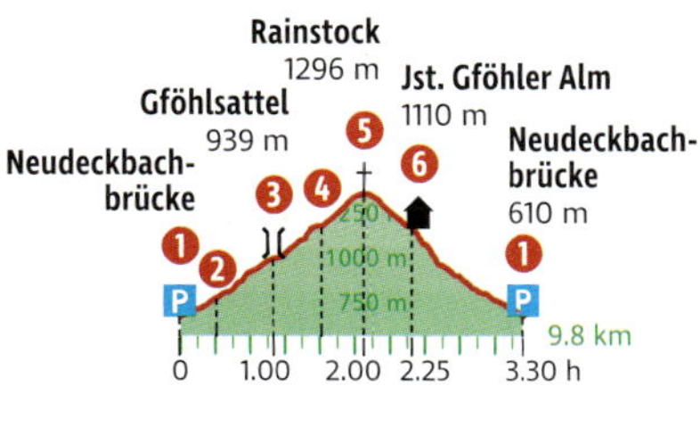

↗ 530 m | ↘ 530 m | 11.0 km

57 Blassenstein, 844 m

4.00 h

Auf den Hausberg der Scheibbser

Wohin geht der Scheibbser, wenn ihm nach Wandern, nach einer schönen Aussicht zumute ist? Natürlich einmal auf seinen Hausberg, den Blassenstein. Denn er trägt nicht nur eine weitschauende, an felsiger Abbruchkante stehende Warte, sondern er besitzt auch etliche schöne Spazierwege, die, wie im vorliegenden Fall, zu einer großzügigen Runde kombiniert werden können.

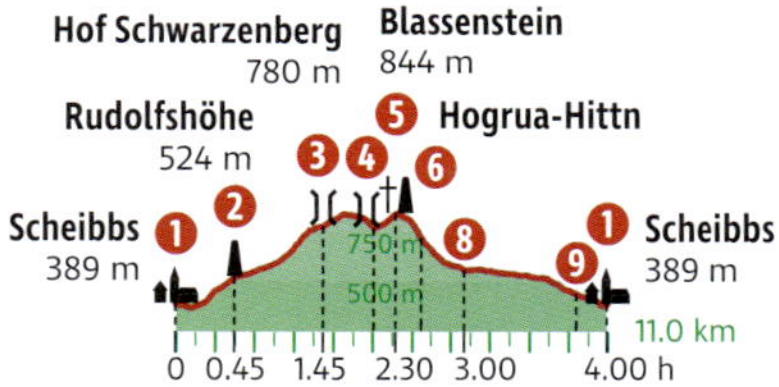

Ausgangspunkt: Scheibbs, 389 m, Bezirksstadt in einer Weitung des äußeren Erlauftales, ein alter Umschlagplatz von Agrar- und Eisenprodukten. Start am Rathausplatz (Parkplätze).

Anforderungen: Mittellange Wanderung auf nicht immer gut bezeichneten Wegen.

Einkehr: In Scheibbs Gasthöfe, sonst keine Einkehr.

Variante: Motorisierte Wanderer erreichen den Blassenstein wesentlich kürzer aus dem Wiesensattel zwischen ihm und dem Holzkogel (Parkplatz, 7 km von Scheibbs). Die Gesamtgehzeit beträgt dann ½ Std.

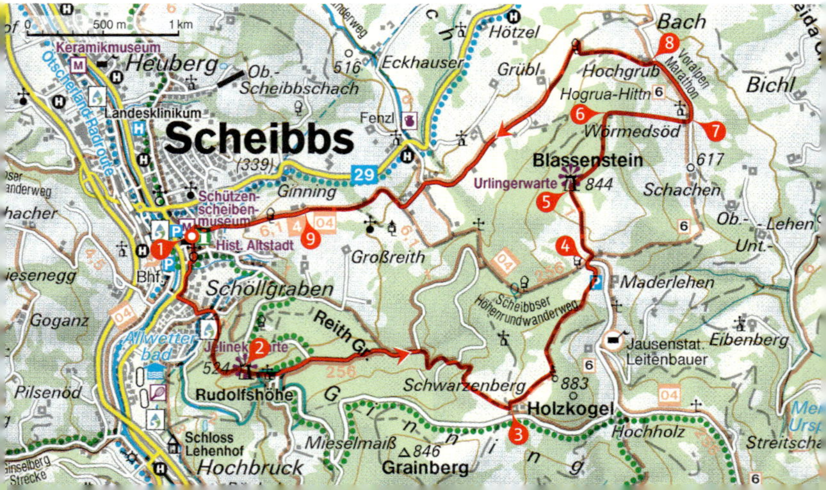

Vom **Rathausplatz** in **Scheibbs** ❶ hinab zur Hauptstraße. Auf ihr, dann die Gamingerstraße, an der Erlauf entlang, nach links zur Bürgerspitalgasse. Erst diese, dann den Mittersteig links hoch, später auf dem Schacherlweg zum Haus Nr. 17. Rechts in den Wald und dort auf bezeichnetem Fußweg nach Süden aufwärts zu einem Rücken. Diesen links empor zur Rudolfshöhe mit der **Dr.-Jelinek-Warte** ❷, 524 m.

Den Waldrücken hinauf zur **Blassensteinstraße** und auf ihr 200 m nach links zur Rechtsabzweigung von Fahrweg Nr. 256 (»Staudenweg«). Diesen an der rechten Seite des **Reithgrabens** talein, bei einer Verzweigung rechts den **Quellensteig** (Nr. 4) durch einen Seitengraben hoch, später eine steile Waldrippe aufwärts, zuletzt über Wiesen zum **Hof Schwarzenberg** am **Sattel** ❸, 780 m, zwischen Grainberg und Holzkogel. Auf Fahrweg nach Nordosten bergauf, dann links an den Nordrücken des Holzkogels und über ihn hinab in den **Sattel** ❹, 770 m (Parkplatz), vor dem Blassenstein. Den Fahrweg Nr. 6 über Wiesen nordwärts empor zur Urlingerwarte am Gipfel des **Blassensteins** ❺, 844 m. Von ihr imponierende Schau auf Ötscher, Dürrenstein und Totes Gebirge. Atemberaubender Tiefblick auf Scheibbs.

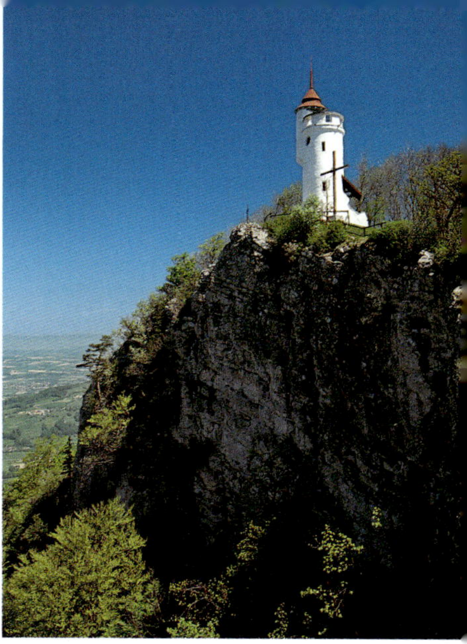

Die gemauerte Urlingerwarte am Blassenstein steht hart an der Abbruchkante der 50 m hohen Gipfel-Westwand.

Vor der Warte rechts ab und auf unbezeichnetem Steig (rote Pfeile) am Gipfelrücken nach Nordosten, dann den bewaldeten Nordrücken zum Teil über Felsstufen (Drahtseil) steil hinunter zur **»Hogrua-Hittn«** ❻, 720 m. Auf breitem Fußweg nach rechts hinab zum **Hof Wörmedsöd** ❼, 610 m, dort auf Asphaltstraße links zum **Hof Hochgrub** ❽, 560 m. Links ab und auf unbezeichnetem Fahrweg westwärts auf und ab zu einer Naturstraße. Auf ihr die breite Wiesenterrasse unterm Blassenstein eben nach Südwesten in den Weiler **Haag** und zum **Hof Pastelöd**. Gleich nach ihm rechts ab und auf bezeichnetem Fahrweg durch Wiesen und Waldparzellen nach Südwesten bergab, dann in gerader Westrichtung, am **Hof Ginning** ❾, 440 m, vorbei, sanft abwärts nach **Scheibbs**. Dort den Blassensteinweg und die Berggasse hinunter in das Stadtzentrum ❶.

↗ 510 m | ↘ 510 m | 12.9 km

58 Reinsberger Runde

4.00 h

Ein Voralpenschmankerl mit »Einlagen«

Um die Schönheiten des Grestener Hügellandes kennenzulernen, sind keine Kraftakte notwendig, auch nicht auf dieser Runde über den Runzelberg und die Kappleralm. Unterwegs lädt die Almschänke Hochschlag zur Rast ein, bestens dazu geeignet, müde Wanderer zu stärken, wieder lustig und flott zu machen.

Ausgangspunkt: Reinsberg, 477 m (Parkmöglichkeit, Bushalt), Erholungsort im Steinbachtal zwischen Scheibbs und Gresten, überragt von mächtiger Burgruine mit bekannter Arena. Startplatz ist der Kirchenplatz im Zentrum.
Anforderungen: Einfache Wanderung auf meist gut bezeichneten Fahr- und Fußwegen.

Einkehr: Gasthaus Stadler »Burgtaverne« in Reinsberg (keine Nächtigung; ganzjährig geöffnet, Mo. Ruhetag, Tel. +43/7487/2373, www.gasthausstadler.at). Jausenstation Wanderrast Hochschlag (15 L.; ganzjährig geöffnet, Di. und Mi. Ruhetag, Tel. +43/7487/2722, www.mostviertel.at/alle-lokale/a-wanderrast-hochschlag).

Rege besucht: die Wanderrast Hochschlag.

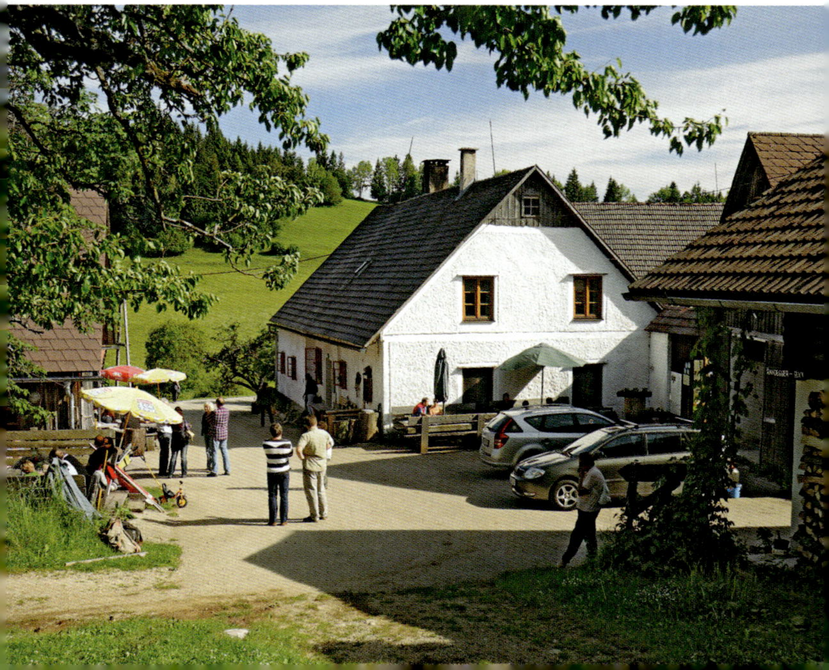

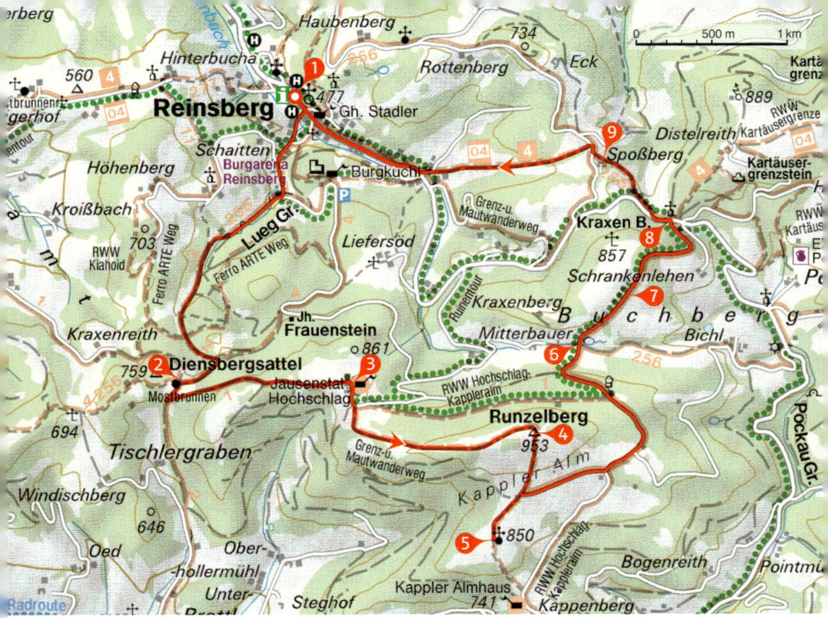

Vom **Kirchenplatz** in **Reinsberg** ❶ südwärts zur Straßengabelung nach dem Gasthaus Stadler. Rechts auf rot bezeichneter Asphaltstraße (Weg 2 und 256) den **Lueggraben** in Südrichtung aufwärts zur Straßenteilung vor einem Steinbruch, 490 m (links Auffahrt zur Burgruine Reinsberg). Die Straße durch den bewaldeten Lueggraben weiter talein zu abgelegenem Hof mit Verzweigung. Halb links den rot bezeichneten Naturfahrweg links vom Bach nach Süden aufwärts, dann steiler nach links (Osten) empor zu einer Wiesenschulter (verfallene Holzhütte). Nach rechts (Südwesten) durch einen Waldstreifen, danach über Wiesen, an einem »Mostbrunnen« (Labestelle mit Most, Säften und Wasser) vorbei, in den **Diensbergsattel** ❷, 720 m.

Scharf nach links (Süden) hoch zum querenden rot bezeichneten Fahrweg Nr. 1 und 7 (»Grenz- und Mautwanderweg«). Diesen an den Nordhängen einer Waldkuppe nach Osten empor zu einer Lichtung, 830 m, am Höhenrücken. Auf Karrenweg am Rücken eben fort,

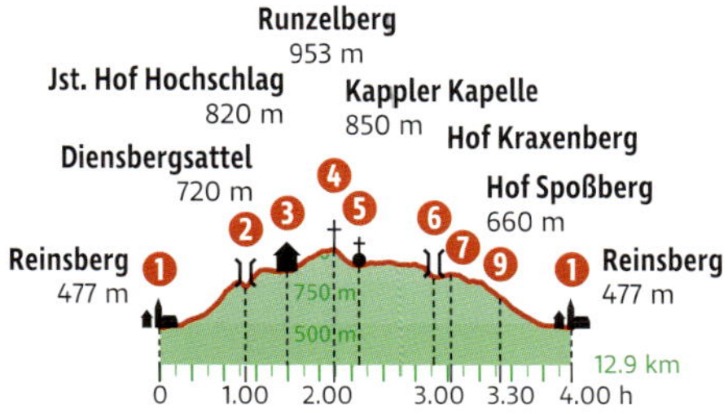

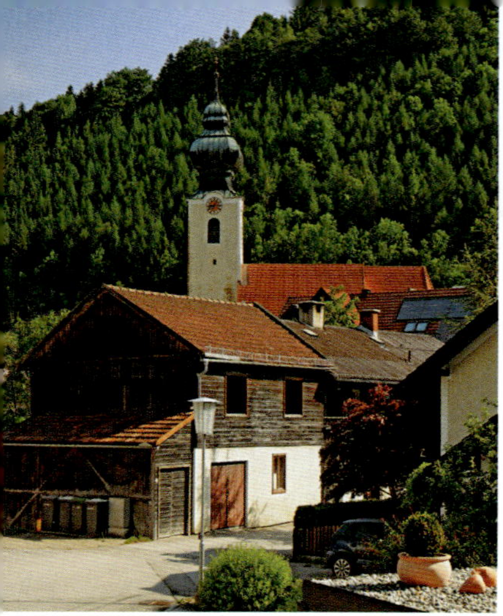

Reinsberg ist nicht nur als Wanderer-Stützpunkt, sondern auch durch seine Burgarena bekannt.

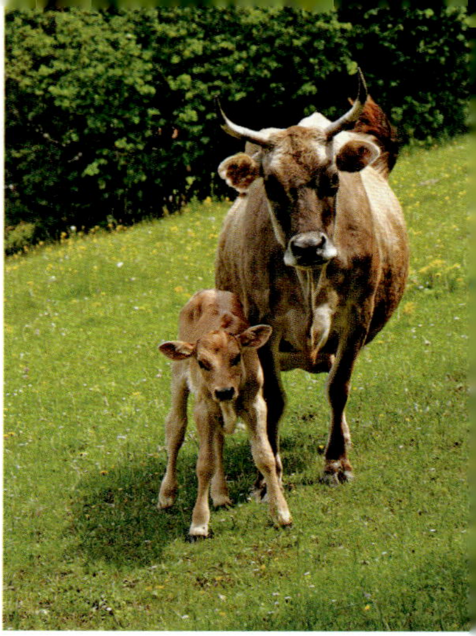

Almidylle auf Hochschlag: Mutterkuh und Kalb in misstrauischer Begutachtung des Fotografen.

später in die Südseite und dort über Wiesen bald zum 400 Jahre alten **Hof Hochschlag** 3, 820 m (Jausenstation). Die Zufahrtsstraße 150 m nach Süden bergab, später auf bezeichnetem Weg nach rechts (Süden) empor an den Westrücken des Runzelberges. Über ihn durch Wiesen- und Waldparzellen zum Gipfel des **Runzelberges** 4, 953 m (Kruzifix, darunter in einer Schublade das Gipfelbuch; Dürrenstein- und Ötscherblick!). Über einen Zaun (Übertritt) und jenseits weglos über freie Wiesen nach Süden hinab zur Schulter der **Kappler Alm** mit querendem Fahrweg, der traversiert wird. Jenseits über Wiesen weiter zur malerischen **Kappler Kapelle** 5, 850 m.
Zurück zum »querenden Fahrweg«. Auf ihm über die Viehweiden eben nach rechts (Osten) zu einer Schulter mit Weggabelung. Links an den Abhängen des Runzelberges nach Nordwesten hinab in den **Wiesensattel** 6, 780 m, vor dem Kraxenberg. Jenseits nach Nordosten empor zum **Hof Kraxenberg** 7, 800 m, mit Tiefblick in die Talschaft der Pockau. Weiter nun auf Asphaltstraße hinab in den **Sattel »Die Schranke«** 8, 750 m, mit querender Autostraße. Auf ihr 150 m nach links abwärts, dann rechts den rot-grün bezeichneten Weg Nr. 204 und 256 nach Nordwesten hinunter zum **Hof Spoßberg** 9, 660 m. An ihm vorbei in einen Wiesensattel mit querender Asphaltstraße. Auf ihr wenige Meter nach rechts, dann links ab und auf asphaltiertem, rot-grün bezeichnetem Fahrweg Nr. 204 und 256 einen Wiesengraben westwärts bergab wieder zur Asphaltstraße und auf ihr rechts durch das Steinbachtal nach **Reinsberg** 1.

↗ 570 m | ↘ 570 m | 11.0 km

4.00 h

Schwarzenberg, 958 m, und TVN-Spitze, 948 m

59

Auf die höchste Erhebung im Grestener Bergland

Als höchster Gipfel im Umkreis von Gresten ist der Schwarzenberg ein beliebtes Tourenziel. Seinem dicht bewaldeten Gipfelkamm entragt westlich des höchsten Punktes ein frei stehender Felsobelisk, die kreuzgeschmückte Naturfreunde-Spitze (TVN-Spitze). Damit wird der Waldberg zu einem Panoramapunkt von Format, den man aus dem Tal der Kleinen Erlauf über die idyllisch gelegene Oberhauskapelle in gut zwei Stunden erreicht.

Ausgangspunkt: Ybbsbachamt, 435 m (Bushalt), ehemalige Schmiedesiedlung 2 km südlich von Gresten im Tal der Kleinen Erlauf. Startpunkt ist der Parkplatz gegenüber dem aufgelassenen Gasthof Berger »Zur Taverne«.
Anforderungen: Nicht allzu schwierige Wanderung auf teils schlecht bezeichneten Fahr- und Fußwegen. Trittsicherheit und etwas Orientierungsvermögen sind nötig. An heißen Sommertagen abzuraten.
Einkehr: Keine.
Hinweis: Bei Kletterübungen an der TVN-Spitze ist Vorsicht geboten – Absturzgefahr!

Im Anstieg zur Oberhauskapelle: Tiefblick auf Gresten mit dem Schloss Stiebar links.

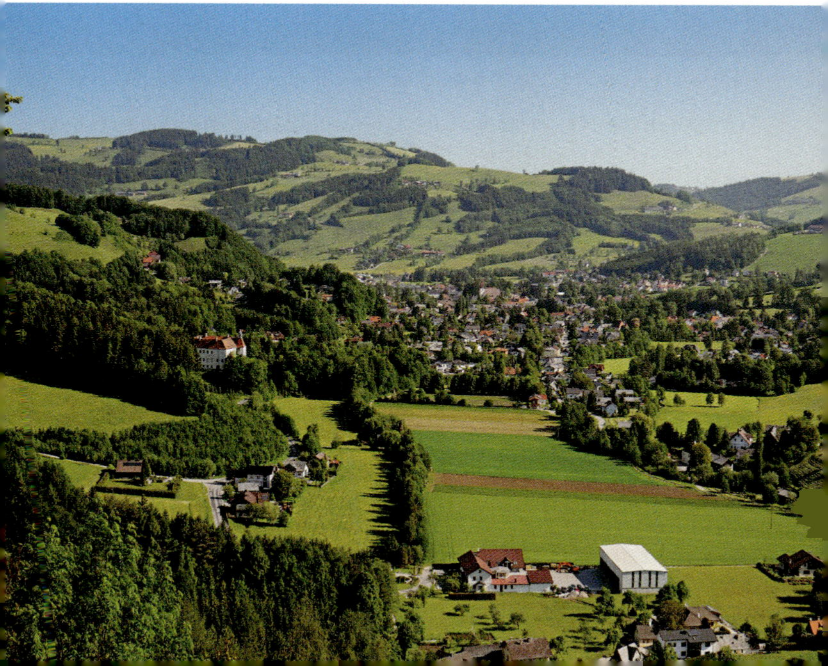

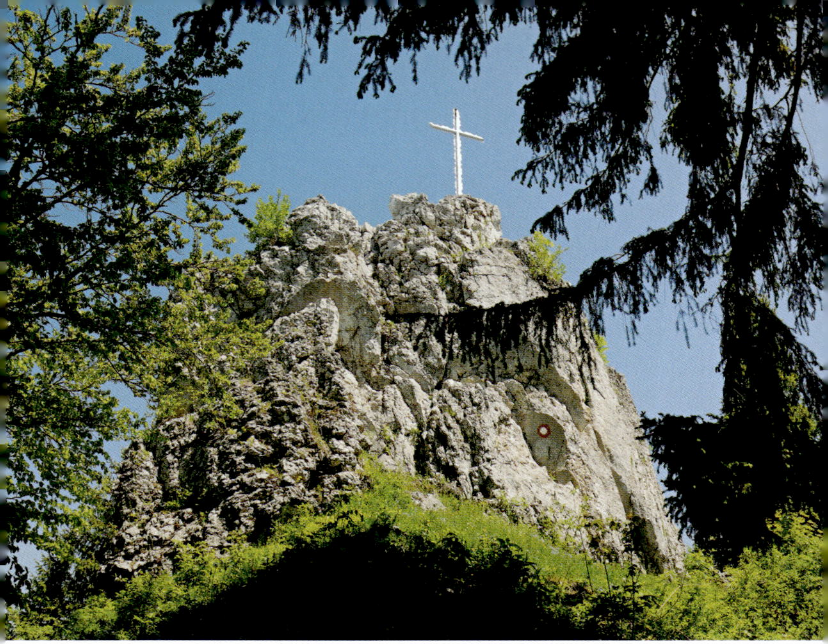

Die felsige, kreuzgeschmückte TVN-Spitze von der Unterstandshütte Schwarzenberg.

In **Ybbsbachamt** ❶ von dem in den **Schmiedgraben** führenden Güterweg gleich nach dem ehemaligen Ghf. Berger links ab, auf dem rot bezeichneten Fußweg Nr. 10 an der linken Grabenseite nach Westen aufwärts in den Wald und dort zur Weggabelung bei einem Holzkreuz. Den Fahrweg nach links (Osten) hinaus zu schöner Wiese und an ihrem Oberrand zu **Verzweigung** ❷, 540 m (rechts auf den Schwarzenberg). Geradeaus den Weg Nr. 10 quer durch die Nordflanke des Oberhausegg wieder in den Wald und dort im Rechtsbogen in einen Sattel. Links in einer Schleife nach Osten empor zu der am Gipfel des Oberhausegg stehenden, aus den Mauerresten der mittelalterlichen Burg Oberhausegg 1854 errichteten **Oberhauskapelle** ❸, 570 m (Tiefblick auf Gresten und Schloss Stiebar!).

Zurück zur erwähnten **Verzweigung** ❷. Halb links den Fahrweg Nr. 10 durch Wald und Wiesen eben nach Südwesten, dann abwärts zum **Hof Oberhausegg** ❹, 530 m. Nun entlang der asphaltierten Schwarzenbergstraße, an den Höfen Königseben und Holzbauer vorbei, über Wiesen in Windungen nach Südwesten aufwärts in den Wald. Dort, die Ostflanke des Schwarzenberges querend, nach Süden empor zur Wiesenschulter beim **Hof Hochvorderberg** ❺, 755 m. Am Wiesenbeginn scharf rechts ab und auf Fußweg Nr. 10 durch einen Obstgarten nach Westen hoch, danach im

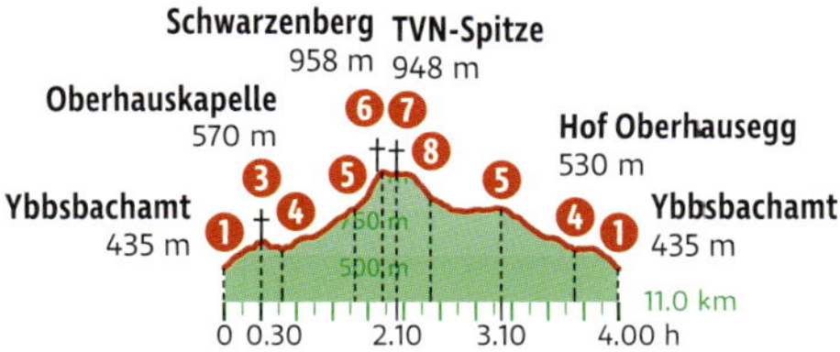

Wald steil bergauf zu querendem Fahrweg. Diesen kurz nach links zu einer Quelle, danach zur Verzweigung. Rechts den bezeichneten Pfad im Wald empor an den Südostrücken des Berges und über diesen in Kehren hinauf zu einem Handymast, danach über Wiesen steil an den felsig-bewaldeten Gipfelrücken des Berges. Über diesen westwärts auf den bewaldeten **Schwarzenberg** 6, 958 m (kein Gipfelzeichen, keine Rundsicht). Am felsig-bewaldeten Kamm westwärts auf und ab unter die TVN-Spitze. In die rechte Seite (Nordseite) des Turmes und dort über Felsstufen (Eisenklammern) unschwierig empor zum Gipfel der **TVN-Spitze** 7, 948 m (Kruzifix, Gipfelbuch, Rundblick!). Südwestlich unterhalb des Felsens die ständig geöffnete **Unterstandshütte Schwarzenberg** (Sitzgarnitur).

Auf rot bezeichnetem Kammweg, am Oberrand einer aussichtsreichen Wiese westwärts weiter, später am licht bewaldeten Rücken hinab zu den Angelsberg-Wiesen. Links vom Rücken ab und am Wiesenrand nach Süden zum **Hof Angelsberg** 8, 808 m (Ötscherblick!). Auf rot bezeichneter Asphaltstraße (Weg Nr. 10), die südseitigen Schwarzberg-Wiesenhänge querend, am Hof Hasenberg vorbei, zur Schulter beim **Hof Hochvorderberg** 5 und auf bekanntem Weg nach **Ybbsbachamt** 1.

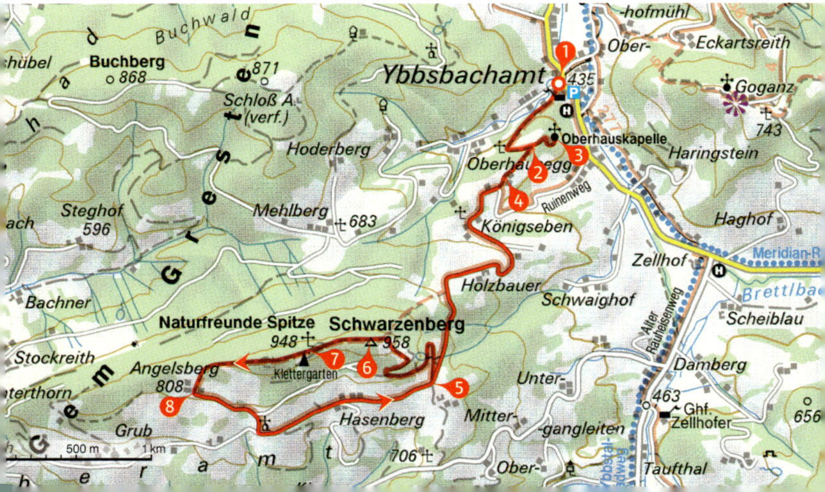

↗ 490 m | ↘ 490 m | 8.3 km

60 Prochenberg, 1123 m

2.30 h

Großer Waldberg mit Gipfelhaus und -warte

In den Achtzigerjahren noch bis zum Scheitel bewaldet und kaum besucht, hat sich der Ybbsitzer Hausberg zu einem rege frequentierten Panoramaberg gemausert mit Gipfel-Aussichtswarte und einladendem Schutzhaus daneben. Dort schweift der Blick gegen die im Süden mächtig aufgereihten Kalkhochalpen ebenso wie über das Alpenvorland hinweg bis zum Waldviertel. Und das alles als Lohn für einen kurzweiligen Anstieg, der vom Parkplatz bei den Haselsteinhöfen über die luftige Kanzel der Haselsteinwand (Klettergarten!) zur Höhe leitet.

Ausgangspunkt: Haselsteinhöfe, 642 m. Zufahrt von Ybbsitz auf einer Asphaltstraße zu den auf einer Wiesenterrasse nördlich unter dem Prochenberg und der Haselsteinwand gelegenen Haselsteinhöfen (mit Parkplatz), 2,5 km von Ybbsitz.
Anforderungen: Einfache Wanderung auf markierten Wegen und Forststraßen.
Einkehr: Prochenberghütte (6 B., 13 L.; 1. Mai bis 26. Okt. So. und Feiertage, Juli bis Sept. auch Sa. bewirtschaftet, an der Ostseite der Hütte Gipfelbuch sowie ein immer offener Unterstandsraum, Tel. +43/681/10367156, www.alpenverein.at/prochenberghuette). An den Haselsteinhöfen sind zeitweise Most und Milchprodukte (Schafkäse) erhältlich.
Hinweis: Wer Ruhe und Einsamkeit liebt, sollte den Prochenberg wochentags besuchen, wenn das Gipfelschutzhaus nicht bewirtschaftet ist.

Vom oberen **Haselsteinhof** ❶ den rot markierten Karrenweg Nr. 33 durch ein Gatter, dann an den Wiesenhängen unter der Haselsteinwand eben nach Osten in den Wald. Dort auf breitem Fußweg, eine Forststraße mehrmals überquerend, in Ostrichtung aufwärts, zuletzt scharf nach rechts empor an den Prochenberg-Nordostrücken. Über diesen oder knapp links

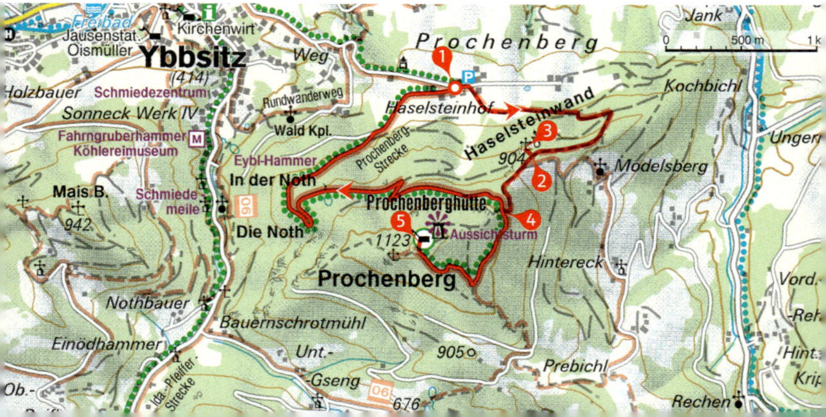

von ihm hinauf in den **Sattel** ❷, 880 m (kleine Hütte mit Sendeanlage) zwischen Haselsteinwand und Prochenberg-Massiv. Gleich nach der Hütte rechts ab und im lichten Wald steil nach Nordwesten empor auf die luftige Felskanzel der **Haselsteinwand** ❸, 904 m (Gipfelkreuz und -buch knapp westlich des höchsten Punktes). Atemberaubender Tiefblick zu den Haselsteinhöfen, Durchblick auf Ötscher (Südosten) und Dürrenstein (Süden).

Zurück in den oben erwähnten **Sattel** ❷ und dort den Weg Nr. 33 am Waldrücken eben nach rechts unter den Gipfelaufbau des Prochenberges. Am rechten Rand einer Wiese hoch, danach den runden Waldrücken in Windungen aufwärts und nach links zur querenden Prochenbergstraße ❹, 990 m. Auf ihr links haltend quer durch die Ostflanke des Berges nach Süden hinauf an den Südostrücken mit Verzweigung. Die Straße mit Weg Nr. 34 schräg rechts empor zum baumfreien Gipfel des **Prochenberges** ❺, 1123 m, mit Schutzhaus und 20 m hohem Aussichtsturm.

Zurück zu der Stelle, wo im Anstieg die Prochenbergstraße ❹ erreicht wurde. Auf ihr geradeaus weiter und nach links in die bewaldete Nordflanke hinein. Die Flanke querend, in Westrichtung abwärts, später um eine Bergrippe nach links herum (Tiefblick in den Prollinggraben) zu einer Rechtskehre. Wiederum die Nordflanke querend, nun in Nordostrichtung abwärts, zuletzt auf Asphaltstraße über Wiesen zu den **Haselsteinhöfen** ❶.

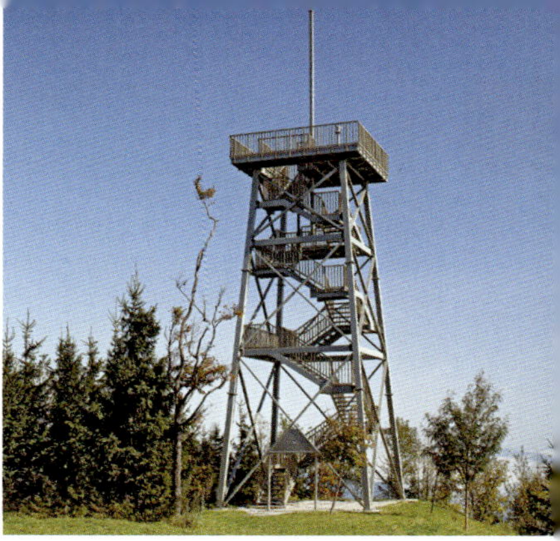

Oben: Der 20 m hohe Aussichtsturm am Gipfel des Prochenbergs. Unten: Das Gipfelkreuz auf der Haselsteinwand vor den Waldflanken des Prochenberges.

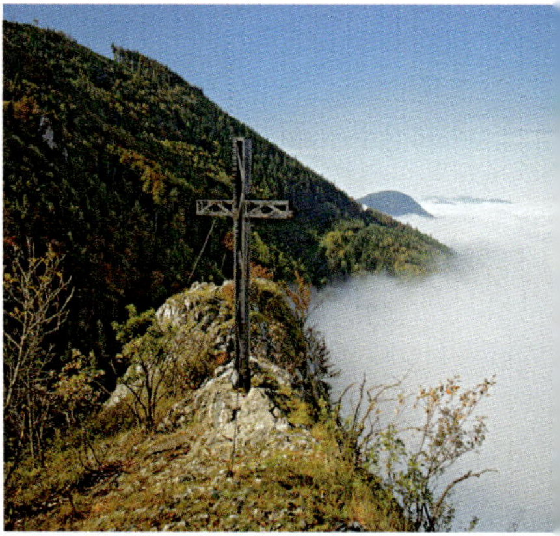

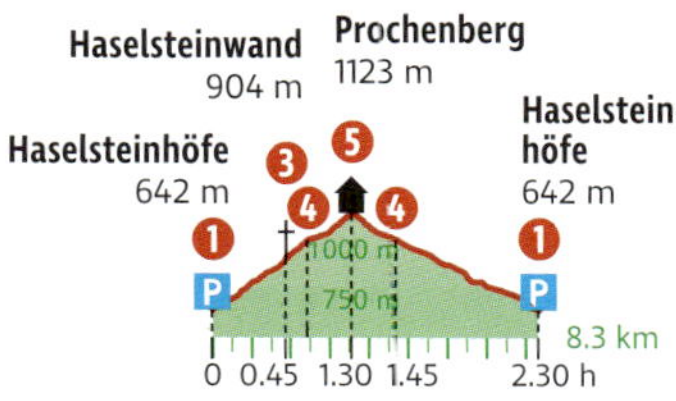

↗ 650 m | ↘ 650 m | 5.6 km

61 Friesling, 1339 m

3.00 h

Dem Geduldigen gehört die Welt!

Vom Sattel Große Kripp steigt man auf unmarkiertem Jagdsteig die steile Waldflanke hoch und glaubt lange Zeit, am falschen Berg zu sein. Denn erst ganz zuletzt, wenn sich das Dickicht lichtet und die paradiesische Gipfelwiese erreicht ist, wird einem klar, hier auf einem »Aussichtszapfen« von Format zu stehen ...

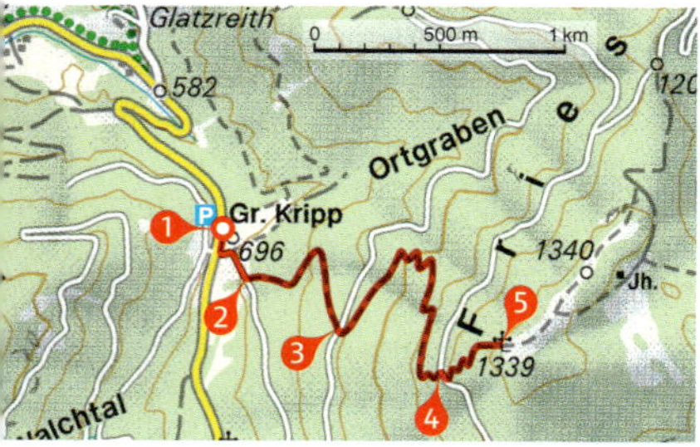

Ausgangspunkt: Große Kripp, 696 m, Sattel zwischen Friesling und Oisberg mit Verbindungsstraße zwischen Opponitz (5 km), Ybbsitz (11 km) und Göstling (12 m). Startpunkt ist der Parkplatz Große Kripp, 690 m, knapp nördlich der Passhöhe.
Anforderungen: Kurze Bergtour auf unbezeichnetem, aber gut trassiertem Steig. Trittsicherheit und Orientierungsvermögen nötig!
Einkehr: Keine.

Tiefblick gegen Opponitz vom Anstieg auf den Friesling.

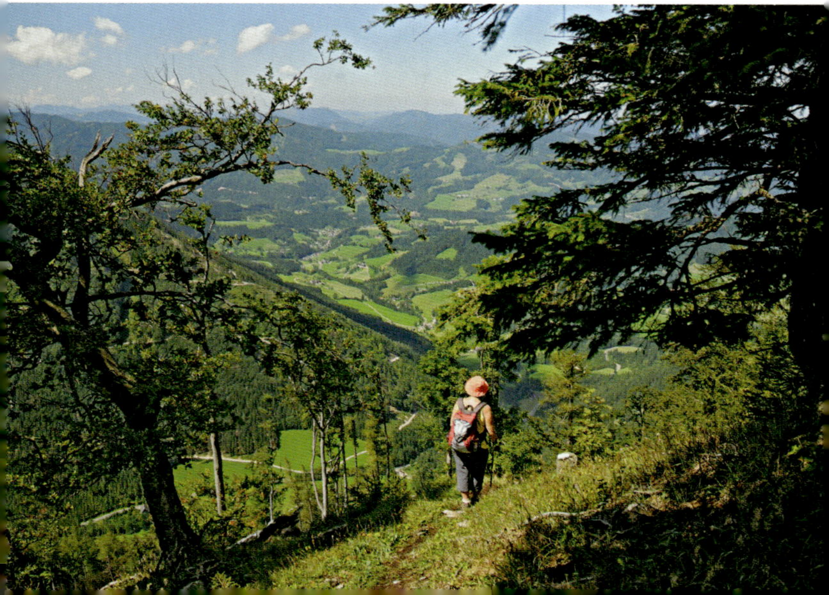

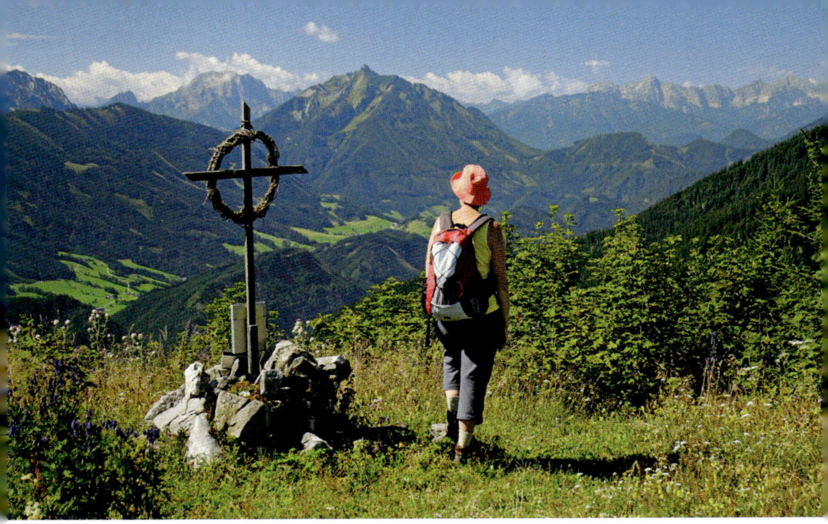

Bei Kaiserwetter am Friesling! Hinter dem Gipfelkreuz der Große Buchstein (Gesäuse), rechts davor die Voralpe (Tour 43) und noch weiter rechts die Haller Mauern.

Vom **Parkplatz** ❶ entlang der Asphaltstraße 50 m nach Süden hinauf zur Passhöhe **Große Kripp**, 696 m, mit nach links und rechts abzweigenden Forststraßen. Die Straße links über Wiesen sanft nach Südosten aufwärts zu kleinem **Parkplatz** ❷, 700 m (Schranke), am Waldrand. Wenige Meter davor links ab (keine Tafel!) und auf dem »Jagdsteig« ostwärts vorerst über Wiesen bergauf, dann über die bewaldete steile Westflanke des Friesling, eine Forststraße kreuzend, hoch, später durch Wald und Buschwerk in Schleifen zur **zweiten Forststraßen-Querung** ❸, 880 m. An den Waldhängen schräg nach links empor an eine steile Geländerippe und über diese in engen Serpentinen hoch, danach Hangquerung nach rechts an den steilen Südwestrücken des Berges mit Verzweigung. Links haltend über die Rippe hoch zur **dritten Forststraßen-Querung** ❹, 1180 m (weißer Rechtspfeil am Felsen!). Die Straße 40 m nach rechts zu einer Kurve. Dort links ab und über die steile, licht bewaldete Bergkante in Kehren hoch, danach bei abnehmender Steilheit zum »Sonnenbankerl« und weiter auf den **Friesling-Südwestgipfel** ❺, 1339 m (Kruzifix mit Buch in der Schatulle, Bank). Großartiger Rundumblick wie von kaum einem anderen Voralpengipfel dieser Höhe!

Abstieg: Zurück zum **Parkplatz** ❶ entlang der Anstiegsroute.

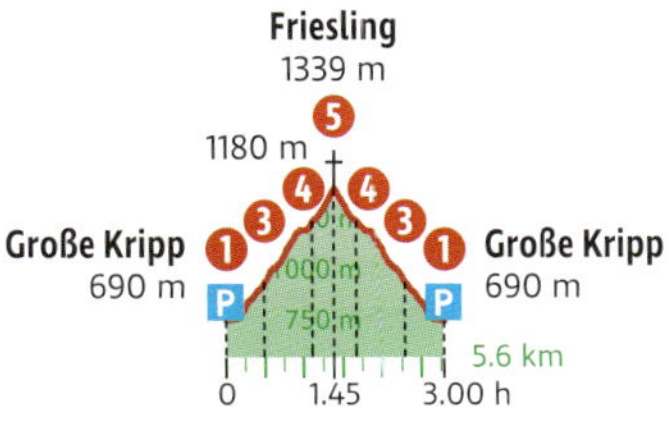

↗ 720 m | ↘ 720 m | 7.6 km

62 Oisberg: Alpl, 1405 m

3.30 h

Stille Stunden am Hausberg der Opponitzer

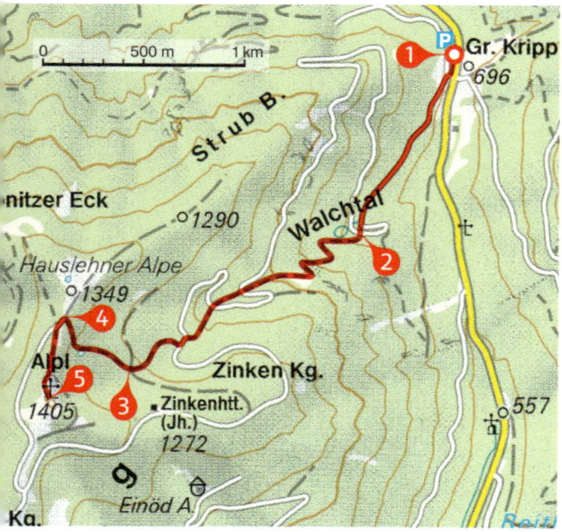

Der zweithöchste Gipfel am Oisberg, der Große Schneekogel, ist wegen seines markierten Nordzugangs von Opponitz her manchen ein Begriff. Doch die weiter im Osten stehende Haupterhebung des Massivs, das um 30 Meter höhere Alpl, wird in Ermangelung einer Steiganlage deutlich seltener besucht. Die hier empfohlene Ostroute vom Sattel Große Kripp durch das Walchtal hat auch als Skitour ihre Meriten. Dem baumfreien Gipfel verdankt das Alpl seine Vorzüge als Klasse-Aussichtsberg. Als solcher wird er von Kennern totgeschwiegen, was seine Gründe hat ...

Ausgangspunkt: Große Kripp, 696 m, Sattel zwischen Friesling und Oisberg mit Straße zwischen Opponitz (5 km), Ybbsitz (11 km) und Göstling (12 m). Startpunkt ist der Parkplatz Große Kripp, 690 m, knapp nördlich der Passhöhe.

Anforderungen: Kurze Bergtour. Keine Farbmarkierung, jedoch ausreichend Steinmänner entlang der meist guten Wegtrasse. Trittsicherheit und Orientierungsvermögen nötig!
Einkehr: Keine.

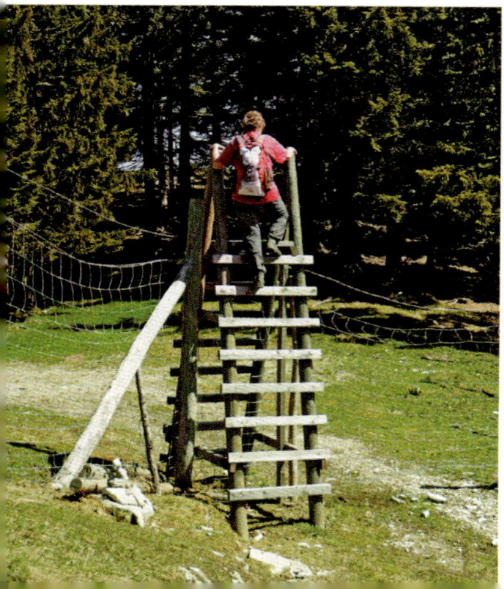

Der »Wildzaun mit Übertritt« im Anstieg auf das Alpl.

Vom **Parkplatz** ❶ die Asphaltstraße 50 m nach Süden hinauf zur **Passhöhe Große Kripp**, 696 m, mit nach links und rechts abzweigenden Forststraßen. Halb rechts ab und auf Naturstraße (Schranke) am Waldhang sanft nach Südwesten aufwärts in die Sohle des **Walchtales** ❷ mit Rechtsabzweigung, 770 m, des unbezeichneten »Jagdsteiges« auf das Alpl. Den gut trassierten Weg (keine Farbmarkierung, keine Beschilderung, jedoch zahlrei-

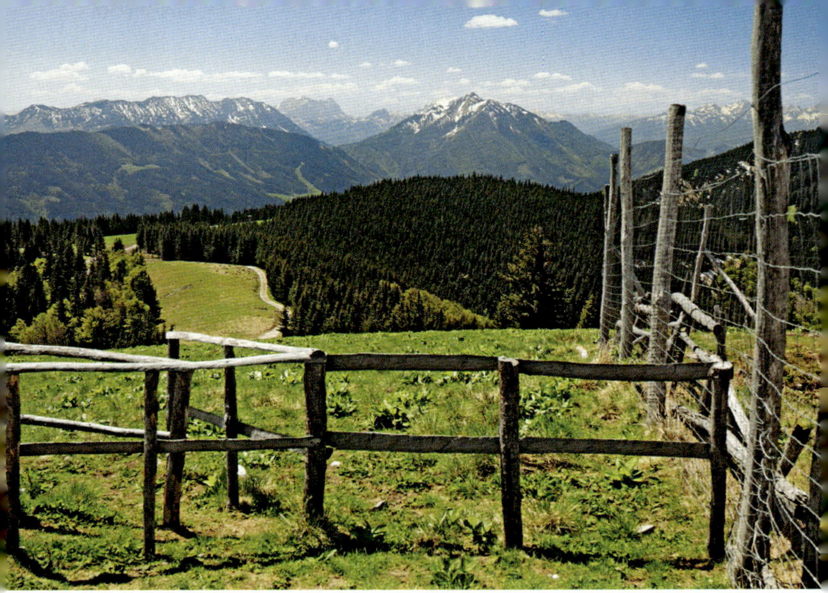

Am Alpl-Gipfel: Blick nach Südwesten auf Gamsstein, Großen Buchstein (Gesäuse), Voralpe und Haller Mauern.

che Steinmänner) in der bewaldeten Grabensohle kurz hinauf zu querender Forststraße.

Auf ihr wenige Meter nach links, dann rechts ab und an der linken Seite des steilen, aber seichten Waldtales in weiten Kehren nach Südwesten hoch und wieder nach rechts in die Talsohle. Dort, die Forststraße mehrmals kreuzend, das sich weiter öffnende Tal mäßig steil bergauf zu einer Lichtung und über diese zum oberen Waldrand mit kreuzendem Fahrweg 3, 1210 m (Felsblöcke, Rastplatz). Durch Wald in Windungen nach Nordwesten empor in den **Sattel** 4, 1330 m (Wildzaun mit Übertritt), zwischen Alpl links und P. 1349 m (Hauslehner Alpe) rechts. Über den Wiesenrücken des Alpl links (!) vom Zaun nach Süden aufwärts, und, eine Forststraße kreuzend, durch ein Gatter (auch Übertritt) auf den eingezäunten Gipfel des **Alpl** 5, 1405 m (geschnitztes Gipfelkreuz mit Buch, Rundsicht!). Westlich des Gipfels in einer Mulde das Fundament einer mobilen Radarstation.

Abstieg entlang der Anstiegsroute.

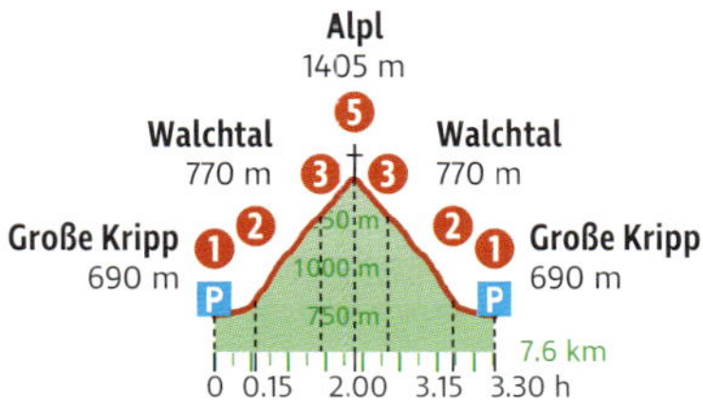

↗ 370 m | ↘ 370 m | 8.0 km

63 Sonntagberg, 712 m

2.45 h

Eine unübersehbare Landmarke im »Festsaal« des Mostviertels

Wie ein Götterthron steht der Sonntagberg mit seiner mächtigen, doppeltürmigen Kirche über den sanften Höhen des Alpenvorlandes. Hierher muss man an einem strahlenden Frühlingstag kommen, wenn auf den saftiggrünen Wiesen die Obstbäume blühen und in der Ferne noch die schneebedeckten Alpengipfel grüßen. Dann versteht man, warum es die Menschen gerade zu dieser Jahreszeit auf den Sonntagberg lockt, ist doch alles dazu angetan, den Besucher sonntäglich, festlich zu stimmen. Natürlich kann man dorthin auch mit dem Auto gelangen, doch beschaulicher ist allemal eine Wanderung zu dieser weithin sichtbaren Landmarke. Auf unserem Weg von Gleiß über den Nordrücken auf den Sonntagberg und durch die Südseite hinab nach Böhlerwerk haben wir genügend Zeit, uns dem Schauen hinzugeben.

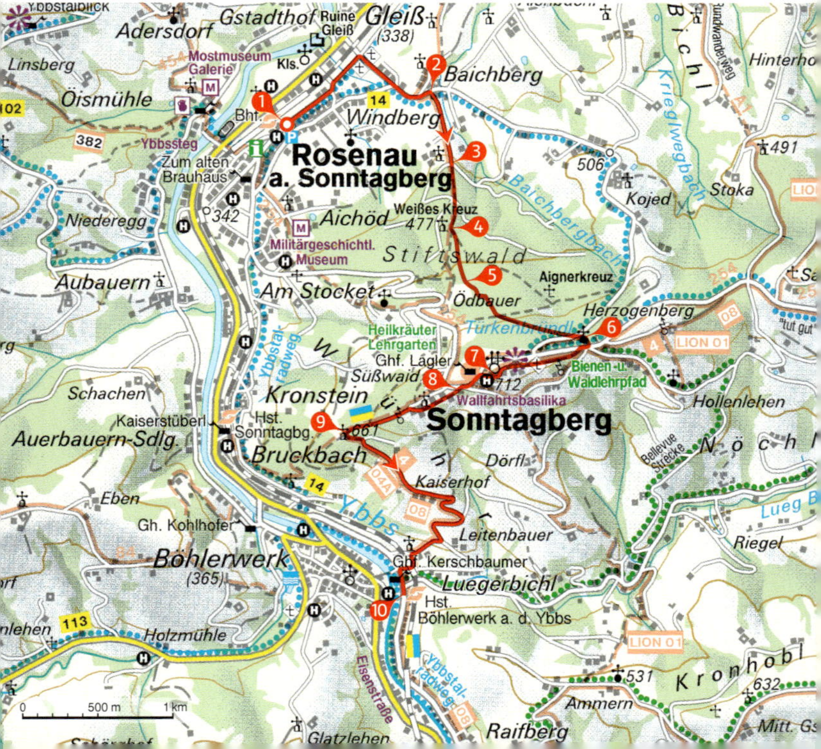

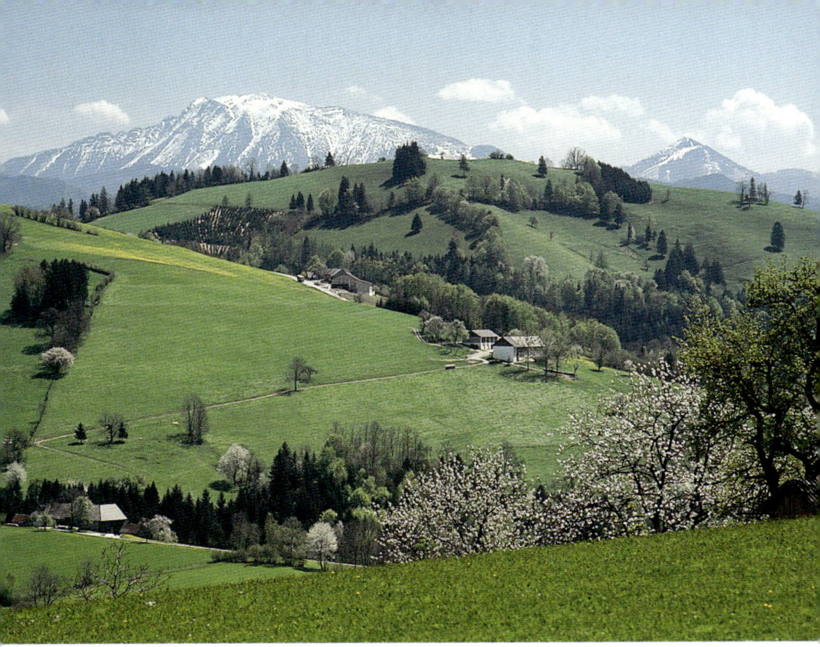

Blühende Obstbaumwiesen um Sonntagberg. Blick gegen den Ötscher.

Ausgangspunkt: Bahnhaltestelle Rosenau, 338 m (Parkplatz). Zufahrt von der Autobahn (Amstetten West) über die B 121, 18 km ab Autobahn.
Endpunkt: Böhlerwerk, 345 m. Rückfahrt mit der Ybbstalbahn oder mit Bus (Zugang über die Fußgängerbrücke bei der Mündung des Lueg-Baches in die Ybbs) nach Rosenau.
Anforderungen: Einfache Wanderung auf guten Wegen.
Einkehr: Ghf. Lagler in Sonntagberg (18 B.; ganzjährig geöffnet, Mitte März bis 1. Nov. Fr. Ruhetag, übrige Zeit auch Do. Ruhetag, Tel. +43/7448/2493, www.gasthof-lagler.at).
Hinweis: Wer Zeit und Muße hat, der kann von Sonntagberg entlang der Mostviertler Höhenstraße bzw. des Weitwanderweges 204A über den Wiesenrücken nach Osten wandern und bei einem der zahlreichen Heurigen den vergorenen Obstmost, eine Spezialität der Gegend, verkosten.

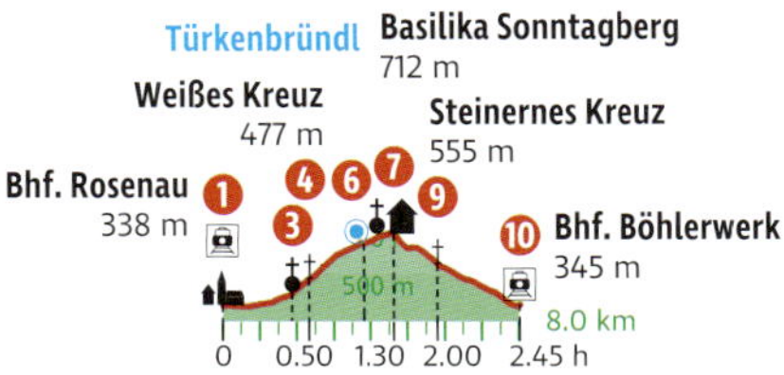

Von der Bahnhaltestelle **Rosenau** ①, 338 m, auf einer Straße nach Nordosten zu einem Bahnübergang. Den Fußweg gerade fort zu der von Gleiß auf den Sonntagberg führenden Straße. Auf ihr rechts haltend, am Friedhof vorbei, aufwärts zum Weiler **Baichberg** ②, 363 m, auf einer Schotterterrasse über der Ybbstal-Niederung. Bei den ersten Häusern (Pfeil »Jakob Prandtauer Weg«) rechts eine Siedlungsstraße in Südrichtung sanft bergauf zu einer **Kapelle** ③ am Waldrand. Auf Steig im Hochwald weiter aufwärts und

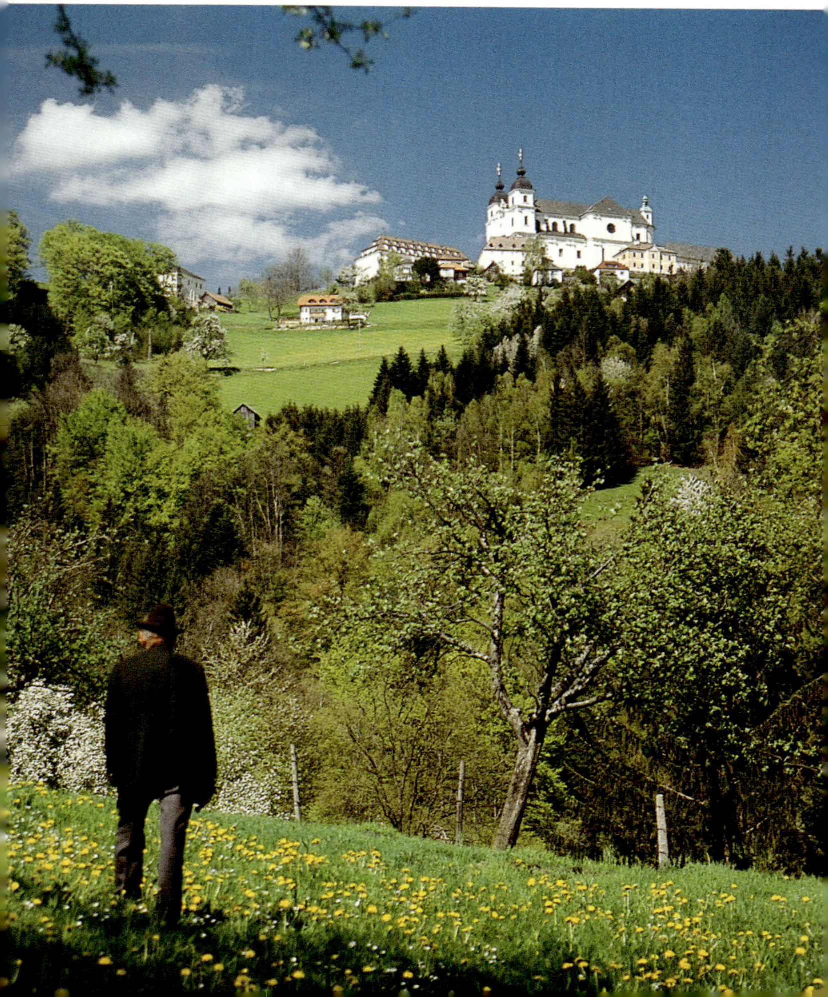

nach Überquerung einer Forststraße zum Bildstock **Weißes Kreuz** ❹, 477 m (Rastbank). Im Wald steil bergan zu einer Wegteilung am Unterrand einer **Wiese** ❺. Links haltend aufwärts zu querendem Waldweg und weiter (sporadisch gelbe Zeichen) hinauf zu einer Forststraßenteilung. Links auf altem Karrenweg zu einer Asphaltstraße und über sie hinweg zum **Türkenbründl** ❻, 663 m (mehrere Rastbänke). Nach Osten weiter zur Mostviertler Höhenstraße und auf ihr scharf nach rechts (Westen) zur Linksabzweigung eines rot markierten Fußweges. Auf diesem über den bewaldeten Rücken zum Bergfriedhof und eben zur **Basilika Sonntagberg** ❼, 712 m. Von der Johannes-Nepomuk-Statue Prachtblick nach Süden über das Hügelland hinweg zu den Ybbstaler Alpen.

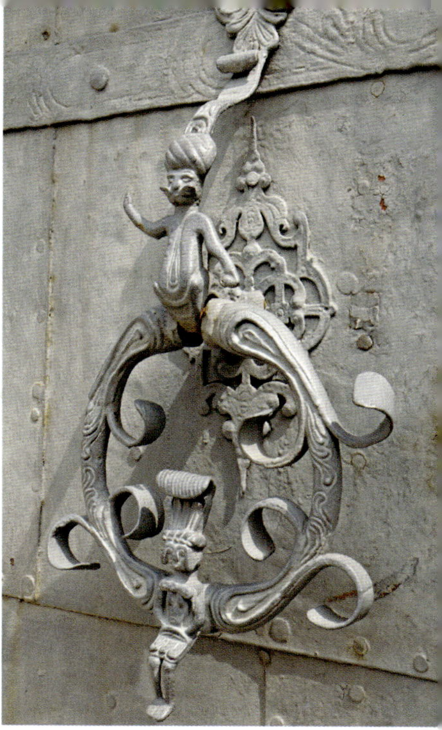
Türke und Türkin am kunstvoll gefertigten schmiedeeisernen Türklopfer der Basilika Sonntagberg.

Von der Kirche die gepflasterte Zufahrtsstraße (Andenkenläden, Gastbetriebe) nach Westen abwärts zur ersten Rechtskehre. Vor ihr links ab ❽ (Pfeil nach Böhlerwerk) und auf schmalem Fahrweg über einen flachen Bergrücken nach Südwesten zu einem Sendemast. Noch vor dem Mast nach rechts in die Nordflanke des Rückens und dort links auf dem Wanglsteig in Südwestrichtung durch Wald steil bergab zum **Steinernen Kreuz** ❾, 555 m. Auf dem Weg Nr. 204A scharf nach links (Südosten) und durch Wald zur Kehre eines Güterweges. Auf diesem durch Wald schräg rechts abwärts, dann über freie Wiesen, vorbei am Gehöft Kaiserhof, in mehreren Kehren nach Süden hinunter zur Rechtsabzweigung des **Osterhasenweges**. Auf diesem Richtung Böhlerwerk hinab zur Ybbstalbahn. Vor dem Bahnübergang links ab und auf Steig in den Graben des Lueg-Baches. Unter der Bahnbrücke durch zur Dorfstraße und auf ihr nach links (Süden) hinauf zum **Bhf. Böhlerwerk** ❿, 345 m, der Ybbstalbahn.

Blick vom Kaiserhof gegen die mächtige Basilika Sonntagberg.

64 Lindaumauer (Scheinoldstein), 1103 m

2.00 h

Ein glanzvolles Bergpanorama auf die schnelle Tour

Die Nordwestecke der Ybbstaler Alpen, das Bergland zwischen Waidhofen, Weyer und Steyr, besitzt auf verhältnismäßig kleinem Raum eine stattliche Zahl lohnender Gipfelziele – Damberg, Spindeleben, Schieferstein, Lindaumauer, um nur einige nennen. Wer Letztere ins Auge fasst, wählt den von Weyer per Auto erreichbaren Sattel »Auf der Platten« zum Ausgangspunkt. Über den Sattel »Hals« erreicht man von dort in einer guten Stunde den nach Süden in Felswänden abfallenden kreuzgeschmückten Gipfel der Lindaumauer, in manchen Karten auch Scheinoldstein genannt. Ein an klaren Tagen umfassendes Panorama ist der Lohn für diese kurzweilige und kaum anstrengende Wanderung.

Ausgangspunkt: Wiesensattel »Auf der Platten«, 762 m (kleine Kapelle, Parkplatz). Zufahrt von Weyer mit eigenem Auto auf teils asphaltierter Straße durch den Neudorfer Graben, 7 km.
Anforderungen: Einfache, kurze Wanderung auf bezeichneten Wegen und Forststraßen. Im felsigen Gipfelbereich der Lindaumauer Vorsicht mit Kindern!
Einkehr: Keine.
Hinweis: Unterwegs lohnt die Besichtigung der südlich unterm Gipfel der Lindaumauer gelegenen Bärenhöhle (Taschenlampe mitnehmen!).

Vom Sattel **»Auf der Platten«** ❶ die gelb und rot bezeichnete Forststraße mit Weg Nr. 88 durch Wiesen in Nordrichtung sanft bergauf zur Verzweigung am Waldrand (ehemaliger **Hof Klammbauer**, 790 m). 50 m nach rechts zu alter Sandgrube (kleine Quelle). Noch vor dieser links ab und auf Karrenweg durch Wald schräg nach links (Nordwesten) aufwärts, später steil nach Norden empor in den Sattel **»Hals«** ❷, 882 m, zwischen Hiebberg und Halsberg.

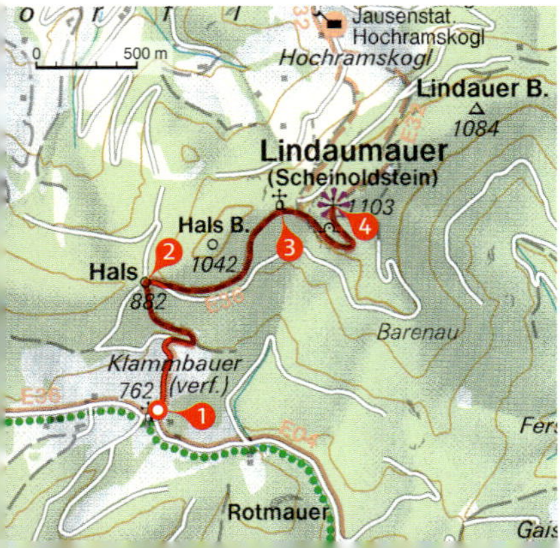

Auf Forststraße 30 m nach rechts zu einer Verzweigung. Halb links den rot und gelb bezeichneten Fußweg im Wald nach Osten hoch, dann eben in einen seichten Graben und

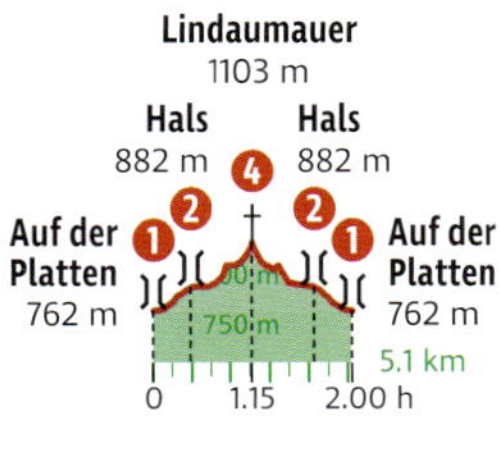

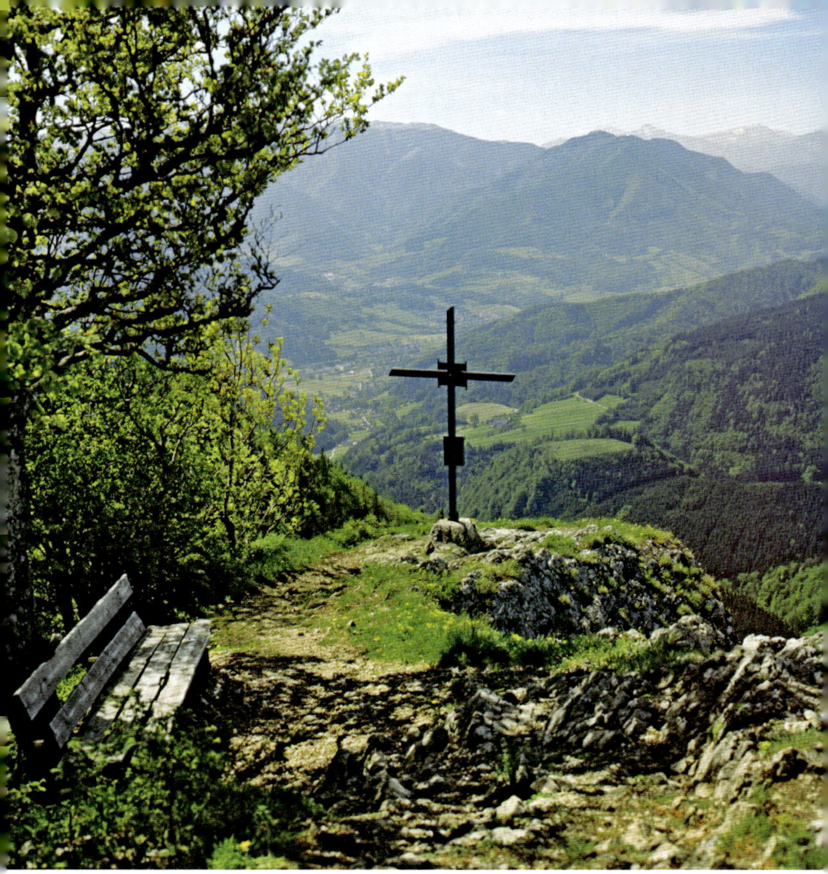

Bank und Gipfelkreuz auf der Lindaumauer.

durch diesen steil nach Norden empor in den **Sattel** ❸, 990 m, zwischen Halsberg und Lindaumauer. Am bewaldeten Westrücken der Lindaumauer nach rechts aufwärts und eben zu einem markanten Felsblock mit Linkseinmündung von Weg Nr. 29. Den felsdurchsetzten Waldrücken in Kehren hoch, später nach rechts in die Südflanke des Berges und dort unter den Gipfelwänden, an der Linksabzweigung zur nahen Bärenhöhle vorbei, über Felsstufen steil hinauf an den Südostrücken. Über ihn nach links empor zum scharfen Gipfelgrat der **Lindaumauer** ❹, 1103 m (Gipfelkreuz und -buch, Bank) mit umfassender Rundsicht.

Abstieg: Entlang der Anstiegsroute zum Sattel **»Auf der Platten«** ❶.

↗ 720 m | ↘ 720 m | 8.9 km

65 Wetterkogel, 1115 m, und Hirschkogel, 1078 m

3.45 h

Voralpine Gipfelüberschreitung für Spürnasen

Das ist eine Tour, die Ortsansässige so gut kennen, dass sie fehlende Markierung und verwachsene Steige kaum stören. Wer aber als Gebietsfremder dort sein Glück versucht, braucht einen guten »Riecher«, um den im Dickicht verborgenen »Indianerpfaden« folgen zu können. Schön ist das Unternehmen aber über alle Maßen, denn man durchstreift reich kupiertes, liebliches Voralpenland mit sanften Waldbergen, eingestreuten Wiesenmatten und abgelegenen Höfen. Und von der höchsten Erhebung, dem licht bewaldeten Wetterkogel, weitet sich zudem der Blick auf Ybbstaler Berge, Sengsengebirge, Kremsmauer und die auf einem Hügel thronende Wallfahrtskirche Sonntagberg.

Maisberg und Prochenberg (Tour 60) vom Gipfel des Wetterkogels.

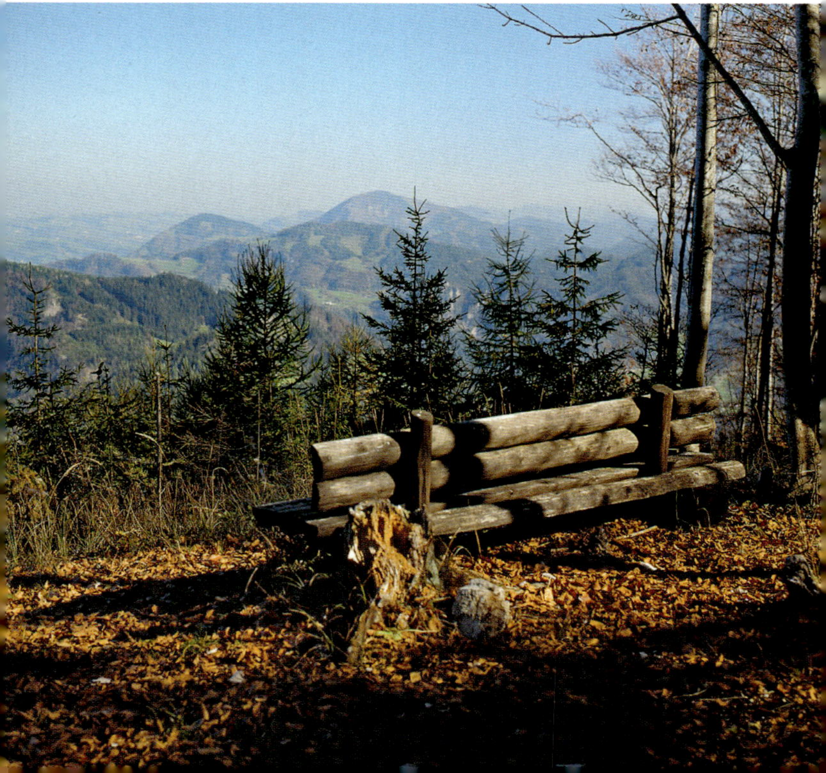

Ausgangspunkt: Pichler Kapelle im Seebachgraben, 510 m, mit kleinem Parkplatz. Zufahrt mit eigenem Kfz von Waidhofen auf B 121 zur Klaus-Siedlung (5,5 km; hierher ab Waidhofen auch mit dem mehrmals täglich verkehren Stadtbus), dort links ab und auf Asphaltstraße den Seebachgraben einwärts zur Kapelle, 7 km von Waidhofen.
Anforderungen: Leichte Wanderung auf teils unbezeichneten Wegen. Orientierungssinn nötig.
Einkehr: Amstettner Hütte (30 L.; Sommerbewirtschaftung 1. Mai bis 26. Okt. Do. bis So. und Feiertage geöffnet, Tel. +43/7353/570, +43/676/9581221 und +43/664/4418227, www.alpenverein.at/amstettnerhuette). An einigen Bauernhöfen werden Milchprodukte (Schafkäse) und Obstmost angeboten.

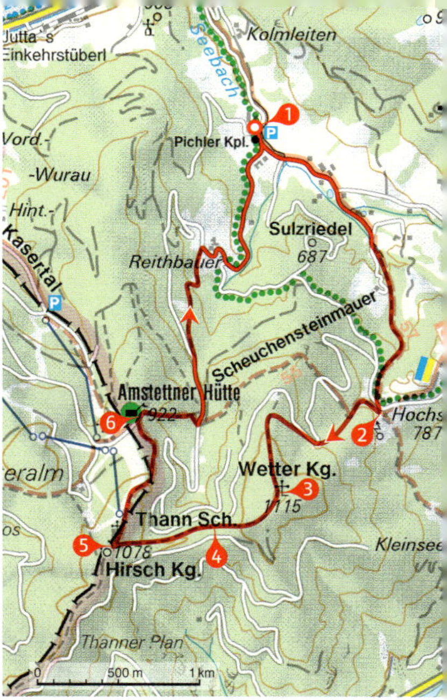

Von der **Pichler Kapelle** ❶ die Asphaltstraße (Weg Nr. 57), an Höfen vorbei, über Wiesen nach Südosten aufwärts zu einer Teilung. Rechts weiter zur nächsten Teilung und nochmals rechts zum Straßenende bei der dritten Gabelung. Links den rot bezeichneten Karrenweg Nr. 57 durch den Waldgraben vorerst in Südost-, dann in Südrichtung aufwärts zu einer Wiese mit Hof, danach auf verwachsenem Fußweg zu einer Asphaltstraße und links zum **Hof Hochseeberg** ❷ am gleichnamigen Wiesensattel, 787 m. Vom Hof die Straße 50 m zurück zur Linksabzweigung zweier Steige. Den unbezeichneten linken Pfad gegen den Wetterkogel steil nach Südwesten hoch zu einer Forststraße und diese, die Waldflanke querend, nach rechts an den Nordrücken. Links ab und auf dem unbezeichneten **»Jagasteig«**, an einer Jagdhütte vorbei, über den Rücken steil hoch zum Gipfel des **Wetterkogels** ❸, 1115 m (Kruzifix und Gipfelbuch, Rede- und Schreibpult, Thermometer, schöne Rundsicht!).

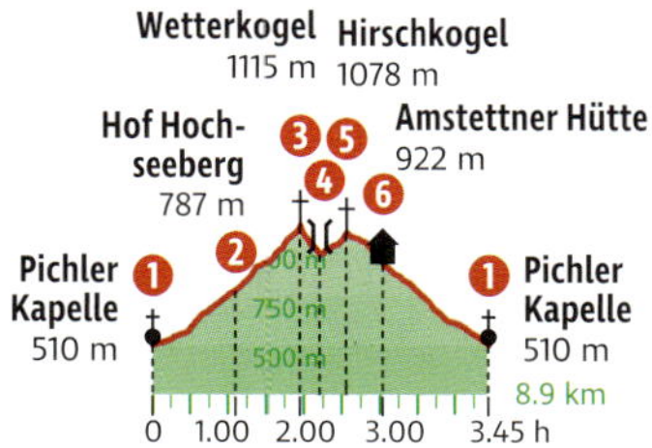

Auf unbezeichnetem Steig durch Wald und Buschwerk steil nach Südwesten hinab in die **Thannscharte** ❹, 970 m. Jenseits am Waldrücken eben und aufwärts zum Gipfel des **Hirschkogels** ❺, 1078 m (keine Rundsicht),

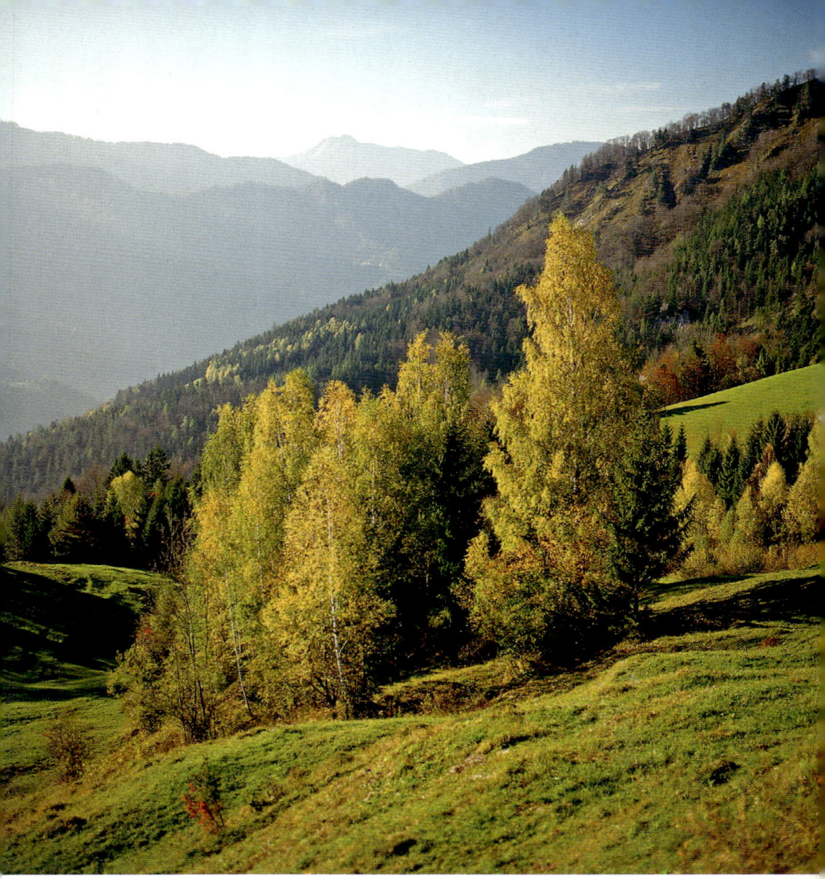

Herbstlich verfärbte Bäume am Hochseeberg mit Blick nach Süden zur Voralpe.

und auf rot bezeichnetem Steig über den Nordrücken nach rechts zum **Gipfelkreuz** (Bank, Buch; keine Rundsicht).
Den Rücken sanft bergab zu einer Abfahrtsschneise (Blick auf Amstettner Hütte und Sonntagberg) und weiter zu der auf einer Schulter östlich der Forsteralm-Wiesenmulde (Skigebiet) gelegenen **Amstettner Hütte** ❻, 922 m. Den rot bezeichneten Fahrweg Nr. 55 durch Wald nach Osten hinunter in einen Graben mit querender Forststraße. Auf ihr an der linken Grabenseite nach links (Norden) abwärts zu den Wiesen beim **Reithbauer**, 630 m, und über diese auf schmaler Asphaltstraße weiter bergab zur **Pichler Kapelle** ❶.

↗ 380 m | ↘ 380 m | 10.5 km

3.00 h

Freithofberg, 958 m: Panoramaweg 66

Ein Voralpen-Genusshappen für Schauhungrige

Dass sich das Wandern im Spätherbst langsam in tiefe Regionen verlegt, bringt Einschränkungen, hat aber auch seine Vorteile. Denn die Dinge, an denen man sonst achtlos vorüberstreift, werden durch intensiven Farbenreichtum »vergoldet«, so manch anspruchsloser Talspaziergang dann zum großen Schauerlebnis. Der im Voralpenland zwischen Steyr und Waidhofen vor sich hinträumende Ort Maria Neustift gehört in puncto Lage und Ortsbild zu den Juwelen des Mostviertels. Dort entschädigt die nicht wirklich anstrengende Besteigung des Freithofberges mit wundervollen Ausblicken auf die reich kupierte Hügellandschaft um den Wallfahrtsort.

Die neugotische Pfarr- und Wallfahrtskirche in Maria Neustift ist der Startplatz für unsere Wanderung.

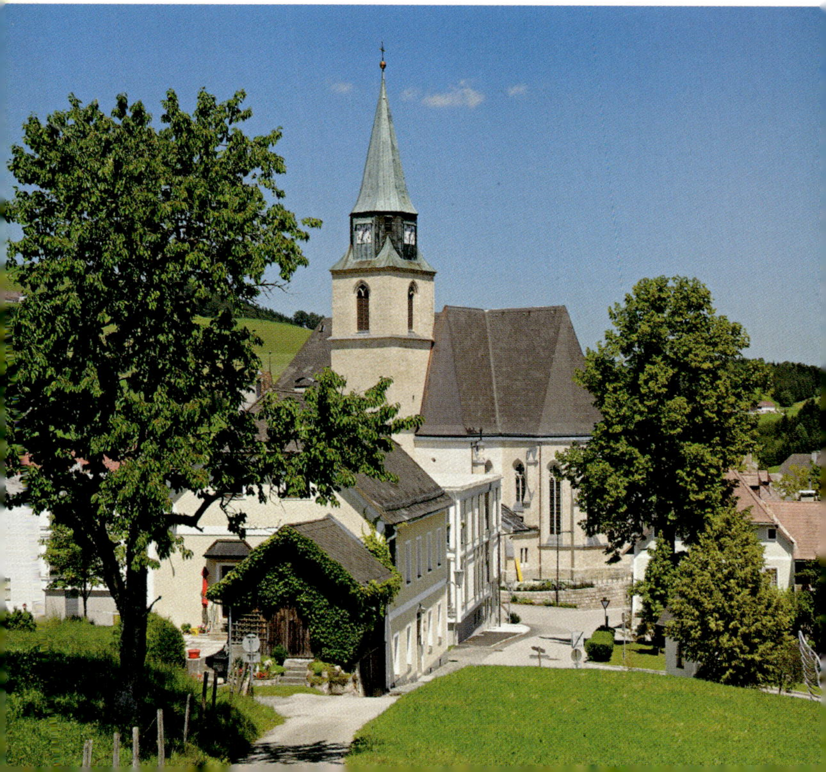

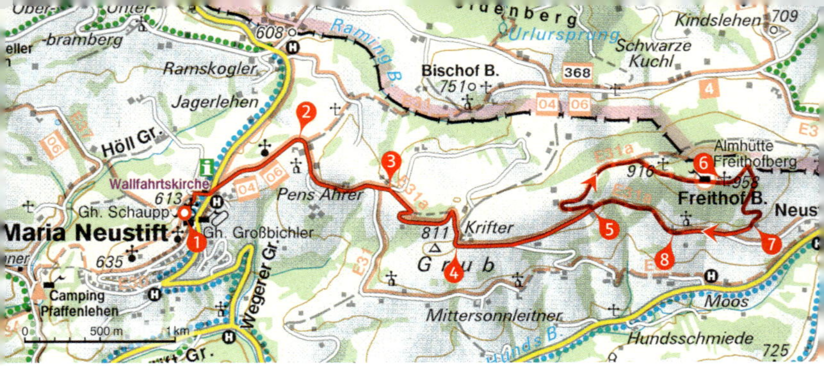

Ausgangspunkt: Maria Neustift, 613 m, Urlaubs- und Wallfahrtsort auf Bergrücken nördlich des Ennstales, 18 km von Waidhofen, 22 km von Steyr bzw. Weyer. Startplatz ist das Ortszentrum mit der Wallfahrtskirche (Parkplätze vorhanden).
Anforderungen: Bequeme Wanderung auf zum Teil asphaltierten Fahr- und Fußwegen.
Einkehr: Gastbetriebe im Ortsbereich von Maria Neustift, unterwegs keine Einkehr.
Hinweis: Berühmt ist der »Neustifter Kirtag« (Kirchweihfest) im August.

Von der **Kirche Maria Neustift** ❶ die Straße in Richtung Steyr/Kleinramingtal nordostwärts zum Gasthaus Roisentaverne, danach zu einer Teilung. Halb rechts den asphaltierten, rot bezeichneten Güterweg Nr. 406, E31 und E31a (»Freithofberg-Panoramaweg«) nach Nordosten aufwärts zur Verzweigung oberhalb des **Wegerhofes** ❷, 660 m (Freithofberg 1). Rechts die Asphaltstraße über Wiesen nach Süden zur Teilung bei einem Marterl, links haltend nach Südosten hinauf zur nächsten Teilung und nochmals links zum **Hof Kleinseibelstein** ❸, 700 m (Freithofberg 11), mit Verzweigung oberhalb des Hauses. Links entlang eines Grabens durch Wald und über Wiesen nach Osten hoch, später durch Obstgärten zu asphaltiertem Güterweg. Auf diesem sanft nach Süden bergauf in den Wiesensattel beim **Hof Großkrift** ❹, 800 m (Freithofberg 16). Auf schmaler Asphaltstraße nun in die Südseite des Freithofberges und dort über Wiesen eben oder leicht fallend zu einer Teilung, danach sanft bergauf zum **Hof Krendlberg** ❺, 820 m (Freithofberg 17).

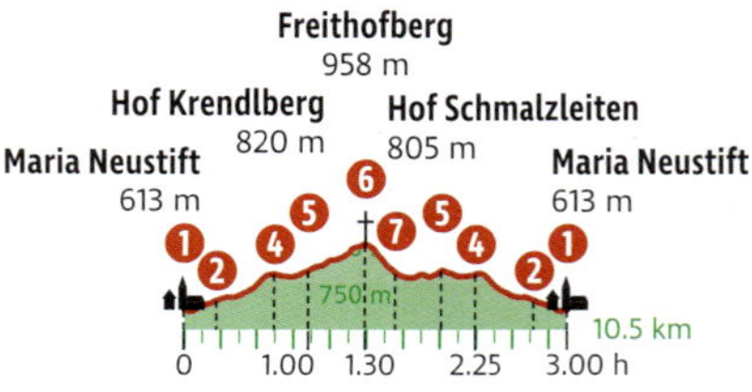

Auf Naturfahrweg (Weg Nr. 31a) scharf nach links (Westen) empor an den Höhenrücken des Freithofberges und dort durch Wald und Wiesen nach Osten auf das Gipfelplateau. Durch eine parkähnliche Landschaft (Wiesen, einzelne Bäume) zu einem **Felsblock**, 945 m (Bank), mit wunderbarer Schau auf Gesäuseberge, Sengsen- und Reichraminger Hintergebirge. Über die ebene Wiese und kurz aufwärts zum Gipfel des **Freithofberges** 6, 958 m (Kruzifix mit Buch in der Schatulle). Blick nach Südosten auf Sonntagberg, Ötscher, Dürrenstein und Hochkar.
Den Ostrücken des Berges (Zaun) über Wiesen hinab zu querendem Fahrweg (Holzschuppen). Auf diesem (Weg Nr. 31a) durch lichten Wald in steiler Hangquerung nach rechts (Süden) abwärts zum **Hof Schmalzleiten** 7, 805 m (Moosgraben 41). Auf schmaler Asphaltstraße an den Südhängen des Berges über Viehweiden abwärts zum Straßenende beim **Hof Warschenstein** 8, 795 m. Nun auf bezeichnetem Fußweg durch Wald und über Wiesen eben fort, zuletzt steiler hoch zum **Hof Krendlberg** 5. Weiter auf bekannter Route nach **Maria Neustift** 1.

Die reich kupierte Voralpenlandschaft um Maria Neustift zeichnet sich durch Anmut und Lieblichkeit aus.

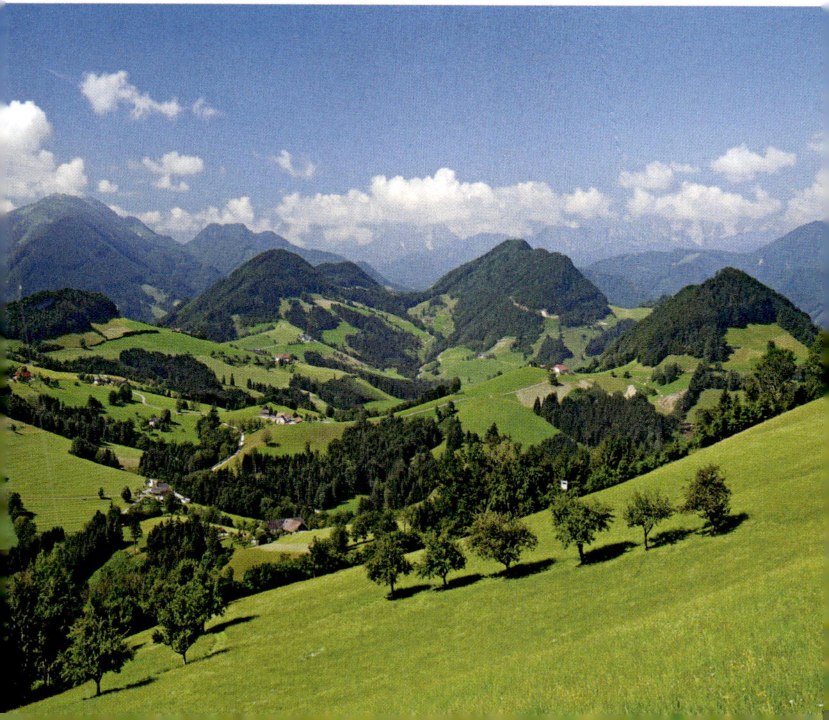

STICHWORTVERZEICHNIS

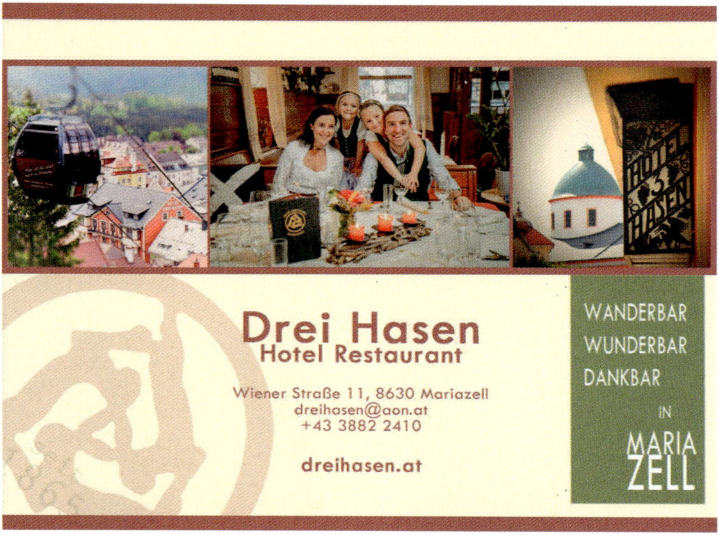
Drei Hasen
Hotel Restaurant
Wiener Straße 11, 8630 Mariazell
dreihasen@aon.at
+43 3882 2410
dreihasen.at
WANDERBAR
WUNDERBAR
DANKBAR
IN
MARIA
ZELL

Umschlagbild: Weit überragt diese edle Felspyramide ihre nähere Umgebung und das gesamte Voralpenland: Der Ötscher (Tour 50, 51) von Nordosten, vom Gipfel des Hochstadelbergs (Tour 32), links dahinter der Dürrenstein (Tour 48).

Bild im Innentitel: Der Wallfahrtsort Mariazell mit den Zellerhüten (Tour 39, 40) im Westen.

Bild Seite 34/35: Ein wundervolles Panorama bietet die Durnhöhe am Königsberg (Tour 45): Rechts die Voralpe mit der Stumpfmauer (Tour 43), links der Große Buchstein (Gesäuse).

Alle 140 Fotos vom Autor, ausgenommen die Fotos der Seiten 69 (Michael Hauleitner) sowie 150/151, 156, 157, 158, 199, 200 und 201 (Rudolf Hauleitner).

Kartografie:
66 Wanderkärtchen im Maßstab 1:50.000 / 1:75.000
sowie 2 Übersichtskarten im Maßstab 1:400.000 und 1:800.000

7., überarbeitete Auflage 2022

ISBN 978-3-7633-4026-2

FSC www.fsc.org
MIX
Papier aus verantwortungsvollen Quellen
FSC® C021956

Wir freuen uns über jeden Korrekturhinweis zu diesem Wanderführer!
Bitte per E-Mail an: leserzuschrift@rother.de

ROTHER BERGVERLAG · Keltenring 17 · D-82041 Oberhaching
Tel. +49 89 608669-0 · www.rother.de